KB070606

챗GPT를 활용한   광고 카피 쓰기

디지털 시대의
카피라이팅 신론

A New Introduction to Copywriting in the Digital Age
Utilization of ChatGPT in Writing Advertising Copy

김병희 저

학지사비즈

머리말

챗GPT를 활용하는 뉴 칼라 카피라이터

대학에서 광고 카피라이팅 과목을 강의한 지도 어언 25년 이상이라는 세월이 지나갔다. 대학교수로 부임하기 전에는 광고회사 카피라이터로서 밤을 하얗게 지새우며 카피를 쓰기도 했다. 젊은 날의 내 곁에는 항상 광고 카피가 있었다. 그런데도 새 학기를 맞이해 새로운 학생들 앞에 설 때마다 나는 늘 좌절하며 괴로워했다. 카피라이팅을 과연 가르칠 수 있을까? 학생의 타고난 자질을 부채질하는 데 카피 강의가 얼마나 영향을 미칠 수 있을까? 강의하는 도중에도 이런저런 생각들이 해변의 물거품처럼 문득문득 몰려왔다.

수십 년째 카피라이팅을 공부하는데도 답을 못 찾고 헤매고 있는데, 최근에는 생성형 인공지능인 챗GPT가 인간 카피라이터를 대신해서 카피를 써 주는 일이 보편화됐다. 인공지능으로 인한 실직의 공포가 여러 분야에서 일어나고 있는데, 챗GPT가 인간 카피라이터의 일을 대체하면서, 인간 카피라이터가 밥을 굶게 생겼다. 상황이 이러할진대 사람의 타고난 자질이 중요한지 사람을 가르치는 교수법이 중요한지를 따질 계제가 아니었다. 챗GPT를 배척하기보다 차라리 챗GPT를 적극적으로 활용하면서 인간 카피라이터의 솜씨와 지혜를 발휘하는 훈련이 더 중요하다는 생각이 들었다. 이 책은 그런 고민 끝에 엮은 결실이다. 그래서 카피라이팅 책의 목차를 구성할 때부터 챗GPT의 도움을 받기로 했다.

카피라이팅 책을 쓰기 전에 챗GPT에게 디지털 시대의 광고 카피 쓰기에 대한 교과서를 쓰려고 하는데, 기존의 아날로그 시대의 카피라이팅 교과서와 차별화하려면 책의 목차를 어떻게 구성하는 것이 좋을지에 대해 질문을 던졌다(이용자의 질문 아이콘

S You). 챗GPT는 기존의 아날로그 방식에서 차별화하기 위해 디지털 플랫폼에 맞는 새로운 카피라이팅 전략과 기법, 그리고 이를 지원하기 위한 디지털 시대의 광고 생태계에 대한 이해를 중점적으로 다루는 것이 중요하다고 대답했다(챗GPT의 대답 아이콘 ⑤ ChatGPT). 다음은 챗GPT가 1차로 제시해 준 목차다. ⑥ ChatGPT

제1장 디지털 시대와 광고 카피라이팅의 이해

1.1 디지털 카피와 아날로그 카피

1.2 디지털 시대의 광고 생태계 이해

제2장 디지털 플랫폼별 광고 카피라이팅

2.1 소셜미디어 카피라이팅

2.2 검색엔진 광고 카피라이팅

2.3 이메일 마케팅 카피라이팅

2.4 웹사이트 및 랜딩 페이지 카피라이팅

2.5 모바일 앱 광고 카피라이팅

제3장 디지털 광고 카피라이팅의 전략과 테크닉

3.1 이용자 경험(UX)에 기반한 카피라이팅

3.2 SEO를 위한 카피라이팅

3.3 A/B 테스트와 카피 최적화

3.4 데이터를 활용한 카피라이팅

3.5 소셜미디어 트렌드와 메타포를 활용한 카피라이팅

제4장 디지털 시대의 광고윤리 및 법규

4.1 개인정보 보호와 광고

4.2 디지털 광고와 저작권

4.3 광고 기준 및 지침 준수

제5장 디지털 광고 카피라이팅의 미래

5.1 인공지능과 카피라이팅

5.2 새로운 디지털 플랫폼과 미디어 트렌드

5.3 지속가능성과 카피라이팅

이상의 목차는 너무 포괄적이고 대학생이 몰라도 되는 내용도 포함돼 있다. 따라서 기존의 아날로그 시대의 카피라이팅 교과서와 차별화하려면 책의 목차를 어떻게 구성하는 것이 좋을지, 챗GPT에게 조금 더 구체적이고 상세하게 알려 달라고 요구했다. 그러자 챗GPT는 디지털 특성과 최신 기술을 고려한 전략과 실용적인 기법에 중점을 두는 것이 중요하다고 하면서 다음과 같은 2차 목차를 제안했다. 🟢 ChatGPT

제1장 디지털 시대의 광고와 카피라이팅

1.1 아날로그 광고 대 디지털 광고: 장단점 비교

1.2 디지털 광고 카피라이팅의 정의와 중요성

1.3 디지털 광고의 플랫폼과 형식 이해

제2장 디지털 플랫폼별 카피라이팅

2.1 소셜미디어: 플랫폼별 특성과 카피라이팅법

2.2 검색엔진 광고: 핵심어 선택과 카피 최적화

2.3 이메일 마케팅: 이메일 제목과 본문 작성 전략

2.4 웹사이트 및 랜딩 페이지: 이용자 유도와 정보 제공을 위한 카피

2.5 모바일 앱 광고: 앱 설명과 댓글 작성법

제3장 카피라이팅의 전략과 테크닉

3.1 목표 소비자 이해: 인구통계학적 특성, 사이코그래픽, 행동 패턴 분석

3.2 이용자 경험(UX)에 기반한 카피: 소비자 중심의 메시지 구성법

3.3 SEO를 위한 카피라이팅: 핵심어 연구와 적용

3.4 A/B 테스트와 카피 최적화: 실험 디자인과 결과 분석

3.5 데이터를 활용한 카피라이팅: 데이터 해석과 활용 전략

3.6 소셜미디어 트렌드와 메타포 활용: 트렌드 이해와 활용법

제4장 디지털 광고윤리 및 법규

4.1 광고에 대한 윤리적 고려

4.2 디지털 광고 관련 법규

2차 목차는 1차 목차와 비교하면 조금 더 나아졌지만 카피라이팅의 기본기에 관련된 내용이 너무 부족해 자칫하면 디지털 시대의 카피에만 집중한 나머지 카피라이팅

의 기본기를 놓칠 가능성이 있었다. 다시 챗GPT에게 카피라이팅의 기본기를 포함해서 광고 카피라이팅의 교과서 목차를 구성해 달라고 요청했다. 챗GPT는 기쁜 마음으로 도와주겠다고 하면서 다음과 같은 3차 목차를 제안했다. ⓢ **ChatGPT**

제1장 디지털 시대의 광고 카피 쓰기

1.1 디지털 광고의 이해

1.2 카피라이팅의 중요성

제2장 디지털 광고의 원리

2.1 디지털 광고의 기본원리

2.2 표적화와 세분화

2.3 구매 여정과 디지털 터치 포인트

제3장 카피라이팅의 기본기

3.1 효과적인 헤드라인 작성법

3.2 강력한 본문 만들기

3.3 CTA(Call To Action)의 중요성

3.4 스토리텔링의 힘

제4장 디지털 플랫폼별 카피라이팅 전략

4.1 소셜미디어 카피라이팅

4.2 검색엔진 광고 카피라이팅

4.3 이메일 마케팅 카피라이팅

4.4 웹사이트 카피라이팅

4.5 모바일 앱 카피라이팅

제5장 디지털 시대의 광고 카피 쓰기 기법

5.1 SEO 카피라이팅

5.2 페르소나 기반 카피라이팅

5.3 데이터 주도형 카피라이팅

5.4 소셜미디어 트렌드를 활용한 카피라이팅

제6장 카피라이팅 테스트 및 최적화

6.1 A/B 테스트의 중요성

6.2 효과적인 카피 수정법

6.3 데이터 분석과 피드백

제7장 디지털 시대의 광고윤리와 법규

7.1 광고에 대한 윤리적 고려

7.2 디지털 광고 관련 법규

3차 목차에서 '카피라이팅 테스트 및 최적화'는 카피를 쓴 다음에 광고효과를 사전에 예측해 보기 위한 측정 방법이므로 대학생 수준에서는 어렵고 반드시 알아야 할 필요는 없다고 반론을 제기하면서, 그 장을 대체할 다른 내용을 제안해 달라고 챗GPT에게 요청했다. 챗GPT는 그렇다면 '카피라이팅 테스트 및 최적화' 대신에 '디지털 시대의 창의적인 카피라이팅 전략'이라는 새로운 주제를 고려해 볼 수 있다고 대답했다. 챗GPT는 새로 제안하는 주제가 창의적 전략과 기술을 적용해 디지털 시대의 광고 카피를 어떻게 더 효과적으로 만들 수 있는지에 대한 지침을 제공할 수 있다고 주장하며, 다음과 같은 4차 목차를 제안했다. ⑤ ChatGPT

제1장 디지털 시대의 광고 카피 쓰기

1.1 디지털 광고의 이해

1.2 카피라이팅의 중요성

제2장 디지털 광고의 원리

2.1 디지털 광고의 기본원리

2.2 표적화와 세분화

2.3 구매 여정과 디지털 터치 포인트

제3장 카피라이팅의 기본기

3.1 효과적인 헤드라인 작성법

3.2 강력한 본문 만들기

3.3 CTA(Call To Action)의 중요성

3.4 스토리텔링의 힘

제4장 디지털 플랫폼별 카피라이팅 전략

4.1 소셜미디어 카피라이팅

4.2 검색엔진 광고 카피라이팅

4.3 이메일 마케팅 카피라이팅

4.4 웹사이트 카피라이팅

4.5 모바일 앱 카피라이팅

제5장 디지털 시대의 광고 카피 쓰기 기법

5.1 SEO 카피라이팅

5.2 페르소나 기반 카피라이팅

5.3 데이터 주도형 카피라이팅

5.4 소셜미디어 트렌드를 활용한 카피라이팅

제6장 디지털 시대의 창의적인 카피라이팅 전략

6.1 창의적인 헤드라인 만들기

6.2 비주얼과 텍스트의 통합

6.3 메타포와 비유 활용법

6.4 스토리텔링을 이용

이상의 목차는 어느 정도 만족스러웠지만 뭔가 부족한 느낌이 들었다. 그래서 챗 GPT에게 다시 질문을 던졌다. "💲 **You** 내용을 더 추가한다면 어떤 주제가 학생들의 카피라이팅 실력을 높이는 데 가장 도움이 될까?" 이렇게 질문하고 잠시 기다렸더니 챗GPT는 이렇게 대답했다. "🌀 **ChatGPT** 추가로 포함하면 도움이 될 만한 주제는 다음과 같습니다."

- **카피라이팅에서의 문체와 어조**: 광고에서 활용하는 다양한 문체와 어조에 대한 이해는 어떤 목표 소비자에게 맞는 톤을 설정하는 데 도움이 될 것입니다. 이 부분에서는 다양한 브랜드의 광고를 분석하고, 그들의 어조와 문체가 어떻게 소비자에게 영향을 미치는지 배울 수 있습니다.
- **효과적인 카피라이팅 예시 분석**: 실제 성공적인 광고 카피를 분석하면서 그들이 왜 성공했는지, 어떤 전략과 기술이 활용되었는지 학습하는 것은 매우 유익합니

다. 이를 통해 학생들은 이론을 실제 예시에 적용하는 방법을 배울 수 있습니다.

- **소비자 심리의 이해**: 카피라이팅에서는 대상 소비자의 심리를 이해해야 합니다. 사람들이 어떤 광고에 어떻게 반응하는지, 그리고 그 반응이 결정에 어떻게 영향을 미치는지 이해하면 보다 효과적인 카피를 쓰는 데 도움이 될 것입니다.
- **다양한 문화와 시장에 대한 이해**: 디지털 시대에는 광고를 전 세계 어디에서든 볼 수 있으므로 다양한 문화와 시장에 대한 이해는 필수입니다. 이는 특히 다양한 문화 배경을 가진 사람들에게 광고 메시지를 전달할 때 중요합니다.

챗GPT는 앞의 4가지 주제가 대학생들이 카피라이팅에 대해 이해하는 데 크게 도움이 될 것이라고 안내했다. 학생들이 광고 카피를 잘 쓰려면 4가지 주제를 고려하는 것이 효과적이라는 취지였다. 디지털 시대에 접어들어 광고산업에도 혁명적인 변화가 일어났다. 스마트폰에 연결만 된다면 때와 장소를 가리지 않고 세계 곳곳의 정보와 광고를 실시간으로 확인할 수 있다. 미디어의 환경 변화에 따라 광고산업의 패러다임도 크게 바뀌었다.

그동안 여러 종류의 광고 카피라이팅 개론서가 나왔다. 모든 책은 나름의 목적에 따라 집필된 것이리라. 따라서 개론서마다 나름의 가치가 있었고 광고를 공부하는 학생들에게 그동안 많은 도움이 됐던 것도 사실이다. 그러나 디지털 미디어 시대의 광고 현상을 충분히 반영하지 못하거나 기존의 4대 매체 환경에서의 광고 지식만을 소개하는 책이 아직도 있어서 아쉬움이 많았다. 가르치는 교수로서도 배우는 학생들 처지에서도 안타까운 현실이었다. 디지털 시대에 접어들어 광고 생태계가 훨씬 더 복잡해진 상황에서 기존에 나온 광고 카피라이팅 개론서만으로는 디지털 시대의 광고 창작을 능수능란하게 수행하기 어렵다.

이런 문제의식을 바탕으로 감히 『디지털 시대의 카피라이팅 신론: 챗GPT를 활용한 광고 카피 쓰기』라는 제목의 책을 써서 세상에 내보낸다. 이 책은 2021년에 펴낸 『디지털 시대의 광고학신론』에 이어 기획한 후속 시리즈 교과서다. 개론이 아닌 '신론(新論)'이라 이름을 붙인 이유는 기존의 교과서와는 전혀 다른 정보를 전달하고 새로운 논의를 전개하겠다는 의지의 표현이었다. 디지털 시대의 광고 카피라이팅에 관심을 가진 사람이라면 누구나 급변하는 광고 환경 때문에 고민에 빠질 수밖에 없다. 내가 광고 카피라이팅 교과서를 쓰면서 개론이 아닌 신론이라는 제목을 굳이 고집한데는 기존의 교과서들이 지닌 한계를 넘어서자는 의욕도 있었지만, 한국 광고의 특수성에 국한되지 않고 세계적인 보편주의 관점에서 한국 광고를 바라보자는 뜻이 강했다.

카피라이터의 숫자도 디지털 광고회사에서 일하는 카피라이터가 전통 광고회사에서 일하는 카피라이터보다 훨씬 더 많다. 이런 상황에서 카피라이팅 책의 목차를 정하는 데 있어서 모든 것을 챗GPT에게만 맡겨서는 안 된다는 생각이 들었다. 어디까지나 챗GPT는 기초자료를 제공해 주는 든든한 연구조교 같은 역할은 톡톡히 해냈다. 결국, 챗GPT라는 연구조교의 도움을 받고 나의 강의 경험을 덧붙여 최종적으로 모두 8개의 장으로 구성한 이 책의 내용은 다음과 같다.

제1장 '광고의 미래와 챗GPT의 활용'에서는 챗GPT를 활용한 카피라이팅이 보편화한 현실과 광고 기술에 따라 달라진 크리에이티브의 환경 변화에 주목했다. 미래 광고의 패러다임이 어떻게 변할 것인지 살펴보고, 챗GPT의 탄생 배경과 슬기로운 활용 방안을 제시하고, 광고 분야와 콘텐츠 창작 및 카피라이팅 분야에서 챗GPT를 어떻게 활용할 것인지 설명했다. 나아가 챗GPT를 활용하기에 앞서 카피라이터가 사전에 준비해야 할 사항을 조언하며 광고의 미래와 챗GPT의 활용 방안을 폭넓게 소개했다.

제2장 '광고의 창조 철학을 찾아서'에서는 카피라이팅이 단순한 광고 글쓰기인지, 상품 전략적 글쓰기인지, 예술적 글쓰기인지에 대한 합의된 정답은 없다고 강조했다. 이런 문제의식을 바탕으로 광고 창의성의 개념과 맥락을 카피라이팅의 차원에서 분석하고, 광고에서 왜 창조 철학을 정립할 필요가 있는지 그 이유를 논리적으로 설명했다. 나아가 외국 광고인 네 명과 한국 광고인 네 명이 생각하는 광고 창조 철학을 소개함으로써, 카피를 쓸 때 현실적으로 도움이 되는 철학적 기반을 폭넓게 검토했다.

제3장 '디지털 시대의 광고 카피 쓰기'에서는 소셜미디어, 검색엔진 최적화(SEO), 모바일 광고 같은 다양한 디지털 플랫폼이 광고 활동의 주요 수단으로 자리 잡았으니, 이런 플랫폼에서 광고 카피를 효과적으로 전달해야 한다고 강조했다. 디지털 시대의 카피라이팅을 현실적으로 전망하면서 디지털 시대의 카피와 아날로그 시대의 카피를 비교하고 디지털 시대의 광고 환경 변화를 검토했다. 나아가 디지털 카피라이팅에 앞서 카피라이터에게 필요한 기본적인 준비 사항은 물론 더 필요한 사항도 안내했다.

제4장 '카피 창작에서의 전략과 전술'에서는 크리에이티브 디렉터가 되려는 카피라이터라면 광고 표현에 관련된 모든 문제를 스스로 해결하는 능력이 필요하다고 강조

했다. 나아가 본격적인 카피라이팅에 앞서 광고전략 대 표현전략의 관계를 설명하고, 카피를 쓸 때 깔때기 모형의 중요성을 강조했다. 더욱이 표현전략의 개념과 적용 방안은 물론 카피라이팅에서의 전략과 전술에 대해 여러모로 검토하면서 유능한 카피라이터가 되려면 광고전략과 표현전략의 관련 양상을 충분히 숙지하기를 권고했다.

제5장의 '카피의 구성요소와 카피 솜씨'에서는 광고전략과 정확히 일치하는 내용을 썼다고 해서 그것을 창의적인 카피라고 할 수 없다고 강조하고, 카피와 관련된 제반 구성 요인을 다양한 맥락에서 소개했다. 카피의 개념과 범위의 재정립 문제를 검토하고, 헤드라인의 의의와 쓰기 연습의 중요성을 환기했다. 보디카피의 가치와 쓰기 연습은 물론 슬로건의 개념과 유형에 대해 논의하고, 카피라이터가 구성요소를 활용해 어떻게 카피 솜씨를 발휘할 수 있을지 디지털 시대의 광고 현상에 알맞게 설명했다.

제6장의 '디지털 카피라이팅 접근 방법'에서는 디지털 카피라이팅의 핵심은 명확한 메시지로 참여를 유도하는 콘텐츠를 만드는 데 있다는 사실을 환기하며, 카피라이터는 소셜미디어에서의 반응을 실시간으로 감시하고 그에 적절히 대응하며 실시간의 카피를 써야 한다고 강조했다. 검색엔진 최적화의 카피라이팅, 페르소나를 활용하는 카피라이팅, 데이터가 주도하는 카피라이팅, 소셜미디어 추세에 따른 카피라이팅의 접근 방법에 대해 다양한 관점에서 살펴보고, 때로는 혼합적 접근 방법을 쓰기를 권고했다.

제7장의 '카피라이팅의 수사학적 원리'에서는 다양한 수사법이 실제 카피라이팅에 어떻게 활용될 수 있을 것인지, 이론과 실제의 맥락에서 여러모로 검토했다. 광고 수사학을 카피라이터에게 날개를 달아 줄 글쓰기의 바느질 솜씨에 비유하며 카피라이터에게 필요한 언어학적 지식을 소개하는 동시에, 언어 게임에 의한 의미의 교환은 물론 광고 수사학의 개념과 부각 효과에 관해 설명했다. 나아가 광고 수사학의 4가지 분류법과 광고 수사학에 의한 카피라이팅에 대해 광고 현장의 맥락에서 소환했다.

제8장의 '아이디어 발상의 내비게이션'에서는 카피라이터가 좋은 아이디어를 낼 수 있고 남의 아이디어를 평가할 능력도 갖춰야 하며, 소비자가 공감할 만한 카피를 써 내는 능력을 갖춰야 한다고 강조했다. 카피라이터의 업무 영역이 다방면으로 확장되고 있는 디지털 시대에 아이디어 발상력은 카피라이터에게 중요한 무기라고 전제했다. 나아가 광고 아이디어의 개념과 의의, 보편적으로 쓰이는 아이디어 발상법, 광고에 맞춤화된 아이디어 발상법, 기타 응용형의 아이디어 발상법에 대해 충실히 안내했다.

어떻게 하면 카피를 잘 쓸 수 있을까? 이 문제를 앞에 두고 나는 오랫동안 진지하게 성찰했다. 예컨대, 수학 같은 과목은 가르치는 방법에 따라서 일정 수준 이상의 효과를 기대할 수 있겠지만, 카피 창작은 아무리 좋은 교수법을 활용하더라도 상당한 수준까지 학생들의 카피 파워를 끌어올릴 수 있을 것인지 자신이 없었고 도무지 길이 보이지 않았기 때문이다. 창작에 관련되는 모든 영역이 그렇듯이, 카피 창작을 잘하게 하는 방법에도 정답이 없었기에 학생들의 잠재력을 계발한다는 것이 헛되고도 허망한 욕심이라 생각되기도 했다.

광고 실무에 필요한 지식이란 대단한 그 무엇이 아니다. 우리가 초등학생 때부터 배워 온 국어 과목의 '읽기' '듣기' '쓰기' '말하기'만 제대로 할 줄 알아도 광고 관련 일을 충분히 할 수 있다. 일상생활에서도 제대로 읽고, 듣고, 쓰고, 말하기란 생각보다 쉽지 않지만 그렇다고 해서 그렇게 어려운 일만도 아니다. 광고에서 《광고기획론》이 상품과 시장과 소비자에 관련된 정보의 '읽기'에, 《소비자행동론》이 소비자의 내면의 소리에 대한 '듣기'에, 《프레젠테이션론》이 광고주와 소비자에게 '말하기'에 해당한다면, 《카피라이팅론》은 소비자에게 러브레터를 보내는 '쓰기'에 해당한다.

이 책에서는 4가지 중에서 '쓰기'에 대해 집중적으로 소개하며, 효과적인 실무 능력 배양에 필요한 카피 창작의 기본원리를 설명하는 데 공을 들였다. 기본원리를 모르고서도 카피를 쓸 수는 있겠지만 기본이 튼튼하지 않으면 언젠가는 그 기반이 무너져 버린다. 사회심리학자 커트 르윈(Kurt Lewin)이 말했듯이 "훌륭한 이론보다 더 실용적인 것은 없다." 이 책에서 제시하는 훌륭한 기본원리들은 카피라이터의 자질을 향상하고 효과적인 카피를 쓰는 데 필요한 실용적인 지식이다. 소비자에게 러브레터를 보내는 데 있어서 '쓰기'의 재료들을 어떻게 버무려야 하는지 알려 주는 기본원리를 잘 익혀 독자 여러분의 것으로 만들기를 바란다. 기본원리를 설명하는 데 치중했던 『광고카피 창작론: 기본원리 편』(나남출판, 2007)에 이어, 이 책에서는 디지털 시대에 챗GPT를 활용해서 쉽게 배우고 바로 카피를 쓸 수 있도록 실무적인 정보를 설명했다.

신론 시리즈의 서막을 열어젖힌 『디지털 시대의 광고학신론』(2021)에 이어, 또다시 신론 시리즈의 교과서를 펴내게 됐다. 출판 여건이 어려운데도 이 책을 출판해 주신 학지사의 김진환 사장님과 최임배 부사장님, 그리고 원고를 검토해 더 좋은 책으로 만들어 준 편집부의 김순호 이사님과 정은혜 차장님께도 고맙다는 인사를 전한다. 신론(新論)이란 새로운 주장이나 새로운 논의를 뜻하지만, 사회과학의 모든 분야가 그렇듯이 하늘 아래 새로운 것이란 없다. 기존의 지식을 바탕으로 새로운 논의를 전개할 뿐이다. 따라서 이 책에서도 기존의 광고 카피라이팅 교과서에 있는 내용도 당연히 포함될 수밖에 없다. 그렇지만 디지털 시대의 카피라이팅에 관한 지식을 충실히 반영했기에 새로운 논의라고 감히 주장할 수 있으리라. 이 책이 모름지기 디지털 시대의 광고 카피라이팅 개론서의 정본이 되기를 기대하며, 광고 환경이 바뀔 때마다 계속 수정·보완할 것을 약속드린다.

카피 창작이란 길 없는 길을 찾아 나서는 순례자의 여정과 같다. 이 책에 소개된 지식을 단지 알고 이해하는 것만으로는 턱없이 부족하다. 여기에 독자 여러분의 땀과 열정을 부지런히 더해서 자기 것으로 만들기를 바란다. 그리하여 경험 많은 낚시꾼이 손맛만으로도 바늘에 걸린 물고기의 크기를 가늠할 수 있듯이, 독자 여러분 역시 카피 창작의 참모습을 자기만의 말맛으로 드러내는 그날을 빨리 만들기를 기대한다. 그리하여 그물에 걸린 씨알 굵은 물고기가 힘차게 몸부림치며 파닥거리듯이, 독자 여러분이 쓴 카피 역시 소비자의 눈과 귀에 걸려 힘차게 파닥거리기를 기대한다. 목마른 독자들께서 이 책을 카피라이팅 공부의 마중물처럼 마셨으면 싶다. 인공지능을 이해하고 활용할 줄 아는 '뉴 칼라' 카피라이터가 등장하기를 기다린다.

2024년 3월
김병희

↗ 머리말 _ 3

제1장

광고의 미래와 챗GPT의 활용 · 19

1. 광고의 미래와 챗GPT의 탄생 _ 21
2. 광고 분야에서 챗GPT의 활용 _ 31
3. 콘텐츠 창작에서 챗GPT의 활용 _ 36
4. 카피 창작에서 챗GPT의 활용 _ 40

제2장

광고의 창조 철학을 찾아서 · 57

1. 광고 창의성의 개념과 맥락 _ 59
2. 광고에서 창조 철학의 정립 _ 68
3. 외국 광고인들의 창조 철학 _ 71
4. 한국 광고인들의 창조 철학 _ 84

제3장

디지털 시대의 광고 카피 쓰기 · 113

1. 디지털 카피와 아날로그 카피 _ 115
2. 디지털 시대의 광고 환경 변화 _ 118
3. 디지털 카피 쓰기에 앞선 준비 _ 123
4. 추가적으로 필요한 준비 사항 _ 131

제 4 장

카피 창작에서의 전략과 전술 · 139

1. 광고전략 대 표현전략의 관계 _ 141
2. 카피 창작에서의 깔때기 모형 _ 159
3. 표현전략의 개념과 적용 방안 _ 166
4. 카피 창작에서의 전략과 전술 _ 182

제 5 장

카피의 구성요소와 카피 솜씨 · 191

1. 카피의 개념과 범위의 재정립 _ 193
2. 헤드라인의 의의와 쓰기 연습 _ 198
3. 보디카피의 가치와 쓰기 연습 _ 224
4. 슬로건의 개념과 유형의 이해 _ 238

제 6 장

디지털 카피라이팅 접근 방법 · 247

1. 검색엔진 최적화의 카피라이팅 _ 249
2. 페르소나를 활용하는 카피라이팅 _ 260
3. 데이터가 주도하는 카피라이팅 _ 270
4. 소셜미디어 추세별 카피라이팅 _ 281

제 7 장

카피라이팅의 수사학적 원리 · 293

1. 언어 게임에 의한 의미의 교환 _ 295

2. 수사학의 개념과 원칙 및 효과 _ 297

3. 광고 수사학의 4가지 분류법 _ 304

4. 광고 수사학에 의한 카피 쓰기 _ 308

제 8 장

아이디어 발상의 내비게이션 · 361

1. 광고 아이디어의 개념과 의의 _ 363

2. 일반 적용형의 아이디어 발상 _ 369

3. 광고 맞춤형의 아이디어 발상 _ 387

4. 기타 응용형의 아이디어 발상 _ 416

↗ 참고문헌 _ 427
↗ 찾아보기 _ 439

제 1 장

광고의 미래와
챗GPT의 활용

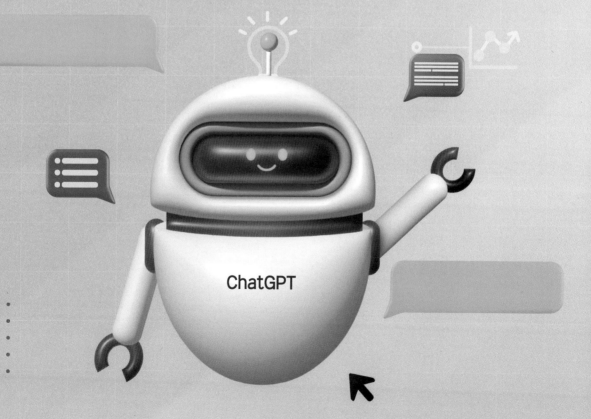

디지털 시대에 접어들어 광고산업에도 혁명적인 변화가 일어나고 있다. 스마트폰에 연결만 된다면 때와 장소를 가리지 않고 세계 곳곳의 정보와 광고를 실시간으로 확인할 수 있다. 미디어의 환경 변화에 따라 광고산업의 패러다임도 변화됐다. 디지털이란 용어가 우리 곁에 처음 등장했을 때 디지털은 기술 혁신의 개념으로 여겨졌지만, 이제 디지털은 단순한 기술 개념이 아니라 생활을 바꾸는 문명의 이기이자 광고산업의 구조를 바꾸는 결정 요인이 되었다. 광고주들은 인플루언서를 활용한 광고, 숏폼 광고, 유튜브 광고, OTT 광고 같은 디지털 시대의 광고 활동을 선호하고 있다.

디지털 시대에 접어들어 광고회사도 전통적인 광고회사와 디지털 온라인 광고회사로 이분화되었다. 광고회사에서 일하는 종사자의 숫자도 디지털 광고회사가 전통 광고회사보다 훨씬 더 많다. 디지털 광고회사의 세부 영역을 보면, 기존 광고회사와 같아 보이지만 온라인 기반으로 성장한 디지털 종합광고회사, 디지털 캠페인 대행사, 퍼포먼스 대행사, 검색광고대행사, 디지털 미디어렙, 데이터 플랫폼 회사, 디지털 솔루션 회사(애드테크), 소셜 콘텐츠 운영사, 게임광고 전문 대행사, 온라인 콘텐츠 제작사(MCN 포함), 전자상거래 광고회사(스마트팜) 같은 다양한 형태의 광고회사가 존재한다.

디지털 시대가 열리자 광고의 개념과 범위도 달라지고, 카피라이팅에서도 챗GPT를 활용한 카피 쓰기가 일반화됐다. 광고 기술은 크리에이티브 내용에도 결정적인 영향을 미치고 있다. 이런 환경 변화에 주목해 이 장에서는 미래 광고의 패러다임이 어떻게 변할 것인지 살펴보고, 챗GPT의 탄생 배경과 슬기로운 활용 방안을 제시하고, 광고 분야와 콘텐츠 창작 및 카피라이팅 분야에서 챗GPT를 어떻게 활용할 것인지 안내하고, 챗GPT를 활용하기에 앞서 카피라이터가 사전에 준비해야 할 사항을 설명하면서, 광고의 미래와 챗GPT의 활용 방안에 관련된 지식을 폭넓게 소개한다.

1. 광고의 미래와 챗GPT의 탄생

1) 미래 광고의 새로운 패러다임

미래 광고의 새로운 패러다임은 무엇일까? 미래 광고를 결정할 새로운 패러다임은 5가지 요인으로 정리할 수 있다. 즉, 데이터 기반의 광고전략 전개, 콘텐츠 중심의 창작과 연결망 구축, 애드테크 체험형 광고의 보편화, 옴니채널 마케팅 전략의 가동, 지속가능성을 위한 ESG 활성화가 그 5가지 요인이다.[1] 미래 광고의 패러다임을 구성하는 5가지 요인과 20개의 세부 영역에 대해서는 〈표 1-1〉에 제시하였다. 이를 보다 구체적으로 살펴보자.

첫째, 데이터 기반의 광고전략 전개다. 디지털 시대에 접어들어 데이터의 활용을 통한 개인화된 표적화 전략이 더욱 중요해졌다. 고객의 행동, 선호, 구매 패턴을 고려한 개인화된 메시지는 효과적인 마케팅 결과를 가져다준다. 디지털 환경에서 수집되는 데이터는 소비자의 행동, 선호, 구매 경향 같은 다양한 정보를 포함한 빅데이터 분석을 통해 광고 캠페인의 효과를 최적화하고, 시장 세분화를 더욱 세밀하게 할 수 있다. 대량의 데이터를 분석해 통찰력을 제시하는 빅데이터 기술은 광고 캠페인의 방향성을 결정할 때 현실적으로 도움이 된다. 빅데이터 분석을 통해 시장의 추세와 변화하는 소비자의 욕구 및 경쟁 상황을 파악할 수 있기 때문이다.

데이터 기반의 광고전략 전개에 필요한 미래 광고의 세부 영역 4가지는 다음과 같다. ① 데이터의 투명성 유지와 개인정보의 보호다. 디지털 플랫폼에서 수집한 데이터를 통해 목표하는 소비자의 행동과 관심 및 반응을 실시간으로 분석하고 이해할 수 있다. 따라서 광고 대상자에 대한 데이터의 수집과 활용에 있어서 투명성을 보장해야 한다. ② 인공지능 기계학습의 효율적인 활용이다. 기계학습(machine learning) 기술은 빅데이터를 분석해 개인 맞춤형의 메시지를 개발하는 데 도움이 된다. 기계학습을 활용해 최적화된 카피를 쓰되, 이용자의 경험을 저해하는 과도한 개인화나 반복적인 광고 전달은 피해야 한다. ③ 빅데이터의 실시간 분석과 최적화다. "데이터는 새로운 원유다(Data is the new oil)." 지난 2006년에 영국의 수학자 클리브 험비(Clive Humby)가 했던 이 말은 디지털 시대에도 타당하다. 광고 기획자는 빅데이터 분석 결과를 바탕으로 광고전략을 수립하고 카피라이터는 전략에 알맞은 최적의 카피를 쓰도록 노력해야 한다. ④ 다채널 및 멀티디바이스 전략의 확립이다. 소비자들은 다양한 장치와 플랫폼을 통해 정보를 소비하므로, 광고 카피는 다양한 경로로 일관되게 전달돼야 한다. 따라서 카피라이터는 소비자의 멀티 디바이스 이용 패턴을 이해하고 가장 효과적인 시간과 플랫폼에서 카피 메시지를 전달할 방법을 궁리해야 한다.

---

1) 김병희(2023b). 광고산업의 발전과 상생을 위한 패러다임을 찾아서. 김병희, 조재영, 전종우, 정현주, 차경심, 서영택 공저. 광고산업의 발상(발전과 상생)을 위한 신 패러다임 모색(pp. 9-35). 광주: 다큐디자인.

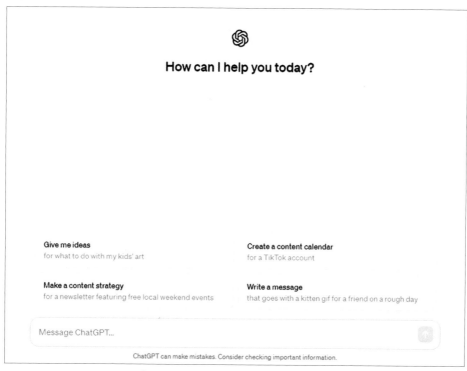

[그림 1-1] 챗GPT 홈페이지의 초기 화면

출처: https://chat.openai.com/?model=gpt-4-plugins

    둘째, 콘텐츠 중심의 창작 연결망 구축이다. 콘텐츠는 소비자와의 대화와 상호작용을 촉진하는 수단이다. 콘텐츠 중심의 마케팅 전략에서는 어떤 표적 소비자를 위해 '가치 있고 관련되는' 콘텐츠를 만들고 배포함으로써 소비자의 관심과 신뢰를 끌어들이는 전략을 전개한다. 좋은 콘텐츠 마케팅 전략에서는 강력한 스토리텔링이 필요하다. 브랜드의 가치와 미션을 소비자에게 전달하는 데 있어서 감정적 연결을 시도하는 '이야기의 힘'이 중요한 기능을 한다. 광고의 목적은 브랜드 인지도와 신뢰도 향상, 그리고 결국에는 고객의 행동 변화 또는 구매로 이어지는 것이다. 그러므로 콘텐츠 중심의 창작 연결망(network) 구축은 미래 광고의 중요한 영역이 될 수밖에 없다.

    콘텐츠 중심의 창작 연결망 구축에 필요한 미래 광고의 세부 영역 4가지는 다음과 같다. ① 콘텐츠의 품질 제고와 창의성의 향상이다. 지난 1996년에 빌 게이츠(Bill Gates)가 말했던 "콘텐츠가 왕이다(Content is King)."라는 말은 광고 카피라이팅에도 그대로 적용된다. 과거처럼 같은 메시지를 반복 노출함으로써 메시지를 강화하기가 어려워졌고, 이제는 상황(개인적, 사회적, 물리적, 시간적)을 고려한 개인 맞춤형의 이야기 광고가 중요해졌다. ② 여러 플랫폼과 채널의 연결망 확장이다. 소통 플랫폼, 콘텐츠 플랫폼, 커머스 플랫폼, 커뮤니티 플랫폼, 온·오프라인 통합 플랫폼 같은 5가지 유형의 플랫폼이 광고 환경에 영향을 미친다. 따라서 콘텐츠를 최적화시켜 다양한 디지털 플랫폼(예: 소셜미디어, 온라인 비디오, 팟캐스트 등)에 알맞게 배포하는 지혜가 더욱 중요해졌다. ③ 크리에이티브에서 효율과 속도의 중시다. 디지털 시대에는 브랜드 메시지의 전달을 넘어 소비자와 상호작용하는 콘텐츠의 창작이 더 중요해졌다. 기술 환경의 변화, 데이터 환경의 변화, 비즈니스 환경의 변화라는 3가지 환경변화에 따라, 디지털 시대의 크리에이티브는 효율과 속도를 중시해야 효과를 발휘한다. ④ 소비자 행동에 따른 콘텐츠의 최적화다. 소비자 의사결정 여정(CDJ: Consumer Decision Journey)을 고려해야 하므로, 소비자의 관심과 행동에 알맞게 광고 카피도 최적화시켜야 한다. 나아가 카피라이터는 데이터 분석 도구를 활용해 콘텐츠의 성과를 감시하며 카피 메시지를 꾸준히 개선해야 한다.

셋째, 애드테크 체험형 광고의 보편화다. 애드테크 체험형 광고는 광고 기술을 활용해 이용자에게 실질적인 체험을 제공하는 광고 형태다. 디지털 기술이 발달함에 따라 가상현실(VR: Virtual Reality)[2], 증강현실(AR: Augmented Reality)[3], 확장현실(XR: eXtended Reality)[4] 기술이 광고산업과 마케팅 현장의 최전선에서 급성장했다. 증강현실, 가상현실, 혼합현실(MR)을 아우르는 확장현실(XR)은 인간의 경험 영역을 확대하는 혁신적 기술이다. 이런 기술을 활용한 실감 콘텐츠의 제작 물량도 늘어났다. 메타버스(Metaverse)에도 확장현실 기술이 적용돼 광고산업계의 활용도가 증가했다.

애드테크 체험형 광고의 보편화에 필요한 미래 광고의 세부 영역 4가지는 다음과 같다. ① 기술 접근의 용이성과 호환성 제고다. AR, VR, MR, XR 같은 기술을 활용하는 체험형 광고는 대중적인 장치와 호환돼야 한다. 소비자는 AR 기술을 활용해 옷, 안경, 신발을 '시도'하거나, 가상의 상점에서 VR 쇼핑 경험을 즐길 수도 있다. ② 참여 경험의 최적화와 실시간 피드백이다. 체험형 광고에서는 이용자의 반응과 피드백이 광고의 성공 여부를 결정한다. 따라서 소비자의 참여 경험을 최적화하고 반응을 실시간으로 수집해 광고 카피를 보완해야 한다. ③ 자료수집의 목적을 명확히 알려야 한다. 체험형 광고는 이용자의 행동 자료를 수집하기 때문에 이용자의 프라이버시를

---

2) 가상현실(VR)은 이용자가 컴퓨터로 만든 현실과 전혀 다른 가상의 환경을 체험할 수 있도록 하는 기술이다.
3) 증강현실(AR)은 실제 환경 위에 컴퓨터로 생성된 디지털 정보나 이미지를 덧씌우는 기술이다.
4) 확장현실(XR)은 VR과 AR을 합쳐 모든 종류의 가상 콘텐츠와 실제 세계를 활용하는 기술이다.

〈표 1-1〉 미래 광고 패러다임의 구성 요인과 세부 영역

미래 광고 패러다임의 구성 요인	미래 광고의 세부 영역
데이터 기반의 광고전략 전개	• 데이터의 투명성 및 개인정보 보호 • 인공지능 기계학습의 효율적 활용 • 빅데이터의 실시간 분석과 최적화 • 다채널 및 멀티디바이스 전략 확립
콘텐츠 중심의 창작 연결망 구축	• 콘텐츠의 품질 제고와 창의성 향상 • 여러 플랫폼과 채널의 연결망 확장 • 크리에이티브의 효율과 속도 중시 • 소비자 행동에 따른 콘텐츠 최적화
애드테크 체험형 광고의 보편화	• 기술 접근의 용이성과 호환성 제고 • 참여 경험 최적화와 실시간 피드백 • 데이터 수집 목적을 명확히 알리기 • 멀티모달 체험으로 감각 경험 확장
옴니채널 마케팅 전략의 가동	• 채널과 소비자 데이터의 통합 관리 • 채널마다 통일된 브랜드 경험 제공 • 소비자 행동별로 맞춤형 전략 구사 • 채널 접점의 일관성과 연속성 고려
지속가능성을 위한 ESG 활성화	• 브랜드의 진정성 있는 메시지 개발 • 다양성·포용성 높이는 캠페인 기획 • 광고 창작 과정의 지속가능성 추구 • 지속가능한 소비 가치의 확산 전략

침해하거나 보안 문제를 초래할 수 있다. 따라서 수집하는 데이터의 종류와 목적을 명확히 해야 하며 최소한의 필요 데이터만 수집해야 한다. ④ 멀티모달 체험으로 감각 경험을 확장해야 한다. 체험형 광고는 다양한 감각을 활용해 이용자의 몰입도를 높이는데, 이런 멀티모달(Multi-modal)[5] 체험은 광고효과를 극대화한다. 따라서 카피라이터도 이용자에게 생생한 체험을 제공하는 광고 아이디어를 창출해 이용자의 감각 체험을 높여 주도록 노력해야 한다.

넷째, 옴니채널 마케팅 전략의 가동이다. 다양한 브랜드 접점을 통해 소비자에게 일관된 경험을 풍부하게 제공하는 옴니채널(Omnichannel) 마케팅 전략은 디지털 시대의 광고와 마케팅에서 갈수록 중요해지고 있으며 미래 광고에서도 마찬가지다. 옴니채널 전략을 운용할 때는 다양한 마케팅 채널(예: 온라인 스토어, 물리적 매장, SNS,

5) 멀티모달은 시각과 청각을 비롯한 여러 인터페이스를 통해 정보를 주고받는 것을 말하는 개념이다.

이메일 등)을 유기적으로 연결해, 소비자에게 일관되고 통합된 경험을 제공하려는 접점의 활성화 방안이 중요하다.

옴니채널 마케팅 전략의 가동에 필요한 미래 광고의 세부 영역 4가지는 다음과 같다. ① 채널과 소비자 데이터의 통합 관리다. 옴니채널 전략에서는 항상 소비자 중심으로 전략을 가동해야 한다. 카피라이터는 소비자가 어떤 채널에서든 같은 브랜드 경험을 누릴 수 있도록 카피를 써야 한다. ② 채널마다 통일된 브랜드 경험을 제공해야 한다. 브랜드 메시지를 비롯해 가격과 판촉 같은 정보는 모든 채널에서 일관되게 표현돼야 소비자의 혼란을 방지하는 동시에 브랜드에 대한 신뢰를 높일 수 있다. ③ 소비자 행동별로 맞춤형 전략을 구사해야 한다. 디지털 시대에는 다양한 채널에서 고객의 행동과 반응을 실시간으로 파악해, 그에 알맞게 개인 맞춤형의 메시지를 제시해야 한다. 카피라이터는 여러 분석 도구를 활용해 소비자의 행동 패턴을 분석하고 그 정보에 따라 개인화된 메시지를 전달해야 한다. ④ 채널 접점의 일관성과 연속성도 고려해야 한다. 소비자가 한 채널에서의 경험을 다른 채널로 이어가도록 유도하는 것이 옴니채널 마케팅 전략의 묘미다. 옴니채널 마케팅 전략에서는 소비자의 욕구를 반영해야 하므로, 카피라이터는 다양한 채널과 접점에서 소비자의 일관성과 연속성을 고려해 카피를 써야 한다.

다섯째, 지속가능성을 위한 ESG의 활성화다. 디지털 시대의 소비자들은 제품과 서비스의 품질은 물론 해당 브랜드의 가치에 대해서도 관심이 많다. 지속가능성은 환경적·사회적·경제적 요소를 두루 고려해 현재와 미래 세대의 요구를 만족시키는 발전을 의미하기 때문에, 브랜드가 지향하는 가치와 사회적 책임을 광고와 마케팅 전략에 반영해야 한다. 소비자들은 단순한 제품 판매보다 브랜드의 사회적 가치와 지속가능한 활동에 관심이 많다. ESG(환경·사회·지배구조)는 기업의 지속가능한 성장에 필요한 중요한 요소이므로, 카피를 쓸 때 이를 적극적으로 고려해야 한다.

지속가능성을 위한 ESG의 활성화에 필요한 미래 광고의 세부 영역 4가지는 다음과 같다. ① 브랜드의 진정성 있는 메시지의 개발이다. 광고 내용이 ESG 가치와 연계될 때, 그 메시지는 진정성을 갖게 되고 믿음을 주게 된다. 광고 메시지가 피상적 활동이나 그린워싱(green washing)[6]으로 인식되면 브랜드 이미지에 악영향을 미칠 수

---

6) 그린워싱은 '녹색(green)'과 '세탁(white washing)'의 합성어로, 기업들이 실제로는 친환경 경영과 거리를 두면서도 녹색 경영을 실행한다는 듯이 홍보하는 위선적 친환경 활동을 의미한다.

있다. 따라서 카피라이터는 '그린워싱' 같은 표면적인 환경 관련 메시지에 관심을 두지 말고 기업의 지속가능한 활동과 실제 성과를 바탕으로 카피를 써야 한다. ② 다양성과 포용성을 높이는 캠페인을 기획해야 한다. 사회적 가치의 하나인 포용성은 디지털 시대에 더 중요해졌기 때문에, 폭넓은 고객층에게 카피 메시지를 전달해야 한다. ③ 광고 창작 과정에서 지속가능성을 추구해야 한다. 브랜드의 장기적 성장과 소비자와의 신뢰 구축에 있어서 지속가능한 광고 창작은 필수 요소다. 따라서 디지털 광고에서 친환경 플랫폼을 선택하거나 오프라인 광고물의 재활용을 비롯해 광고 창작의 모든 과정에서 지속가능성을 추구해야 한다. ④ 지속가능한 소비 가치의 확산 전략이다. 카피라이터는 제품의 친환경 특성, 재활용 가능성, 에너지 효율성 같은 요소를 부각해 지속가능한 소비의 중요성을 환기하는 카피를 써야 한다. 광고 메시지에서 지속가능성과 사회적 책임을 강조할수록 브랜드 자산의 가치도 높아질 것이다.

2) 챗GPT의 탄생과 슬기로운 활용

지피티(GPT)는 오픈(Open) AI에서 개발한 자연어 처리(NLP) 방식의 인공지능 모델이다. 지난 2015년에 「신경망을 활용한 연속 연결 학습(Sequence to Sequence Learning with Neural Networks)」이라는 논문이 발표된 이후, GPT의 세계가 본격적으로 시작됐다. 이 논문에서는 인공 신경망을 활용해서 한 시퀀스(예: 한 언어의 문장)를 다른 시퀀스(예: 다른 언어의 문장)로 변환하는 방법을 제안했다. 2017년에는 「주목은 당신이 바라는 모든 것(Attention is All You Need)」이라는 논문이 발표됐다. 이 논문에서는 문장에서 중요한 단어나 구문을 인식하는 데 도움이 되는 '주목의 구조(attention mechanism)' 기법이 제시되었다.

이런 학술적 성과를 바탕으로 오픈 AI는 2018년에 첫 번째 GPT를 발표했다. 대량의 텍스트 데이터로 훈련한 인공지능이 한 언어의 문장을 다른 언어의 문장으로 변환하면 어떤 업무에 대해 미세하게 수정했는데, 이는 인공지능이 데이터로부터 스스로 학습한다는 것을 의미했다. 2019년에 출시된 GPT-2는 처리 용량이 처음보다 대폭 늘어났고 성능도 나아졌지만, 매우 정교한 성능 때문에 오픈 AI는 처음에 이를 공개적으로 배포하기를 망설였다. 강력한 인공지능 모델이 오용될 가능성이 있었기 때문이었다.

2020년에 출시된 GPT-3의 성능과 크기는 GPT-2를 더욱 능가했다. 1,750억 개의 파라미터를 가진 GPT-3는 큰 용량 때문에 더욱 다양하고 복잡한 업무도 수행할 만큼 발전했다. 2021년에 출시된 챗GPT-4 모델은 이전 모델의 한계점을 계속 보완하면서 사람들의 폭발적인 주목을 받았다. 그 후에 나온 모델들도 더욱 개선된 자연어 처리 성능을 제공하면서 인공지능과 인간 사이의 소통을 보다 자연스럽고 유용하게 해 주었다. 전문가들은 여러 인공지능 애플리케이션을 비교한 결과 GPT-4의 성능을 동종 최고 수준으로 평가하고 있다.[7]

챗GPT는 글, 문장, 오디오, 이미지 같은 기존의 데이터를 바탕으로 전체를 설명하는 데 필요한 여러 요소인 매개변수(parameter)를 활용해 새로운 콘텐츠를 쓰는 생성형 인공지능의 일종이다. 챗GPT를 활용해 시간을 절약하는 대신 창의적인 일에 더 집중하겠다는 기대감도 크지만, 챗GPT가 광고인들의 기대에 완벽히 부응할 수 있을지 실망을 안겨 줄지는 단정하기 어렵다. 챗GPT가 맛있는 사과 선물이 될 것인지, 독이 든 사과 선물이 될 것인지는 어떻게 활용하느냐에 달려 있다.

챗GPT를 작동하게 하는 프롬프트 공학(prompt engineering)[8]의 기본기를 조금은 알아야 챗GPT를 활용해 카피를 쓸 수 있다. 프롬프트 작성법이 무엇보다 중요한 이유이기도 하다. 초보자가 쓴 것 같은 모호한 프롬프트와 전문가가 썼을 법한 명료한 프롬프트의 예시를 〈표 1-2〉에 제시하였다. 각각을 비교해 어떤 질문이 더 구체적인지 판단해 보고, 다음에 제시하는 8가지 질문하는 방법을 이해할 필요가 있다. 질문하는 방법에 대한 지침을 고려해 자신이 원하는 프롬프트(질문 내용)를 한번 써 보면 도움이 될 것이다. 챗GPT에게 구체적으로 질문하는 방법 8가지는 다음과 같다.[9]

- 질문을 가급적 구체적으로 서술한다.
- 챗GPT에게 어떠한 기능을 부여한다.
- 유명인이 쓰는 스타일로 요청해 본다.
- 결과의 포맷을 구체적으로 지정한다.
- 원하는 답변내용의 사례를 제시한다.
- 결과물을 쓰는 프로세스를 알려 준다.

---

7) 김태용(2023). ChatGPT/GPT-4. 인공지능을 활용한 사회과학 연구방법(pp. 19-22). 서울: 학지사.
8) 프롬프트란 답을 얻는 데 필요한 입력값이다.
9) 송준용, 애드리치(2023). 프롬프트 작성법. 오스트랄로GPT쿠스(pp. 67-69). 서울: 여의도책방.

- 문체와 어조를 구체적으로 지정한다.[10]
- 답변에 대한 자체 검토를 요청해 본다.

챗GPT는 텍스트 기반인 광고 기획이나 카피라이팅 분야에서 널리 활용되고 있다. 챗GPT가 확산하자 인공지능에 의한 카피라이팅이 주목받는 사업 영역으로 떠올랐다. 해외에서는 재스퍼나 카피스미스 같은 영어 카피라이팅 서비스만 해도 50여 개가 넘고, 우리나라에서도 '한국어 광고 카피' 분야는 생성형 인공지능 사업의 핵심 분야로 떠올랐다. 자칫하다가는 인간 카피라이터가 챗GPT에게 일거리를 모두 넘겨줄 수도 있다.

수준 높은 인간 카피라이터에게 카피 창작을 의뢰하면 상당한 비용을 지출해야 하므로, 제작비가 부족한 광고주에게는 인공지능 카피라이터가 가뭄에 단비 같은 선물일 수 있다. 챗GPT는 전문 광고인에게 자료수집에 필요한 비용과 시간을 줄여 주거나, 광고인의 경험과 연륜에 따라 판단하던 업무 행태를 개선하는 데도 이바지할 것이다. 답을 얻는 데 필요한 입력값인 프롬프트 작성 능력에 따라 결과물의 품질이 달라지므로, 효과적인 카피를 생성하려면 인간 광고인이 프롬프트 공학(prompt engineering) 역량을 키우는 문제도 중요해졌다.

네이버의 하이퍼클로바X(HyperCLOVA X)나 카카오브레인의 코지피티(KoGPT)에 핵심 키워드만 입력하면 수많은 광고 카피가 쏟아진다. 국내의 루이스, 뤼튼, 타입잇, 라이팅젤 같은 인공지능 프로그램도 카피와 콘텐츠를 생성한다. 한국방송광고진흥공사(KOBACO)가 무료로 제공하는 광고 창작 지원 플랫폼 아이작(AiSAC)은 215만 건 이상의 광고 자료를 학습해 순식간에 카피를 쏟아 내고 있다. 그렇지만 카피라이팅을 챗GPT에 과도하게 의존하면 카피라이터의 생각하는 과정이 생략돼 결국 사고력이 퇴보할 가능성이 크다. 인간 카피라이터가 챗GPT에 과도하게 의존하면 사고력을 키우는 과정의 중요성을 빼앗겨 '카피인지 감수성'이 퇴보할 가능성도 크다. 인공지능 카피라이터가 심층 학습을 계속하는 마당에, 인간 카피라이터는 인공지능이 할 수 없는 카피인지 감수성을 키우려고 노력해야 하는 이유도 그 때문이다.

챗GPT는 분명 장점이 많지만, 사고력을 기르는 '과정의 중요성'을 빼앗아 버리니 심각한 문제다. 수학에서는 해답이 아닌 풀이 과정을 중시한다. 전자계산기가 있어

---

10) 예를 들어, 이렇게 구체적으로 질문해야 한다. "초등학생에게 설명하듯 써 주세요."

도 사칙연산을 가르치는 이유도 그 때문이다. 인공지능이 생성하는 카피 자료가 아무리 넘쳐흘러도, 카피라이터에게 옥석을 가려낼 눈썰미나 정리 정돈 능력이 없다면 쓰레기 더미에 불과할 것이다. 정리란 불필요한 것들을 버리는 과정이고, 정돈은 필요한 것들을 다시 배열하는 과정이다. 정리 정돈만 잘해도 좋은 카피를 쓸 수 있다.

제4차 산업혁명 시대의 DNA(Data, Network, AI)가 모두에게 중요하고 인공 창의

〈표 1-2〉 **프롬프트의 비교**

구분	모호한 프롬프트	명료한 프롬프트
구체적으로 쓰기	책을 추천해 주세요.	나는 공상과학(SF)을 좋아합니다. 새로 발표된 SF 책 중에서 가장 인기 있는 책을 추천해 주세요.
역할 부여	나에게 운동에 관한 조언을 해 주세요.	나의 운동 트레이너라 생각하고 하루 30분씩 운동하는 방법에 대한 조언을 해 주세요.
스타일	나에게 동기 부여를 하는 말을 해 주세요.	나에게 동기를 부여하는 말을 스티브 잡스의 스타일로 써 주세요.
결과 포맷	친구에게 방문 감사 편지를 영어로 써 주세요.	친구에게 고마움을 전하는 편지를 영어로 써 주세요. 먼저 친구에게 감사의 인사를 전하고, 그다음으로 그들이 나를 방문해 준 일에 대해 구체적으로 언급하고, 마지막으로 앞으로도 계속 친구로 있고 싶다는 의사를 표현해 주세요.
답변 예시	저녁 메뉴를 추천해 주세요.	오늘 저녁으로 먹을 수 있는 건강한 요리 옵션을 상위 5가지 리스트로 제공해 주세요.
프로세스	다섯 살 여자 어린이 아인이와 온리가 강아지 다롱이와 도시로 모험을 떠나는 동화를 써 주세요.	다섯 살 여자 어린이 아인이와 온리가 강아지 다롱이와 낯선 도시로 모험을 떠나는 동화를 써 주세요. 동화는 아래의 순서에 따라 작성해 주세요. • 아인이의 명랑한 성격 묘사 • 온리의 활달한 품성을 묘사 • 강아지 다롱이의 소심한 성격 묘사 • 모험을 떠나게 되는 사건 설명 • 도시에서 만나는 악당에 대한 묘사 • 악당을 물리치게 돕는 조력자의 등장 • 도시에서 발견한 소중한 깨달음 표현 • 무사히 집으로 돌아오는 과정 묘사
문체 및 어조	양자 역학에 대해 쉽게 설명해 주세요.	양자 역학에 관해서 설명해 주세요. 초등학교 3학년생에게 설명하듯 쉬운 단어를 써서 간결한 문체로 써 주세요.
자체 검토	이걸 다시 써 주세요.	이전에 제공한 로맨틱 코미디 영화 시나리오에서 클라이맥스 부분을 더 재미있게 수정해 주세요.

성을 활용하기 위한 창작 도구를 활용하는 능력을 키우는 일도 중요하겠지만, 사고 과정이 생략된다면 모두 빈껍데기일 뿐이다. 디지털 시대에 창의적 사고(creative thinking)와 비판적 사고(critical thinking)가 더더욱 중요해진 이유도 그 때문이다. 광고 카피를 썼다가 지우고 광고 시안을 찢어 버리고 다시 카피를 쓰는 과정에서 경험을 축적할 텐데, 챗GPT만 활용하다 보면 소중한 과정이 송두리째 생략돼 버리니 불가근불가원(不可近不可遠)의 관계 정립이 가장 적절하다.[11] 결국 우리는 챗GPT의 장점은 취하고 단점은 버리며 슬기롭게 활용하는 능력을 길러야 한다.

2. 광고 분야에서 챗GPT의 활용

챗GPT 같은 생성형 인공지능 기술은 다양한 분야에서 활용되고 있다. 챗GPT는 학습 자료를 개인화해 학생별로 학습 경험을 향상하는 교육 영역, 언어 학습 영역, 기업의 고객 서비스 영역에 두루 활용되고 있다. 나아가 이용자가 증상을 설명하면 의료 전문가가 조언하는 건강관리 영역과 영상 게임 영역은 물론 캐릭터와 개인이 상호작용하며 오락 경험을 풍요롭게 하는 엔터테인먼트 영역이나 콘텐츠 생성 영역에도 활용될 수 있다.

챗GPT는 콘텐츠 생성 영역에서 블로그의 글, 시나리오, 기사 같은 다양한 콘텐츠를 쓰는 데 활용돼 콘텐츠 창작자의 업무량을 줄여 주고 창의성을 발휘하게 하는 데 도움을 얻을 수 있다. 콘텐츠의 생성과 광고 크리에이티브 측면에서 챗GPT를 활용할 수 있는 구체적인 특성은 무엇일까? 챗GPT는 콘텐츠의 생성과 광고 창작 과정에서도 도움이 된다. 챗GPT는 다양한 아이디어를 신속히 생성하고 다양한 느낌과 스타일을 구사하며, 상세한 정보를 바탕으로 콘텐츠의 창작 과정에서 다음과 같은 탁월한 기능을 발휘한다.

첫째, 챗GPT는 아이디어 발상 과정에서 도움을 준다. 광고 창작자들이 크리에이티브 문제로 고민하는 과정에서 초벌 아이디어를 빠르게 얻고 싶을 때 챗GPT를 활용하면 구체적인 도움을 얻을 수 있다. 예컨대, 환경을 사랑하는 브랜드를 알리는 슬로건의 아이디어를 찾아 달라고 하면 챗GPT는 "지구를 위한 선택"이나 "지구를 위한 한

---

11) 김병희(2023. 5. 22.). "챗GPT와 카피라이팅은 불가근불가원의 관계." 한국경제, A33면.

걸음" 같은 슬로건 초안을 생성해 줄 것이다.

　둘째, 챗GPT는 카피의 느낌을 수정할 때 도움이 된다. 챗GPT를 활용해 진지한 느낌의 카피를 쓰거나 경쾌하고 활기찬 느낌의 카피를 쓸 수 있다. 챗GPT에게 진지한 느낌의 카피를 써 달라고 하면 "고품질의 원재료를 활용해 만든 제품"이라는 카피를 생성해 주고, 경쾌한 느낌으로 카피를 써 달라고 하면 "즐거움이 두 배. 재료의 품질부터 다릅니다"라는 초벌 카피를 써 줄 것이다.

　셋째, 챗GPT는 광고인들이 다양한 정보를 분석할 때도 구체적인 도움을 줄 수 있다. 챗GPT는 상당량의 정보를 분석한 결과를 바탕으로 광고 콘텐츠를 만들어 내고자 할 때 분명히 도움이 된다. 예컨대, 어떤 제품의 특성, 소비자들의 제품 평가, 최신 트렌드 같은 정보를 알려 주면 챗GPT는 "소비자의 기대와 최신 트렌드에 맞춘 X브랜드의 매혹" 같은 카피를 곧바로 써 줄 것이다.

　나아가 챗GPT는 크리에이티브 과정에서 속도를 내고 다양한 아이디어를 얻을 때도 도움이 된다. 광고 창작자들이 크리에이티브 업무를 하는 과정에서 시간을 절약해 주기 때문에, 챗GPT를 다양한 맥락에서 활용할 수 있다. 챗GPT가 제공해 주는 다양한 정보를 광고산업의 여러 분야에서 각각 어떻게 활용하면 좋을지 살펴보기로 하자.

1) 시장 상황 분석

　챗GPT를 활용해 소비자의 트렌드를 추적하고 분석하면 효과적인 광고전략을 개발하는 데 도움이 된다. 나아가 소비자의 구매 패턴, 브랜드 인지도, 제품에 대한 반응을 지켜보고 분석할 때도 챗GPT를 다양한 맥락에서 활용할 수 있다. 시장 상황을 분석할 때 다양한 방법으로 활용할 수 있는 챗GPT는 소비자의 욕구와 필요를 분석해 마케팅 전략을 효과적으로 기획하도록 도와주기 때문에, 자연스럽게 광고효과도 기대할 수 있다. 시장 상황의 분석이 필요할 때 챗GPT를 다음과 같이 활용할 수 있다.

　첫째, 챗GPT를 소비자의 의견을 분석할 필요가 있을 때 활용할 수 있다. 예컨대, 소셜미디어 플랫폼에서 소비자가 어떤 제품이나 서비스에 대해 어떻게 느끼는지, 어떤 문제가 있는지, 어떠한 개선점이 필요한지에 대해 소비자의 피드백을 수집하고 분석하는 데 활용할 수 있다.

　둘째, 챗GPT를 시장의 트렌드를 분석하고자 할 때 활용할 수 있다. 예컨대, 다양한 자료에서 정보를 수집해 현재의 소비자 행동, 경쟁사 행동, 시장 상황 등에 대한 대량의 데이터를 처리하고 분석함으로써 현재의 시장 트렌드를 보다 세세하게 파악하고자 할 때 활용할 수 있다.

셋째, 챗GPT를 타깃 마케팅을 전개하는 데 활용할 수 있다. 챗GPT를 활용해 소비자의 행동, 선호도, 구매 이력을 분석한 다음 개인 맞춤형의 광고를 창작할 수 있다. 이렇게 되면 소비자에게 가장 관련성이 높고 가장 효과적으로 작용할 수 있는 광고 메시지를 생성할 수 있다.

넷째, 챗GPT를 신상품을 개발하는 데도 활용할 수 있다. 소비자 피드백, 시장 트렌드, 마케팅 데이터를 종합적으로 분석한 다음 새로운 상품을 개발하는 데 활용할 수 있다. 그렇게 하면 시장의 필요에 적합한 제품을 개발할 가능성이 크고, 신상품의 성공 가능성도 높일 수 있다.

다섯째, 챗GPT를 예측 모델링에 활용할 수 있다. 챗GPT는 과거의 데이터를 분석해 미래의 행동이나 패턴을 예측하는 모델 개발에도 활용할 수 있다. 예컨대, 소비자의 구매 이력이나 활동 패턴을 분석해 보면 향후의 구매 가능성이나 소비자의 이탈 가능성도 내다볼 수 있다.

2) 콘텐츠 생성

챗GPT를 챗봇이나 카피라이팅의 도구로 활용해서 광고 콘텐츠를 만들 수 있다. 카피라이터는 챗GPT를 활용해 더욱 효과적이고 창의적인 메시지를 생성하고, 그 메시지를 표적 시장에 알맞게 최적화할 수 있다. 광고 콘텐츠를 생성하고 최적화할 때 챗GPT를 유용하게 활용할 수 있다. 광고주들은 챗GPT를 활용해 광고 콘텐츠를 보다 효과적으로 생성하고 최적화하는 동시에 광고비를 절감하고 소비자의 반응에 따라 콘텐츠의 내용도 조절할 수 있다. 콘텐츠 생성이 필요할 때 챗GPT를 다음과 같이 활용할 수 있다.

첫째, 개인 맞춤형의 콘텐츠를 생성할 때 챗GPT를 활용할 수 있다. 챗GPT는 소비자의 개인적인 선호와 행동 패턴을 분석해 개인 맞춤형의 광고 콘텐츠를 쓰는 데 도움을 준다. 예컨대, 소비자가 이전에 어떤 제품을 구매했는지 혹은 어떤 종류의 광고에 반응했는지를 파악해 광고 콘텐츠를 만들 수 있다.

둘째, 자동화된 광고 텍스트를 생성하려고 할 때 챗GPT를 활용할 수 있다. 챗GPT는 이미 수집한 데이터를 바탕으로 광고 텍스트를 생성해 낸다. 챗GPT가 광고 텍스트를 만들면 기업은 소비자들이 가장 관심을 가질 만한 메시지를 전달하거나 어떤 핵심어를 적절하게 활용해 광고 내용을 생성할 수 있다.

셋째, 이미지와 영상 콘텐츠를 생성하려고 할 때 챗GPT를 활용할 수 있다. 인공지능 기술이 발전함에 따라 이미지와 영상 콘텐츠를 자동으로 생성할 수 있게 됐다. 챗GPT는 소비자의 선호도를 기반으로 이미지와 영상을 생성하거나 주목할 만한 시각적 요소를 포함해 광고 콘텐츠를 최적화시킬 수 있다.

넷째, 시안을 비교하는 A/B 테스트를 실시할 때 챗GPT를 활용할 수 있다. 챗GPT는 다양한 광고 콘텐츠를 자동으로 생성하고 서로 비교함으로써 어떤 콘텐츠가 상대적으로 더 효과적인지 판단하도록 도와주며, 비교해서 얻은 정보를 바탕으로 광고 콘텐츠를 계속 보완하고 최적화할 수 있도록 도와준다.

다섯째, 콘텐츠를 최적화할 때 챗GPT를 활용할 수 있다. 챗GPT는 소비자의 반응에 따라 광고 콘텐츠의 내용을 계속 보완하도록 도와준다. 예컨대, 어떤 광고 메시지가 좋은 반응을 얻었는지 또는 어떤 시각적 요소가 소비자의 관심을 끌었는지 분석해 광고 콘텐츠에 반영하거나 수정하도록 도와준다.

3) 개인화 마케팅

챗GPT를 활용하면 개인화된 광고를 만드는 데 도움이 된다. 이용자의 온라인 행동, 구매 이력, 콘텐츠 선호도 등을 분석해, 각 개인에게 가장 적합한 광고 메시지를 제공한다. 챗GPT는 광고산업의 '개인화된 마케팅' 분야에서 두루 활용할 수 있다. 개인화된 마케팅 전략을 개발하고 실행하는 데 도움이 되는 챗GPT는 소비자의 경험을 넓히고 브랜드의 가치를 높이는 동시에 광고 효율성을 높일 수 있다. 개인화 마케팅이 필요할 때 챗GPT를 다음과 같이 활용할 수 있다.

첫째, 개인화된 콘텐츠를 제공하려고 할 때 챗GPT를 활용할 수 있다. 챗GPT는 소비자의 데이터(예: 구매 이력, 브라우징 패턴, 클릭률 등)를 분석해 개인화된 광고 메시지나 소비자 혜택을 제공할 수 있다. 이와 같은 개인 맞춤형의 메시지는 소비자의 경험을 넓히고 브랜드 충성도를 높이는 데 이바지한다.

둘째, 예측 분석을 하려고 할 때도 챗GPT를 활용하면 도움이 된다. 챗GPT는 소비자의 과거 행동 데이터를 바탕으로 미래의 행동을 예측한다. 광고인들은 예측한 행동을 바탕으로 소비자들이 관심을 가질 만한 제품이나 서비스를 사전에 파악한 다음,

효과적인 개인 맞춤형의 마케팅 전략을 수립할 수 있다.

셋째, 최적의 커뮤니케이션 시점을 파악하려고 할 때도 챗GPT를 활용할 수 있다. 인공지능은 소비자들이 가장 역동적으로 활동하는 시간과 공간에 대해 구체적으로 알려 준다. 카피라이터는 챗GPT가 알려 준 그 시간과 공간에 맞춰 개인 맞춤형의 광고 메시지를 전달함으로써 소비자의 행동 유발을 기대할 수 있다.

넷째, 개인화된 추천 시스템을 운용할 때도 챗GPT를 활용할 수 있다. 인공지능은 개인화된 제품이나 서비스를 추천하는 동시에 소비자의 선호도, 행동 패턴, 이전의 구매 이력을 분석해서 소비자에게 가장 적합한 제품이나 서비스를 추천할 수 있다. 소비자들은 새로운 구매 기회를 얻고 만족감을 얻을 수 있다.

다섯째, 탄력적인 가격 정책을 운용하려고 할 때 챗GPT를 활용할 수 있다. 인공지능은 소비자의 구매 의도, 경쟁사에 대한 소비자의 선호도, 시장의 수요와 공급 현황을 분석해 가격 정책을 탄력적으로 운영하거나 각종 할인 혜택을 제공할 방안을 알려 준다. 이렇게 하면 소비자에게 더 많은 구매 기회를 제공할 수 있다.

4) 표적화와 최적화

챗GPT 같은 인공지능은 광고산업에서 표적화와 최적화 과정에서 중요한 기능을 수행한다. 인공지능은 머신러닝과 데이터 분석 기술을 활용해 개인화된 광고 캠페인을 전개하고 광고 대상을 효과적으로 선정하며, 광고 메시지를 개선하는 데 도움을 준다. 챗GPT는 또한 표적화와 최적화를 바탕으로 미디어 구매의 자동화에도 결정적으로 이바지할 수 있다. 표적화와 최적화가 필요할 때 챗GPT를 다음과 같이 활용할 수 있다.

첫째, 소비자 세분화를 시도할 때 챗GPT를 활용할 수 있다. 챗GPT는 소비자 행동 자료를 분석해 소비자를 세분화한다. 소비자 세분화 결과는 광고 메시지를 어떤 집단에 전달할 때도 활용할 수 있다. 소비자의 브라우징 패턴을 분석해 개인화된 상품의 추천 광고를 만들 때도 챗GPT의 도움을 얻을 수 있다.

둘째, 시안을 비교하기 위해 A/B 테스트를 시도할 때도 챗GPT를 활용할 수 있다. 챗GPT는 광고 캠페인의 다양한 요소를 동시에 테스트한 결과를 바탕으로 가장 효과적인 광고전략을 결정하려고 할 때 도움이 된다. 챗GPT를 활용하면 광고 기획자가 광고 캠페인을 더욱 신속히 최적화하는 데 도움을 준다.

셋째, 예측 모델링을 시도할 때도 챗GPT를 활용할 수 있다. 챗GPT는 과거의 광고 효과 데이터를 분석함으로써 광고 캠페인이 진행된 다음에 나타날 광고효과를 예측할 수 있다. 광고인들은 캠페인을 전개하기에 앞서 미래의 효과를 예측함으로써 표적화와 최적화에 필요한 효과적인 전략을 선택할 수 있다.

넷째, 최적화 추천을 시도할 때도 챗GPT를 활용할 수 있다. 챗GPT는 표적화와 최적화의 알고리즘을 바탕으로 광고전략의 최적화에 필요한 구체적인 방법을 알려 준다. 어떤 메시지가 어떤 대상에게 효과적인지, 어떤 소비자 집단에 집중해야 하는지, 어떤 시간에 광고를 게재해야 가장 효과적인지도 알 수 있다.

다섯째, 자동화된 미디어 구매를 시도할 때 챗GPT를 활용할 수 있다. 실시간 입찰로 디지털 광고 공간을 구매할 때도 인공지능이 도움이 된다. 광고를 실시간 경매하는 프로그래매틱 광고(programmatic ad)도 인공지능의 알고리즘에 따라 가동된다. 광고주는 비용 효율성을 추구하며 광고 공간을 구매할 수 있다.

이처럼 챗GPT는 광고인들이 소비자를 정확히 표적화하고, 광고 캠페인을 개인화하고, 광고효과를 최적화하는 데 도움을 준다. 결국 챗GPT는 광고의 효율성을 높이고 메시지의 효과를 높이는 데 이바지한다. 인공지능은 광고를 실시간으로 경매하는 프로그래매틱 광고 분야에서 결정적으로 기여할 수 있다. 프로그래매틱 광고는 미디어 구매와 배치 및 최적화를 자동화함으로써 캠페인의 효율을 높이는 광고 기법이다.

3. 콘텐츠 창작에서 챗GPT의 활용

챗GPT가 제공해 주는 다양한 정보를 광고산업의 여러 분야 중 광고 콘텐츠 창작 분야에서 각각 어떻게 활용하면 좋을까? 구체적인 사례와 함께 살펴보기로 하자. 챗GPT 같은 인공지능 기술은 광고 콘텐츠 창작에 있어 다음과 같은 다양한 방법으로 활용될 수 있다.

1) 카피라이팅의 도구로 활용

챗GPT는 훌륭한 카피라이팅 도구로 활용할 수 있다. 광고 카피나 슬로건을 쓰다가 잘 풀리지 않을 때 카피라이터는 챗GPT에게 주제, 제품, 브랜드 특성에 관한 정보를 제공하고 독창적인 아이디어나 카피를 써 달라고 요청할 수 있다. 챗GPT는 이런 정보를 바탕으로 다양한 카피 아이디어를 생성할 수 있다. 챗GPT를 활용한 카피라이팅 도구는 광고인들이 효과적이고 창의적인 광고 카피를 쓰는 데 도움이 된다. 챗GPT는 데이터 분석, 언어 처리, 텍스트 생성 같은 다양한 기능을 통해 광고 메시지를 만들고 수정할 수 있다. 챗GPT를 활용한 광고 카피라이팅의 사례를 살펴보자.

첫째, 챗GPT를 활용해 카피의 초안을 생성할 수 있다. 카피라이터가 어떤 제품이나 서비스에 대한 카피를 쓸 때, 챗GPT는 적절한 어휘, 카피, 문장 구조를 제시함으로써 초안의 작성에 도움을 준다. 여행 사이트의 카피를 쓴다고 할 경우, 챗GPT는 "휴가에 필요한 완벽한 정보, ○○사이트에 있습니다" 같은 카피를 제시할 수 있다.

둘째, 챗GPT를 활용해 카피를 최적화하고 테스트할 수 있다. 챗GPT는 카피 검증 결과와 소비자 반응을 분석해 광고 카피를 수정하고 최적화하는 데 도움이 된다. 만약 어떤 카피가 소비자의 관심을 끌지 못한다면, 챗GPT는 다른 카피를 제안하거나 앞서 제시한 카피의 수정안을 제시해 소비자들이 더 주목하도록 도와주기도 한다.

셋째, 챗GPT를 활용해 개인 맞춤형의 카피를 쓸 수 있다. 챗GPT는 소비자의 관심사, 행동 패턴, 구매 이력 같은 정보를 분석해 개인 맞춤형의 광고 카피를 생성하는 데 도움을 준다. 소비자가 최근에 어떤 영화 티켓을 구매했다면, 챗GPT는 "당신이 본 ○○ 영화와 같은 다른 영화도 확인해 보세요!" 같은 카피의 초안을 제안해 줄 수 있다.

이처럼 카피라이터는 광고 카피를 쓰고 수정할 때 챗GPT를 활용해 기초 업무를 할 수 있다. 이렇게 하면 챗GPT가 카피라이터의 시간을 줄여 주고 초벌 카피를 써 주기 때문에 상당한 도움이 되는 것도 사실이다. 챗GPT를 활용하면 카피라이팅의 기반을 마련하고 광고 캠페인의 성과를 높일 수 있는 기초 업무를 손쉽게 마무리할 수 있지만, 어디까지나 카피라이팅의 기초에 불과하다는 사실을 잊지 말아야 한다.

2) 소비자의 반응 분석

챗GPT는 광고 캠페인에 대한 소비자의 반응을 분석할 때 두루 활용할 수 있다. 소셜미디어에서 광고에 대한 피드백이나 의견을 수집해 광고 메시지를 개발하고 광고 전략을 수립하거나 광고 콘텐츠를 창작하고 광고 캠페인에 대한 소비자 반응을 분석할 때도 챗GPT의 도움을 받을 수 있다. 챗GPT는 소비자들의 온라인 행동, 피드백, 댓글 같은 데이터를 분석해 광고효과를 측정하고 광고 캠페인을 전개할 수 있는 통찰력을 제공한다. 소비자의 반응 분석에서 챗GPT를 어떻게 활용할 수 있는지 살펴보자.

첫째, 챗GPT를 활용한 감성 분석이다. 소셜미디어, 블로그, 댓글 사이트에서 소비자의 의견을 수집해 광고에 대한 소비자들의 반응을 파악하고 분석하는 데 챗GPT를 활용할 수 있다. 카피라이터는 챗GPT를 활용해 광고에 대한 소비자들의 긍정적 반응이나 부정적 반응을 파악해서 광고 카피를 수정할 수도 있다.

둘째, 챗GPT를 활용한 행동 분석이다. 소비자들의 클릭률, 페이지뷰, 구매 이력 같은 온라인 소비 행동을 분석해 광고효과를 측정할 때 챗GPT를 활용할 수 있다. 소비행동에 관한 정보는 광고 카피가 어떤 집단의 소비자에게 효과적인지, 또는 어떤 요소가 광고효과에 영향을 미치는지 이해하는 데 도움이 된다.

셋째, 챗GPT를 활용한 소비자 피드백이다. 소비자들이 제공하는 직접적인 피드백을 수집하고 분석할 때 챗GPT를 활용 수 있다. 카피라이터는 챗GPT를 활용해서 광고 카피에 대한 소비자들의 직접적인 반응을 구체적으로 분석할 수도 있고, 필요할 때는 소비자 피드백을 고려하며 광고 카피를 수정해 나갈 수 있다.

넷째, 챗GPT를 활용한 예측 분석이다. 챗GPT가 제공하는 소비자들의 과거 행동 자료와 현재의 행동 패턴을 분석해 보면 미래의 소비자 행동도 예측할 수 있다. 챗GPT가 제공하는 정보는 어떤 광고 캠페인의 기대 효과를 예측하는 데도 도움이 되지만, 새로운 광고전략을 수립할 때도 놀라운 통찰력을 제공한다.

따라서 카피라이터는 광고 캠페인의 효과를 측정하고, 소비자들의 반응을 이해하고, 광고 캠페인을 전개하는 데 있어서 구체적인 통찰력을 제공하는 챗GPT 인공지능을 이해할 필요가 있다. 챗GPT에만 전적으로 의존한다면 결국 카피라이터를 바보로 만들겠지만, 그렇다고 해서 챗GPT를 아예 무시하는 것도 어리석은 일이다.

3) 대화형 콘텐츠 창작

챗GPT는 대화형 광고 콘텐츠를 창작할 때도 활용할 수 있다. 챗봇을 통해 소비자와 대화하면서 제품이나 서비스에 대한 정보를 제공하거나, 소비자의 질문에 답변하는 기능을 수행할 수 있다. 챗GPT 같은 생성형 인공지능 기술은 대화형 콘텐츠를 창작할 때 효과적이다. 이를 활용하면 이용자와의 능동적인 상호작용을 통해 훨씬 더 맞춤화되고, 개인화된 광고 경험을 제공할 수 있다. 챗봇, 대화형 이메일, 개인화된 광고 같은 다양한 방법으로 활용된다. 대화형 콘텐츠 생성의 몇 가지 예를 살펴보자.

첫째, 인공지능 챗봇이다. 인공지능 챗봇은 이용자와의 대화를 통해 이용자의 욕구를 이해하고 분석한 다음 적절한 제품이나 서비스를 추천할 수 있다. 예컨대, 온라인 의류 쇼핑 사이트의 인공지능 챗봇은 이용자의 스타일, 예산, 용도를 분석한 다음 그에 알맞게 옷을 추천할 수 있다.

둘째, 대화형 이메일이다. 이용자가 직접 응답할 수 있는 이메일을 만들어 개인 맞춤형의 다양한 소통 메시지를 제공할 수 있다. 예컨대, 여행 사이트에서 이용자에게 이메일을 보내 여행 계획에 대해 질문한 다음, 이용자의 응답에 따라 맞춤형 여행 패키지를 상세히 제안해 줄 수 있다.

셋째, 개인화된 광고다. 개인화된 광고에서는 이용자의 과거 구매 이력, 검색 이력, 클릭 이력을 기반으로 맞춤형 광고 카피를 제시할 수 있다. 예컨대, 소비자가 최근에 스포츠용품을 검색한 기록이 있다면, 이용자에게 관련 광고를 보여 주거나 쿠폰과 할인을 제안하는 카피를 써 줄 수 있다.

챗GPT는 이러한 방법으로 다양한 스타일의 인공지능 카피를 쓸 수 있다. 카피라이터는 챗GPT를 활용해 이용자에게 적합한 맞춤형 콘텐츠를 생성하고, 이용자의 의사결정 과정을 지원하며, 브랜드 경험을 개인화하는 아이디어를 얻을 수 있다. 이렇게 하면 이용자의 만족도와 브랜드 충성도를 높이는 데도 도움이 된다.

4) 개인화된 콘텐츠

챗GPT를 활용해 이용자의 선호도와 행동 패턴을 분석한 다음 개인 맞춤형의 광고 카피를 생성할 수 있다. 챗GPT가 써 준 카피는 소비자의 욕구를 반영하기 때문에 효과적인 마케팅 성과를 기대할 수 있다. 챗GPT를 활용하면 이용자의 선호, 행동 패턴, 구매 이력을 분석할 수 있는데, 그 결과를 바탕으로 이용자에게 관련성이 높고 흥미를 끌 수 있는 카피를 쓸 수 있다. 챗GPT를 활용해 개인화된 콘텐츠를 만들 수 있는 사례를 살펴보자.

첫째, 챗GPT를 활용해 동영상 광고 콘텐츠를 만들 수 있다. 챗GPT는 소비자의 구매 행동, 인구통계적 특성, 검색 이력을 바탕으로 개인화된 광고를 실시간으로 노출할 수 있다. 예컨대, 온라인 쇼핑몰에서는 소비자가 과거에 조회했던 제품 정보에 알맞게 동영상 광고를 개인화하고 그에 따라 추천 상품을 권유할 수 있다.

둘째, 챗GPT를 활용해 개인화된 이메일 마케팅을 전개할 수 있다. 챗GPT는 소비자 행동, 선호도, 구매 이력을 분석해 개인별로 이메일을 보내 소비자에게 관련성이 높고 가치 있는 브랜드 콘텐츠를 제공할 수 있다. 예컨대, 식품 사이트에서는 소비자가 검색한 핵심어에 맞춰 개인 맞춤형으로 이메일을 보낼 수 있다.

셋째, 챗GPT를 활용해 개인화된 챗봇 서비스를 제공할 수 있다. 인공지능 챗봇은 소비자의 질문에 대한 답변을 제공하는 동시에 소비자의 관심사와 선호도에 맞춰 최신 정보를 제공할 수 있다. 예컨대, 여행 사이트의 챗봇은 소비자의 여행 선호도를 학습한 다음 그에 따라 개인 맞춤형의 여행 상품을 추천할 수 있다.

이런 방식을 통해 챗GPT는 소비자에게 개인 맞춤형의 경험을 제공함으로써, 소비자의 참여를 유도하고 전환율을 높일 수 있다. 이렇게 되면 결국 광고 기획자나 카피라이터의 업무 부담을 줄이고 효율성을 높일 수 있다. 예컨대, 스포츠 브랜드에서는 챗GPT를 활용해 다양한 소비자 특성에 알맞게 광고 카피를 쓸 수 있다. '아웃도어 활동을 좋아하는 20대 남성'에게는 캠핑과 등산에 적합한 제품을 알리는 카피를, '피트니스를 즐기는 30대 여성'에게는 헬스클럽이나 요가 교실에서 필요한 제품을 알리는 카피를 노출할 수 있다. 이처럼 챗GPT는 소비자 행동의 특성에 가장 적합한 카피를 생성함으로써 개인 맞춤형의 광고 캠페인을 전개할 수 있도록 한다.

4. 카피 창작에서 챗GPT의 활용

앞에서 살펴보았듯이 챗GPT는 광고 카피라이팅에 있어서도 매우 유용한 도구로 활용할 수 있다. 새로운 아이디어를 도출하거나, 어떤 목표의 소비자에게 적합한 표현을 찾는 데도 챗GPT는 도움이 된다. 몇 가지 구체적인 사례를 통해 챗GPT를 카피라이팅에서 어떻게 활용할 수 있을지 살펴보기로 하자. 챗GPT를 활용하지 않아도 카피를 쓸 수 있겠지만 챗GPT의 도움을 받아 초벌 카피를 얻고, 그것을 바탕으로 카피를 발전시키는 것도 나쁘지는 않다.

1) 제품 특성 알리기

가령 여러분이 환경친화적인 티셔츠를 판매하는 브랜드의 광고 카피를 쓴다고 가정해 보자. 그렇다면 챗GPT에게 제품 정보와 함께 '환경을 보호하면서도 스타일을 유지하고 싶어 하는 소비자에게 제품 판매를 촉진하는 카피' 같은 카피의 목적을 알려 주고 카피를 써 달라고 하면, 챗GPT는 다음과 같은 카피를 생성해 낼 수 있다.

ChatGPT "지구를 사랑하는 우리 모두를 위한 티셔츠! 우리의 지속가능한 티셔츠는 단지 맵시 있을 뿐만 아니라, 각각의 티셔츠가 지구를 지키는 데 이바지합니다. 나무 심는 마음으로 지금 바로 이 티셔츠를 선택하면 당신의 패션 감각을 표현하고 환경 보호에도 이바지합니다."

챗GPT를 광고 카피라이팅의 도구로 활용해 '제품 특성의 고지'에 집중하는 광고 카피를 쓴다고 할 경우에, 챗GPT 같은 인공지능을 활용하면 제품의 특성을 독창적이고 효과적인 방식으로 표현하는 광고 카피를 쓸 수 있다. 인공지능은 제품의 특성, 목표 시장, 브랜드의 느낌을 이해하고, 이를 바탕으로 각각의 문맥에 적합한 맞춤형 광고 카피를 쓸 수 있다.

예컨대, 고성능 노트북을 알리는 카피를 쓰기 위해 챗GPT를 활용하려면 다음과 같은 과정을 거칠 수 있다. 먼저, 챗GPT가 제품의 특성과 장점을 이해할 수 있도록 하려면 그 노트북이 강력한 프로세서, 뛰어난 배터리 수명, 우수한 그래픽 카드, 휴대성, 고품질의 디스플레이 등이 있다고 강조해야 한다. 다음으로, 챗GPT가 목표 시장과 브랜드의 느낌을 이해할 수 있도록 해야 한다. 예컨대, 이 노트북은 전문가나 게임의 고수를 대상으로 하고, 브랜드의 느낌은 전문적이고 혁신적이라는 사실을 강조할 수 있다. 그런 다음에 챗GPT는 여러 정보를 바탕으로 다음과 같은 광고 카피를 쓸 수 있다.

ChatGPT "최신 고성능 노트북이 당신의 일상을 혁신적으로 바꿉니다. 가장 강력한 프로세서와 우수한 그래픽 카드로 복잡한 업무도 쉽게 처리하고, 배터리 수명이 뛰어나 언제 어디에서나 사용할 수 있습니다. 고품질의 디스플레이는 당신의 시각 경험을 확장합니다. 전문가든 게임의 고수든 이 노트북은 당신의 기대를 만족시킬 것입니다."

이렇게 챗GPT를 활용하면 브랜드와 제품의 특성을 반영한 효과적인 광고 카피를 쓸 수 있다. 인공지능의 뛰어난 언어 습득 능력과 창의적 사고는 효과적인 광고 카피를 쓰는 데 상당한 도움이 될 것이다.

2) 목표 소비자의 공감

학생들을 대상으로 학습 도구에 대한 광고 카피를 쓴다고 가정해 보자. 챗GPT에게 학생들이 느끼는 공부의 지루함과 어려움에 대해 알려 주고, 그 학습 도구가 공부를 싫어하는 학생들에게 구체적으로 어떻게 도움이 될 것인지에 대한 정보를 제공하면, 챗GPT는 다음과 같은 카피를 쓸 수 있다.

ChatGPT "시험 기간이 고민이라고요? ○○학습 도구를 준비해 보세요. 이 학습 도구는 당신이 필요로 하는 정보를 쉽고 빠르게 찾아서 공부 시간을 효과적으로 활용할 수 있도록 도와줍니다. 더 이상 불필요한 스트레스에 시달리지 마세요. 공부가 즐거워지는 순간을 직접 경험해 보세요."

이처럼 챗GPT는 다양한 상황과 요구사항에 맞는 광고 카피를 쓰는 데 도움을 줄 수 있다. 제품에 대한 정보나 요구사항을 제시하면 챗GPT는 이를 바탕으로 효과적인 광고 카피를 쓰는 데 필요한 독창적인 아이디어를 제공해 준다. 챗GPT를 광고 카피 라이팅의 도구로 활용해 '목표 소비자 공감'에 집중하는 광고 카피를 써 달라고 하면, 목표 소비자의 공감을 끌어내는 광고 카피를 쓸 수 있다. 챗GPT는 소비자의 경험, 감정, 선호도를 정확히 이해하고 그들의 언어에 맞게 카피를 써 줄 수 있다.

예컨대, 신혼여행 상품을 알리는 여행사의 광고 카피를 쓴다고 가정해 보자. 먼저, 챗GPT는 목표 소비자인 신혼부부의 기대감을 이해해야 한다. 이들은 아마도 낭만적인 경험을 바랄 것이고, 특별한 추억을 만들고자 할 것이다. 다음으로, 챗GPT는 브랜드의 느낌을 이해해야 한다. 여행 상품에서는 따뜻하고 친근하며 안전하고 편안한 여행 경험을 제공한다는 사실을 강조할 것이다. 챗GPT는 이런 정보를 바탕으로 공감을 유발하는 다음과 같은 카피를 써 줄 것이다.

ChatGPT "신혼여행은 단순한 여행이 아닙니다. 그것은 두 사람의 새로운 삶의 시작, 특별한 추억을 만들기 위한 완벽한 시간입니다. 저희는 그 특별한 순간을 완벽하게 만들어 드리기 위해 모든 것을 준비했습니다. 따뜻한 햇볕이 가득한 해변에서의 아침 식사, 별이 빛나는 밤하늘 아래에서의 낭만적인 저녁 식사. 모든 것을 당신만을 위해 준비했습니다. 저희와 함께 추억을 만들어 보세요."

이렇게 챗GPT를 활용하면 목표 소비자의 감정과 경험에 대한 깊은 이해를 바탕으로 신혼부부들이 관심을 가질 수 있는 광고 카피를 쓸 수 있다. 소비자들이 공감하는 카피는 브랜드와 소비자 사이에 강한 연결고리를 만들어 주고, 브랜드 이미지를 강화하는 데 상당한 영향을 미치게 된다.

3) 새로운 제품의 출시

만약 독자 여러분이 새로운 스마트폰 모델의 출시를 앞두고 그 스마트폰에 대한 광고 카피를 써야 한다고 가정해 보자. 이때 챗GPT에게 제품의 특성, 브랜드의 가치, 광고의 목표를 상세히 알려 주고 카피를 써 달라고 하면, 챗GPT는 입수한 정보를 바탕으로 다음과 같은 광고 카피를 쓸 수 있다.

🟢 **ChatGPT** "이전에 없던 전혀 다른 스마트폰을 경험하세요. 차세대 기술로 무장한 ○○스마트폰은 그 어떤 휴대폰으로도 경험할 수 없던 빠르고 놀라운 소통을 가능하게 합니다. 이제 끊어지지 않는 통화와 빠른 인터넷은 기본이며, ○○스마트폰은 이를 더욱 초월했습니다. 미래를 미리 만나 보세요."

챗GPT를 광고 카피라이팅의 도구로 활용해 '새로운 제품 출시'에 집중하는 광고 카피를 쓴다고 할 때, 챗GPT 기술을 활용해 신상품 출시에 초점을 맞춘 광고 카피를 쓸 수 있다. 이때는 제품의 독특한 특성과 기능 및 소비자에게 제공할 가치를 전달해야 한다. 예컨대, 테크놀로지 기업에서 새 스마트폰을 출시한다고 가정해 보자. 먼저, 제품 특성을 이해해야 한다. 챗GPT는 먼저 새로운 제품의 핵심 기능과 특성을 이해해야 한다. 스마트폰이 고해상도 카메라, 탁월한 배터리 수명, 빠른 프로세서를 갖췄다고 가정할 수 있다. 다음으로 목표 소비자를 이해해야 한다. 제품의 목표 소비자는 사진 촬영에 관심이 많은 사람일 수 있다. 이런 정보를 바탕으로 챗GPT는 다음과 같은 카피를 쓸 수 있다.

🟢 **ChatGPT** "당신의 주머니 속에서 진정한 힘을 경험해 보세요. 새로운 ○○스마트폰은 창의적으로 사진을 찍어 주는 고해상도 카메라, 온종일 지속되는 엄청난 배터리 수명, 그리고 순식간에 앱을 켜는 초고속 프로세서를 갖췄습니다. 언제 어디서든 최고의 순간을 포착하고 공유하실 수 있습니다. ○○스마트폰과 함께 더 큰 세상을 만나 보세요."

이처럼 챗GPT를 활용해 새로운 제품의 특성과 기능을 강조하고, 그 제품이 소비자에게 어떠한 가치를 제공하는지 명확하게 전달하는 광고 카피를 쓸 수 있다. 카피라이터들이 챗GPT를 활용해 카피를 쓰면 제품의 출시를 성공적으로 이끌고 시장에 신상품을 효과적으로 소개하는 데 도움이 될 것이다.

4) 계절별 이벤트 알리기

어떤 제품이나 브랜드를 판매하는 회사에서 크리스마스, 밸런타인데이, 화이트데이 같은 어떤 시기에 맞춰 특별 할인 행사를 준비했다고 가정해 보자. 이때도 챗GPT에게 할인 행사의 내용을 알려 주며 거기에 알맞게 카피를 써 달라고 요청할 수 있다. 챗GPT는 잠시도 망설이지 않고 다음과 같은 카피를 쏟아 낼 것이다.

🟢 **ChatGPT** "올 여름, 당신의 휴가를 더 특별하게 만들어 드립니다. 시원한 바다를 즐기시거나 오지를 탐험하실 수도 있습니다. 당신의 여행 계획에 딱 맞는 특별 할인 이벤트를 준비했습니다. 이번 여름, ○○브랜드와 함께 새로운 모험을 떠나 보세요."

챗GPT를 광고 카피라이팅의 도구로 활용해 '계절별 이벤트 알리기'에 집중하는 광고 카피를 쓴다고 할 때 행사에 초점을 맞춰야 한다. 이벤트의 특성, 계절 감성, 소비자 혜택에 대한 정보를 챗GPT에게 알려 주면 맞춤형 광고 카피를 얻을 수 있다. 예컨대, 소매업체가 크리스마스 시즌에 맞춰 특별 할인 이벤트를 진행한다고 가정해 보자. 챗GPT가 먼저 이벤트의 기간, 제공되는 할인율, 특별 혜택 같은 이벤트의 핵심 정보를 이해해야 한다. 그리고 목표 소비자의 특성에 대해서도 이해해야 한다. 이벤트의 목표 소비자는 크리스마스 선물을 찾고 있는 소비자다. 이런 정보를 바탕으로 챗GPT는 다음과 같은 광고 카피를 생성해 줄 것이다.

🟢 **ChatGPT** "이번 크리스마스에 선물 구매에 대한 걱정을 덜어드립니다. ○○마트에서는 크리스마스를 맞이해 모든 상품에 30% 할인 이벤트를 진행합니다. 선물 구매를 위한 절호의 기회입니다. 마법 같은 크리스마스를 위해 지금 바로 ○○마트로 가세요."

이처럼 챗GPT는 이벤트의 핵심 정보와 시기별 특성을 고려해 독특하고 매력적인 광고 카피를 쓸 수 있도록 도와준다. 카피라이터는 챗GPT를 활용해 소비자의 참여를 유도하고, 이벤트의 성공을 촉진할 수 있다. 챗GPT는 카피라이터에게 주제와 상황에 따라 다양한 아이디어를 도출하는 데 도움을 줄 수 있다. 카피라이터의 요구사항과 정보를 바탕으로 그에 알맞게 효과적인 광고 카피를 생성해 줄 것이다.

5) 챗GPT 활용에 앞선 준비 사항

챗GPT를 광고 카피라이팅의 도구로 더욱더 잘 활용하려면, 광고회사의 카피라이터는 사전에 무엇을 준비해야 하고 어떤 공부를 해야 할 것인가? 챗GPT를 광고 카피라이팅의 도구로서 효과적으로 활용하려면, 카피라이터는 다음과 같은 사항을 알아 두면 더 도움이 될 것이다. 그렇지만 차량 구조 원리를 몰라도 자동차 운전을 할 수 있듯이, 챗GPT에 관련된 전문 지식을 상세히 알지 못해도 챗GPT를 활용하는 데 있어서 심각한 문제는 없다. 챗GPT를 활용하기에 앞서 카피라이터에게 필요한 기본자세는 다음과 같다.

첫째, 인공지능 기술에 늘 관심을 가져야 한다. 인공지능 기술이 어떻게 작동하고, 어떤 방식으로 정보를 처리하며, 어떤 종류의 입력에 대해 가장 잘 대응하는지 깊이 이해하면 좋겠지만 전공자가 아닌 이상 어려운 부분도 많다. 따라서 기계학습, 딥러닝, 자연어 처리(NLP) 같은 관련 개념을 기초 정도만 이해하고, 실제로 인공지능 도구를 직접 활용하고 경험해 보는 것이 가장 효과적이다. 인공지능 분야는 빠르게 발전하고 있으므로 인공지능과 관련된 뉴스, 논문, 블로그를 자주 접하다 보면 카피라이터가 인공지능 기술을 이해하는 데 도움이 된다.

둘째, 플랫폼과 소비자를 이해해야 한다. 광고 카피를 작성할 때는 광고를 게재할 플랫폼(예: 소셜미디어, 전통적인 미디어 등)과 플랫폼의 핵심 소비자를 깊이 이해해야 한다. 그렇게 하면 챗GPT에게 최적의 카피를 쓰도록 지시하는 데도 도움이 된다. 챗GPT를 카피라이팅의 효과적인 도구로 활용하려면 4가지에 집중해야 한다. ① 카피라이터는 고유한 특성과 커뮤니티를 가진 플랫폼의 특성을 이해하고 그 플랫폼에서 가장 효과적으로 광고 메시지를 제공하는 방법(예: Instagram은 시각 콘텐츠에 중점, Twitter는 간결한 메시지 전달, LinkedIn은 전문가 네트워킹과 정보 공유)을 알아야 하며 (플랫폼 분석), ② 누가 메시지를 보는지 이해하기 위해 카피라이터가 그들의 관심사나 문화를 깊이 이해한다면 챗GPT를 활용해 더욱 효과적인 카피를 쓸 수 있다(소비자 연구). ③ 새로운 트렌드는 소비자의 행동과 관심사를 반영하기 때문에 카피라이터가 소셜미디어의 급변하는 트렌드를 이해하고 활용한다면 관련성 있는 카피를 쓸 수 있으며(소셜미디어 트렌드 파악), ④ 카피라이터는 자신의 카피가 어떻게 수용되고 있는지 소셜미디어의 '댓글' '공유' '좋아요' 같은 반응 지표를 검토해 카피의 내용과 접근 방법을 수정할 수 있다(피드백 반영).

셋째, 상세한 세부 정보를 제공해야 한다. 챗GPT는 제공된 정보를 바탕으로 작동한다. 따라서 제품의 특성, 브랜드의 가치, 목표 소비자의 특성, 광고의 목표 등 가능한 많은 세부 정보를 제공할 필요가 있다. 이렇게 하면 인공지능은 카피라이터의 요구사항에 가장 적합한 카피를 생성해 준다. 챗GPT는 입력값에 따라 출력을 생성하기 때문에 상세하고 명확한 세부 정보를 제공해야 하며, 이를 위해 다음과 같은 방법을 활용할 수 있다. ① 어떤 목표를 구체적으로 설정해야 한다. 챗GPT로부터 어떤 결과를 원하는지 명확하게 입력할 필요가 있다. "장난감 판매를 위한 페이스북 광고 카피를 써 주세요. 목표 소비자는 30대 초반의 부모이며, 제품은 안전하고 교육적인 놀이를 제공한다는 점을 강조해 주세요." 이처럼 어떤 목표를 구체적으로 설정해 주고 카피를 써 달라고 요청해야 한다. ② 브랜드의 느낌과 스타일을 지정해 줘야 한다. 카피를 쓰려는 브랜드의 특성과 느낌을 챗GPT에게 설명해 주면 챗GPT는 브랜드에 맞는 적절한 카피를 써 줄 것이다. ③ 추가적인 정보를 제공해야 한다. 어떤 상황에 대한 배경 정보, 목표 소비자의 특성, 제품 또는 서비스의 세부 사항 같은 추가 정보를 제공하면, 챗GPT는 보다 정확하고 관련성 있는 카피를 써 줄 것이다. ④ 설명과 안내를 추가로 제공해야 한다. 필요하다면 챗GPT에게 원하는 카피의 형식을 더 자세히 설명할 수 있다. "헤드라인, 서브헤드라인, 보디카피라는 세 부분으로 구성된 광고 카피를 써 주세요." 이처럼 명확히 요청하고 상세한 정보를 제공하면, 챗GPT는 그에 맞는 적절하고 유익한 결과를 생성해 준다. 따라서 카피라이터는 상세하고 명확한 정보를 제공함으로써 챗GPT를 보다 효과적으로 활용할 수 있다.

넷째, 조사 역량을 강화해야 한다. 브랜드의 경쟁력을 높이고 효과적인 메시지를 전달하려면 시장의 트렌드, 소비자의 행동 패턴, 새로운 마케팅 전략에 대해 깊이 이해해야 한다. 챗GPT를 활용해 정보를 수집하고 분석하는 연구 역량의 강화는 카피라이팅에서 중요한 요소다. 카피라이터는 목표 소비자, 제품이나 서비스의 소비자 혜택, 경쟁사의 광고 크리에이티브, 업계의 트렌드에 대해 깊이 이해해야 하기 때문이다. 광고의 대상이 되는 소비자의 이해, 제품과 서비스에 대한 심층적인 이해, 경쟁사의 광고전략과 메시지 스타일을 알아보는 경쟁사 분석, 업계의 최신 트렌드와 변화의 파악 등을 챗GPT를 활용해 시도할 수 있다.

다섯째, 카피의 점검과 편집 실력을 높여야 한다. 챗GPT가 생성한 카피는 완벽하지 않으며 때때로 문맥이나 브랜드 특성에 어울리지 않고 어색한 부분이 있을 수 있으니, 카피라이터는 챗GPT가 써 주는 카피를 적절히 걸러 내고 편집하는 능력을 길러야 한다. 챗GPT를 카피라이팅의 도구로 활용하며 점검 및 편집 능력을 강화하려면 어떻게 해야 할까? 챗GPT가 써 준 카피가 유용하고 창의적이라 할지라도, 그 카피가 광고 목표와 브랜드 가치를 만족시키는지 검토해야 한다. 이를 위해 카피라이터는 다음과 같은 능력을 강화해야 한다. ① 비판적 사고력을 길러야 한다. 카피라이터는 챗GPT가 생성한 결과물을 분석하고 평가하는 능력이 필요하다. 카피가 목표 소비자를 대상으로 메시지를 명확하게 전달하는지, 브랜드의 느낌과 스타일에 일치하는지를 평가해야 한다. ② 브랜드의 가이드라인을 이해해야 한다. 카피라이터는 브랜드의 느낌과 스타일 및 가치를 깊이 이해해야 한다. 그래야 챗GPT가 써 주는 카피가 브랜드 이미지에 부합하는지 판단하고 미흡한 부분을 수정할 수 있다. ③ 언어적 표현력과 문법 지식을 연마해야 한다. 챗GPT가 생성한 카피를 편집하고 개선하기 위해서는 카피라이터가 언어적 표현력과 문법 지식을 공부해야 챗GPT가 만들어 낸 카피를 더욱 매력적이고 효과적인 방식으로 다듬을 수 있다. ④ 창의적인 통찰력을 길러야 한다. 챗GPT의 생성물은 때때로 예상치 못한 비현실적인 아이디어일 경우도 있다. 이런 아이디어들을 적절하게 이해하고 활용할 수 있는 창의적 통찰력이 필요하다.

카피라이터는 이렇게 점검과 편집 능력을 강화함으로써, 챗GPT를 효과적으로 활용하고 최적화할 수 있다. 예컨대, 챗GPT에게 카피를 써 달라고 요청할 때, 광고할 제품의 특성(예: 친환경 티셔츠, 재활용 소재 활용, 편안한 느낌), 목표 소비자(예: 환경에 관심 있는 20대와 30대 여성), 광고의 목표(예: 브랜드 인지도 제고) 같은 정보를 제공해야 한다. 이런 정보를 학습한 챗GPT는 다음과 같은 카피를 써 줄 수 있다. "환경을 사랑하는 20대와 30대 여성을 위한 완벽한 선택! 재활용 소재로 만든 친환경 ○○티셔츠는 지구를 보호하고 편안한 스타일까지 선사합니다. 지금 바로 경험해 보세요" 카피라이터는 챗GPT가 써 준 카피를 브랜드의 느낌과 스타일에 맞게 수정하고, 필요하다면 추가 정보를 덧붙여 최종 카피를 완성할 수 있다. 이 과정에서 카피라이터의 솜씨와 창의성이 중요하게 작용한다.

여섯째, 인공지능 에티켓을 이해해야 한다. 챗GPT와 상호작용할 때는 에티켓을 따를 필요가 있다. 카피라이터는 명확하고 구체적으로 지시하고, 인공지능의 한계를 인정하며 적절한 기대 수준을 가져야 한다. 챗GPT를 광고 카피라이팅의 도구로 활용하려면, 카피라이터가 인공지능 에티켓을 구체적으로 어떻게 이해해야 할까? 먼저, 인공지능의 한계를 이해해야 한다. 인공지능은 아직까지는 완벽하게 인간의 창의성을 대체할 수 없다. 챗GPT 같은 도구는 소프트웨어이므로 입력값과 훈련 데이터에 따라 결과물을 도출한다. 따라서 챗GPT의 한계를 인정하며 생성된 결과를 무조건 받아들이지 않고 적절히 판단하는 능력이 필요하다. 다음으로, 챗GPT 활용의 윤리적 측면을 고려해야 한다. 개인정보 보호, 편견의 제거, 투명성이 중요하다. 챗GPT를 활용해 작성한 카피가 소비자의 감정을 존중하고 사회적 규범을 준수하는지 항상 검토해야 한다. 마지막으로, 챗GPT의 적절한 활용이 중요하다. 인공지능은 도구일 뿐이며 어떻게 활용하느냐에 따라 결과가 크게 달라진다. 챗GPT는 많은 아이디어를 제공해 주지만, 최종 카피는 항상 카피라이터가 결정해야 한다. 챗GPT의 제안을 고려하되 마지막 판단은 항상 사람이 해야 한다. 이런 가이드라인을 이해하고 인정한다면 카피라이터는 챗GPT를 윤리적으로 적합한 수준에서 활용할 수 있다. 챗GPT는 광고 콘텐츠 창작에 있어서 매우 유용한 도구지만 항상 윤리적이고 적절한 방법으로 활용해야 한다.

일곱째, 창의성 향상을 위해 노력해야 한다. 챗GPT는 놀라운 도구일 수 있지만, 어디까지나 활용 도구에 불과하다. 좋은 광고 카피는 여전히 인간 카피라이터의 창의성에서 비롯돼야 한다. 챗GPT는 아이디어를 생성하고 확장하는 데 도움이 되겠지만, 최종적인 결정은 여전히 인간의 몫이다. 따라서 카피라이터는 챗GPT를 활용하면서도 자신의 창의성을 유지하고 발전시켜 나가야 한다. 챗GPT를 광고 카피라이팅의 도구로 효과적으로 활용하려면, 카피라이터가 창의성 향상을 구체적으로 어떻게 해야 할까? 챗GPT는 빅데이터를 처리하고 과거의 패턴을 학습해 아이디어 발상을 할 수 있지만, 그 아이디어는 이미 존재하는 정보에서 생성한 것이다. 따라서 새롭고 독특한 창의적인 아이디어는 여전히 인간의 두뇌에서 나온다고 할 수 있다.

카피라이터는 다음과 같은 방법을 통해 창의성을 향상할 수 있다. ① 챗GPT를 카피라이팅의 도구로 활용하되 초벌 카피를 써 주는 도구로만 활용해야 한다. 챗GPT가 생성하는 아이디어는 초벌일 뿐이니 초벌 카피를 다양한 각도에서 발전시켜 나가야 한다. ② 다양한 자료에서 영감을 얻어야 한다. 챗GPT가 생성하는 결과물은 어디까지나 자료의 원천일 뿐이다. 다른 창의적인 작품, 새로운 기술, 문화적 트렌드, 사회적 이슈 같은 다양한 곳에서 영감을 얻을 필요가 있다. 그렇게 하면 챗GPT가 제안한 아이디어를 보다 풍부하게 확장할 수 있다. ③ 자신만의 목소리를 내야 한다. 챗GPT는 중립적인 카피를 쓰지만, 감정과 유머나 개성은 여전히 인간만의 영역이다. 카피라이터는 이런 요소를 카피에 반영하는 창의적인 솜씨를 발휘해야 한다. ④ 자주 실험하고 점검해야 한다. 챗GPT를 활용해 다양한 카피 아이디어를 실험하고 테스트할 수 있다. 챗GPT가 써 준 초벌 카피를 실제 상황에서 테스트해 보고 반응을 분석하면 더 효과적인 카피를 얻을 수 있다. 카피라이터는 챗GPT를 활용하면서도 자신만의 창의성을 발휘해 독특한 광고 카피를 계속 써 나가야 한다.

여덟째, 새로운 도구와 기술에 유연하게 적응해야 한다. 인공지능 기술은 빠르게 변화하고 발전했다. 챗GPT 기술이 발전하기 전에는 인공지능을 활용한 카피라이팅 도구를 상상하기 어려웠다. 따라서 카피라이터는 새로운 도구와 기술에 유연하게 적응하고, 자신의 필요에 따라 기술을 적절히 활용하는 능력이 중요해졌다. 챗GPT를 카피라이팅의 도구로 효과적으로 활용하려면, 카피라이터는 새로운 도구와 기술에 유연하게 적응해야 한다. 새로운 도구와 기술에 유연하게 적응하고 이를 업무에 활용하는 능력은 카피라이팅은 물론 창의적인 모든 영역에서 중요한 역량이다. 새로운 도구와 기술이 끊임없이 출현하고 있으니, 새로운 도구와 기술을 활용하는 능력이 결과물의 품질을 결정할 수도 있다.

새로운 도구와 기술에 유연하게 적응하고 효과적으로 활용하는 방법은 다음과 같다. ① 지속해서 학습해야 한다. 지속해서 학습해야 새로운 도구와 기술을 제대로 이해할 수 있다. 카피라이터는 여러 경로를 통해 지식을 확장하고 최신 트렌드를 이해하려고 노력해야 한다. ② 실험을 통해 도구나 기술의 활용 방안을 모색해야 한다. 새로운 도구는 항상 실제 업무에 적용해 봐야 한다. 도구나 기술을 자신의 업무에 어떻게 적용할 수 있는지 계속 실험해 봐야 한다. 그 과정에서 어떤 것이 잘 작동하고 어떤 것이 그렇지 않은지 체감할 수 있다. ③ 비판적 사고력을 길러야 한다. 모든 새로운 도구나 기술이 반드시 유용하지는 않다. 비판적 사고(critical thinking)를 통해 각 도구와 기술의 장단점을 평가하고, 그것이 자기 업무에 어떻게 적용될 수 있는지 판단해야 한다. ④ 개방적인 마음가짐을 가져야 한다. 새로운 아이디어에 대한 개방적인 마음가짐은 유연성을 갖추는 데 도움이 된다. 새로운 도구나 기술에 대한 거부감이나 공포 대신에 이를 경험하고 배울 기회로 받아들여야 한다.

카피라이터는 이상의 방법을 통해 새로운 도구와 기술에 대한 유연성을 갖추고 자신의 업무에 활용하는 능력을 키울 수 있다. 새로운 도구와 기술에 유연하게 적응하고 효과적으로 활용하는 카피라이터는 그렇지 않은 카피라이터에 비해 더욱 효과적인 카피를 쓸 가능성이 크다. 카피라이터는 챗GPT가 생성하는 초벌 카피의 새로운 가능성을 탐색하고 활용함으로써 시간을 줄이는 동시에 효과적인 광고 카피를 완성할 수 있다.

6) 챗GPT 이전의 인공지능 카피라이터

챗GPT가 대중화되기 이전에도 인공지능 카피라이터가 존재했다.[12] 2016년 4월, 일본 광고계에서는 흥미로운 실험을 했다. 일본의 껌 브랜드인 클로렛츠(クロレッツ, Clorets) 민트탭을 놓고, 인간 크리에이터 디렉터(CD)와 인공지능 CD가 아이디어 대결을 펼쳤다. 인간 CD와 AI-CD가 광고를 만들어 창의성의 우열을 가려 보자는 취지에서 기획됐다. 대결의 규칙은 간단했다. "즉효 입 상쾌히, 10분간 지속되는(速攻お口スッキリ, 10分長続き)"이라는 키워드를 살려 각각 광고를 만들어 소비자의 투표를 거쳐 승자를 결정하는 방식이었다.[13] 일본에서는 과자 같은 주전부리나 식품을 '입의 연인(お口の恋人)'이라고 하는데, 그래서 모두에게 친숙한 껌이 대결 상품이 됐다.

[그림 1–2] 인간 CD와 인공지능 CD의 아이디어 대결 안내 화면

---

12) 이하 내용은 다음의 책에서 인용했다. 김병희(2021c). 인공지능이 바꾼 광고 세상. 디지털 시대의 광고 마케팅 기상도(pp. 29-44). 서울: 학지사.

13) 宣伝会議(2016. 8.). 人工知能CDと人間CDがCM対決！その結果は？. ブレーン. https://mag.sendenkaigi.com/brain/201608/up-to-works/008484.php

4. 카피 창작에서 챗GPT의 활용

각각의 아이디어를 바탕으로 두 편의 광고가 완성됐다. '푸른 하늘(青空)' 편에서는 한 여성이 푸른 하늘 아래서 드넓은 도화지에 클로렛츠 민트탭의 광고 카피를 붓글씨로 써 내려가는 장면을 보여 주었다. 카피는 짧은 한 줄이었다. "즉효 입 상쾌히 10분간 지속되는– 클로렛츠 민트탭" 그에 비해 '도시(都會)' 편에서는 개 한 마리를 등장시켜 클로렛츠 민트탭을 찾아낸 개의 기쁨을 표현했다. 카피는 이렇다. "자막) 난, 도시에 시달리는 개~" "성공–!" "그–러–니 즉시 상쾌히 씻어 내고" "입 상쾌히 자유롭게" "즉효 입 상쾌히 10분간 지속되는" "와우–!" "클로렛츠. 즉효 입 상쾌한 민트탭" 두 편의 광고를 보여 주고 나서 9월 초에 결과를 발표했다. 어떤 광고에 대한 반응이 더 좋았을까? 광고물을 보며 광고 창의성의 수준을 평가해 보자.

[그림 1–3] 클로렛츠 '푸른 하늘' 편(2016)   [그림 1–4] 클로렛츠 '도시' 편(2016)

광고회사 맥켄(McCann)의 도쿄 지사에서 개발한 인공지능 CD 베타(AI-CD β)가 있었기에 아이디어 대결이 가능했다. 베타는 10년 동안의 광고상 수상작을 분석해 소비자들이 화려하고 직관적인 메시지를 선호한다고 판단하고, 빅데이터 알고리즘으로 그에 알맞게 아이디어를 냈다. 인간 CD는 서정적이고 은유적인 아이디어로 광고를 만들었다. 붓글씨 쓰는 광고를 사람이 만들었고, 개가 등장하는 광고는 베타의 아이디어를 바탕으로 사람이 마무리만 했다. 9월에 투표 결과를 종합하자 구마모토 미쓰루(倉本美津留)라는 인간 CD가 승리했다. 그러나 54% 대 46%라는 근소한 차이만 났을 뿐이었다.[14] 우리나라 방송에서도 광고 두 편에 대한 투표를 진행했다. KBS1-TV의 '명견만리' 프로그램에 나왔던 미래참여단은 베타의 아이디어인 '도시' 편에 25표나 더 많은 표를 찍었다.[15] 놀라운 결과였다. 인공지능 알고리즘을 활용한 아이디어 발상의 가능성을 보여 준 대사건으로, 인간의 달 착륙에 비견할 만했다.

[그림 1-5] 세계 최초의 'AI-CD β'

2016년 4월 1일, 광고회사 맥켄의 도쿄 지사에 크리에이티브 디렉터로 입사(?)한 'AI-CD β'는 10년 동안의 광고상 수상작 외에도 수많은 광고물의 구조를 분석해 정해진 규칙대로 데이터를 저장했으며, 광고 목표와 메시지 전략에 따라 데이터베이스에서 수시로 아이디어를 꺼내 크리에이티브 방향을 제시하는 능력까지 갖췄다.[16] 아이디어를 평가할 때 경험에 비춰 딱 보면 안다는 암묵지(暗默知)가 통했었지만, 인공

14) YouTube(2017. 9. 28.). "A. I. vs. Human Creative Battle." https://www.youtube.com/watch?v=CV5KvMust0Y

15) KBS1-TV(2017. 4. 21.). 명견만리: 로봇 시대, 인간의 자리는?. KBS1-TV.

16) 宣伝会議ブレーン編集部(2017. 9. 14.). 'クロレッツ ミントタブ'のCMをAIと人間で制作してみたら: 世界初の人工知能クリエイティブディレクター'AI-CD β'. *AdverTimes* (アドタイ). https://www.advertimes.com/20170914/article257453/2

지능 CD가 등장한 다음부터는 아이디어 발상이나 평가 과정에서 암묵지는 통하지 않고 객관화할 가능성이 더 커졌다.

인공지능은 동영상 광고 제작에도 활용되고 있다. 버거킹은 인공지능을 활용해서 만든 광고 '로봇 에이전시(AOR: Agency of Robot)' 편(2018)을 선보였다. 이 광고는 인공지능의 기계학습 기술을 광고물 창작에 적용한 미국 최초의 사례였다. 방대한 분량의 패스트푸드 광고와 보고서를 기계학습으로 분석해, 인공지능이 여러 개의 텔레비전 광고물을 제작했다. "이 광고는 인공지능에 의해 창작됐습니다(This ad was created by artificial intelligence)."라는 카피로 시작되는 광고에서 신선한 식재료를 보여 주며 인공지능 광고의 새로운 가능성을 보여 주었지만, 광고 창의성의 수준이 매우 높지는 않았다.

더 나아가 IBM의 인공지능인 왓슨(Watson)과 기술협력사인 비주얼 보이스(Visual Voice)가 공동으로 만든 렉서스 광고 '직관적 주행' 편(2018)은 광고 크리에이티브의 혁신적인 제작 과정을 환기했다. 이 광고는 인공지능이 카피라이터와 크리에이티브 디렉터의 역할을 맡고, 사람 감독(케빈 맥도널드)이 스토리보드대로 촬영해 광고물을 완성했다. 인간과 인공지능의 협업을 완벽히 보여 주면서 인공지능을 활용한 광고 창작의 바람직한 미래상을 보여 준 것이다.

창작 과정에서 IBM의 왓슨은 칸 창의성 페스티벌(Cannes Lions)에서 수상한 지난 15년간의 광고물에서 비주얼, 오디오, 카피, 스토리의 전개 형식을 모두 분석하고, 분석한 결과에 따라 수천 가지의 크리에이티브 요소를 추출했다. 그리고 인공지능의 심층학습(deep learning) 기술을 활용해 소비자들이 어떤 요소 때문에 인지적·감정적·경험적으로 반응하는지 분석한 다음 광고를 만들었다.[17] 분석 결과를 바탕으로 비주얼 보이스가 개발한 인공지능 알고리즘이 실제 TV 광고의 스토리 라인을 도출하고 스토리보드를 그렸다. 심지어 어떤 장면에서 시작하고 조명을 제품에 어떻게 비추며 이야기를 어떻게 전개할 것인지에 대해서도 인공지능이 상세히 설명한 것이다. 이 결과를 사람 감독이 그대로 촬영해서 완성한 것이 렉서스 광고 '직관적 주행' 편이었다.

---

17) 남고은(2021). 광고 창작 과정과 크리에이티브 전략. 김병희, 마정미, 김봉철, 김영찬, 유현재, 유승엽, 최세정, 송기인, 소현진, 유승철, 남고은, 김여정, 한규훈, 정윤재, 윤태일, 정승혜 공저. **디지털 시대의 광고학신론**(pp. 347-375). 서울: 학지사.

[그림 1-6] 인공지능이 만든 렉서스 광고 '직관적 주행' 편

일본의 광고회사 덴쓰(電通)에서는 2017년 5월에 인공지능 카피라이터 AICO를 선보였다. 아이코는 'AI Copywriter'의 약자로 일본어로는 '귀여운 여자아이'라는 뜻도 된다. 일본의 한 신문사가 광고를 의뢰하자, AICO는 블로그와 뉴스 사이트에서 신문 광고에 대해 방대한 자료를 학습한 후 멋진 광고 카피를 써 냈다. 2018년 12월에는 디지털 분야에 특화된 카피라이터 다이렉트 아이코(Direct AICO)를, 2019년 5월에는 덴쓰의 자회사인 덴쓰디지털에서 '어드밴스트 크리에이티브 메이커'를 개발했다. 인공지능이 광고 샘플을 대량으로 만들어 더 효과적일 것으로 예상되는 아이디어를 판정해서 최종 노출하는 배너광고 제작 시스템이었다.

AICO

文系女子。
どちらかといえば右脳寄り。
小説もマンガもドラマも大好き。
さらに演劇が好きすぎて
役者として舞台に立ったこともある。

[그림 1-7] AI 카피라이터 아이코(2017)

[그림 1-8] AI 카피라이터 다이렉트 아이코(2018)

중국 알리바바(阿里巴巴) 그룹 산하의 디지털 마케팅과 광고 플랫폼인 알리마마(阿里妈妈)에서는 2018년에 1초에 2만 줄의 광고 카피를 쓰는 인공지능 카피라이터를 개발하는 데 성공했다. 제품 페이지에 링크를 삽입하고 카피의 어조를 선택한 다음 버튼을 누르면, 인공지능 카피라이터가 순식간에 수만 개의 카피를 쏟아 낸다. 경이로울 정도로 많은 물량인데 사람은 그중에서 최적의 카피를 골라 쓰면 된다.

챗GPT를 비롯한 인공지능 카피라이터는 앞으로 아이디어가 생명이라는 광고 크리에이티브 분야에도 결정적인 영향을 미칠 것이다. 인간이 인공지능에게 지배당할 것인지 아니면 함께 공존할 것인지에 대한 논쟁은 이제 무의미해졌다. 일상생활에서도 그렇지만 광고 카피라이팅 분야에서도 인공지능의 위력을 결코 가볍게 봐서는 안 된다. IBM의 최고경영자인 지니 로메티(Ginni Rometty)는 인공지능 시대에는 블루칼라도 화이트칼라도 아닌 '뉴 칼라(New Collar)' 계층이 떠오른다고 했다. 뉴 칼라란 인공지능을 이해하고 관리하고 활용할 줄 아는 사람이다.

앞으로는 인공지능을 슬기롭게 활용하는 뉴 칼라 카피라이터가 광고계를 주도해 나갈 것이다. 바둑계에 알파고가 있다면 광고계에는 챗GPT가 있다. 급변하고 있는 광고 환경에서 챗GPT를 위협적인 인공지능으로만 인식할 필요는 없다. 인공지능에게 맡기면 광고 카피라이팅에서도 속도와 효율을 추구할 수 있다. 인간 카피라이터의 상상력을 전제하지 않고 인공지능만 신뢰하는 것은 오만이며, 인간의 상상력만 신뢰하고 인공지능 카피라이터를 활용하지 않는 것은 태만이다. 이제, 오만과 태만 사이에서 균형 감각을 유지하는 카피라이터의 지혜로운 판단력이 정말로 중요해졌다.

챗GPT가 알려 준 꿀팁

You : 챗GPT. 지금까지 다음 내용을 학생들에게 설명했어. 광고의 미래와 챗GPT의 탄생, 광고 분야에서 챗GPT의 활용, 콘텐츠 창작에서 챗GPT 활용, 카피 창작에서 챗GPT의 활용 같은 주제야. 지금까지 설명한 4가지 주제는 학생들이 카피를 쓰는 데 도움이 될 만한 중요한 정보야. '광고의 미래와 챗GPT의 활용'이라는 제목을 구성하는 광고의 미래와 챗GPT의 탄생, 광고 분야에서 챗GPT의 활용, 콘텐츠 창작에서 챗GPT 활용, 카피 창작에서 챗GPT의 활용에 관한 4가지 주제와 관련하여, 현실적으로 광고 카피라이팅에 도움이 될 만한 추가 정보가 있다면 알려 줄 수 있어?

ChatGPT : 물론 '광고의 미래와 챗GPT의 활용' 주제를 보다 구체적으로 이해하고 광고 카피라이팅에 도움이 될 만한 추가 정보를 제공해 드리겠습니다.

광고의 미래와 챗GPT의 탄생: 광고 업계는 점차 더 개인화된 광고를 추구하고 있습니다. 소비자들은 맞춤형 광고를 선호하며, 챗GPT와 같은 인공지능 기술은 이러한 요구를 충족시키는 데 중요한 역할을 합니다. 챗GPT와 같은 자연어 처리 기술은 이른 시일 안에 대량의 광고 콘텐츠를 생성하는 데 도움을 줄 수 있으며, 이것은 광고주들이 시장 추세에 더 빠르게 대응할 수 있도록 합니다.

광고 분야에서 챗GPT의 활용: 챗GPT는 효과적인 광고 캠페인을 위해 키워드, 문맥, 대상 시장 등을 분석하고 이를 활용하여 광고 메시지를 개인화할 수 있습니다. 또한 챗GPT는 소셜 미디어 채널에 맞는 콘텐츠를 생성하거나 광고 캠페인의 목표를 달성하기 위한 전략을 개발하는 데도 활용될 수 있습니다.

콘텐츠 창작에서 챗GPT의 활용: 챗GPT는 블로그, 기사, 소셜 미디어 게시물 등의 콘텐츠를 작성하는 데 도움을 줄 수 있습니다. 특히 키워드 기반의 검색엔진 최적화(SEO)에 알맞은 콘텐츠를 자동으로 생성할 수 있습니다. 다양한 주제에 대한 아이디어를 제공하거나 글을 감수하는 데에도 활용될 수 있어 콘텐츠 창작자들에게 큰 도움이 됩니다.

카피 창작에서 챗GPT의 활용: 챗GPT는 광고 카피 작성을 보조하고 창의적인 아이디어를 제공할 수 있습니다. 챗GPT를 활용하여 다양한 카피 스타일을 실험하고, 효과적인 광고 문구를 개발할 수 있습니다. 또한 다국적 광고 캠페인을 위해 번역 작업을 자동화하거나, 다양한 언어와 문화에 맞는 광고 카피를 생성하는 데 활용할 수 있습니다.

요약하면, 챗GPT와 같은 인공지능 기술은 광고 카피라이팅 분야에서 개인화된 콘텐츠를 생성하고 시간과 비용을 절약하며 창의적인 아이디어를 제공하는 데 매우 유용합니다. 인공지능 기술을 효과적으로 활용하면 광고 분야에서 경쟁력을 확보하는 데 도움이 될 것입니다.

제**2**장

광고의 창조 철학을
찾아서

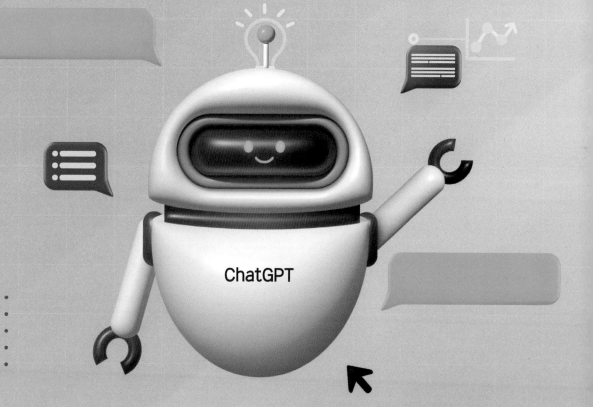

ChatGPT

카피라이팅이란 단순히 광고에 대한 글쓰기일까? 카피라이팅이 단순히 광고에 대한 글쓰기라면 작가나 기자들이 광고 창작에 참여하는 것이 타당할 것이다. 그러나 세계의 광고사를 검토해 보면, 작가나 기자들이 카피라이터로 직업을 바꿔 성공한 카피라이터로 평가받은 사례는 매우 드물다. 이 말은 카피라이팅이 광고 글쓰기 이상의 그 어떤 전문적인 창작 행위라는 사실을 나타낸다. 그렇다면 카피라이팅이란 전략적 글쓰기일까, 아니면 예술적 글쓰기일까? 복잡하고 어려운 종합적 판단이 필요한 질문이다. 모든 광고전략은 결국 효과적인 광고물을 창작하는 데 바쳐진다고 할 수 있다.

전략 자체를 위한 광고전략은 소비자의 마음을 움직이기 어렵고 상품 판매에 이바지할 수 없다. 소비자로서는 광고전략의 최종 결과물인 광고 크리에이티브만 보고 판단하면 될 일이지, 전략과 창작 원리를 굳이 알아야 할 이유도 없다. 광고를 본 소비자들이 광고 메시지에 공감하고 물건을 사고 싶어 지갑을 연다면 그것으로 광고효과가 나타났다고 할 수 있다. 광고 메시지의 핵심은 카피다. 광고회사에서 카피라이터의 기능을 중시하는 까닭은 그들이 특별히 잘 났거나 기획팀이나 매체 팀보다 일을 더 많이 해서가 아니라, 소비자들이 접촉하는 광고 메시지를 창조하기 때문이다.

카피라이터는 카피 쓰는 일 말고도 여러 방면에서 역량을 발휘한다. 카피라이팅이 단순한 광고 글쓰기인지, 상품 전략적 글쓰기인지, 예술적 글쓰기인지에 대한 합의된 정답은 없다. 셋 중에서 어느 하나가 카피라이팅의 특성을 포괄할 수 없다는 점만은 분명하다. 카피라이팅에서 광고 창의성을 어떤 관점에서 보느냐에 따라서도 카피의 방향이 달라진다. 이런 문제에 주목해서 이 장에서는 광고 창의성의 개념과 맥락, 광고에서 창조 철학을 정립해야 할 필요성, 외국 광고인들과 한국 광고인들이 생각하는 광고 창조 철학을 소개함으로써 카피 창작에 필요한 철학적 기반을 탐색해 본다.

1. 광고 창의성의 개념과 맥락

창의성을 배제하면 광고는 존재할 수 없다. 여러 연구에 의하면, 창의적인 광고는 브랜드 자산을 형성하고 판매 유발 효과에 직접적인 영향을 미친다고 보고됐다. 따라서 광고에서의 창의성은 광고효과의 전제 조건이 될 때가 많다. 그렇다면 어떤 광고가 창의적인 광고이며, 창의적인 광고물은 어떤 기준으로 평가하고, 광고인의 창의성 형성에 영향을 미치는 요인은 무엇일까?

1) 광고 창의성의 개념

광고에서 가장 중요하고 재미있는 주제의 하나가 창의성이다. 일찍이 광고인 오길비(David Ogilvy)가 "팔리지 않는 광고는 창의적이지 않다."[1]고 강조했듯이, 광고 창의성(advertising creativity)은 브랜드 커뮤니케이션에 영향을 미치는 주요 요인의 하나이며, 광고효과는 광고 표현의 창의성 여부에 따라 달라질 수 있다. 일반적인 창의성 개념들은 창의성의 4가지 측면(product, process, person, persuasion) 가운데 어느 한 부분을 강조한 것이다.[2]

광고 크리에이티브나 광고 창의성이란 용어가 너무 광범위한 개념으로 쓰이고 있어, 광고 창의성이라는 개념 자체가 애매하다는 관점이 광고의 창작 과정에서 자주 나타나기도 했다. 광고학 영역에서 창의성이라는 용어가 너무 광범위한 개념으로 쓰이고 있는 상황에서, 일반적인 창의성과 광고 창의성을 같은 개념으로 보는 관점이 있는가 하면, 다른 개념으로 보는 관점도 있다.[3] 광고 창작은 상품 판매나 정보제공 또는 소비자 설득을 전제로 한다는 점에서 광고 창의성의 개념은 일반적인 창의성의 개념과 다르다.

창의성이란 어떤 집단에 의해 독특하고(novel) 적합한(appropriate) 것으로 인정받는 아이디어나 상품을 창출하는 개인의 능력으로 일반적 차원에서 정의한다.[4] 그러나 광고에서의 창의성은 낡은 요소들을 새롭게 조합하는 것이며,[5] 이전의 어떤 것과 전혀 무관한 다른 것을 쓰는 것이 아니라, 이전에 익숙했던 것을 새롭게 재정리해 전혀 무관해 보이는 사물 사이의 관련성을 제시하는 기본적이고 과학적인 능력이다. 창의적인 사람들은 새로운 생각을 창조하지는 않고 오히려 자신의 마음에 이미 존재하는 생각들을 새롭게 조합할 뿐이다.[6] 이상은 연상 과정(associative process)이 광고

1) Ogilvy, D. (1983). *Ogilvy on advertising*. New York, NY: Crown Publishing.
2) 곽원섭, 차경호(2001). 창의성을 위한 자원과 광고교육. 광고연구, 53, 7-29.
3) 김병희(2002). 광고 창의성에 관한 현상학적 연구. 광고연구, 55, 183-207.
4) de Mooij, M. (2004). *Consumer behavior and culture*(p. 198). Thousand Oaks, CA: Sage.
5) Young, J. W. (1975). *A technique for producing ideas*. Lincolnwood, IL: NTC Business Books.
6) Osborn, A. F. (1963). *Applied imagination* (3rd ed.). New York, NY: Scribners.

창의성에 직접 관계된다는 관점인데, 광고 창의성이란 새롭고 관련 있는 아이디어를 생산하기 위해 뭔가 다른 어떤 것과 연결하는 능력으로 간주한다.

　반면에 경쟁 관계에서의 문제 해결책이나 상호작용 시스템으로 보는 관점도 있다. 광고 창의성을 경쟁적 혜택을 독특하게 실연하는 아이디어로 보거나, 문제점과 해결책을 제시하는 방식으로 보는 관점이 대표적이다. 창의성이 개인의 행동이나 의식에 의한 결과가 아니라 어떤 분야나 사회적 단체, 아이디어나 콘텐츠를 발산하는 문화적 영역, 그리고 그 영역 속에서 변화를 주도하는 개인, 이 3가지가 상호 작용하는 사회적 시스템에서 발현된다는 관점도 있다. 그동안의 연구 성과를 종합하면 광고 창의성의 개념은 연상 과정, 문제 해결책 제시, 상호작용 시스템이라는 세 관점으로 구분할 수 있다.

　첫째, 연상 과정이 창의성에 직접 관련된다는 관점에서 보면 광고 창의성은 판매 아이디어를 찾기 위해 다른 사물과 연결하는 능력이며,[7] 낡은 요소들을 새롭게 조합해 의미를 만들어 내는 감각이다(Young, 1975). 광고 창의성은 또한 무관한 요소들을 새롭고 의미 있게 연결하되 상관성과 신뢰성 및 호감을 형성하는 재능이며,[8] 익숙한 사물이나 개념을 새로운 의미로 해석해 상호 관련성을 제시하는 과학적인 능력이라고 할 수 있다.[9]

　둘째, 연상 과정과는 달리 광고 창의성을 어떤 문제에 대한 해결책을 제시하는 능력으로 보는 관점에서는 광고 창의성을 참신하고 적절한 방법으로 문제 해결의 결과를 창출하는 능력이나 상호작용하는 과정으로 간주했다.[10] 나아가 자사만이 가지고 있는 경쟁적 혜택을 독특한 방법으로 알리는 것은 물론 문제점과 해결책을 제시하는 동시에 이를 창의적으로 표현하는 방식과 아이디어가 광고 창의성이라고 규정한 연구자도 있었다.

　셋째, 광고 창의성을 상호작용 시스템의 과정으로 보는 관점에서는 창의성이란 선천적인 통찰력이 아닌 사회 체계를 기반으로 하는 지적 노력의 결과로 간주해 왔다.

7) Marra, J. L. (1990). *Advertising creativity: Techniques for generating ideas* (pp. 52-63). Englewood Cliffs, NJ: Prentice Hall.

8) Burnett, L. (1995). *100 LEO's: Wit and wisdom from Leo Burnett* (pp. 52-72). Chicago, IL: NTC Business Press.

9) El-Murad, J., & West, D. C. (2004). The definition and measurement of creativity: What do we know? *Journal of Advertising Research, 44*(2), 188-201.

10) Johnson, C. E., & Hackman, M. Z. (1995). *Creative communication: Principles & applications*. Prospect Heights, IL: Waveland Press.

어떤 영역에서든 창의성은 개인의 행동이나 의식에 의한 결과가 아니라 어떤 분야나 사회적 단체, 아이디어나 콘텐츠를 발산하는 문화적 영역, 그리고 그 영역 속에서 변화를 주도하는 개인 같은 세 요인이 상호작용하는 사회적 시스템에서 발현된다고 주장해 왔다.[11]

2) 광고 창의성의 평가 준거

어떤 광고물이 창의적인지 그렇지 않은지 광고 창의성(advertising creativity)의 수준을 판단하려면 평가 준거가 있어야 한다. 광고 창의성을 평가하는 준거는 많다. 광고업계에서는 광고 창작자의 경험에 따라 주관적 기준을 적용해 창의성의 수준을 평가하기도 한다. 네이플스(Naples, 1979)가 광고 노출의 효율적인 빈도와 관련된 연구들을 정리하면서 내린 12가지 결론의 하나는 광고효과의 소멸 현상은 과도한 노출 빈도가 아닌 카피나 내용 요인에 따라 발생하기 때문에 광고 메시지의 질에 관한 연구가 중요하다고 했다.[12]

광고의 기능에 대한 관점에 따라서도 광고 창의성의 평가 준거가 다르다. 시장지배 모델의 관점에서는 광고를 설득 커뮤니케이션 수단으로 보지만, 시장경쟁 모델의 관점에서는 광고를 정보제공의 도구로 보기 때문에, 광고 창의성의 평가 준거도 달라질 수밖에 없다. 광고회사 디디비니드햄(DDBNeedham)은 상관성(Relevance), 독창성(Originality), 충격성(Impact)을 광고 창의성의 평가 준거로 제시했다. 영 앤 루비컴(Young & Rubicam)은 SCORE(Simplicity: 단순성, Credibility: 신뢰성, Originality: 독창성, Relevance: 상관성, Empathy: 공감성)라는 5가지 평가 준거를 제시했다. 5점 만점에 원칙을 충족시키면 요인별로 1점을 부여해 광고 창의성을 평가했다.

전설적인 카피라이터 번벅(William Bernbach)은 독창성(inventiveness), 매력성(attractiveness), 영리함(cleverness)을 광고 창의성의 평가 준거로 삼았으며, 다른 연구에서는 빅 아이디어가 있는가, 표현 주제가 있는가, 상품과의 연관성이 있는가, 진부하지 않은가, 상품을 실연해 보이는가, 신뢰성이 있는가를 제시하며 광고물 승인 전

---

11) Csikszentmihalyi, M. (1999). Implications of a systems perspective for the creativity. In R. J. Sternberg (Ed.), *Handbook of creativity* (pp. 313-335). New York, NY: Cambridge University Press.

12) Naples, M. J. (1979). *Effective frequency: The relationship between frequency and advertising effectiveness*. New York, NY: Association of National Advertisers Inc.

에 반드시 검토할 것을 권고했다. 영(Young, 2000)은 카피라이터와 아트디렉터들에 대한 조사 결과를 보고하며 단순하고, 직접적이며, 참신하고, 독창적인 표현이 광고 물의 창의성을 평가하는 준거라고 했다.[13]

이밖에도 마라(Marra, 1990)는 창의적인 광고 아이디어의 요체를 두루 검토해 애드 놈스(ADNORMS)라는 평가 준거를 제시했다. 그는 창의적인 광고가 소비자의 주목 을 끌고 브랜드 상기도를 높인다고 보고, 적용성(Adaptability), 영속성(Durability), 새 로움(Newness), 단일성(Oneness), 상관성(Relevance), 기억성(Memorability), 단순성 (Simplicity)이 광고 창의성의 평가 준거라고 주장했다. 여기에서 적용성이란 ATL 미 디어 광고에서 BTL 미디어 광고에 이르기까지 어떤 매체에서나 적용할 수 있는 아이 디어이며, 영속성은 말보로 담배의 카우보이 상징처럼 장기간 지속할 수 있는 카피나 비주얼이며, 참신성은 전혀 기대하지 않았던 뜻밖의 아이디어로 주목을 끄는 기발한 표현 요소다. 또한 단일성은 여러 메시지가 아닌 하나의 메시지를 활용함으로써 소 비자들이 쉽게 기억하도록 하는 집약적인 표현 주제이며, 상관성은 상품과 관련되는 메시지이며, 기억성은 소비자가 장기간 기억하도록 하는 표현 요소이며, 단순성은 쉽 게 이해될 수 있는 단순하고 분명한 아이디어라는 것이다.

광고 창의성의 평가 준거에 관한 국내 연구에서는 광고의 구성 요인에 대한 호의 적·비호의적 평가가 광고효과에 유의한 영향을 미친다고 보고했다. 유창조(2000)는 광고에 대한 평가 요인의 구조를 분석하고 광고에 대한 평가 요인이 광고에 대한 태 도(Aad)에 영향을 미치는 과정을 설명했다. 즉, 광고에 대한 평가는 광고의 소구 유형 과 관계없이 독특함, 산만함, 명료함, 유익함 같은 4가지 요인에 따라 이루어져야 한 다고 주장했다.[14]

광고주, 광고회사, 소비자의 입장에 따라서도 광고 창의성을 평가하는 기준이 다 를 것이다. 화이트와 스미스(White & Smith, 2001)는 인쇄광고에 대한 광고 전문가들 의 평가와 일반인들의 평가를 비교했는데, 광고 전문가와 대학생 및 일반인들의 광 고에 대한 평가는 유의한 차이가 나타났고 인구통계적 특성에 따라서도 차이가 있었 다.[15] 또한 코버와 제임스 및 소너(Kover, James, & Sonner, 1997)는 광고 내용에 대한

13) Young, C. E. (2000). Creative differences between copywriters and art directors. *Journal of Advertising Research*, 40(3), 19-26.

14) 유창조(2000). 광고에 대한 평가요인의 효과에 관한 연구. 광고학연구, 11(1), 35-51.

15) White, A., & Smith, B. L. (2001). Assessing advertising creativity using the creative product semantic scale. *Journal of Advertising Research*, 41(6), 27-34.

광고 전문가의 반응과 시청자의 반응에 차이가 있다고 보고했다. 시청자들은 광고를 의도적으로 보지 않고 우연히 보기 때문에 전문가의 평가와 다르다고 분석했다.[16] 앨트섹(Altsech, 1996)은 창의적인 광고에 대한 평가에서 전문가의 판단보다 소비자의 판단이 중요하다고 했다. 학술 연구를 종합하면 광고의 주관 영역(광고주, 광고회사, 소비자)에 따라서 광고 창의성의 평가 준거가 다를 수 있음을 의미한다.

〈표 2-1〉 광고 창의성의 평가 척도

	인쇄광고 평가		영상광고 평가
독창성	뜻밖이다.	독창성	개성적이다.
	혁신적이다.		독특하다.
	개성적이다.		재미있다.
	독특하다.	정교성	고급스럽다.
적합성	표현이 제품과 어울린다.		배경이 멋있다.
	부적절하다.*[17]		세련되다.
	만족스럽다.	상관성	제품(서비스)의 특성을 알았다.
	못 만들었다.*		제품(서비스)의 혜택이 있다.
명료성	이해하기 쉽다.		내용을 즉각 알았다.
	분명하다.	조화성	소리가 잘 들린다.
	간결하다.		음향 효과가 절묘하다.
	내용을 즉각 알았다.		영상과 배경 음악이 어울린다.
상관성	구체적인 정보가 있다.	적합성	부자연스럽다.*
	제품의 혜택이 있다.		못 만들었다.*
	제품의 특성을 알았다.		표현이 제품(서비스)과 어울린다.

광고 창의성의 본질은 생산성처럼 명쾌하게 파악되는 개념이 아니며, 정량적으로 평가하기도 어렵다. 어떤 광고 창작자들은 광고물을 분석하거나 평가하는 것 자체가 창작 정신을 망친다고 주장하는 경우도 있다. 광고업계에서 일하는 광고인들은 주관

---

16) Kover, A. J., James, W. L., & Sonner, B. S. (1997). To whom do advertising creatives write? An inferential answer. *Journal of Advertising Research, 37*(1), 41-53.

17) 강조 부호(*)는 불성실한 응답을 방지하기 위한 역 채점 항목(reverse-scored item)으로, 응답 결과를 실제로 코딩할 때는 1점은 7점으로, 2점은 6점으로 바꿔서 역 코딩을 한다. 학생들은 '부적절하다'는 '적절하다'로, '못 만들었다'는 '잘 만들었다'로, '부자연스럽다'는 '자연스럽다'로, '못 만들었다'는 '잘 만들었다'로 이해하면 된다.

적인 기준에 따라 광고 창의성을 평가하기도 한다. 이상에서 알 수 있듯이 광고 창의성의 평가 준거는 다양하게 존재하지만, 신뢰도와 타당도가 확보된 광고 창의성의 평가 척도가 부족한 것도 사실이다. 나는 광고주, 광고회사, 소비자 집단을 대상으로 인쇄광고의 창의성 수준을 알아보는 평가 척도와 영상광고의 창의성 수준을 알아보는 평가 척도를 개발했다. 평가 척도의 타당성과 신뢰성을 학술적으로 인정받았으며,[18] 대한민국 광고 대상을 비롯한 여러 광고상의 심사 과정에서도 이 평가 척도가 두루 활용되고 있다.

광고 창의성의 평가 척도를 제시한 〈표 2-1〉에서 알 수 있듯이, 인쇄광고 창의성의 평가 척도는 독창성, 적합성, 명료성, 상관성이라는 4가지 구성 요인에 7점 척도로 구성된 15개 항목이다.[19] 영상광고 창의성의 평가 척도는 독창성, 정교성, 상관성, 조화성, 적합성이라는 5가지 구성 요인에 7점 척도로 구성된 15개 항목이다.[20] 이 척도는 신뢰도와 타당도를 검증함으로써 일반화 가능성을 높였다. 인쇄광고와 영상광고의 평가 척도 모두에서 공통으로 나타난 요인은 독창성, 적합성, 상관성이다. 명료성은 인쇄광고 평가 척도에만 나타난 요인이고, 정교성과 조화성은 영상광고 평가 척도에만 나타난 요인이다. 6가지 구성 요인의 내용을 구체적으로 설명하면 다음과 같다.

- **독창성(originality)**: 독창성이란 인쇄광고와 영상광고의 내용이 얼마나 뜻밖이며 혁신적이며 개성적이고 독특한지 그리고 얼마나 재미있는지를 나타내는 요인으로, 광고 표현의 새로움을 의미하는 개념이다. 여러 연구에서도 독창성이 광고 창의성에서 가장 중요한 요인이라고 언급했으며 광고 창작자들도 독창적인 아이디어를 중시한다.
- **적합성(appropriateness)**: 적합성이란 인쇄광고와 영상광고의 내용이 얼마나 상품과 잘 어울리며 적절하며 만족스럽고 잘 만들었는지, 그리고 얼마나 자연스러운지를 나타내는 요인으로, 광고 표현의 완성도를 의미하는 개념이다. 앨트섹 (Altsech, 1996)의 연구에서도 적합성을 광고 창의성을 담보하는 가장 중요한 요인이라고 설명했다.

18) Kim, B. H., Han, S., & Yoon, S. (2010). Advertising creativity in Korea: Scale development and validation. *Journal of Advertising, 39*(2), 93-108.
19) 김병희, 한상필(2006). 광고 창의성 측정을 위한 척도개발과 타당성 검증. 광고학연구, 17(2), 7-41.
20) 김병희, 한상필(2008). 텔레비전 광고의 창의성 척도개발과 타당화. 광고학연구, 19(2), 7-42.

- **상관성(relevance):** 상관성이란 인쇄광고와 영상광고의 내용에 상품과 서비스에 관한 구체적인 정보나 혜택, 그리고 제품의 특성이 나타나고 있는지와 광고 내용을 즉각 알았는지를 나타내는 요인으로, 광고 메시지와 상품의 관련 정도를 의미하는 개념이다. 상관성은 일반적인 창의성과 광고 창의성을 구분할 수 있는 중요한 근거다.

- **명료성(clarity):** 명료성이란 인쇄광고의 내용이 얼마나 이해하기 쉽고 분명하며 간결하고 쉽게 파악되는지를 나타내는 요인으로, 광고 표현의 명쾌함을 의미하는 개념이다. 명료성은 단순성(simplicity)과 유사해 보이지만 단순한 표현을 넘어 메시지의 간단명료한 전달력을 강조하기 때문에 단순성보다 상위 개념으로 이해해야 한다.

- **정교성(elaboration):** 정교성이란 영상광고의 내용이 얼마나 고급스럽고 영상의 배경이 멋있고 세련된 느낌을 주는지를 나타내는 요인으로, 광고 표현의 세밀한 완성도를 의미하는 개념이다. 광고 창작자들이 고급스럽고 세련미가 넘치는 영상물을 완성하기 위해 카피와 영상을 계속 수정하는 것도 정교성의 수준을 높이기 위해서다.

- **조화성(organization):** 조화성이란 영상광고에서 소리가 잘 들리는지와 음향 효과가 절묘한지, 그리고 영상과 배경 음악이 절묘하게 어울리는지를 나타내는 요인으로, 광고 표현 요소들의 조화로운 구성 여부를 의미하는 개념이다. 카피 요소와 영상 요소가 조화를 이루었느냐 그렇지 않았냐에 따라 영상광고의 품질이 확연히 달라진다.

3) 광고 창의성의 영향 요인

광고 창의성은 선천적인 자질인가, 아니면 후천적으로 계발되는 요인인가? 창의성 형성에 관한 연구 경향을 보면, 개인이 속한 조직이나 사회 시스템과 관련지어 설명하는 연구와 개인적 요인에 관한 연구로 크게 나뉘며, 연구자들은 창의성에 영향을 미치는 조직의 역할과 개인적 요인의 영향력을 강조했다. 개인적 요인의 영향력은 내적 동기화, 개성, 인지 능력, 인지 스타일, 지식, 경험, 배경이나,[21] 지적 능력, 지식, 인지 스타일, 창의적 성격, 동기, 환경이 개인의 창의성 계발에 영향을 미친다는 것이다. 브레인스토밍의 창시자 오스본(Alex Osborn)과 동료들은 창의성의 발현 과정을,

문제점 파악, 관련 자료의 수집과 분석, 아이디어 발상, 아이디어 숙성, 개별 아이디어의 종합, 최종 평가의 순서로 체계화시켰다.[22]

후천적인 노력을 통해 광고 창의성을 계발할 수 있다고 보는 관점도 있다. 무관한 사물들끼리 새롭고 의미 있는 관계를 만들고, 관계의 형성 과정에서 상관성, 믿음, 호감을 유지하되 참신한 접근을 반복하면 광고 창의성이 향상된다는 것이다. 저절로 창의적인 아이디어가 떠오른다고 생각하는 사람들도 있는데 이는 틀린 생각이며, 광고 창의성의 계발은 치밀한 지적 활동의 산물이기 때문에 꾸준한 노력만이 창의적인 영감을 떠올리게 하는 원천이라는 관점도 있다.[23]

결국, 광고 창의성은 선천적 직관력에서 나오지 않고 끊임없는 지적 노력을 통해 발현된다고 할 수 있다. 따라서 카피라이터들은 분석력과 종합력을 바탕으로 상상력을 키우는 연습을 해야 한다. 카피라이터들은 또한 자신의 창의성 계발을 위해 주변의 사물을 호기심 어린 눈길로 관찰하되 광고 아이디어로 연결하는 습관을 길러야 하며, 시각적 소재와 언어적 소재를 조화롭게 연결해 보는 연습도 평소에 시도해야 한다.

광고 창의성의 평가 준거와 광고 창의성의 영향 요인을 광고 창작 과정에 반영하면 보다 창의적인 광고 콘텐츠를 만들 수 있을 것이다. 개인의 직관적 상상력에서 창의적인 광고물이 나온다며, 광고 창의성의 평가 준거를 사전에 고려할 경우 오히려 창의성의 발현에 장애가 된다고 주장하는 카피라이터도 있을 수 있지만, 착각과 오산이다. 디지털 시대에는 크리에이티브에서도 속도와 효율을 추구한다. 앞에서 설명한 광고 창의성의 평가 준거를 고려해 카피를 쓴다면 보다 효율적이며 속도감 있게 창의적인 광고 콘텐츠를 만들 가능성이 크다.

21) Klebba, J. M., & Tierney, P. (1995). Advertising creativity: A review and empirical investigation of external evaluation, cognitive style and self-perceptions of creativity. *Journal of Current Issues and Research in Advertising, 17*(2), 33-52.

22) Osborn, A. F. (1963). *Applied imagination* (3rd ed.). New York, NY: Scribners.

23) 김병희(2011b). 카피의 스토리텔링: 창의성을 키우는 통섭 광고학 2. 서울: 한경사.

2. 광고에서 창조 철학의 정립

현대 광고는 자본주의의 가치를 전달하는 데 그치지 않고 소비 대중문화를 창출하는 창조적 매개물로 격상되었다. 전문가들은 광고가 소비문화를 창출하는 현상에 주목해 광고가 새로운 유행을 창조하는 유행선도자(trendsetter)의 기능을 한다고 진단했다. 현재 우리나라의 광고산업은 양적 · 질적 측면 모두에서 급성장했다. 제4차 산업혁명 시대에 진입한 이후 정보통신기술(ICT)에 바탕을 둔 광고 기술이 광고의 내용과 형태를 획기적으로 변화시키고 있다.

광고산업이 성장을 멈추리라 전망하며 '광고의 죽음'을 전망한 때도 있었지만(Rust & Oliver, 1994),[24] 그런데도 광고는 계속 발전해 왔다. 우리나라에서도 광고산업의 위기를 걱정하는 목소리도 있었다. 광고산업의 위기론을 확산하는 태도도 문제지만, 광고학계와 광고업계에서 광고산업을 지탱하는 철학적 기반인 광고의 창조 철학을 정립하려는 노력을 게을리했던 것은 더욱 심각한 문제였다.

광고인이나 광고학자라면 누구나 데이비드 오길비를 알고 있을 것이다. 그는 1948년에 뉴욕에서 6천 달러로 자기 이름의 회사를 창립해 세계적인 광고회사로 키워 낸 인물이자 유명한 광고를 만들어 이름을 날린 불세출의 광고인이다. 경험을 바탕으로 과학적인 광고 창작을 강조한 그의 광고 철학(어록)은 지금까지도 우리나라 광고인들에게 상당한 영향을 미치고 있다. 세계 유수의 국제광고제에서 주목할 만한 수상 실적을 내는 한국 광고계에도 오길비 같은 위대한 광고인이 등장할 때도 됐다. 우리나라 광고인들은 해방 이후 미국과 일본을 비롯한 외국의 광고계로부터 다양한 지식을 수입해 왔다. 외국 광고에서 배우기 시작해 지금은 '우리 광고'를 만들고 있다는 점에서, 그동안 광고 창의성 향상에 땀과 열정을 바쳐온 우리나라 광고인들이 생각하는 크리에이티브 철학을 규명할 필요가 있다. 그에 앞서 우리나라의 주요 광고회사들이 표방하는 경영 방침이나 광고 철학을 살펴보자.

제일기획의 광고 철학은 '움직이는 아이디어(Ideas that move)'로, 연결을 통해 혁신적 가치를 창출하고 소비자의 경험을 활용하는 커넥플러스(CONNEC+)를 추구한다는 것이다. 제일기획은 새로운 생각으로 차원이 다른 해결책을 제공하는 글로벌 마케

---

24) Rust, R. T., & Oliver, R. W. (1994). The death of advertising. *Journal of Advertising, 23*(4), 71-77.

팅 솔루션 회사를 지향해 왔다. 이노션의 광고 철학은 '당신의 혁신력 발견(Discover Innovative Power in You)'이다. 창의적 사고와 도전정신으로 소통의 혁신을 실현함으로써 기존의 사고와 한계를 넘어서는 새로운 의미를 재발견하자는 뜻이다. HS애드의 광고 철학은 '좋은 광고를 위한 좋은 생각'이다. HS애드는 다름(The Difference)의 가치에 따라 사람과 시장과 사회를 변화시키는 좋은 생각을 중시해 왔다. 대홍기획의 광고 철학은 '가장 혁신적인 해결책의 제시'다. 디지털 시대에 적합한 최적의 전략을 제시하고 창의적인 해결책을 제공하는 데 광고 창작의 목적이 있다는 뜻이다.

광고회사들의 경영 방침이나 광고 철학은 나름의 의의가 있지만, 광고의 창조 철학이라기보다 회사의 경영 철학에 더 가깝다. 광고회사별로 큰 차이가 나지 않고 비슷비슷해 보이기도 한다. 광고회사에서는 크리에이티브가 중요하다고 강조하면서도 정작 자사의 광고 창조 철학은 정립하지 못하고 있는 듯하다. 광고회사의 창조 철학이란 광고 창작 과정에서 추구하는 광고회사의 정신이자 지향점이다. 그런데도 창조 철학을 정립하지 못했거나 회사의 경영 방침을 창조 철학으로 대체한다면 그 광고회사의 광고 크리에이티브에 대한 지향점을 알기 어렵다.

창조 철학의 검토에 앞서 광고학계나 광고업계에서 무의식적으로 사용하는 크리에이티브나 제작이라는 용어의 의미를 먼저 살펴보자. 크리에이티브(creative)란 일반적으로 '창의적인' 또는 '독창적인'이라는 뜻의 형용사인데, 광고업계에서는 광고 제작이라는 명사적 의미로 써 왔다. 하지만 상상력과 창의력으로 소비자의 구매욕을 유발해야 한다는 점에서 제작(制作)에 비해 창작(創作)이란 용어가 광고 창작자의 정신 구조와 아이디어 발상 과정을 더욱 정확히 나타낸다. 광고를 만드는 과정은 공장에서 똑같은 상품을 수십만 개 찍어 내는 제작의 성격보다 예술가의 창작 과정에 더 가깝다. 문예제작(文藝制作) 대신에 문예창작(文藝創作)이란 용어가 통용되듯이 광고 현장에서도 '제작' 대신 '창작'이란 용어를 쓰는 것이 바람직하다. 나아가 광고 제작은 '광고 창작'으로, 크리에이터는 '광고 창작자'로 대체하는 것이 광고인들의 창작 정신을 잘 나타내는 표현이다.

그동안 광고학계와 광고업계에서 언급한 광고 창조 철학을 종합하면 대체로 '광고=과학' 또는 '광고=예술'이라는 대립적 관점이 평행선을 달려왔다. 광고학자의 성향이나 실무자의 업무 스타일에 따라 2가지 관점은 그동안 지지를 받거나 비판을 받아 왔다. 팽팽한 긴장 관계를 유지하며 광고 창조 철학의 양대 산맥을 형성해 온 두 관점은 디지털 시대에 접어들어서도 여전히 광고인들 사이에서 논쟁의 중심에 서고 있다.[25]

지난 1990년대에 우리나라 광고업계에서는 국제광고제의 수상 실적을 크리에이티브의 성과로 평가하기도 했다. 국제광고제의 수상작들을 모방해서 어떻게 하면 세계적인 광고상을 받을 수 있을지를 고민하기도 했다. 성장 과정에서 겪어야 할 필요하면서도 부끄러운 경험이었지만, 디지털 시대에는 우리 나름의 창조 철학을 정립해 지구촌에 소개할 때도 되었다. 여러 교과서를 살펴보면 하나같이 클로드 홉킨스, 로서 리브스, 헬 스티븐스, 데이비드 오길비, 윌리엄 번벅, 레오 버넷, 제임스 웹 영 같은 외국 광고인들을 나열하는 내용으로 가득 차 있었다. 한국 광고도 150여 년의 역사를 자랑하는데 언제까지 외국 광고인의 창조 철학에만 기대어 우리 광고를 창작해야 할까? 이런 문제의식에 따라 나는 7년 동안 광고인 44명을 만나 그들이 생각하는 광고 창의성의 개념과 광고의 창조 철학에 대해 탐색한 결과를 묶어 『창의성을 키우는 통섭 광고학』(2011)이라는 5권의 단행본으로 출간한 바 있다.[26]

그런데도 한국 광고의 창조 철학을 정립하는 데는 미흡한 대목이 많았다. 오길비, 번벅, 레오버넷 같은 외국 광고인만 무조건 숭상하기보다 어려운 여건에서도 우리의 광고 크리에이티브를 발전시켜 온 선배 광고인들의 창조 철학도 공부해야 한다는 사실을 발견한 것은 상당한 소득이었다. 우리 광고인의 광고 창조 철학을 탐구하다 보면, 한국 광고의 크리에이티브 철학을 정립하는 동시에 광고 크리에이티브에 관한 새로운 안목을 개척하게 될 것이다.

광고 창조 철학의 부재는 심각한 문제점을 일으킨다. 어떤 분야에서나 직업 철학을 정립하지 못했을 경우, 한동안은 성장의 시대를 구가하더라도 거센 외풍이 불어오면 사상누각처럼 위태롭게 흔들리게 마련이다. 광고산업을 지탱하는 핵심 기둥은 창의적인 광고를 만드는 광고인들의 창의성이며, 광고 창조 철학은 창조산업으로써의 광고산업을 지탱하는 정신적 지주다. 외국을 대표하는 광고인 4명과 한국을 대표하는 광고인 4명이 생각하는 광고의 창조 철학을 살펴보기로 하자.[27]

25) 김병희(2021a). 광고에서의 과학과 예술 논쟁. 광고가 예술을 만났을 때 아트버타이징(pp. 18-23). 서울: 학지사.

26) 김병희(2011a). **영상미학의 연금술: 창의성을 키우는 통섭 광고학 1**. 서울: 한경사.; 김병희(2011b). **카피의 스토리텔링: 창의성을 키우는 통섭 광고학 2**. 서울: 한경사.; 김병희(2011c). **디자인의 생각창고: 창의성을 키우는 통섭 광고학 3**. 서울: 한경사.; 김병희(2011d). **기획의 내비게이션: 창의성을 키우는 통섭 광고학 4**. 서울: 한경사.; 김병희(2011e). **문화산업의 콘텐츠: 창의성을 키우는 통섭 광고학 5**. 서울: 한경사.

27) 이 장은 다음 내용을 바탕으로 대폭 수정하고 재구성했음을 밝힌다. 김병희(2007a). 광고카피 창작론: 기본원리편(pp. 28-79). 경기: 나남출판.; 김병희(2020). 광고 크리에이티브 철학. 강승구, 한은경, 류진한, 김병희, 박재항, 마정미, 김주영, 김영욱, 윤태일, 박기철 공저. 광고 지성과 철학의 지평선(한국광고학회 광고지성총서 10)(pp. 77-108). 서울: 학지사.

3. 외국 광고인들의 창조 철학

근대 광고는 1800년대 이후 미국 광고를 중심으로 본격적으로 발전했다. 근대 광고의 발전 과정에서 창의적이고 효과적인 광고물을 창작하는 문제는 광고인들의 꿈과 이상향이었다. 그러므로 창의적인 광고의 개념이 무엇이며, 이에 대한 광고 선구자들의 생각이 어떻게 변해 왔는지 검토하다 보면 후배 광고 창작자들에게 여러 가지 교훈을 남겨 줄 것이다.

그동안의 광고 창조 철학을 종합하면 '광고=과학' 또는 '광고=예술'이라는 2가지 관점으로 종합할 수 있다. 광고 연구자의 학문적 경향이나 광고 실무자의 업무 스타일에 따라 2가지 관점이 지지되거나 반박돼 왔다. 각각 팽팽한 긴장 관계를 유지하며 제각기 광고 창작과 카피라이팅에 긍정적인 영향을 미쳤다. 2가지 관점은 광고 창작에 있어서 과연 어떤 법칙이 있을 수 있는지 아니면 법칙이란 불필요한 것인지에 대한 쟁점을 제기하며 디지털 시대에 접어들어서도 여전히 논쟁이 계속되고 있다. 1950년대 이후, 광고의 창조 철학의 형성과 정립에 영향을 미친 주요 관점의 역사적 전개 과정을 개략적으로 고찰하면 다음과 같다.[28]

- **1950년대**: 고유판매제안의 시대였다. 상품의 여러 가지 장점을 소개하던 기존의 광고 스타일에서 벗어나 상품마다 지닌 고유한 판매 소구점을 찾아내, 소비자들에게 반드시 하나의 메시지만 알리기를 권고했다. 로서 리브스(Rosser Reeves)가 제시한 고유판매제안(USP)의 개념이 이 시기를 대표하는 광고 창조 철학이었다.
- **1960년대**: 브랜드 이미지의 시대였다. 일회성으로 끝나는 광고의 문제점을 환기하고 광고에서 브랜드 이미지를 구축하도록 이미지를 쌓아야 한다는 사실을 강조했다. 소비자들이 브랜드의 개념을 갖게 하는 데도 영향을 미친 데이비드 오길비와 레오 버넷은 브랜드 이미지를 대표하는 광고인이었다.
- **1970년대**: 포지셔닝의 시대였다. 마케팅이란 제품력의 싸움이 아니라 소비자의 머릿속에 제품을 어떻게 자리 잡도록 만드느냐 하는 '인식의 싸움'이라며 실제보다 인식을 중시한 시기였다. 브랜드의 상대적 위치를 강조한 잭 트라우트(Jack

---

28) 김병희(2007a). 광고카피 창작론: 기본원리 편(pp. 28-29). 경기: 나남출판.

Trout)와 알 리스(Al Ries)의 포지셔닝 이론이 이 시기를 대표하는 광고 창조 철학이었다.

- **1980년대**: 사회적 책임의 시대였다. 수단과 방법을 가리지 않고 광고효과를 추구하던 이전의 행태에서 벗어나 광고윤리를 정립하고 광고의 사회적 책임(social responsibility)을 강조한 동시에 메시지의 진실성과 진정성을 추구했다. 광고의 사회적 책임을 강조한 밥 레빈슨(Bob Levenson)은 이 시기를 대표하는 광고인이었다.
- **2000년대**: 기호 정박의 시대였다. 소비자들은 바닷가 부두에 닻을 내리고 머무르는 배의 정박처럼 제품과 브랜드의 기호나 상징을 숭배하며 상품 상징성에 비용을 지급하기 시작했다. 광고 창작자들은 기호학 이론에 근거해 브랜드의 특성에 적합한 기호의 의미작용을 시도하며 기호의 정박(碇泊, anchoring) 기능에 주목한[29] 시대였다.
- **2020년대**: 지속가능성의 시대다. 기업의 경영 활동에서 기업의 비재무적 요소인 환경보호(Environment)와 사회공헌(Social) 및 거버넌스(Governance, 지배구조 개선)를 통해 기업의 지속가능한 가치를 어떻게 창출할 것인지가 중요한 쟁점으로 떠올랐다. 광고에서도 자연스럽게 지속가능성(sustainability)의 가치를 추구했다.

광고의 종주국인 미국에서 카피라이팅이 전문 영역이라는 인식이 싹튼 것은 1890년대부터였다. 일찍이 1800년대 초반에 미국에서는 광고가 산업의 형태를 갖췄지만, 당시의 카피는 단순히 '글 쓰는' 형태의 하나에 불과했다. 당시의 카피라이터는 카피라이터라는 용어 대신 광고 작가(advertising writer)나 문사(literary man)라는 이름으로 독자적으로 글을 쓰거나 광고회사에 소속돼 광고 관련 글을 썼지만 광고 카피가 제품 판매의 수단이라고 인식하지는 못했다. 초기에 주목받은 카피라이터는 파워즈(John E. Powers)였는데, 당시에 파워즈 스타일과 비(非) 파워즈 스타일로 카피를 구분할 정도로 유명인이었다. 카피라이팅에서 그만의 스타일인 파워주의(powerism)를 유행시킨 그는 단순 설명형이라는 이전의 카피 스타일을 버리고 광고 목표를 소비자의 흥미로 연결하는 카피 스타일을 개발하는 데 깊은 관심을 기울였다.[30]

---

29) 김병희(2000). 광고와 대중문화(p. 255). 서울: 한나래.

〈표 2-2〉 초창기 미국 광고인의 특성 비교

구분	클로드 홉킨스 (1867~1932)	스탠리 레조 (1879~1962)	알버트 라스키 (1880~1952)	레오 버넷 (1891~1971)	레이몬드 루비컴 (1892~1978)	윌리엄 번벅 (1911~1982)	데이비드 오길비 (1911~1999)	로서 리브스 (1911~1982)
광고회사	Laud & Hopkins	J.W.T.	Laud & Thomas	Leo Burnett	Y & R	DDB	O & M	Ted Bates
조사에 대한 견해	중요, 카피 리서치 신봉	신봉자	불필요, 낭비	선호	적극적 활용	불신	매우 중요	중요
영향받은 사람과 사건	대졸자는 카피 쓰지 말 것	부인 헬렌 (카피라이터)	존. E. 케네디	시카고학파 영향, 교육 중시	갤럽 박사와 조사연구	그래픽 디자이너 폴─랜드	루비컴, 홉킨스, 갤럽 박사의 조사이론	클로드 홉킨스
업무 스타일	일요일도 근무	업무에 많은 시간 할애	15시간 이상 근무	광고 카피 메모의 생활화	쉬지 않고 일함	9~17시 까지 개인 시간 선호	광고에서 숙제는 필수 과정	쉬지 않고 일함
특이사항	41세 때 광고 시작	조사 선호, 유명인 모델 신봉	검은색 바탕에 흰 글씨 혐오	브랜드 이미지 강조	조사 선호	카피보다 삽화 강조	스토리 어필, 광고 매직 랜턴	조사 선호
근본 법칙	쿠폰 반응으로 아이디어 시험	개인의 천재성은 위험	독자적 유형	특이한 언어적 발상에 의존	조사 결과를 광고 창작에 활용	혼자의 아이디어로 광고 창작	자신의 광고 법칙	고객의 요구조건 수용
대표 광고	팜 올리브 비누	폰즈 크림	코텍스	말보로	스타인웨이 피아노	폭스바겐 비틀 자동차	헤더웨이 셔츠, 롤스로이스	M&M 초콜릿
단점	조사에 편중된 광고	현역으로 너무 오래 일함	독단적 발상	창의성 평가의 어려움	후계자 없음	아트에 편향, 비즈니스 관념 희박	조사의 한계	이론의 과도한 중시
주요경력, 학력, 기타	독실한 침례교인, 서점 직원	가정교사, 책 외판원, 예일대	독일 이민자, 신문기자	미시건대 (저널리즘), 신문기자	해운회사, 카우보이, 방문판매원, 신문사 통신원	뉴욕 토박이, 뉴욕대 조사 요원	방문판매 외판원, 옥스퍼드대 중퇴, 요리사	기자
광고 창조 철학	판매 효과	유명인 효과	카피 파워	내재적 드라마	조사와 창작의 조화	창작 솜씨	브랜드 이미지	고유판매 제안

---

30) 더 자세한 내용은 다음을 참조하라. 조봉구(1984). 명 카피라이터 열전: 미 '카피라이터 명예의 전당'에 헌정된 거봉들. 광고정보, 9월호, 35-41.

이후 근대 미국 광고의 아버지라는 홉킨스(Claude Hopkins), 미국 광고계의 최고 원로로 추앙받는 영(James Webb Young), 영 & 루비컴의 설립자 겸 전설적 카피라이터인 루비컴(Raymond Rubicam), 이야기 스타일 카피의 대표자인 케이플즈(John Caples), 고유판매제안을 주창한 리브스(Rosser Reeves), 이미지 학파의 거두인 오길비(David Ogilvy), 광고는 예술이라고 주장한 번벅(William Bernbach), 그리고 내재적 드라마의 개념을 제시한 레오 버넷(Leo Burnett)이 등장해 카피라이팅의 개화(開花)를 주도했다.

미국에서도 광고업이 초창기였던 탓에 여러 광고인의 생생한 경험에서 우러나온 이런저런 생각들은 동시대의 광고 창조 철학으로 자리 잡았다. 광고 표현의 영역을 부흥시킨 여러 광고인 중에서 현재까지 세계 광고계에 지대한 영향을 미치고 있는 대표적인 광고인들의 광고 창조 철학을 요약해 개략적으로 제시하면 〈표 2-2〉와 같다.[31] 모든 분야에서 초창기에 나타나는 보편적인 현상이지만 선구자들이 경험하면서 체득한 생각들은 그 시대의 후배 광고인들에게 강력한 영향을 미쳤다. 광고 표현의 영역에서 현재까지도 세계 광고계에 지대한 영향을 미치고 있는 미국을 대표하는 광고인 4명과 그들이 생각했던 광고의 창조 철학을 살펴보기로 하자.

1) 로서 리브스

현대 미국 광고는 로서 리브스(Rosser Reeves, 1911~1982)가 광고 메시지를 구성하는 데 있어서 과학적 접근 방법을 제시함으로써 이론적·실무적으로 비약적인 발전을 가져왔다. 리브스는 『광고의 실체(Reality in Advertising)』(1961)[32]에서 고유판매제안(USP: Unique Selling Proposition)이라는 광고 창조 철학을 제시했다. 고유판매제안이라는 창조 철학은 막연한 느낌으로 아이디어 발상을 해 오던 광고 창작자들의 습관을 바꾸고, 광고효과를 높일 수 있는 메시지를 개발해야 한다는 이론적 토대로 작용했다.

그는 어떤 상품에서 고유판매제안(USP)을 도출하려면 3가지 사항을 고려해야 한다고 강조했다. 즉, 광고 상품을 사용하면 특별한 혜택을 얻을 수 있다는 사실을 제안해

31) 이수민(2003). 데이비드 오길비(David Ogilvy)의 광고이론과 그 적용사례에 관한 연구(p. 24). 이화여자대학교 디자인대학원 미간행 석사학위논문을 필자가 대폭 수정했다.
32) Reeves, R. (1988). 광고의 실체 (Reality in advertising). (권오휴 역). 서울: 오리콤 마케팅커뮤니케이션 연구소. (원저는 1984년에 출판).

야 하고, 그 제안은 경쟁사가 따라할 수 없고 제안하기 어려운 단일 메시지여야 하며, 그 제안은 수백만 소비자를 움직일 수 있을 만큼 강력해야 한다는 것이었다.[33] 그는 상품에서 고유판매제안을 찾으려고 할 때는 반드시 3가지 원칙을 고려하기를 권고했다. 그가 제시한 '고유판매제안'은 주먹구구식의 주관적 느낌으로 광고를 만들어오던 기존의 관행에 경종을 울리며 광고 창작에서도 과학적 접근의 필요성을 환기하기에 충분했다.

[그림 2-1] 로서 리브스

로서 리브스는 그만의 광고 창조 철학을 바탕으로, "엠앤엠(M&M) 초콜릿은 손에서 녹지 않고, 입에서 녹습니다(M&M's melt in your mouth, not in your hands)" 또는 "콜게이트 치약은 이를 닦듯이 당신의 숨결까지 닦아 줍니다(Colgate cleans your breath as it cleans your teeth)" 같은 창의적인 광고물을 만들었다. 이 카피들은 처음에 노출된 이후부터 장기간에 걸쳐 활용되었고, 상품 판매에 크게 이바지했다는 평가를 받았다.

2) 데이비드 오길비

1960년대는 크리에이티브 혁명의 시대였다.[34] 그 시기에는 이른바 이미지 학파로 평가받는 데이비드 오길비, 윌리엄 번벅, 레오 버넷 같은 광고의 거장들이 등장해 그들의 시대를 만들었다. 이들은 광고에 나타난 이미지를 중시했지만, 각자가 생각했던 광고 창조 철학은 달랐다. 이들은 서로의 다른 관점을 존중하고 상대방의 생각과 철학을 인정해 주면서, 1960년대에 미국 광고가 활짝 꽃을 피우게 하는 데 결정적인 영향을 미쳤다.

---

33) Reeves, R. (1961). *Reality in advertising* (pp. 47-48). New York, NY: Alfred A. Knopf. USP에 대한 설명을 원문 그대로 제시하면 다음과 같다. (1) Each advertisement must make a proposition to the consumer. Not just words, not just product puffery, not just show-window advertising. Each advertisement must say to each reader "Buy this product and you will get this specific benefit." (2) The proposition must be one that the competition either cannot, or does not, offer. It must be unique–either a uniqueness of the brand or a claim not otherwise made in that particular field of advertising. (3) The proposition must be so strong that it can move the mass millions, i.e. pull over new customers to your product.

34) Bendinger, B. (1988). *The copy workshop workbook* (p. 28). Chicago, IL: The Copy Workshop.

[그림 2-2] 데이비드 오길비

오길비(David MacKenzie Ogilvy, 1911~1999)는 영국에서 스코틀랜드계의 아버지와 아일랜드계의 어머니 사이에서 태어나, 옥스퍼드대학교에 입학했지만 대학 생활에 별로 흥미를 느끼지 못해 결국 자퇴했다. 그는 대학에서 자퇴한 다음에 호텔 요리사, 조리용 난로 외판원, 여론조사회사 갤럽(Gallup)의 조사원 등을 거쳐 광고회사 오길비 앤 매더(Ogilvy & Mather)를 창립해 세계 유수의 광고회사로 키워 낸 전설적인 광고인이었다. 그는 『어느 광고인의 고백 (Confessions of an Advertising Man)』(1963), 『오길비의 광고 (Ogilvy on Advertising)』(1983) 같은 저서를 통해 자신의 광고 창조 철학인 브랜드 이미지 전략을 체계적으로 정리했다. 그는 광고란 브랜드 이미지를 구축하는 데 이바지하는 장기간의 투자라고 생각했다. 어떤 상품이든지 광고를 통해 고유하고 독특한 이미지를 쌓게 되는데, 소비자는 그 이미지를 기억해 상품 광고에서 제시한 상품의 물리적 · 심리적 혜택을 구매한다는 뜻이었다. 오길비는 "장미보다 사랑을 팔라."는 말로 요약할 수 있는 광고 창작의 현대적 지침을 아주 오래전에 제시했다.

오길비는 광고 창작과 카피라이팅에서 조사의 기능을 특히 중시했다. 이런 입장은 그가 여론조사기관인 갤럽의 면접 조사원을 거쳤다는 점과 무관하지 않다. 그는 직접 반응 광고에 특별한 관심을 가지고 장기간에 걸쳐 현장에서의 광고효과 조사를 시행하고, 그 결과에 따라 광고 창작 원칙의 일반화를 시도했다. 창의적인 광고 아이디어는 천재적 영감에서 나온다는 학설도 있지만, 그는 창의적인 광고 아이디어 발상에는 대단한 천재적 자질이 필요하지 않다고 했다. 대신에 일반화된 법칙을 숙지하고 그것을 활용하면 된다고 주장했다. 그는 30여 년에 걸친 광고물 평가 조사를 바탕으로 효과적인 광고 창작을 위한 5가지 원칙을 제시했다. 그 구체적인 내용은 다음과 같다.[35]

---

35) 오길비에 대해서는 다음 문헌을 참조하라. Ogilvy, D. (2008). 나는 광고로 세상을 움직였다 (*Confessions of an advertising man*). (강두필 역). 서울: 다산북스. (원저는 1963년에 출판).; 강두필(2015). 오길비, 광고가 과학이라고? 광고PR실학연구, 8(4), 162-164.; 김병희(2008). 오길비 다시 읽기: 데이비드 오길비 저, 강두필 역, '나는 광고로 세상을 움직였다' 서평. 광고PR실학연구, 1(1), 190-195.; 김병희(2015). 오길비, 광고가 과학이라고?: 창의력도 과학을 바탕으로 만들어진다는 것, 알고 있니?(내가 꿈꾸는 사람 14: 광고인). 서울: 토토북 탐.; 박종열, 김명하 공역(1984a). 오길비의 광고. 서울: 평음사.; 최윤식(1993). David Ogilvy와 William Bernbach의 광고 철학에 관한 비교 연구. 고려대학교 정책과학대학원 석사학위논문.; Raphaelson, J. (Ed.). (1988). *The unpublished David Ogilvy*. London: Sidgwick & Jackson.

- 가능하다면 상품을 될 수 있는 대로 크게 제시하라.
- 소비자를 교란하는 부정적 헤드라인은 쓰지 말라.
- 헤드라인에 브랜드명을 쓰고 로고 처리를 강하게 하라.
- 신상품일 경우에는 뉴스성을 최대한 보장하라.
- 가능하다면 상품을 쓰고 있는 이용자의 모습을 제시하라.

그는 또한 인쇄광고에서 헤드라인(Headline)의 중요성을 특히 강조했다. 그는 직접 반응 광고에 대한 장기간의 소비자 응답 결과를 바탕으로 헤드라인 쓰는 법을 다음과 같은 4가지 원칙으로 정리했다.

- 헤드라인에 따옴표(" ")를 붙이면 상기도가 28% 증가한다.
- 뉴스형 헤드라인은 사람들에게 22%나 더 많이 읽힌다.
- 헤드라인은 독자의 83%가 읽지만 보디카피는 83%가 읽지 않는다.
- 따라서 헤드라인에 반드시 브랜드명을 포함해야 한다.

그는 자신이 정립한 광고 창작 원칙과 헤드라인 쓰는 방법을 고수하며 불후의 명작 광고들을 창작했다. 그는 해서웨이 셔츠나 롤스로이스 자동차 같은 고급품 광고에서 능력을 발휘했다. 그가 만든 롤스로이스 광고 '시속 60마일' 편은 전 세계의 광고 교과서에 인용될 만큼 현대 광고의 고전이 되었다. 그 광고의 헤드라인은 이렇다. "시속 60마일로 가는 이 신형 롤스로이스 안에서 가장 큰 소음은 전자 시계에서 나는 소리(At 60 miles an hour the loudest noise in this new Rolls-Royce comes from the electric clock)"

결국, 오길비의 광고 창조 철학은 과학적인 조사 결과를 바탕으로 '무엇을 말할까(What to say)'를 찾는 데에 있다. 그는 말로 설명할 수 없는 기막힌 아이디어는 비과학적인 신비성이나 다름없다고 생각

[그림 2-3] 롤스로이스 광고 '시속 60마일' 편

했다. 광고물의 완성도나 광고 창작자의 솜씨는 메시지를 정확히 전달하는 것보다 중요하지 않은 부차적인 문제였던 셈이다. 그가 제시한 효과적인 광고 창작을 위한 5가지 원칙은 당시로서는 유용한 길잡이가 되었을지 몰라도, 디지털 시대의 광고 상황에는 맞지 않는 측면도 있으니 참고는 하되 금과옥조(金科玉條)로 여길 필요는 없겠다. 광고 창작에서 예술성이 아닌 과학성을 추구했다는 점에서 그의 광고 창조 철학은 후대의 광고인들에게 지속적인 영향을 미쳤다.

3) 윌리엄 번벅

오길비가 광고는 과학이라는 입장을 천명했다면, 동시대의 거장이던 윌리엄 번벅(William Bernbach, 1911~1982)은 광고는 예술이라는 입장을 견지했다. 그는 광고가 과학이라는 오길비의 믿음에 반대한다는 태도를 분명히 밝히고, 효과적인 광고 창작에 있어서 과학적 객관성이 아닌 예술적인 직관과 재능이 필요하다고 했다. 특히 조사 결과 자체는 자료 더미에 불과하고 조사 결과에서 나온 수치를 창조적으로 읽어 내지 못하면 무의미하며, 창의적인 시사점을 주지 못하는 단순한 조사 보고서는 크리에이티브의 감옥이라고 천명했다. 번벅은 오길비와는 전혀 다른 관점에서 광고 창의성의 개념을 정립했는데, 그가 제시한 광고 창작의 신조는 다음 4가지로 요약할 수 있다. [36]

- 놀라움(magic)은 언제나 상품에 내재한다.
- 광고에서 법칙이란 광고 창작자가 타파해야 할 그 무엇이며 기억에 남는 광고는 절대로 공식으로 창작되지 않는다.
- 광고는 과학이라는 믿음을 가장 먼저 타파해야 한다.
- 먼저 법칙을 알되 나중에는 그 법칙을 타파해야 한다.

오길비가 광고 표현에 있어서 '무엇을 말할 것인가'를 강조했다면 번벅은 이와 상

---

36) 원문을 제시하면 다음과 같다. "The magic is in the products." "Rules are what the artist breaks: the memorable never emerged from a formula." "I want you against believing that advertising is a science." "Know the rules first and then Break the rules."

반되는 접근 방법인 '어떻게 말할 것인가'를 중시했다. 번벅은 메시지를 공들여 표현하는 '창작 솜씨(execution)'의 중요성을 강조했다. 광고의 핵심 메시지를 결정하는 것만으로는 부족하며, 공들여 표현하는 창작 솜씨가 메시지의 내용 이상으로 중요하다고 했다. 번벅은 창작 솜씨를 광고 크리에이티브에 있어서 가장 중요한 덕목으로 간주했던 셈이다. 광고 크리에이티브에 있어서 규칙이나 원리를 거부한 번벅이라 창작 솜씨가 무엇인지에 대한 구체적인 원칙은 제시하지 않았으나, 단편적인 그의 생각들을 종합하면 광고 창작에 대한 그의 신조를 엿볼 수 있다.

[그림 2-4] **윌리엄 번벅**

- 소비자를 무시해서는 안 되며 항상 소비자를 존중해야
  한다. 그렇기에 진솔한 카피를 써야 하며 과장이나 상투적 반복은 피해야 한다.
- 될 수 있는 대로 쉽고 단순하게 표현해 경제적이고 창의적인 방법으로 소비자의
  주목을 유발함으로써 상품을 판매할 수 있도록 고려해야 한다.
- 참신성, 독창성, 상상력이 담겨 있지 않은 광고는 아무도 주목하지 않기 때문에
  다른 광고에 비해 돋보이도록 독특하게 표현해야 한다.
- 소비자들의 관심을 유발하고 소비자를 즐겁게 하는 유머 기법을 적용한 광고를
  만들어야 될 수 있는 대로 높은 광고효과를 기대할 수 있다.

번벅은 모든 것을 계량화하려는 태도야말로 광고 창작자의 상상력을 가로막는 치명적인 장애물이며, 조사 결과에 대한 맹신은 결국 모든 것을 조사 만능으로 오판하게 하는 오류를 범한다고 생각했다. 그는 광고 창작에 있어서 어떠한 법칙도 있을 수 없다고 했는데, 어떤 법칙을 맹목적으로 신봉하면 소비자의 구매 동기를 유발하기 어렵다고 판단했던 셈이다. 오길비는 법칙을 거부하는 번벅의 생각이야말로 무에서 유를 창조하려는 헛된 망상일 뿐이라며 그를 '망상의 크리에이터'라고 비판했다.

오길비의 비판에도 불구하고 그의 광고 창조 철학은 현대의 광고 창작자들에게 엄청난 영향을 미쳤다. 그는 허풍스러운 광고를 경멸하며 거짓된 상품 자랑을 하는 것보다 상품 메시지에서 솜씨를 발휘하는 것이 광고 창작의 요체라고 주장했다. 이 같은 창조 철학을 바탕으로 그는 세계의 광고학 교과서에 자주 인용되는 "불량품

(Lemon)"이나 "작은 차를 생각하세요(Think Small)" 같은 폭스바겐(Volkswagen) 자동차의 딱정벌레 캠페인을 비롯해, "에이비스는 2등일 뿐입니다(Avis is only No. 2)" 같은 전설적인 광고 캠페인을 만들었다. 그가 생각하는 광고 창조 철학은 광고 표현에 있어서 '어떻게 말할까(How to say)'를 찾는 데에 있다. 그는 '무엇을 말할까'에 비해 같은 메시지라도 어떻게 표현하느냐가 더 중요하다고 생각했다.

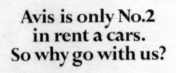

[그림 2-5] 에이비스 광고 '손가락' 편	[그림 2-6] 에이비스 광고 '물고기' 편

그렇다면 광고는 과학이라는 오길비의 철학과 광고는 예술이라는 번벅의 철학 중에서 어떤 관점이 디지털 시대에 더 적합한 광고 창조 철학일까? 광고 기획자나 마케팅 담당자는 대체로 오길비의 관점을 지지하는 경우가 많고, 광고 창작자들은 번벅의 관점을 지지하는 경향이 있다. 그렇다면 번벅이 만든 폭스바겐의 "Think Small" 광고를 오길비가 제시한 5가지 원칙에 따라 변형시키면 광고 표현이 어떻게 달라지는지 사례를 통해 비교해 보자.

Think Small 원작

상품을 크게 제시

긍정적 헤드라인

헤드라인에 브랜드명 제시

신상품의 뉴스성 강조

상품 이용자의 제시

[그림 2-7] 오길비의 5가지 원칙에 따라 변형시켜 본 폭스바겐의 'Think small' 광고

오길비의 원칙에 따라 변형한 광고를 보면 처음의 원작 광고가 바뀌고 있다. 오길비가 제시한 5가지 원칙을 모두 반영한 마지막 광고 시안을 보면 첫 광고에 비해 얼마나 복잡하게 바뀌었는지 알 수 있다. 오길비가 제시한 원칙은 그 시대의 조사 경험에 따라 정립한 중요한 지침이기는 하지만, 디지털 시대의 광고 관점에서 보면 반드시 타당하다고 주장하기 어렵다. 따라서 오길비의 원칙이나 번벅의 방법을 배우고 익힐 필요는 있지만, 반드시 거기에 얽매일 필요는 없다. 디지털 시대의 상품과 시장과 소비자 환경에 따라 자유롭게 표현하는 광고 창작자들의 지혜와 판단력이 더 중요하다.

번벅은 오길비가 주장했던 '무엇을 말할까'에 비해 같은 메시지라도 어떻게 표현하느냐에 따라 광고 창의성의 수준에서 차이가 나타난다며 '어떻게 말할까'를 고민하며 구체적인 방법을 찾는 것이 무엇보다 중요하다는 신념을 평생토록 견지했다. 오길비가 광고를 과학적 입장에서 접근했다면 그는 예술적 표현을 더 강조했던 셈이다. 1982년 10월, 번벅이 세상을 떠나자 『하퍼스(Harper's)』지는 독자들에게 그의 인생에 대해 이렇게 평가했다. "빌 번벅은 지난 133년 동안 우리 잡지에 실린 미국의 어떤 유명한 작가와 예술가보다 미국 문화에 더 막강한 영향력을 행사했다."

4) 레오 버넷

1960년대 미국 광고를 한 단계 비약한 광고인으로 이미지 학파의 또 다른 거장인 레오 버넷(Leo Burnett, 1891~1971)을 들 수 있다. 그는 시카고에 자신의 광고회사를 설립하면서 뉴욕 중심의 광고 문화와 다른 독특한 광고 창조 철학을 수립했다. 그는 상품 자체에 들어 있는 고유한 이야기를 찾아내 이를 드러내는 것이 상품 이미지 구축하는 핵심이라고 주장했다. 다시 말해서, 그가 생각하는 광고 창조 철학은 각각의 상품에 내재하는 드라마(inherent drama)를 발견하는 것이었다.[37] 그의 광고 철학은 오길비나 번벅의 철학과는 다른 맥락에서 광고계의 시선을 끌었다. 모든 상품에는 그 상품만이 가질 수 있는 극적인 요소가 있다는 그의 철학은 이미지 광고의 성립에 이론적 근거를 제시했기 때문이다. 그는 모든 상품에는 고유한 극적 요소가 있다고 주장하며 '내재하는 드라마'에 대해 다음과 같이 설명했다.

---

37) 레오 버넷의 광고 철학은 레오 버넷사에서 레오의 연설문과 기고문 등을 모아 사후의 봉헌 문집 형식으로 편집한 다음을 참조하라. Leo Burnett Company (1971). Leo. Chicago, IL: Leo Burnett Company.

"이른바 '내재하는 드라마'는 거의 모든 상품과 서비스 속에 있다는 것을 알게 되었습니다. 새로운 돔형 차량이나 냉동 수프 같은 경우라면, 비교적 이런 극적 요소를 찾기 쉽습니다. 완두 통조림이나 오트밀, 비누 한 상자나 밀가루 부대, 가솔린 탱크나 담배, 또는 연관(鉛管) 같은 다른 사례에서는 인내심을 갖고 찾아내 여러 가지로 해석해야 하며 독자나 시청자들에게 이를 더욱 간단하고 직접 제시할 수 있어야 합니다. 교묘한 속임수나 술수를 쓰지 않고서 흥미와 함께 신뢰감을 주도록 말입니다."[38]

레오 버넷이 제시한 '내재하는 드라마'라는 개념은 광고 창작자들에게 상품의 이미지라는 것이 정해진 고정적 형상이 아닌 변화하는 속성을 지니고 있으며, 그렇기 때문에 그 드라마는 발견하는 자의 몫이라는 생각을 하도록 했다. 그의 광고 창조 철학은 최근 들어 자주 강조되는, 광고에 의한 브랜드 개성(brand personality), 브랜드 에센스(brand essence), 브랜드 자산(brand equity) 같은 브랜드 이론의 이론적 근거를 실무적으로 뒷받침했다는 점에서 상당한 의의가 있다.

그의 광고 창작 스타일을 보통 '상식적인 솜씨(common touch)'라고 부르는데, 이는 시카고를 중심으로 하는 중서부 지역의 미국적 정서를 드러내는 데 손색이 없었다. 그의 광고 철

[그림 2-8] 레오 버넷

학의 정수는 상품을 살아 있는 생명체처럼 표현해 독특한 드라마를 연출하는 것으로 요약할 수 있다. 상식적인 솜씨는 이미 알고 있는 정보를 다시 조합해 새로운 것으로 만들어 내는 광고 창작자의 예리한 직감에서 나온다고 할 수 있다.

레오 버넷은 이 같은 광고 철학을 바탕으로 40여 년 동안이나 같은 광고 콘셉트를 유지한 말보로 담배 캠페인의 광고 창작에 깊이 관여했다. 세계 광고계에 이미지의 중요성을 알려 준 말보로 캠페인이었다. 그는 또한 유나이티드 항공 캠페인을 통해 상식적인 솜씨가 광고 창작에서 얼마나 중요한지 명쾌하게 보여 주었다. 관점에 따라 레오 버넷이 만든 광고가 너무 평범하게 느껴질 수 있다. 창의적인 광고로 인정하기 어려울 수도 있다. 그는 그렇게 비판받을 수 있는 매우 평범한 광고들을 창작했지

---

38) Burnett, L. (1961). *Confessions of an advertising man* (p. 77). Chicago, IL: Leo Burnett Company.

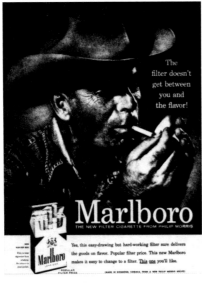
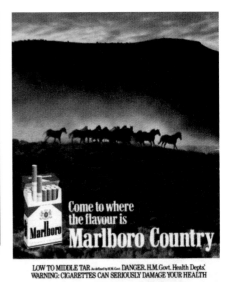

[그림 2-9] 말보로 론칭 광고   [그림 2-10] 말보로 장기 캠페인

만, 그는 광고 표현물이 뜻밖의 그림이나 카피를 제시하는 것이 아니라고 판단했다. 그는 상품의 이미지를 만들어 주는 '내재하는 드라마'를 찾아내 계속 반복해야 어떤 상품의 이미지가 형성된다는 광고 창조 철학을 평생토록 고수했다. 이 같은 그의 창조 철학은 디지털 시대의 카피라이터에게도 중요한 지침이 된다.

4. 한국 광고인들의 창조 철학

우리나라 카피라이터들은 한국의 소비자를 대상으로 카피를 쓰기 때문에 그동안 선배 광고인들이 어떤 생각으로 광고를 창작했는지 살펴볼 필요가 있다. 그런데도 그동안 출판된 여러 광고 크리에이티브 관련 교과서를 보면 주로 외국 광고인의 광고 철학을 소개하며 그것이 광고 창조 철학의 전부인 듯 간주하는 경향이 많았다. 예컨대, 하나같이 홉킨스, 로서 리브스, 헬 스티빈스, 오길비, 번벅, 레오 버넷, 제임스 웹 영 같은 외국 광고인들을 나열하는 천편일률적인 내용으로 구성했지만, 우리나라의 광고 창작자들을 소개하는 내용은 거의 없었다는 말이다.

그러나 우리가 미국이 아닌 한국에서 광고를 공부하고 한국에서 한국 사람들을 대상으로 광고를 쓰는 이상 우리 광고인들의 광고 창조 철학을 검토하는 것은 필수적이면서도 시급한 일이다. 더욱이 국내 최초로 미디어에 등장한 광고인 1886년의 세창양행 '고백(告白)' 광고 이후, 우리나라가 세계 7~8위의 광고 대국으로 성장한 마당에 언제까지나 외국 광고인의 광고 창조 철학만 공부하는 자세는 바람직하지 않다. 국내 최초의 카피라이팅 책인 신인섭의 『광고 Copywriting』이 출간된 이후(1977. 7. 26.), 그동안 국내에서 출간된 카피 관련 책에서도 외국 광고인의 창조 철학만을 금과옥조처럼 소개해 왔으니 심각한 문제가 아닐 수 없다.

우리나라에서 카피라는 용어를 설명한 용례(用例)는 한국 최초의 광고 전문지 『새광고(廣告)』 1960년 10월호에서 발견할 수 있다. 여기에서는 카피를 "광고의 본문, 활자를 가지고 조판되는 일체의 본문, 제판에 의해 복제하는 원화(原畵), 그리고 도안 문안 및 타(他)의 조건을 완비한 광고"로 정의했다. 이런 정의는 카피를 아이디어의 표현으로 보는 디지털 시대의 카피에 대한 정의와는 상당한 차이가 있다. 광고 아이디어를 글로 쓴 것이 카피라고 처음으로 풀이해 기록으로 남긴 분은 신인섭 선생이었다.[39] 그는 미국과 일본과 한국에서 카피라는 용어가 최초로 쓰인 시점을 문헌 고찰을 통해 제시하기도 했다.[40]

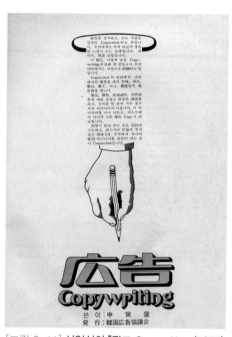

[그림 2-11] 신인섭의 『광고 Copywriting』(1977) 표지

우리 광고계에 1960년대 이후 카피라는 말이 간헐적으로 소개되었지만, 카피라는 용어가 본격적으로 쓰이기 시작한 것은 1976년 7월 3일 서울카피라이터즈클럽(SCC: Seoul Copywriters' Club)이 창립되면서부터다. 일반에게 생소했던 카피라이터라는 용어는 프리랜서 카피라이터 이만재 선생이 방송 출연과 신문 기고를 통해 자신의 직함을 카피라이터라고 자주 언급함으로써 일반에 널리 알려졌다.[41] 카피라이터라는 말이 일반화되기 이전에는 광고문안계(廣告文案係)나

39) 신인섭(1975). 광고 핸드북(pp. 140-141). 서울: 매일경제신문사.
40) 신인섭(1978). 광고와 카피(Copy). 커뮤니케이션연구, 4, 25-38. 서울: 경희대 신문방송학과 커뮤니케이션조사연구소.
41) 김병희(2011b). 세상의 의표를 찌르는 글쓰기의 협객: 이만재. 카피의 스토리텔링: 창의성을 키우는 통섭 광고학 2(pp. 65-97). 서울: 한경사.

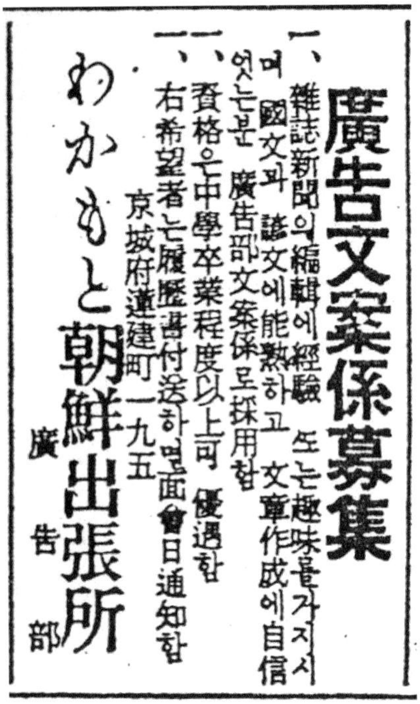

[그림 2-12] **최초의 카피라이터 모집 광고**
(1940)

광고문안가(廣告文案家)라는 말이 광고에 대한 이런저런 글 쓰는 사람이란 뜻으로 쓰였다. 재미있는 사실은 일제강점기에 카피의 중요성을 알아본 기업들이 있었고 일찍이 광고 문안가(카피라이터)를 공개적으로 모집했다는 점이다. 『매일신보(每日申報)』(1940. 9. 13.)에 게재된 우리나라 최초의 카피라이터 모집 광고를 살펴보자.

와까모도 조선출장소 광고부의 이름으로 게재된 모집 광고에서는 "광고문안계(廣告文案係) 모집(募集)"이라는 헤드라인 아래에 카피라이터에게 필요한 자격 요건을 다음과 같이 명시했다.

"1. 잡지(雜誌) 신문(新聞)의 편집(編輯)에 경험(經驗) 또는 취미(趣味)를 가지시며 국문(國文)과 언문(諺文)에 능숙(能熟)하고 문장 작성(文章作成)에 자신(自身)있는 분 광고부(廣告部) 문안계(文案係)로 채용(採用)함

1. 자격(資格)은 중학졸업정도(中學卒業程度) 이상(以上) 가(可) 우우(優遇)함

1. 우(右) 희망자(希望者)는 이력서(履歷書) 부송(付送)하면 면회일(面會日) 통지(通知)함"

카피라이터 모집 광고에서 알 수 있듯이, 카피라이터의 자격 요건은 매체에 대해 관심이 많거나 글쓰기를 잘하는 사람이었고 당시로서는 고학력에 해당하는 중졸(요즘 기준으로 대졸 이상) 이상의 학력을 요구했다. 서류 전형만으로 뽑지 않고 면접을 통해 채용했음도 알 수 있다. 1940년대의 카피라이터 모집 광고에서는 그 자격을 매우 상세하게 설명했다. 그러나 카피라이터가 인기 직종으로 부상한 2000년대를 거쳐 디지털 시대의 카피라이터 모집 광고에서는 이런저런 구체적인 요구 조건이 없고 간략한 내용이다. OTT 기업인 티빙(TVING)에서는 카피라이터를 모집하면서 "카피라이터/에디터 경력채용"이라는 간단명료한 헤드라인만 썼을 뿐이다.

카피라이터가 인기 직종으로 부상한 데는 우리나라 광고산업이 비약적으로 발전했고 그 과정에서 선배 카피라이터들이 불철주야 노력한 덕분이었다. 더불어 카피 또는 광고 창작과 관련된 여러 가지 책을 집필한 저자들의 노고에 빚진 바도 많다. 신

[그림 2-13] TVING의 카피라이터 모집 광고

인섭이 1977년에 처음으로 『광고 Copywriting』(한국광고협의회, 1977)이라는 책을 출간한 이후, 카피라이터 출신의 저자들은 다양한 책을 써서 후배 카피라이터들에게 광고 관련 지식을 풍요롭게 전해 주었다.

　앞에서 살펴본 외국 광고인의 창조 철학을 큰 틀에서 구분하면, '광고=과학' 또는 '광고=예술'이라는 2가지 관점이었다. 앞으로도 쉽게 결론이 나지 않을 '광고가 예술인가 과학인가' 하는 논쟁만으로는 우리 광고를 창작하는 데 있어서 별 도움이 되지 않는다. 우리 광고인이 우리나라 소비자를 대상으로 우리 상품에 대한 광고를 창작하고 있는 현실에 주목해, 우리나라 광고인들에게 현실적으로 유용한 통찰력을 제시하는 우리나라 광고인의 창조 철학을 정립해 나가야 한다.

　우리가 미국이 아닌 한국에서 광고를 공부하고 한국에서 한국의 소비자를 대상으로 광고를 노출하는 이상, 우리의 광고 창조 철학을 정립하려는 시도는 시급한 당면 과제다. 한국 광고인이 생각하는 창조 철학을 시급히 정립해야 한다는 주장에 누구도 이의를 제기할 수는 없을 것이다. 이런 문제의식에 따라 나는 7년 동안 광고인 44명을 만나 인터뷰하고, 그들이 생각하는 광고 창의성의 개념이나 광고의 창조 철학에 대해 분석한 결과를 『창의성을 키우는 통섭 광고학』(2011)이라는 5권의 단행본으로 출간한 바 있다.[42]

　나는 그들에게 단순히 묻고 답하는 식의 피상적인 인터뷰(interview)를 하지 않고, 상호 간에 충분한 호감(rapport)이 형성된 다음 서로서로 깊이 있게 바라다보는(inter-

---

42) 김병희(2011a). 영상미학의 연금술: 창의성을 키우는 통섭 광고학 1. 서울: 한경사.; 김병희(2011b). 카피의 스토리텔링: 창의성을 키우는 통섭 광고학 2. 서울: 한경사.; 김병희(2011c). 디자인의 생각창고: 창의성을 키우는 통섭 광고학 3. 서울: 한경사.; 김병희(2011d). 기획의 내비게이션: 창의성을 키우는 통섭 광고학 4. 서울: 한경사.; 김병희(2011e). 문화산업의 콘텐츠: 창의성을 키우는 통섭 광고학 5. 서울: 한경사.

view) 전문가적 인터뷰 기법에 따라 선배 광고인들을 만났다. 인터뷰 내용과 관련 기록들을 비교 검토한 다음 우리나라를 대표하는 광고 창작자들의 광고 창조 철학을 정리했는데, 이는 오랜 세월 현장에서 광고를 창작하며 빚어낸 선배 광고인들의 값진 정신이라 하겠다. 오랜 세월 동안 현장에서 광고를 창작하며 빚어낸 선배 광고인들의 창작 혼이 녹아 있는 우리의 광고 창조 철학을 살펴보기로 하자.

1) 김태형

한국을 대표하는 카피라이터이자 카피라이터 1세대인 김태형(1936~, 본명 金泰允)은 한국 광고계에서 인정하는 '카피라이터의 원형질'이다.[43] 그는 일찍이 한국 최초의 카피 작품집인 『김태윤 작품집: 광고문안(廣告文案)』(1971)을 출간함으로써 카피의 작품화를 시도한 바 있었다. 프리랜서 카피라이터의 영업을 위한 차원에서였든, 너무 열악한 당시의 카피 수준을 타개하기 위한 카피라이터의 열정에서였든, 이 책은 국내 최초의 카피 작품집이다. 오랫동안 동료로 함께 일해 온 웰콤의 박우덕 대표는 김태형의 존재에 대하여 어느 특강에서 다음과 같이 진술했다.

> "김태형 씨가 2001년 5월 사표를 냈지요. 그래서 사표 내용으로 사원 모집광고를 만들었습니다. '나는 크리에이터로서 너무 늦도록 일했으므로 이제 그만 물러갈까 합니다. 카피라이터 김태형.' 그런데 그 밑의 카피는 '아직도 66세의 김태형 씨는 웰콤에서 젊은 카피를 쓰고 있습니다.'라는 광고였습니다. ……(중략)…… 이분(김태형)은 5월 9일 사표를 냈는데 평생 고문으로 모셔 같이 일하고 있습니다. 그리고 김태형 씨는 아직도 20~30대 젊은이보다 더 젊은 카피를 쓰고 있습니다. 1년에 하나씩 좋은 카피만 나와도 그 회사는 절대 망하지 않습니다. 그래서 이분이 1년에 좋은 헤드라인 카피를 써서 성공 캠페인 하나만 남겨도 연봉 아니라 어마어마한 돈을 받을 자격이 있는 것입니다."[44]

43) 김병희(2011b). 오르고 또 오르고 싶은 저 높은 산: 김태형. 카피의 스토리텔링: 창의성을 키우는 통섭 광고학 2(pp. 29-64). 서울: 한경사.
44) 박우덕(2001). 광고인 하계대학 특강: 좋은 광고 하나가 세상을 바꿀 수도 있습니다. 광고정보, 8월호, 48-54.

이 진술에서 우리 광고계에서 차지하는 김태형의 위상이 어떠했을지 충분히 짐작하고도 남는다. 그는 지난 1989년에 자신의 광고 크리에이티브 철학이 '생활의 제안'이라고 천명했다. 그는 남다르게 접근하되 전략에도 창의성이 있어야 하고 표현에도 창의성이 있어야 하며, 광고 크리에이티브란 대단한 그 무엇이 아니라 유희 정신을 바탕으로 새로운 생활을 제안하는 것이라고 인식했다.

[그림 2-14] 김태형(2006)

광고 창작자를 건축가와 같은 존재로 생각했던 그는 광고 표현물에서 과학과 예술의 조화를 지속해서 모색했다. 건축에서는 건축물 본래의 기능인 '살기 좋음'과 '튼튼함'이 중요하지만, 그것만으로는 안 되고 주변 환경과의 조화나 타인에게도 즐거움을 주는 것이 중요하듯이, 그는 광고에서도 상품 판매의 기능을 수행하면서도 즐거움을 주는 광고가 좋은 광고라고 생각했다. 그는 장난스럽게 아이디어 발상을 하는 과정에서 반드시

[그림 2-15] 김태형의 『광고문안』 표지(1971)

'파는' 광고를 만들어야 한다고 생각했다. 광고회사 웰콤을 알리는 소개 광고로도 활용된 김태형의 시 「꽃」[45]을 보자.

꽃

가리키는 손이 아니라
꽃에 머물게 해야지

광고가 아니라
제품에 머물게 해야지

---

45) 김태형(1995). 카피라이터 가라사대(p. 12). 서울: 디자인하우스.

그가 생각하는 '생활의 제안'이란 광고에서 더욱 창조적이고 재미있게 살아가는 방법을 구체적으로 제안해야 한다는 뜻이다. 도쿄 올림픽 이후에 일본 광고에서 생활의 제안 캠페인을 전개했듯이, 그는 우리 광고에서도 중산층 이상을 대상으로 생활 비평과 문명 비평적 시각에서 상품과 생활의 의미를 예리하게 분석한 표현이 크리에이티브의 흐름을 주도하리라고 예상했다. 앞으로의 소비자들이 '소유'의 문제가 아닌 '생활'의 문제를 중시하는 시대가 올 것이라고 정확히 예측한 탁월한 견해였다.

창의성의 향상에 영향을 미치는 요인은 여러 가지가 있지만, 김태형은 기억력과 상상력이 가장 중요하다고 했다. 그렇지만 기억력이 너무 뛰어나면 자기도 모르는 사이에 외국 광고들을 베낄 수 있으므로 기억력이 너무 뛰어나도 광고 창작에 방해가 된다고 생각했다. 그는 뛰어난 기억력보다 사물을 자세히 관찰하고 소비자 심리를 면밀하게 분석해 상상력을 발휘하는 것이 아이디어 발상에서 가장 중요하다고 판단했다. 그는 1993년에 쓴 글에서 후배 카피라이터들에게 다음과 같은 충고를 했다.

> "약간의 재치와 작문 좀 할 줄 알면 쉽사리 카피라이터가 될 수 있다고들 생각하는 것인지 모른다. 그런 인식을 가지고는 카피라이터가 될 수 없고, 된다고 하더라도 이내 좌절의 쓴맛을 본다. 피와 눈물의 직업임을 알고 덤빌 일이다."[46]

그는 어디서 많이 본 듯한 느낌이 들면 창의적인 광고라 할 수 없다고 주장했다. 평범한 말 같지만 모방에 대한 거부감을 강하게 나타낸 확신에 찬 진술이었다. "나는 카피라이터였던가, 모방 카피라이터(Re-copywriter)였던가? 나는 프로듀서였던가, 모방 프로듀서(Re-producer)였던가? 나는 디자이너였던가, 모방 디자이너(Re-designer)였던가?"[47]라는 질문을 하루도 쉬지 않고 자신에게 묻고 자기만의 스타일을 쓰는 데 혼신의 힘을 기울였을 때, 비로소 창의적인 광고 아이디어를 얻을 수 있다고 그는 생각했다.

색깔만 요란할 뿐 이미지는 오간 데 없는 광고들이 난무하는 가운데, 김태형은 광고가 잘되고 못되기 이전에 우선 말이 돼야 하는데 그것마저 부족한 상태에서 여기서 슬쩍 저기서 슬쩍 베끼는 것이 광고 크리에이티브를 망친다고 인식했다. 겉보기

---

46) 김태형(1993). 광고하는 사람이란. 광고계동향, 11월호, 3.
47) 김태형(1981). 풍요속의 평작. 광고정보, 12월호, 61.

에 그럴듯한 광고도 실패할 가능성이 충분히 있다는 뜻이었다. 그는 늘 좌절했다. 그러면서도 '논리가 좌절된 곳에서 창작이 시작된다'는 믿음을 가지고 우리 광고 표현의 수준을 한 단계 올려놓았다. 그는 다르게 하고, 재미있게 하고, 새로운 접근법을 찾고, 단순화하고, 믿음을 사야 한다는 5가지 창작 원칙을 되새기면서 광고를 창작했다.[48] 김태형의 광고 창조 철학이 구체화한 5가지 창작 방법론을 더욱 자세히 설명하면 다음과 같다.

- **다르게 하라.** 남의 카피를 흉내 내지 않는 것만으로는 부족하며, 자신의 카피를 쉽게 흉내를 낼 수 없을 정도로 독창적인 카피를 써야 한다는 것이다. 남과 다르기만 해서는 안 되고 오늘 쓰는 카피는 어제 쓴 카피와 달라야 한다는 뜻이다.
- **재미있게 하라.** 재미에 그치는 광고를 만들어서도 안 되지만 무미건조한 광고를 만들면 더더욱 안 된다는 것이다. 소비자들이 정말 재미를 느낄 수 있는 광고 만들기가 쉽지 않을지라도 재치 있는 광고를 만들려고 노력해야 한다는 뜻이다.
- **새로운 접근법을 찾으라.** 주어진 상품을 보는 시각에도 새로운 접근법이 있고 소비자 분석에서도 새로운 접근법이 있을 수 있다. 그리고 전달하는 방법에서도 새로운 방법이 있을 수 있는데 항상 새로운 접근법을 찾아야 한다는 것이다.
- **단순화하라.** 카피의 길이는 길고 짧음의 문제가 중요하지 않고 한 줄기의 뚜렷한 맥을 세우는 판단이 중요하다. 카피는 길게 쓸 수도 있고 짧게 쓸 수도 있지만 되도록 압축해 광고 콘셉트를 단순화함으로써 소비자 혜택으로 연결해야 한다는 뜻이다.
- **믿음을 사라.** 광고는 소비자에게 보내는 러브레터와 같다. 따라서 소비자의 신뢰를 얻는 카피가 가장 중요한데, 믿을만한 상품을 가지고서도 신뢰성이 떨어지는 카피를 쓸 수 있다는 사실을 명심하고 믿음을 얻을 카피를 써야 한다는 뜻이다.

이 같은 5가지 원칙을 세우고 김태형은 책상머리에 앉아서 카피를 쓰지 않고 발바닥으로 카피를 썼다. 그는 시 「오늘도 걷는다마는」에서 다음과 같이 고백했다. "그렇다 나는/ 신발 바닥에서 아이디어를 캤다/ 길에서 카피를 썼다/ 장터에서 썼다/ 산에서 썼다/ 나는 썼다." 그가 1960년대 중반부터 지금까지 써 온 카피 중 중요한 몇 가지

---

48) 김태형(1984). 잡종철학 무철학이 나의 카피 철학. 광고정보, 9월호, 44-46.

제시하면 다음과 같다.

"둘째로 좋아해 주세요. 엄마가 첫째, 해태는 둘째" (해태제과 기업광고)

"왜 여자로 태어났던가?" (유한킴벌리 코텍스)

"남편 몰래 아이들 몰래" (유한킴벌리 코텍스)

"여자의 일년은 305일?" (유한킴벌리 코텍스)

"무좀이란 놈이 이제야 임자를 만났군!" (삼아약품 무좀약 아루스연고)

"봄이 오면 김장이 간다?" (제일제당 김치시지마)

"커피 역사가 낳은 최고의 명작, 맥심" (동서식품 맥심)

"딱하다, 행주여!" (유한킴벌리 크리넥스 키친타올)

"행주여, 안녕!" (유한킴벌리 크리넥스 키친타올)

"50청년이 있는가 하면 30노인이 있습니다" (그랑페롤)

"老? No!" (유한양행 게론톤)

"사명(使命)이 커짐에 따라 사명(社名)을 바꾸었습니다" (한농)

"대통령 관저 앞을 시민들이 자유롭게 통행하는 나라" (1987 대통령선거)

"안주를 든든히 먹어라" (로얄셔츠)

"지금부터입니다, 아버지" (로얄셔츠)

"스승의 날에야 찾아뵙습니다" (로얄셔츠)

"만나면 편안한 사람이 있습니다. 입으면 마음까지 편안한 옷이 있습니다" (로얄셔츠)

"한두 병 더 가져오는 건데!" (해태 나폴레온)

"여성들이여 잠꾸러기가 되자" (에바스화장품 타임)

"미인은 잠꾸러기?" (에바스화장품 타임)

"손님의 기쁨 – 그 하나를 위해" (하나은행)

"청개구리 심뽀" (참존화장품)

"냉장고 문을 그렇게 자주 열고도 내가 싱싱한 생선으로 있길 바랐나요?" (삼성문단속 냉장고)

"한번 주인이면 평생 주인" (세진컴퓨터)

"미쳤군!(윤복희)" (신세계)

"잠꼬대?(백남준)" (신세계)

"노래도 아니다(서태지)" (신세계)

"행복한 젖소" (빙그레우유)

"살아서 가요!" (빙그레 닥터캡슐)

"독립만세!" (삼성독립만세 냉장고)

"감나무가 있는 광고회사" (웰콤)

"쉿! 소리가 차를 말한다" (대우 레간자)

"소주위에 소주" (보해 김삿갓소주)

"큰 차 비켜라!" (마티스)

"자장 자장 자장" (LG 디오스냉장고)

"안을 보라!" (대우 레쪼)

"가슴에 한줄기 소나기" (OB라거)

"누구시길래…" (르노삼성 SM5)

[그림 2-16] 유한양행 게론톤 광고 '괴테' 편

[그림 2-17] 유한양행 게론톤 광고 '피카소' 편

유한양행의 게론톤 광고 '괴테' 편과 '피카소' 편을 보면 "老? No!"라는 한 음절의 헤드라인으로 어르신들의 관심과 주의를 단숨에 끌어들이는 동시에 상품이 제공하는 소비자 혜택을 촌철살인(寸鐵殺人)의 메시지로 전달했다. 이런 그가 자신의 카피 철학이 없다고 하면서도 모든 사람과 이론에서 배운 '잡종 철학'이라고 겸손해했지만, 적어도 광고 창의성 또는 카피 창작에서는 김태형이 오길비를 능가한다고 평가할 수 있다.[49]

물론 오길비는 대단한 광고인이고 여러 분야에 재주가 많은 광고인이기는 하지만,

---

49) 나는 그동안 우리에게 잘 알려진 『어느 광고인의 고백』『오길비의 광고』『오길비의 고백』번역본을 10번 이상 읽었음은 물론 아직 국내에 번역이 안 된 『The Unpublished Ogilvy』(Raphaelson 편, 1988)까지도 3번 이상 읽고 그 내용을 자세히 분석한 바 있다.

광고 창작자로서의 오길비는 그 명성 때문에 지나치게 과장되었다. 그는 크리에이티브에서 일찍 손을 떼고 광고회사 경영에 더 관심을 가졌으며 일찍 은퇴해 프랑스의 저택에서 부유한 만년을 보내다 1999년 숨을 거두었다. 당연한 귀결이겠지만 김태형은 오길비의 『어느 광고인의 고백』을 가장 추천하고 싶은 책으로 꼽으며, 이미 사망한 오길비와 인터뷰를 하는 형식으로 추도사를 썼다.[50]

그는 구천을 건너가 오길비에게 질문하는 가운데 이 책이 '맛있는 요리' 같은 책이라며 현대의 고전으로서의 이 책의 뿌리를 강조했지만, 오길비가 원칙과 법칙의 책을 썼다면 김태형은 광고란 이래야 한다는 원칙을 드러내지 않고 그런 원칙을 카피로 썼다. 영화비평가와 영화감독의 관계와 같다고나 할까? 어쨌든 우리는 그동안 외국의 광고학 교과서에 나오는 오길비의 광고를 보고 그의 광고 창작자로서의 업적을 지나치게 과대평가해 온 경향이 많았다.

여기에 이르면 국내 광고인에 대한 평가는 지나치게 인색하면서도 외국 광고인에 대해서는 너무 관대한 우리 광고업계 및 학계의 척박한 풍토를 다시 한 번 만나게 된다. 광고 창의성 분야에서 김태형이 이룩한 업적은 오히려 오길비를 능가한다. 신은 오길비에게 너무 많은 능력을 주어 스스로 창작자가 되기보다 광고 창작자들을 부리는 기능을 하게 했는지도 모를 일이다.

그는 늘 카피라이터에서 벗어나려고 했지만 80세가 넘도록 끝끝내 카피에서 벗어나지 못하고 우리 광고 표현의 또 다른 가능성에 대해 쉼 없이 고민했다. 농심라면의 "형님 먼저 아우 먼저"를 가장 좋아하는 카피로 꼽는 그는 한국 냄새가 나는 한국적 표현과 공감의 광고를 만들기 위해 다양한 형식 실험을 감행했다. 그는 옛날부터 전해 내려오는 시조의 형식을 빌려 표현의 경계를 넓히는 카피를 쓰기도 했다.

"아내가 다리어준 한삼모시 고의적삼
걸치고 앉아시니 삼복더위 간데없다
어디서 바람부나 서늘키도 서늘쿠나" (백양 모시메리)

"겨울이 춥다하되 이 몸은 모를레라
에어메리 공기층 이리도 따습건만

---

50) 김태형(2002). 고맙습니다, 오길비 선생님. 광고정보, 3월호, 9-11.

사람이 제 아니입고 떨기만 하누나" (백양 모시메리)

이런 점에서 무조건 '끝내주는 한마디'만을 찾기 위해 들떠 있는 디지털 시대의 카피 경향과는 사뭇 다르다. 그는 광고의 기능이 차별화(make the difference)에 있다고 판단하고, 단순한 말장난만 하는 차별화를 위한 차별화에 대해 개탄하기도 했다. 김태형은 정서적 공감을 유발하는 광고 메시지를 제시했을 때 소비자들이 비로소 '생활의 제안'을 수용하게 된다고 믿고 그 믿음을 평생토록 고수했다.

2) 윤석태

광고 감독 윤석태(1938~2023)는 1969년 4월 만보사에 입사해 그해 12월 코카콜라 광고 창작 업무를 총괄하고, 1970년 2월 우리나라 최초의 스틸 영상인 해변 작품의 연출을 맡으면서 처음 텔레비전 광고와 인연을 맺었다. 한국을 대표하는 광고 감독 1세대인 윤석태가 31년 동안 연출한 광고물은 모두 663편이며, 편집 편수로는 2,014편에 이르렀다. 1985년과 1987년에는 각각 38편을 연출할 정도로 엄청난 역량을 과시했으며, 1988년과 1989년에는 일본 KAO의 의뢰를 받아 해외 광고 2편을 제작하기도 했다. 이 밖에도 영화 〈러브 러브 러브〉 120분 1편, AFKN-TV 프로그램 타이틀 〈IMAGE of KOREA〉 60초 2편, MBC-TV 〈수사반장〉 타이틀 1편, KBS-TV 〈9시 뉴스〉 타이틀 1편, 그리고 국제광고협회(IAA) 세계대회 서울 유치를 위한 8분 홍보물 등 광고 이외의 제작물은 모두 6편이다.[51]

그는 광고 연출을 하는 동안 국내 43편과 해외 9편 등 모두 52편의 광고물에 대해

---

51) 윤석태 감독에 대해서는 다음 문헌을 참고하라. 김병희(2003a). 크리에이티브의 길을 묻다 7: 상품을 찍지 않고 마음을 담았다-윤석태 1. 광고정보, 262, 38-45.; 김병희(2003b). 크리에이티브의 길을 묻다 8: 유목민의 상상력과 농경사회적 상상력-윤석태 2. 광고정보, 263, 40-47.; 김병희(2004a). 광고감독 윤석태 연구. 호서문화논총, 18, 1-39.; 김병희(2007a). 광고카피 창작론: 기본원리 편(pp. 61-68). 서울: 나남출판.; 김병희, 윤태일(2010). 한국 광고회사의 형성 과정에 관한 구술사 연구. 광고연구, 84, 63-111.; 김병희(2011a). 광고 영상의 저 높고 아득한 이데아: 윤석태. 영상미학의 연금술: 창의성을 키우는 통섭 광고학 1(pp. 29-61). 서울: 한경사.; 김병희, 윤태일(2011). 한국 광고회사의 형성: 구술사로 고쳐 쓴 광고의 역사. 서울: 커뮤니케이션북스.; 김병희(2021b). 우리시대 광고 영상의 저 높고 아득한 이데아: 추천의 글. 윤석태 저, 영상광고 감독 윤석태의 Q뮤지엄: 보고 느끼고 행하는 이야기(pp. 6-17). 서울: 새로운사람들.; 김병희(2023. 1. 20.). 윤석태(1938~2023), 우리시대 광고 영상의 저 높고 아득한 이데아. 네이버 프리미엄 콘텐츠 '김병희의 광고박물관' (https://contents.premium.naver.com/adecho1/knowledge/contents/230120112744778kh).

방송광고상을 받았다. 우리나라의 방송광고대상은 1981년 3월 텔레비전 광고의 컬러화가 가능해진 이후 한국방송광고공사에 의해 처음으로 제정되었고, 1980년도 작품부터 해당한 것이기 때문에 실제로 그가 만든 작품 중에서 이전 것을 제외한 522편의 작품 중 52편을 수상작으로 올려놓은 셈이다.[52] 그는 텔레비전 광고의 창작에 있어서 꼭 있어야 할 것만 있어야 독특한 스타일의 영상 에너지가 충전될 수 있다고 주장했다. 그의 광고 영상 미학은 우리 광고만의 느낌과 구조를 세계의 광고계에 알리는 데 일정한 영향을 미쳤다고 평가할 수 있다. 그가 제시한 광고 창작 방법론은 다음과 같은 4가지로 요약할 수 있다.[53]

- **연관된 소재를 찾아내라.** 예컨대, 자동차가 급속도로 주행하는 장면을 촬영하려고 한다면 자동차만 찍으려 하지 말고, 산에서 놀고 있던 다람쥐가 자동차 소리에 놀라 뛰어가는 장면을 필름에 담는 것도 상품에 연관성을 부여하는 방법이라는 뜻이다.
- **생명력을 불어넣으라.** 광고 창작자들은 무생물인 상품이 마치 살아 있는 생명체처럼 느껴지도록 브랜드 개성을 만들어 주어야 한다는 뜻이다. 그는 무생물인 상품에 생생한 생명력을 불어넣는 창의적인 접근 방법이 영상 미학의 핵심이라고 인식했다.
- **메시지를 하나로 집약시키라.** 광고에서 표현 요소가 너무 많고 복잡하면 소비자를 하나의 메시지에 집중시키기 어렵다. 따라서 전달 내용도 하나로 집약시키고, 이야기도 하나로 집약시키고, 카피와 영상도 하나로 집약시켜 표현해야 한다는 뜻이다.
- **차이가 나도록 식별하라.** 다른 회사의 브랜드와 차이가 나타나도록 이야기와 분위기를 구별하라는 뜻이다. 다른 브랜드와 비슷해서는 안 되며, 설령 비슷하더라도 자기 브랜드만의 영상 미학이 있어야 소비자들이 광고 브랜드를 인식한다는 의미다.

---

52) 윤석태(2001). 윤석태 TV-CF 작품집 Q-30. 서울: 도서출판 호미.
53) 김병희(2011a). 광고 영상의 저 높고 아득한 이데아: 윤석태. 영상미학의 연금술: 창의성을 키우는 통섭 광고학 1(pp. 29-61). 서울: 한경사.

윤석태는 아이디어 발상에 있어서 자신의 경험에 비추어 생각의 폭을 넓히고 체험이 부족할 때는 영화와 연극 같은 제3의 경험을 통해 관찰력을 높이기를 기대했다. 광고 창작이란 가상의 아이디어를 놓고 각 분야의 전문가들이 모여 영상을 창작하는 집단 협업이기 때문에 서로의 절대적인 신뢰와 협조가 중요하고 예산이 뒷받침돼야 한다고 강조했다.[54] 나아가 손쉬운 제작 환경이 영상의 질을 저하하는 원인이라고 판단한 그는 프로와 아마추

[그림 2-18] 윤석태(2005)

어를 구별해 감독 중심의 1인 체제에서 벗어나는 동시에 후진 양성에 지속해서 투자하기를 권고했다.[55]

> "광고 영상이란 이유 있는 커뮤니케이션이라고 할 수 있겠어요. 무슨 말인가 하면 지금 립스틱 광고를 찍는다고 합시다. 그냥 사람 얼굴을 찍는다고 할 때 그 카메라 앵글이 달라져야 해요. 예컨대, 약간 눈썹이 잘리더라도 턱이 더 나와야 된다는 말이지요. 그런데 어떤 감독은 영상의 기본 문법에 충실해서 얼굴을 중심으로 찍어. 클로즈업도 립스틱을 위한 광고냐 눈썹 마스카라를 위한 광고냐에 따라서 다르다고요. 만약 립스틱이라면 턱을 좀 더 잘라 내야 해요. 그게 1cm 또는 5mm의 차이인데, 그 느낌이 엄청나게 다릅니다. 또 소품을 쓸 때도 분명한 이유가 있어야 해요. 누구에게도 답변할 수 없으면 그건 불필요한 소품이지요. 소품 하나하나가 이야기가 있고 이유가 있어야 된다는 말입니다. 그런데 정원이면 나무와 꽃만 갖다 놓고, 싱크대면 비싼 싱크대 갖다 놓고 나서 소품 준비를 다했다는 거예요. 그러니까 불필요한 소품들이 주제를 막 잡아먹어요. 저는 절대 그런 것 인정하지 못해요. 입으로 얘기 못하는 것을 눈으로 얘기할 수 있어야 합니다."[56]

광고 영상을 '이유 있는 커뮤니케이션'이라고 주장한 그의 생각을 뒤집어 보면 이유가 없으면 소통이 되지 않는 보통의 영상에 불과하다는 뜻이다. 카메라 앵글도 이

54) 윤석태(1990). 커머셜 제작노트 2: 불신의 늪. 광고정보, 110, 86-87.
55) 윤석태(2003). 영상은 누구나 만들지만 광고는 아무나 만들 수 없다. 광고계동향, 147, 4-5.
56) 김병희(2011a). 광고 영상의 저 높고 아득한 이데아: 윤석태. 영상미학의 연금술: 창의성을 키우는 통섭 광고학 1(pp. 50-51). 서울: 한경사.

유가 있어야 하고, 광고 상품과 모델은 물론 배경과 소품도 나름의 존재 이유가 있어야 소비자와의 소통에 성공할 수 있다는 뜻이다. 그는 광고에서 카피와 영상의 '호흡 조절'이 가장 중요하다고 했다. 광고에서 영상과 카피가 각각 변화무쌍하게 움직이면서도 어느 순간에 절묘하게 호흡을 맞추는 순간이 가장 중요하다는 뜻이다.

그는 카피 창작에 있어서 영상과의 호흡 조절이 가장 중요하다고 생각했다. 커머셜에서도 영상과 카피가 변화무쌍하게 움직이면서도 어느 순간 절묘하게 호흡을 맞추는 것이 가장 중요하다는 뜻이다. 영상은 오디오와 영상의 결합에서 이루어지는데 영상 자체는 거짓말을 못한다. 따라서 그는 영상이란 있는 그대로 카메라에 담기므로 있는 그대로의 '죽은' 영상은 찍지 말라고 충고했다. 작품은 연출자를 닮고 연출자는 작품으로 말한다. 영상이 카피와 호흡을 맞춰야 하듯, 카피도 영상과의 호흡 조절을 해야 한다는 뜻이었다. 이런 맥락에서 그는 카피라이터가 백지에 쓴 글은 카피가 아니라 거친 메시지의 덩어리일 뿐이며, 영상과 적절하게 호흡 조절을 한 카피만이 모름지기 좋은 카피라고 할 수 있다고 주장했다.

영상광고의 4대 요소는 영상, 카피, 음(音), 시간이다. 영상광고에는 길이가 정해져 있기에 제한된 시간에 풀어낼 수 있는 적합한 소재나 아이디어를 찾아야 하고 제한된 시간에 기승전결(起承轉結)을 구성해야 한다. 일찍이 그는 광고 내용과 제한된 시간에서 광고 길이(시간)가 가장 큰 변수로 작용하며, 길이가 짧아질수록 리듬을 잃기 쉽고 박자는 빨라지며 소리의 수준은 높아진다고 주장했다.[57] 이런 관점을 통해 그가 광고 표현에서 시간의 문제에 그가 얼마나 심혈을 기울였는지 확인할 수 있다. 텔레비전 광고의 길이에서 15초, 20초, 30초의 제한이 사라지고 긴 광고가 가능해진 상황에 대해, 그는 단지 시간 연장이 아닌 광고 크리에이티브의 새로운 경계를 확장할 수 있는 동기가 마련됐다고 판단했다.

그가 만든 텔레비전 광고 145편을 분석한 결과 식음료 광고가 전체의 42.1%였고 가전 및 통신기기 광고가 전체의 9.0%로 나타나, 그가 소비자의 일상생활과 밀접한 상품 광고를 주로 촬영했음을 알 수 있다. 사이몬(Simon, 1971)과 프렌전(Franzen, 1994)이 제시한 표현전략의 분석 유목에 따라 그가 창작한 텔레비전 광고물을 내용분석한 결과도 흥미롭다. 사이몬이 제시한 10가지 광고 표현전략 유목을 기준으로 분석한 결과,[58] 가장 많이 활용된 기법은 브랜드 친숙성(57편)으로 전체의 39.3%였고

---

57) 윤석태(2005). 영상 커머셜 제작(pp. 33-34). 서울: 한국방송광고공사.

상징적 연상(33편)이 전체의 22.8%로 나타나, 2가지가 그의 창작 기법을 대표했다. 프렌전이 제시한 광고 표현전략 기법으로 그의 작품을 분석하면, 드라마 기법(56편)으로 전체의 38.6%이었고, 연상전이 기법(43편)이 전체의 29.7%로 나타났다.[59]

[그림 2-19] 경동보일러 광고 '아버님 댁' 편　　　　[그림 2-20] 다시다 광고 '망향' 편

---

58) Simon, J. L. (1971). *The management of advertising*. Englewood Cliffs, NJ: Prentice-Hall.

59) 김병희(2004a). 광고감독 윤석태 연구. 호서문화논총, 18, 1-39.

그는 소비자의 일상생활과 관련된 표현을 가장 선호했고 이 부분에서 자신의 장기를 가장 잘 구현했다. 예컨대, 경동보일러 광고 '아버님 댁' 편과 제일제당 다시다 '망향' 편과 같이 일상의 단면을 한국적인 정감으로 자잘하게 그려 내는 데서 광고 감독으로서의 진가가 한껏 발휘되었다. 그는 미적인 것에 눈을 떠 화가가 되고 싶었지만 31년간 다른 길을 걸었고, 불같은 성격 때문에 스스로 자멸할지도 모른다고 생각하며 늘 불안의 그림자를 달고 다녔다. 하지만 그는 우리나라 최초의 CM 작품집인 『윤석태 TV-CF 작품집 Q-30』(2001)을 펴내면서 광고 감독으로서의 한평생을 정리했다. 그는 이 책의 서장에 해당하는 〈광고주가 찾는 사람, 광고주를 찾아가는 사람〉에서 후배 광고 창작자들에게 다음과 같이 마치 잠언(箴言) 같은 충고를 했다.

> "…… 일은 찾아서 하는 것이지 받아서 하는 것이 아니다.
>
> 맞는 말이다.
>
> 그러나
>
> 크리에이터는 일을 구걸해서는 안 된다.
>
> 크리에이터는 일을 돈으로 흥정해서는 더더욱 안 된다.
>
> 찾는 사람이 되던가
>
> 찾는 사람이 되도록 노력하던가
>
> 크리에이터가 가는 길은 그 길밖에 없다."[60]

그가 생각하는 광고 창의성의 개념은 '영상과 카피의 호흡 조절'이다. 연출자의 임무가 "보이는 것을 찍지 말고, 보여지는 것들의 마음을 담는 일"[61]이라고 주장한 그는 '영상과 카피의 호흡 조절'이라는 자신의 창조 철학을 바탕으로 한국적 커뮤니케이션의 전형성(prototype)을 확립하려고 노력했다. 그는 우리나라를 대표하는 광고 감독으로서 한국 문화를 반영한 광고 메시지의 전형성을 확립하는 데 크게 이바지했다.

---

60) 윤석태(2001). 윤석태 TV-CF 작품집 Q-30(p. 11). 서울: 도서출판 호미.

61) 윤석태(2001). 위의 책(p. 21).

3) 이강우

우리나라 광고계에서 CM플래너 1호로 자리매김한 이강우(1941~)는 오랜 세월 TV-CM 제작에 참여했으나 직접 제작에 참여하는 광고 감독은 아니었고, 텔레비전 광고의 기획을 총괄하는 CM플래너 기능을 수행했다. 그는 늘 자유로움을 추구했으며 그의 마지막 직장이 자유로움이기를 기원했다.[62] 그는 광고에 대한 사랑과 열정이 특히 대단했는데, 젊은 시절에 그가 쓴 광고업에 대한 에세이를 보면 그 열정의 일단을 읽을 수 있다.

> "나는 광고가 지니고 있는 그 무한한 의외성을 사랑한다. 그리고 하루에도 열두 번씩 천재와 천치 사이를 오가게 하는 그 심술궂은 장난기를 사랑한다. …… 일초를 몇 십 분의 하나로 잘라 내야 하는 이 좀스러움은 얼마나 섬세한 감성이며 한 컷의 그림을 얻기 위해 제 월급의 수십 배를 아까워하지 않는 무신경은 또 얼마나 대범스러운 단순함인가. …… 광고란 언제나 요란한 스포트라이트를 받고 나타나는 무대 배우와 같다. 비록 꾸며진 세트라 하나 수많은 인생의 은밀한 감정까지 흘낏흘낏 곁눈질해 보는 규시(窺視)의 즐거움이 있고, 이 세상 저 사회 기웃거려 보는 것 또한 나쁘지 않은 경험이다. …… 내가 그토록 열에 들뜬 채 사랑해 왔던 그 모든 것이 참으로 사랑할 만한 것이었는지, 아니면 한낱 헛된 허상에 불과했는지. 그렇다. 아직도 확신할 수 없는 그 마지막 순간의 불확실성마저도 나는 사랑한다."[63]

그가 광고 창작에서 가장 중요하게 생각한 원칙은 광고 표현에서 반보주의였다. 예술은 작가의 주관적인 판단에 좌우되지만, 광고는 그것을 수용하는 소비자의 객관적인 평가가 중요하다는 전제하에 광고가 소비자나 사회보다 뒤떨어지거나 너무 앞서가면 둘 다 설득에 실패한다는 소신이 있었다. 너무 앞서가면 소비자는 자기 이야기가 아닌가 싶어 쉽게 포기하고, 너무 뒤처지면 도외시하니까, 반보 정도 앞서가며 알게 모르게 소비자를 유인하는 기교가 있어야 한다는 뜻이다. 크리에이티브에 있어서 기발하거나 놀랄 만한 것은 필수 조건이지만 대중이 수용할 만한 선을 지켰느냐 그렇지 않으냐가 중요하다는 뜻이었다.[64]

---

62) 이강우(2003). 대한민국 광고에는 신제품이 없다(p. 40). 서울: 살림출판.
63) 이강우(1987). 광고라는 직업. 광고정보, 10월호, 94-95.
64) 김병희(2011a). 반걸음만 앞서간 설득의 심리학자: 이강우. 영상미학의 연금술: 창의성을 키우는 통섭 광고학 1

[그림 2-21] 이강우(2004)

그는 참다운 창조는 신의 영역이라며, 신의 창조와 인간의 창조는 본질에서 다르다고 인식했다. 광고 창작은 이질적인 요소들을 교묘하게 결합해 새로운 의미를 만들어 내는 것이므로, 크리에이티브의 기본 재료는 소비자의 생활이나 사회 속에서 찾아야지 그것을 벗어나면 의미가 없다고 했다. 그는 일상생활이나 사회 속에서 아이디어의 단서를 찾되, 시대의 변화하는 흐름을 수용해 급격히 발전하는 미디어 환경을 이해해야 더욱 창의적인 광고를 만들 수 있다고 진단했다.

그는 앞으로 텔레비전을 위한 영상광고만이 아니라 다양하게 전개되는 미디어 환경에 적절히 대응하며 미디어의 전환기에 어떻게 방향을 잡느냐에 따라, 우리나라 영상광고의 탄탄한 미래가 결정된다고 확신했다.[65] 그가 영상광고의 미래를 진단한 배경에는 광고 창작자들이 소비자의 일상생활과 미디어 테크놀로지의 발전을 동시에 고려했을 때 비로소 소비자가 공감할 수 있는 광고가 탄생한다는 평소의 지론이 반영돼 있다.

그는 언제나 배우는 데 있어서 조금도 주저하지 않았다. 주변의 광고인에게서도 배웠고 아줌마들의 뒤꽁무니를 따라다니면서도 배웠다. 자신의 실패에서도 배웠고 성공에서도 배웠다. 갈증에 목마를 때마다 그에게 가장 많이 알려 준 큰 스승은 언제나 소비자들이었다. 때로는 창의적인 표현 의욕이 넘쳤지만, 그는 상품과의 보폭 맞추기를 위해 표현의 절제를 광고 크리에이티브의 핵심 지침으로 삼았다. 광고 카피는 소비자의 언어로 빚어져야 한다는 믿음을 갖고, 소비자의 마음속에 존재하는 언어를 상품에 맞아떨어지게 붙이는 맞춤법을 찾아내는 눈썰미를 길러야 광고 크리에이티브의 핵심에 다다를 수 있다고 인식했다.

카피를 많이 썼지만 그를 카피라이터라고 부르지는 않는다. 수많은 콘티를 직접 그리고 촬영 현장을 누볐지만 직접 카메라 앵글을 잡지 않았기에 그를 광고 감독이

(pp. 63-96). 서울: 한경사.

65) 이강우(1997). 한국 TV광고 영상의 변천에 관한 연구. 중앙대학교 신문방송대학원 미간행 석사학위논문. 결론 부분.

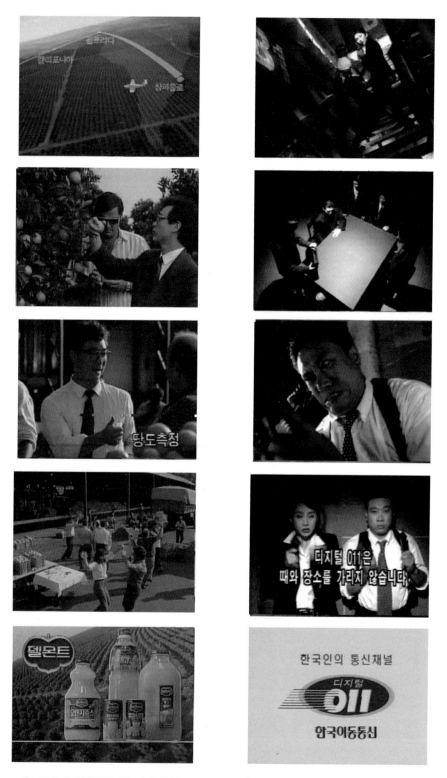

[그림 2-22] 델몬트 광고 '따봉' 편   [그림 2-23] 디지털 011 광고 '두 형사' 편

라고 부를 수도 없다. 따라서 그의 존재는 늘 무대의 뒤쪽에 있었다. 늘 숨어 있었지
만 그는 광고를 사랑하는 뜨거운 열정 하나로 광고에 자신의 모든 것을 던졌다. 이런
과정에서 그는 우리나라 CM플래너 1호라는 직함을 스스로 개척했으며, 델몬트 광고
'따봉' 편과 디지털 011 광고 '두 형사' 편 같은 인구에 회자되는 광고 창작에 결정적으
로 이바지했다.

그는 늘 뜨거운 현장을 사랑했다. 광고의 시작과 끝이 현장에서 이루어진다고 보
고 낮에는 늘 상품과 시장과 소비자를 찾아 길을 떠났다. 길에서 아이디어를 줍고 길
위에서 생각의 실타래를 풀어 나갔다. 그리고 밤이 되면 그 아이디어를 추스르고 설
득의 코드를 주섬주섬 엮어 나갔다. 마치 미네르바의 부엉이가 밤이 되면 울기 시작
하듯이, 밤늦도록 총총한 정신과 따스한 가슴으로 사람과 사람 사이, 그리고 사람과
상품 사이를 연결하는 생각의 다리를 하룻밤에도 몇 개씩 놓았다 뜯었다 했다. 그는
험한 세상에서 광고의 다리를 놓으며 기나긴 세월을 그렇게 보내 왔다.

> "제 아트 능력이나 저를 증명하기 위한 유혹을 끊임없이 받지만 얼마만큼 절제하느냐가
> 우리 직업의 기본적인 윤리라고 생각해요. 여태까지 광고를 해서 밥 먹고 살아왔지만 내 돈
> 내서 광고를 만들어 본 적은 한 번도 없습니다. 광고라는 직업 자체가 남의 목적을 위해 남의
> 돈으로 내 재능을 팔아먹는 직업이니까. 자기 목적을 위해서 자기를 나타내는 일을 하려고
> 한다면 남의 돈으로 만들어서는 안 됩니다. 종종 광고주 돈 가지고 크리에이티브의 효과만
> 높이려는 광고가 있는데, 이는 비윤리적인 행위라고 봐요."[66]

이강우가 생각하는 광고 창조 철학은 '상품의 본질을 찾는 안목'이다. 그는 창의성
을 수사(修辭)의 맥락이나 외적 치장으로만 보는 관점을 단호히 거부하며, 상품의 본
질을 찾아내는 안목이야말로 광고 창의성의 핵심이라고 인식했다. 이강우는 그만의
광고 창조 철학인 '상품의 본질을 찾는 안목'을 바탕으로 정답에 가까운 그 무엇을 찾
기 위하여 평생을 광고 창작에 몰두했다.

66) 김병희(2011a). 반걸음만 앞서간 설득의 심리학자: 이강우. 영상미학의 연금술: 창의성을 키우는 통섭 광고학
1(p. 91). 서울: 한경사.

4) 박우덕

디자이너로 광고계에 입문한 이후 웰콤을 창립하여 한국의 대표적인 독립광고회사로 성장시킨 박우덕(1951~)은 광고로 할 수 있는 브랜드에 대한 사랑을 특히 강조했다. 그는 미술대학을 졸업한 다음 해태제과에 입사하는 것으로 광고 인생을 시작했다. 그 후 1977년 코래드로 옮겨 10여 년간 한 곳에서 있다가 1987년 3월 1일 충무로에 조그만 사무실 하나를 열어, 웰콤을 주목할 만한 독립광고회사로 키워 냈다.

그는 어떤 법칙을 가지고 문제 해결에 접근하기보다 사람들의 잠재의식을 일깨우는 아이디어를 찾으려고 시도하는 것이 아이디어 발상 과정이라고 인식했다. 다시 말해서, 브랜드에 대한 존경과 사랑을 일깨울 수 있는 것이면 무엇이든 의미가 있다는 말이었다. 이전에 제시된 광고 크리에이티브의 원리가 객관화를 무리하게 시도함으로써 오히려 광고 창의성의 참모습에서 동떨어지게 했다는 반성이나 다름없었다. 이런 사정은 심리학 개론에서 실험 심리학과 기술 심리학을 비교하는 장면과 유사하다.[67]

실험 심리학이 가설과 실험을 통하여 일반화할 수 있는 모델을 끌어내는 방법이라면, 기술 심리학은 의식의 내부 지각을 반추하고 관찰해 있는 그대로를 기술하는 방법인데, 후설(E. Husserl, 1859~1938)은 기술 심리학의 방법론에 착안해 현상학의 기본 개념인 지향성(intentionality)을 주창했다. 후설은 의식이란 의식 내용이 담겨 있는 어떤 그릇 모양이라고 생각한 이전의 생각을 뒤엎고, 의식이란 반드시 어떤 대상에 대한 의식이라고 주장함으로써 현상학의 새 지평을 열었다(Husserl, 1970). 마찬가지로 박우덕은 광고 창작자의 경험을 신봉하며 모든 광고 표현은 '소비자에 대한' 의식적 지향성을 가져야 한다고 인식했다. 그의 생각이 반영된 '뱀 장수론'을 살펴보자.

> "우리나라 뱀 장수에게는 약효의 진실성을 빼고 광고의 기본적인 것이 다 들어 있습니다. '아이들은 가라'라고 외치면서 타깃에 대한 분명한 '콘셉트'를 전달했고, '밤에 어쩌구…….'는 효능에 대한 분명한 '확신'을 주었고, 측면에서는 뱀을 들고 놀라움과 새로움을 전달하여 사람들에게 '흥미'를 주었습니다. 뱀을 목에 걸고 입에도 슬쩍 넣으면서 대중의 시

선을 끌었습니다. 그것이 크리에이티브인 것입니다. 가만히 눈을 감고 생각하면 콘셉트나 모든 것은 이미 다 우리 곁에, 생활 속에 있는 것들입니다. 큰 회사를 상대로 새로운 회사가 신제품을 만들어 싸울 때는 어떻게 해야 하나. 그럴 때는 우리가 어릴 때를 생각해 봅시다. 작은 친구가 큰 친구와 싸울 때는 그냥 정식으로 싸워서는 안 됩니다. 급소를 치든지, 코피를 내야 이길 수 있지 큰 친구와 정면으로 싸워서는 반드시 패합니다. 이것이 틈새 마케팅이 아닌가 합니다. 외국사람, 교수님들이 말씀하시는 광고이론들은 우리 아버지의 말씀 속에, 어머니의 말씀 속에, 친구들 속에, 어린 시절에 이미 이렇게 다 존재합니다. 그것을 외국 책에서만 찾고 있는 현실이 아쉬운 것입니다. 그래서 우리의 뱀 장수를 존경하자는 말씀을 해 드리고 싶습니다."[68]

박우덕은 좋은 광고를 쓰는 기본 원리가 우리들의 과거와 생활 속에 이미 다 들어 있다고 인식했다. 책을 보는 것도 좋겠지만 좋은 크리에이티브나 마케팅 전략은 우리들의 생활 속에 모두 존재하기 때문에, 우리의 생활 속에서 콘셉트를 찾아내 광고 표현으로 연결하는 좋은 광고를 쓰는 훈련이 필요하다고 주장했다. 그는 현재와 과거와 미래를 연결하는 일을 광고인들이 맡아야 한다고 강조했다.

다시 말해서, 현재, 과거, 미래에서 소비자가 공감할 수 있는 요인들을 찾아내 현대적 감각으로 표현했을 때 광고 자산을 구축할 수 있다는 뜻이었다. 광고인들이 더욱 한국적인 요인들을 찾아내고 사랑하는 데서부터 우리 광고의 새로운 길이 열린다는 것이다. 그는 외국의 광고 표현에 의존하는 관행을 타파해 한국 광고의 기본을 정립해야 한다고 주장하며 스스로 실천해 나갔다. 이런 신념을 스스로 실천하는 동시에 후배 광고인에게도 권유했다. 광고 표현의 진면목을 강조하려는 목적으로 역설적인 맥락에서 '거짓말 시리즈'라는 특강도 했다. 거짓말 시리즈의 주요 내용은 다음과 같다.

- 그래도 상품의 독특한 차이를 광고의 포인트로 만들라.
- 상품의 차이가 아니라 눈에 띄는 감정의 차이를 찾으라.
- 그래서 상품에 대해 다르게 느끼도록 만들라.
- 상품을 사랑하라. 그리고 찾으라. 그 상품을 시시하거나 특성이 없다고 욕하지 말라.

---

68) 박우덕(2001). 광고인 하계대학 특강: 좋은 광고 하나가 세상을 바꿀 수도 있습니다. 광고정보, 8월호, 49.

- 당신이 만든 그 광고가 USP가 되고 혜택이 돼야 한다.
- 그래서 우리는 대행사가 아니라 그 상품에 다른 감정을 만들어 주는 제조회사다.
- 유머는 브랜드로 가볍게 만들라. 팔리지 않을 수 있다. 아니다. 팔린다.
- 브랜드는 친구 사귀기다.
- 언제나 즐겁고 유머 넘치는 사랑은 좋다.
- 자동차는 유머가 안 되고 맥주는 유머가 된다는 생각에서 벗어나자.
- 남대문 시장의 옷 장수를 보라. 더 웃기고 재미있게 하는 사람이 물건을 더 판다는 사실을.
- 물론 상품에 따라 유머의 차이는 있어야 한다.
- 그대가 광고로 세상을 웃겼다면 그대의 죄 몇 가지는 염라대왕도 용서할 것이다.[69]
- 소비자가 꼭 기억해야 할 슬로건에는 엔드라인이 있어야 한다.
- 좋은 헤드라인이 좋은 슬로건이라는 사실을 잊지 말자.
- 광고는 광고다워야 하지만 광고가 광고 같지 않을 때 더 큰 광고효과를 거둘 수도 있다.
- 광고 그 자체가 브랜드가 되게 하라.[70]
- 상 받는 광고는 장사가 안 된다는 말은 크리에이터의 핑계다.
- 상을 받는 창의성을 우리는 아이디어라고 말한다.
- 저렴한 제작비에도 아이디어만 있으면 좋은 광고를 만들 수 있다.
- 유명한 모델을 쓰지 않고도 선호도 최고의 광고를 만들 수 있다.
- 광고상 심사 위원이 좋아하는 광고를 만들어도 좋다. 다만 괜찮은 심사 위원이어야 한다.
- 광고에서 거짓말을 하지 말자. 거짓말에 속지 말자.[71]

69) 이상은 박우덕의 웰콤 사내 특강(2006. 4. 25.) 자료에서 발췌했음.
70) 이상은 박우덕의 웰콤 사내 특강(2006. 5. 8.) 자료에서 발췌했음.
71) 이상은 박우덕의 웰콤 사내 특강(2006. 5. 30.) 자료에서 발췌했음.

[그림 2-24] 박우덕(2004)

그에게 있어 광고 크리에이티브 원리가 따로 있을 수 없지만, 그는 어떠한 상황에서도 정답은 하나라는 신념을 바탕으로 광고 표현이 더하기의 법칙이 아니라 빼기의 법칙이라고 생각했다. 즉, 광고 표현에 있어서도 군살빼기가 설득의 요체라는 뜻이었다. 그는 경험의 중요성을 무엇보다 강조했는데, 광고라는 것이 이론으로만 되지 않고 순간에 떠오르는 강력한 상상력과 현실적 적용 가능성이 적절히 버무려질 때 비로소 광고 크리에이티브가 완성된다고 강조했다.

그는 '헤드라인이 곧 비주얼'이라고 말할 정도로 카피를 중시했다.[72] 소비자들이 카피만 봐도 그림이 떠오른다면 거기에 구태여 그림으로 설명할 필요가 없고, 그냥 헤드라인만 써 놓아도 좋은 광고가 된다면 그림을 아예 빼 버려도 상관없다고 생각했다. 예컨대, 그가 광고 창작에 깊숙이 관여한 프로스펙스 광고 '정신대' 편이나 대우자동차 레간자 광고 '쉿!' 편 역시 헤드라인을 비주얼처럼 표현함으로써 소비자의 공감

[그림 2-25] 프로스펙스 광고 '정신대' 편

---

72) 박우덕(1997. 9. 6.). 좋은 헤드라인보다 좋은 비주얼은 없다. 웰콤 사내 특강 자료.

[그림 2-26] 대우자동차 레간자 광고 '쉿!' 편

을 유도할 수 있었다. 좋은 아이디어는 광고 창작자의 집중력에서 나오기 때문에, 그는 아이디어 발상 과정에서도 짧지만 집중력 있게 생각하는 것이 중요하며 극과 극을 왔다 갔다 하는 발상의 극단적인 전환이 필요하다고 인식했다. 따라서 그는 별도로 아이디어 발상을 하는 시간을 갖기보다 잠시 몰두하고 집중하면 주위에 아이디어 소재가 널려 있으므로 아이디어를 짜내지 말고 주워 담을 필요가 있다고 주장했다.

더욱이 그는 좋은 아이디어는 광고 창작자의 집중력에서 나오며 아이디어 발상 과정에서도 짧지만 집중력 있게 생각하는 것이 중요하며 극과 극을 왔다 갔다 하는 발상의 극단적인 전환이 필요하다고 주장했다. 따라서 별도로 아이디어 발상을 하는 시간을 갖기보다 잠시만 몰두하고 집중하면 주위에 아이디어 소재가 널려 있으므로 아이디어를 짜내지 말고 주워 담을 필요가 있겠다.

어떤 사람은 아이디어를 줍고 어떤 사람은 줍지 못하는 것은 관찰력과 집중력의 차이 때문이다. 광고 창작자들은 평소에 주변 사물에 대하여 관심과 사랑의 시선으로 바라볼 필요가 있다. 평소의 관찰력이 광고 창작자의 버릴 줄 아는 마음과 만날 때 정말로 창의적인 아이디어가 꽃을 피울 수 있다. 광고 창작이 '빼기의 미학'이라는 맥락에서 다음과 같은 그의 진술은 유익하면서도 의미심장하다.

"완성도를 높이기 위해 특별히 노력한 것은 없고, 다만 '버려라, 버리면 얻는다.'라는 생각을 많이 해요. 우리가 많은 메시지를 주었다고 해서, 많은 카피나 그림으로 설명한다고 해서, 소비자들이 다 받아들이는 것은 아니겠지요. 음식도 그렇잖아요. 진수성찬을 차려 놓으면 오히려 더 먹기 힘들 듯이 쓸데없는 반찬을 다 버리고 정말 소비자들이 좋아할 만한 것

하나를 골라 맛있게 포장하는 것이 가장 중요해요. 결국은 많이 버릴 줄 알아야 더 설득할 수 있어요."[73]

그가 생각하는 광고의 창조 철학은 '브랜드에 대한 사랑의 방정식'이다. 수많은 소비자의 사랑을 얻기가 쉽지 않지만, 그는 정답은 분명히 있다는 믿음 하나로 어떻게 하면 그 브랜드를 더 사랑하게 하고 더 존경하게 할지 고민하며 마치 수학의 방정식 문제를 풀듯이 밤을 새워 브랜드에 대한 사랑의 방정식을 풀어야 한다고 주장했다. 광고 창의성이란 브랜드를 사랑하고 존경하게 하는 방법을 찾는 과정이라고 본 그는 자신이 할 수 있는 데까지 더 노력해서 브랜드를 사랑하고 나아가 존경까지 하게 하는 그런 광고들을 만들어 우리나라 광고 크리에이티브의 지평을 넓혀 왔다.

그는 한편으로 아무리 좋은 뉴스라도 신문에는 한 번밖에 안 나가지만 광고는 한두 달 내내 싫든 좋든 매체에 노출된다는 점에 주목했다. 그는 광고에서 지속해서 같은 메시지를 반복하면 유행을 창출하고 현대 소비 대중사회의 소비문화 형성에 영향을 미친다고 본 것이다. 이처럼 광고 창작자들이 새로운 문화 창조의 사명감도 가져야 한다는 주체적인 입장을 견지해 온 그에게 한국을 대표하는 광고 창작자라는 명칭을 부여해도 큰 무리는 없을 것이다.

5) 광고 창조 철학의 의의

어떤 학문이 과학으로 자리매김하려면 그 분야의 역사와 철학이 뒷받침돼야 한다는 주장에 이의를 제기하기는 어렵다. 그런데도 광고학 분야에서는 사회과학에서 중시하는 변인과의 관계성을 검증하는 데 매진한 나머지 광고의 지성과 철학을 되돌아볼 겨를이 없었다. 강승구(2014)는 "광고에도 철학적 사고가 필요한가?"라는 질문을 던졌는데, 그동안 광고학계가 얼마나 철학적 사고를 하지 않았는지를 함축하는 도발적인 문제 제기였다.[74] 이 질문에 대해 광고에도 철학적 사고가 필요하며, 광고 창조 철학은 더더욱 필요하다고 대답할 수 있다.

---

73) 김병희(2011c). 아이디어 팩토리의 지혜로운 공장장: 박우덕. 디자인의 생각창고: 창의성을 키우는 통섭 광고학 3(p. 74). 서울: 한경사.
74) 강승구(2014). 광고와 철학적 사고. 서울: 에피스테메.

앞에서 로서 리브스, 데이비드 오길비, 윌리엄 번벅, 레오 버넷이라는 4명의 외국 광고인과 김태형, 윤석태, 이강우, 박우덕이라는 4명의 한국 광고인이 생각하는 광고의 창조 철학을 살펴보았다. 지나온 기록을 잘 보관하지 않는 우리나라 광고계 풍토에서 광고인의 창조 철학을 정립하기란 생각보다 어려운 작업이다. 광고 철학을 탐구하겠다는 주체도 없었고 광고학계나 광고업계의 관심 영역에서 소외된 분야이니 더더욱 어렵다. 그래서 우리나라 광고인에 대한 자료를 수집하고 광고 창조 철학을 탐구하려는 노력은 앞으로도 계속돼야 한다. 광고 창조 철학을 탐구함으로써 우리나라 광고산업을 지탱하는 철학적 기반을 제공하기 때문이다.

이런 노력은 오길비, 번벅, 레오버넷 같은 외국 광고인들만 숭배하는 광고산업계의 풍토에 한국 광고인의 창조 철학을 환기함으로써 광고학 교과서를 다시 쓰게 하는 계기로 작용할 것이다. 로서 리브스의 '고유판매제안', 데이비드 오길비의 '무엇을 말할까', 윌리엄 번벅의 '어떻게 말할까', 레오 버넷의 '상품에 내재하는 드라마의 발견' 같은 광고 창조 철학도 물론 중요하지만, 외국의 철학에만 기댈 필요는 없다. 우리나라에도 김태형의 '생활의 제안', 윤석태의 '영상과 카피의 호흡 조절', 이강우의 '상품의 본질을 찾는 안목', 박우덕의 '브랜드에 대한 사랑의 방정식' 같은 광고 창조 철학이 엄연히 존재하기 때문이다.

결국, 한국 광고인이 생각하는 창조 철학을 탐색하려는 시도는 외국과 분명히 다른 면모를 지닌 우리 크리에이티브의 특성을 규명하는 데 이바지할 것이다. 나아가 우리 광고만의 특질을 규명하는 데 필요한 중요한 판단 근거를 제시해 준다.[75] 우리나라 광고의 창조 철학을 규명하면 대학생을 위한 광고교육에 있어서나 광고회사 내부의 교육 자료로도 활용할 수 있다. 우리 광고인의 창조 철학에는 격동의 한국 현대사를 겪어 온 선배 광고인의 경험이 오롯이 담겨 있고 당대의 소비문화와 생활양식이 고스란히 녹아 있기 때문이다. 광고학계와 광고업계의 관계자들이 우리의 광고 창조 철학에 대해 앞으로도 더 많은 관심을 두기를 기대한다.

---

75) 김병희(2020). 광고 크리에이티브 철학. 강승구, 한은경, 류진한, 김병희, 박재항, 마정미, 김주영, 김영욱, 윤태일, 박기철 공저. 광고 지성과 철학의 지평선(한국광고학회 광고지성총서 10)(pp. 77-108). 서울: 학지사.

챗GPT가 알려 준 꿀팁

You: 챗GPT. 지금까지 다음 내용을 학생들에게 설명했어. 광고 창의성의 개념과 맥락, 광고에서 창조 철학의 정립, 외국 광고인들의 창조 철학, 한국 광고인들의 창조 철학 같은 주제야. 지금까지 설명한 4가지 주제는 학생들이 카피를 쓰는 데 도움이 될 만한 중요한 정보야. '광고의 창조 철학을 찾아서'라는 제목을 구성하는 광고 창의성의 개념과 맥락, 광고에서 창조 철학의 정립, 외국 광고인들의 창조 철학, 한국 광고인들의 창조 철학에 관한 4가지 주제와 관련하여, 현실적으로 광고 카피라이팅에 도움이 될 만한 추가 정보가 있다면 알려 줄 수 있어?

ChatGPT: 이미 설명한 주제들은 광고 창의성과 창조 철학을 이해하는 데 중요한 정보를 제공하고 있습니다. 그러나 광고 카피를 작성하는 데 도움이 될 만한 추가 정보를 제공할 수 있습니다. 아래는 각 주제와 관련된 추가 정보입니다.

광고 창의성의 개념과 맥락: 광고 창의성은 기존의 아이디어나 접근법에서 벗어나 새로운 아이디어를 창출하는 능력입니다. 이를 위해 문제 해결, 관찰, 연관 사고, 진취적 사고 등이 중요한 역할을 합니다. 맥락은 광고가 속한 환경과 대상 시장을 의미합니다. 광고는 맥락을 고려하여 제작되어야 하며, 해당 환경에 적합한 메시지와 스타일을 선택해야 합니다.

광고에서 창조 철학의 정립: 광고에서 창조 철학을 정립하는 것은 브랜드의 정체성을 명확히 하고 고객과의 연결을 강화하는 데 도움이 됩니다. 브랜드 메시지, 가치관, 목표 등을 고려하여 창조 철학을 개발해야 합니다. 브랜드의 창조 철학은 광고 캠페인의 일관성을 유지하고 브랜드 스토리텔링에 이바지합니다.

외국 광고인들의 창조 철학: 다양한 국가와 문화에서의 광고 경험이 중요합니다. 외국 광고인들의 창조 철학을 이해하면 글로벌 시장에서 더 효과적인 광고전략을 개발할 수 있습니다. 해외 광고 캠페인 사례 연구를 통해 창의적인 아이디어와 실행 전략을 배울 수 있습니다.

한국 광고인들의 창조 철학: 한국 광고인들의 창조 철학은 현지 문화와 소비자에 대한 이해를 반영해야 합니다. 한국의 독특한 문화적 특성을 고려한 광고전략이 필요합니다. 한국의 광고 산업 동향을 파악하고, 성공적인 광고 캠페인 사례를 분석하여 한국 시장에서의 창조 철학을 이해할 수 있습니다. 이러한 정보는 학생들이 광고 카피를 작성하거나 광고전략을 개발할 때 도움이 될 것입니다. 추가로 실제 광고 캠페인 사례를 분석하고 역사적인 광고전략에 관한 연구도 유용할 수 있습니다.

제**3**장

디지털 시대의
광고 카피 쓰기

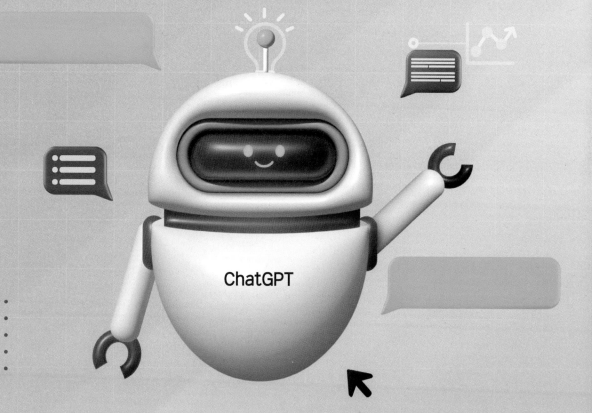

ChatGPT

디지털 시대에 디지털 미디어의 영향력이 날이 갈수록 커지고 있다. 아날로그 시대와는 분명히 다른 디지털 시대의 광고 카피라이팅을 어떻게 학습할 것인가? 소셜 미디어, 검색엔진 최적화(SEO), 모바일 광고 같은 다양한 디지털 플랫폼이 광고 활동의 주요 수단으로 자리 잡았다. 이런 플랫폼에서 광고 카피를 효과적으로 전달하려면 디지털 카피라이팅에 대해 반드시 이해해야 한다. 디지털 시대의 소비자들은 정보에 더욱 민감하고, 다양한 채널을 통해 정보를 얻고 있다. 이런 소비자들과 효과적으로 소통하려면 그들의 언어와 행동을 깊이 이해하고 소비자 심리를 반영한 카피를 써야 한다.

디지털 광고는 개인 맞춤형의 콘텐츠에 크게 의존하는 경향이 있다. 개인 맞춤형에 알맞은 접근 방법을 제대로 이해하고 카피를 쓴다면 더 높은 광고효과를 기대할 수 있다. 빅데이터 분석을 바탕으로 광고전략을 최적화시켜 카피를 쓴다면 디지털 카피라이팅에 성공할 것이다. 디지털 카피라이팅에서는 창의적인 글쓰기 능력과 기술적 지식을 슬기롭게 결합해야 한다. 기술과 창의성의 결합은 기존의 카피라이팅 기법과는 다른 접근 방법이 필요하다. 디지털 카피라이팅 기법도 급속히 발전하기 때문에, 플랫폼의 변화와 광고 기술의 변화는 물론 소비자 행동의 변화 추이도 따라 잡아야 한다.

나아가 디지털 시대의 광고전략은 다양한 디지털 채널을 통합적으로 가동하면서 전대되기 때문에, 멀티채널 전략을 이해하고 광고를 노출하려면 채널별 특성에 알맞은 디지털 카피라이팅 지식이 필요하다. 디지털 시대에 적합한 카피라이팅 지식은 미래의 광고인이 되는 데 필요한 전문성을 강화할 것이다. 디지털 시대의 카피라이팅을 현실적 맥락에서 안내하는 이 장에서는 디지털 시대의 카피와 아날로그 시대의 카피를 비교하고, 디지털 시대의 광고 환경 변화를 검토하고, 디지털 카피 쓰기에 앞서 카피라이터에게 필요한 준비 사항을 알아보고, 추가로 필요한 준비 사항도 소개한다.

1. 디지털 카피와 아날로그 카피

디지털 시대와 아날로그 시대의 광고 카피라이팅은 여러 측면에서 차이가 있다고 알려져 있다. 디지털 시대의 광고 카피라이팅과 아날로그 시대의 광고 카피라이팅의 차이는 무엇일까? 디지털 시대의 광고 카피라이팅과 아날로그 시대의 광고 카피라이팅의 차이를 비교할 수 있는 다양한 관점이 존재할 것이다. 주요 차이점 몇 가지를 살펴보면 다음과 같다.

첫째, 빅데이터에 접근하는 역량의 차이다. 디지털 시대의 광고 카피라이팅은 빅데이터를 분석해 목표 소비자의 특성을 세분화시켜 개인 맞춤형의 카피를 쓰는 경향이 있다. 반면에 아날로그 시대에는 빅데이터라는 개념 자체가 아예 없었고 카피를 쓸 때도 제한적인 자료를 검토해 카피라이터의 영감으로 카피를 쓰는 경우가 많았다.

둘째, 플랫폼 활용 범위에서의 차이다. 디지털 시대에는 다양한 디지털 플랫폼(예: 소셜미디어, 웹사이트, 이메일 등)의 특성에 알맞게 광고 카피를 최적화시켜 광범위하게 전달할 수 있다. 반면에 아날로그 시대의 광고 카피는 텔레비전, 라디오, 신문, 잡지 같은 전통적인 4대 매체에 주로 노출돼 디지털 시대와 비교하면 협소하게 전달됐다.

셋째, 반응 시간과 유연성의 차이다. 디지털 미디어에 노출되는 광고는 실시간으로 피드백을 받고 즉시 카피를 수정하거나 전략을 바꿀 수 있을 정도로 유연성이 있다. 이와 대조적으로 아날로그 시대의 광고는 실시간으로 피드백을 받을 수 없었고 유연성도 제한적이었다. 카피도 미디어에 노출되고 나면 다시 수정하기가 쉽지 않았다.

넷째, 검색 우선순위의 차이다. 디지털 시대의 카피라이팅에서는 검색엔진 최적화(SEO)가 중요한 기능을 한다. 광고 카피를 쓸 때는 핵심어를 적절히 활용해 검색엔진의 결과 페이지에서 높은 순위에 올라가도록 검색을 고려해 카피를 쓰는 것이 중요하다. 아날로그 시대의 카피라이팅에서는 검색 순위라는 개념이 존재하지 않았다.

다섯째, 상호작용성 여부의 차이다. 디지털 시대의 광고 카피는 소비자의 참여를 유도하고 실시간으로 반응을 유발하는 데 중점을 둔다. 소셜미디어의 '공유' '댓글' '좋아요' 같은 댓글 형태의 반응이 대표적이다. 그에 비해 아날로그 시대의 광고 카피에서는 소비자의 참여를 제한적으로 끌어내거나 상호작용성을 기대하기 어려웠다.

여섯째, 측정 가능성 유무의 차이다. 디지털 시대의 카피라이팅에서는 클릭률, 전환율, 웹사이트 방문자 수 같은 수치를 쉽게 추적하고 분석해, 광고 캠페인의 효과를 평가하고 개선하는 데 활용할 수 있다. 측정 가능성 유무의 차이는 비용 효율성과도 직결되는 문제인데, 아날로그 시대의 카피라이팅에서는 측정하기 어려운 경우가 많았다.

일곱째, 멀티미디어 활용 여부의 차이다. 디지털 광고에서는 텍스트는 물론 이미지, 영상, 상호작용 콘텐츠를 비롯한 다양한 형태의 콘텐츠를 활용할 수 있다. 콘텐츠의 다양화는 카피 메시지를 보다 풍부하게 전달하고 소비자의 참여를 높이는 데 도움이 되는데, 아날로그 시대의 광고에서는 멀티미디어 활용이 제한적일 수밖에 없었다.

이상에서 제시한 7가지 혜택을 통해 디지털 시대의 광고 카피라이팅이 아날로그 시대에 비해, 카피라이터에게 얼마나 다양한 기회와 장점을 제공하고 있는지 폭넓게 이해할 수 있다. 두 시대의 카피라이팅은 분명 확연한 차이가 있다. 디지털 시대의 광고 카피라이팅과 아날로그 시대의 광고 카피라이팅의 대표적인 차이를 주요 기능별로 정리하면 〈표 3-1〉과 같다.

〈표 3-1〉 시대별 카피라이팅의 대표적 차이

구분	디지털 시대의 카피라이팅	아날로그 시대의 카피라이팅
데이터 접근성 여부	빅데이터를 활용한 소비자 세분화와 개인화 가능	빅데이터에 접근하기 어렵고 제한적인 세분화와 개인화
플랫폼 다양성 여부	다양한 디지털 플랫폼의 특성에 알맞게 메시지를 전달	전통 매체에 의존하며 다양한 플랫폼의 활용 불가능
수정의 유연성 여부	실시간 피드백으로 카피를 신속하고 유연하게 수정	실시간 피드백이 어려워 반응 시간과 유연성이 제한적
검색의 최적화 여부	검색엔진 최적화(SEO)를 통해 검색의 우선순위 수정	검색엔진 최적화(SEO)의 개념 자체가 존재하지 않았음
상호작용 가능 여부	소비자의 참여를 유도해 상호작용 촉진 가능	소비자의 참여를 유도하지만 제한적이고 한계가 있음
측정의 용이성 여부	클릭률 등을 쉽게 측정하고 비용 효율적인 표적화 가능	측정하는 데 어려움이 있고 세밀한 표적화 불가능
콘텐츠 다양성 여부	텍스트, 이미지, 영상 등 다양한 콘텐츠의 활용 가능	멀티미디어가 아니므로 다양한 콘텐츠의 활용 불가능

디지털 시대의 광고 카피라이팅과 아날로그 시대의 광고 카피라이팅에 차이가 크지만, 공통점도 있다. 두 시대의 광고 카피라이팅에서 공통점은 무엇일까? 몇 가지 공통점을 먼저 살펴보기로 하자.

① 소비자 중심의 카피다. 두 시대 모두 광고 카피라이팅의 핵심은 소비자 중심이다. 카피라이터는 소비자의 문제를 해결하고, 소비자의 관심사와 가치에 부합하는 메시지를 전달해야 한다. ② 명확한 메시지의 카피다. 디지털이든 아날로그든 명확하고 이해하기 쉬운 카피 메시지를 전달해야 한다. 복잡하거나 모호한 메시지는 소

비자를 혼란스럽게 만들고, 광고의 목적을 달성하기 어렵게 한다. ③ 창의적인 카피다. 혁신적이고 창의적인 카피는 언제나 많은 관심을 끌어모은다. 창의적인 카피가 광고를 독특하게 느껴지게 하고 소비자의 기억에 오래오래 남도록 한다. ④ 브랜드의 일관된 메시지를 전달하는 카피다. 아날로그 시대든 디지털 시대든, 카피는 브랜드의 느낌, 목소리, 스타일을 일관되게 반영해야 한다. 일관된 카피는 브랜드 인지도와 소비자의 신뢰를 높여 준다. ⑤ 행동을 유발하는 카피다. 두 시대 모두 광고 카피의 궁극적인 목표는 행동을 유발하는 데 있다. 구매, 문의, 사이트 방문 같은 행동을 유발하는 카피가 좋은 카피다.

이들 공통점은 광고 환경이 변하더라도 변치 않는 광고 카피라이팅의 핵심 원칙이다. 광고 카피라이팅의 공통점을 바탕으로 카피를 잘 쓰려면 카피라이터는 소비자 심리를 파악해 제품과 서비스의 혜택을 구체적으로 표현해야 한다. 디지털 카피든 아날로그 카피든 어떤 매체를 통해 메시지를 전달하든 관계없이 중요한 요소다. 나아가 디지털이나 아날로그 카피 모두에서 소비자 행동과 의사 결정을 반영하기 위해 심리학 지식을 활용해야 한다. 소비자의 구매 결정 과정에 영향을 미치는 다양한 심리적 요인을 이해하고 이를 카피에 적용해야 한다. 언어의 활용 능력도 중요하다. 어떤 형태의 광고든 광고의 품질은 언어 감각에 크게 의존한다. 아름다운 우리말을 재치 있게 활용하는 능력이 중요하다. 카피라이터는 트렌드에 대해서도 깊이 이해해야 한다. 광고 메시지는 적절한 시기에 전달돼야 한다. 소비자가 제품이나 서비스를 가장 필요로 하는 시기에 광고를 노출해야 한다는 뜻이다. 이런 공통점이 디지털 시대와 아날로그 시대의 카피라이팅에서 중요한 원칙이며, 이를 고려해 카피를 쓰면 보다 효과적인 광고를 완성할 수 있다.

2. 디지털 시대의 광고 환경 변화

광고 카피를 쓰기에 앞서 디지털 시대의 광고 환경 변화를 이해할 필요가 있다. 디지털 시대의 광고 생태계는 다양한 채널과 플랫폼, 그리고 채널과 플랫폼을 이용하는 방식에 따라 달라진다. 디지털 광고의 주요 채널로는 소셜미디어, 검색엔진, 이메일, 모바일 앱, 웹사이트가 있다. 광고 카피를 쓰려면 각 채널의 특성은 물론 이용자 행동을 이해해야 한다.

1) 채널별 특성

디지털 광고 채널은 채널별로 독특한 특성이 있다. 예컨대, 소셜미디어는 이용자의 공유와 상호작용에 초점을 맞추고 있으며, 이메일 광고는 더 개인화된 메시지를 전달하는 데 적합하다. 이런 채널별 특성은 광고 카피의 느낌과 스타일을 결정하는 데 영향을 미친다. 카피라이터가 이해해야 할 '채널별 특성'을 카피를 잘 쓰는 방법 차원에서 살펴보자. 각각의 채널은 특성에 따라 서로 다른 카피라이팅 전략을 필요로 한다. 채널별 특성을 이해하고 각 채널에 알맞게 카피를 써야 광고효과를 극대화할 수 있다. 주요 디지털 광고 채널들의 특성과 이를 활용한 카피라이팅의 방법은 다음과 같다.

- **검색엔진 광고**: 구글의 애드워즈(AdWords) 같은 검색엔진 광고는 이용자가 어떤 핵심어를 검색할 때 광고를 보여 주는 형태다. 핵심어에 초점을 맞춰 카피를 써야 하며 될 수 있는 대로 직접적이고 명확하게 써야 한다. 또한 제한된 글자 수 내에서 정보를 효과적으로 전달해야 하므로 간결한 광고 카피가 좋다.
- **소셜미디어 광고**: 메타나 인스타그램 같은 소셜미디어 광고는 이용자의 피드에 자연스럽게 녹아들어야 한다. 개성적이고 창의적인 카피를 쓰고, 질문과 설문 조사 같은 참여를 유도하는 요소를 포함해야 한다. 또한 플랫폼 이용자의 인구통계적 특성과 상호작용 방식을 고려해 맞춤형 카피를 써야 한다.
- **이메일 광고**: 이메일 광고에서는 개인화된 메시지가 중요하다. 수신자의 이름을 언급하며 카피를 쓰거나 수신자와 개인적으로 대화를 나누고 있는 것처럼 느껴지도록 카피를 써야 한다. 메일을 열어 보고 싶도록 흥미로운 제목을 고민해야 하며, 보디카피에서는 이메일 수신자의 행동을 유발하도록 써야 한다.
- **콘텐츠 마케팅**: 블로그나 인포그래픽 같은 콘텐츠 마케팅에서는 정보 제공에 초점을 맞춰 카피를 써야 한다. 카피에서는 유익하고 가치 있는 정보를 이용자에게 제공해야 한다. 이용자들이 흥미를 느낄 만한 주제와 관련지어 카피를 쓰되 상품과 브랜드에 대한 설명은 자연스럽게 녹여 내는 것이 중요하다.
- **모바일 광고**: 모바일 광고에서는 짧고 강력한 메시지가 전달되도록 카피를 써야 한다. 모바일 광고가 나오면 소비자들이 재빨리 화면 전환을 시도할 수도 있다. 따라서 이용자의 주목을 곧바로 끌어들이는 카피를 써야 하고, 대체로 스마트폰

의 화면 크기가 작으므로 이해하기 쉽게 간명한 카피를 써야 한다.

2) 데이터 기반의 표적화

디지털 시대의 광고는 개별 소비자의 행동, 관심사, 위치 같은 데이터를 기반으로 표적화가 가능하다. 이런 데이터를 바탕으로, 카피라이터는 맞춤형 광고 카피를 써서 개인화된 메시지를 전달할 수 있다. 카피라이터가 반드시 이해해야 할 '데이터 기반의 표적화'를 광고 카피를 잘 쓰는 방법 차원에서 알아보자. 데이터 기반의 표적화는 디지털 광고에서 매우 중요한 기능을 한다. 어떤 광고가 효과를 보려면 그 광고가 어떤 대상에게 도달해야 하며, 이를 위해서는 다양한 데이터를 활용해 표적화를 진행해야 한다. 데이터 기반의 표적화를 활용하면 메시지를 효과적으로 전달할 수 있다. 따라서 카피라이터는 데이터 분석 결과를 바탕으로 광고 카피를 써야 한다. 데이터 기반의 표적화가 카피라이팅에 어떻게 도움이 되는지 몇 가지 예시를 살펴보자.

• **이용자 프로파일의 활용**: 광고 캠페인의 진행에 앞서 목표 소비자의 행동 패턴, 선호도, 인구통계적 정보를 분석하고 이를 기반으로 카피를 쓸 수 있다. 예컨대, 어떤 제품이나 서비스를 가장 많이 이용하는 이용자 집단이 누구인지 파악하고, 그들의 관심사나 언어 스타일에 알맞게 카피를 쓰면 광고효과를 높일 수 있다.

• **이용자 행동 데이터의 활용**: 이용자가 웹사이트나 앱에서 어떤 행동을 하는지에 따라(예: 어떤 페이지를 방문하고 어떤 제품을 클릭하는지 등), 개인 맞춤형의 카피를 쓸 수 있다. 이용자가 어떤 브랜드의 홈페이지를 방문할 때 그 브랜드의 광고를 보여 주고, 광고 카피에서 그 브랜드를 구매해야 할 이유를 제시하면 된다.

• **과거 구매 이력의 활용**: 소비자들이 물건을 산 과거의 구매 이력은 소비자들의 취향과 선호도를 파악하거나 구체적인 통찰력을 얻으려고 할 때 상당한 도움이 될 것이다. 과거의 구매 정보를 세세히 분석하다 보면 제품이나 서비스에서 소비자들이 관심을 가질 만한 혜택을 보다 감동적으로 전달하는 카피를 쓸 수 있다.

• **예측 분석의 활용**: 인공지능 기반의 예측 분석 기술을 활용하면, 이용자가 미래에 어떤 행동을 할 것인지 예측할 수 있다. 카피라이터는 예측되는 소비자 행동에 알맞게 카피를 써야 한다. 당연한 말이지만 어떤 이용자가 여행을 계획할 것으로 예상된다면, 여행 관련 상품과 서비스를 알리는 광고를 하면 효과적일 것이다.

3) 측정 가능성

디지털 광고는 전통적인 광고에 비해 측정 가능성이 크다. 광고효과를 실시간으로 감시하고, 모니터링 결과에 알맞게 카피를 최적화시킬 수 있다. 카피라이터가 반드시 이해해야 할 '측정 가능성'을 카피를 잘 쓰는 방법 차원에서 살펴보면, 광고가 얼마나 효과적인지, 어느 부분이 잘 작동하고 어느 부분에서 개선이 필요한지, 실시간으로 파악하고 수정할 수 있다는 점이다. 디지털 광고의 측정 가능성을 이해하고 활용하면, 카피라이터는 더 효과적인 카피를 쓰고, 그 효과를 실시간으로 파악하며 지속해서 수정할 수 있다. 이는 디지털 광고 카피라이팅의 중요한 역량의 하나다. 카피라이터가 '측정 가능성'을 이해하고 활용하는 방법은 다음과 같다.

- **광고효과의 지표를 이해하고 적용하기**: 광고의 성공 여부를 측정할 수 있는 지표는 다양하게 존재한다. 클릭률(CTR), 전환율, 재방문율, 시간당 페이지뷰 같은 지표를 바탕으로 광고가 얼마나 효과적이었는지 파악할 수 있다. 카피라이터가 이런 지표를 참조하면 카피의 성공 여부를 가늠하고 개선할 때 상당한 도움이 된다.

- **A/B 테스트 진행하기**: A/B 테스트는 두 버전의 광고 카피를 비교해 어느 것이 더 효과적인지 결정하는 방법이다. 비주얼은 같지만 카피는 다르게 쓴 A광고와 B광고를 비교함으로써, 둘 중 어떤 카피가 더 많은 클릭이나 전환을 유발하는지 측정할 수 있다. 카피라이터는 비교 결과에 따라 효과적인 카피를 결정하면 된다.

- **피드백에 따른 개선**: 디지털 광고는 광고 집행 결과(피드백)를 실시간으로 확인할 수 있다. 이용자의 '반응'과 '댓글' 및 '공유'의 수는 광고효과를 실시간으로 알려주는 지표다. 이런 지표를 광고효과라고 단정하기는 어렵지만, 카피라이터는 이 결과를 바탕으로 카피를 수정하거나 새로운 아이디어 발상을 시도할 수 있다.

- **데이터 분석의 활용**: 광고 플랫폼에서 제공하는 분석 도구를 활용해 광고효과를 분석하고, 카피라이터는 이를 바탕으로 카피를 수정할 수 있다. 카피라이터는 어떤 핵심어가 더 많은 클릭을 유도하는지, 어떤 메시지가 더 많은 전환을 끌어내는지, 분석 결과를 유심히 지켜보고 구체적인 내용을 카피에 반영할 수 있다.

4) 멀티스크린 환경

현대의 소비자들은 다양한 장치를 활용한다. 광고 카피는 다양한 디바이스에서 효과를 발휘해야 한다. 따라서 카피를 자막으로 제시할 때는 PC, 모바일, 태블릿, 스마트폰의 다양한 화면 크기와 해상도에 맞게 최적화돼야 한다. '멀티스크린 환경'을 광고 카피의 노출 맥락에서 살펴보자. 디지털 시대에는 다양한 장치로 정보를 접하는 멀티스크린 환경이 보편적이다. 이용자들은 컴퓨터, 스마트폰, 태블릿, TV 등 다양한 화면을 통해 정보를 소비하며, 장치에 따라 다른 활용 패턴과 경험을 제공한다. 이런 환경에서 카피라이터는 스크린별 특성을 이해하고 그에 알맞게 카피를 써야 한다.

- **디바이스별 활용 패턴 이해하기:** 카피라이터는 장치에 따라 다른 고유한 활용 패턴을 고려해야 한다. 단시간에 정보를 확인하는 스마트폰에서는 간결하고 명확한 카피를 써야 한다. 태블릿은 좀 더 오래 사용하므로 보다 세세한 정보를 제공해도 된다. 컴퓨터와 텔레비전은 보다 광범위한 수용자를 고려해도 별문제가 없다.
- **콘텐츠의 가독성 고려하기:** 장치의 크기와 해상도는 콘텐츠의 가독성에 결정적인 영향을 미친다. 작은 화면에서는 커다란 자막과 간결한 카피가 필요하며, 큰 화면에서는 상세한 정보를 제공하고 복잡한 디자인을 표현할 수 있다. 따라서 카피라이터는 장치의 화면 크기에 알맞게 광고 카피를 최적화하도록 고려해야 한다.
- **디바이스 간 일관성 유지하기:** 멀티스크린 환경에서 이용자들은 하나의 장치에서 다른 장치로 수시로 이동하며 콘텐츠를 소비하는 경우가 많다. 미디어 멀티태스킹(media multitasking) 환경에서[1] 카피라이터는 모든 장치에서 일관된 광고 캠페인을 전개할 수 있도록 일관성을 유지하는 카피를 쓰도록 노력해야 한다.
- **채널 특성에 맞는 카피 쓰기:** 같은 카피라도 장치와 채널의 특성에 따라 광고효과가 달라진다. 소셜미디어 광고나 앱 내 광고는 스마트폰에서, 검색엔진 광고나 웹사이트 배너는 컴퓨터에서, 영상광고는 텔레비전에서 효과적일 수 있다. 카피

---

1) 정세훈, 염정윤, 최인호, 최수정, 정민혜(2017). 국내 미디어 멀티태스킹 연구 현황: 이용과 효과 연구를 중심으로. 한국광고홍보학보, 19(1), 102-135.

라이터는 장치와 채널 특성을 고려한 카피를 써서 효과를 발휘하도록 해야 한다.

카피라이터는 멀티스크린 환경을 고려해 카피를 써야 한다. 잘 쓴 카피는 많은 이용자에게 영향을 미치고, 디지털 시대의 미디어 생태계에서 높은 광고효과를 기대할 수 있도록 한다. 챗GPT는 복잡한 미디어 생태계를 이해하고 효과적인 광고 카피를 쓰는 데 도움을 준다. 미디어 생태계의 변화에서 더 중요해진 3가지 사항은 다음과 같다.

먼저, 소셜미디어 광고가 더 중요해졌다. 메타, 인스타그램, 트위터, 틱톡 같은 소셜미디어 플랫폼은 각각 이용자 집단과 특성이 다르다. 카피라이터는 플랫폼별 특성을 이해하고 그에 적합한 카피를 써야 한다. 다음으로, 인플루언서 마케팅이 더 중요해졌다. 인플루언서와의 협업이 중요해졌다. 카피라이터는 인플루언서에게 어떤 브랜드 메시지를 전달하게 할 것인지 보다 구체적으로 고민해야 한다. 마지막으로, 콘텐츠 마케팅이 더 중요해졌다. 디지털 광고의 목표는 제품이나 서비스 판매에 머무르지 않고 소비자와의 관계 구축에 있으니, 카피라이터는 콘텐츠 마케팅의 맥락을 고려해 카피를 써야 한다.

3. 디지털 카피 쓰기에 앞선 준비

카피라이터가 디지털 광고의 카피를 잘 쓰려면 구체적으로 무엇을 어떻게 준비할 것인가? 디지털 시대와 아날로그 시대의 광고 카피라이팅은 여러 측면에서 차이가 있지만 공통점도 있으니, 카피라이터는 준비 사항을 자신의 카피 스타일에 알맞게 선택해야 한다. 목표 설정, 소비자의 이해, 환경 분석, 핵심어 분석, 광고의 이미지 결정, 초벌 카피 쓰기, 효과 분석 같은 여러 단계에서 카피라이터는 다음 사항을 잘 준비해야 한다.

1) 목표 설정

카피라이터는 크리에이티브 목표를 명확히 정의한 다음에 카피를 써야 한다. 브랜드 인지도 향상, 웹사이트 트래픽 증가, 판매량 증가 같은 크리에이티브 목표를 이해하고 그에 알맞게 카피를 써야 한다. 카피를 쓰기 전에는 항상 목표를 명확히 인식하고 나서 실제 카피라이팅에 들어가야 한다. 목표 설정이란 광고에서 달성하고자 하는 구체적인 결과를 나타내는 것으로 다음과 같은 내용을 포함할 수 있다. 카피라이터가 알아야 할 목표 설정에 대해 실제 카피의 사례를 통해 알아보자.

- **브랜드 인지도 높이기**: 크리에이티브 목표가 브랜드 인지도를 높이는 데 있다면, 광고 카피에서는 브랜드의 이름, 로고, 슬로건, 제품, 서비스를 강조해야 한다. "스타벅스의 새로운 크림 브륄레 라떼를 맛보세요. 부드러운 크림과 달콤한 캐러멜의 완벽한 조화." 이런 카피는 스타벅스의 신메뉴에 대한 인지도를 높이는 데 도움이 된다.
- **판매율 높이기**: 크리에이티브 목표가 제품이나 서비스의 판매를 신장하는 데 있다면, 카피라이터는 구매를 유도하는 카피를 써야 한다. "바로 가입하고 30일간 무료로 스포티파이 프리미엄(Spotify Premium)을 경험하세요! 오프라인으로 재생되는 고품질 오디오를 즐겨 보세요" 이런 카피는 즉시 가입을 촉구하며 판매율을 높인다.
- **이용자의 참여 유도**: 크리에이티브 목표가 이용자의 참여를 유도하는 데 있다면, 카피라이터는 이용자가 참여할 방법을 제시하는 카피를 써야 한다. "놀라운 아이디어? #MyIdea를 통해 지금 바로 공유해 보세요. 여러분의 창의적인 아이디어를 기다립니다" 이런 카피가 소셜미디어 광고로 나가면 이용자들이 참여할 것이다.

챗GPT를 활용해 광고 카피를 쓸 때, 이런 목표를 설정하고 인공지능에게 목표에 맞는 초벌 카피를 써 달라고 지시할 수도 있다. 인공지능이 목표 설정에 필요한 맥락을 이해하면 그에 따라 적절한 카피를 써 줄 것이다. 카피라이터가 목표 설정만 명확히 해 준다면 필요에 따라 챗GPT를 효과적으로 활용할 수 있다.

2) 소비자의 이해

카피라이터는 목표 소비자의 특성을 심층적으로 이해해야 한다. 소비자의 관심사와 취향 및 기대치를 파악하고, 이를 해결할 방법을 제시하는 카피를 써야 한다. 소비자의 이해는 광고 카피라이팅의 핵심 요소다. 소비자의 행동, 선호, 욕구에 대해 이해함으로써, 카피라이터는 소비자에게 맞춤화된 카피를 쓰고, 제품이나 서비스를 더욱 효과적으로 알릴 수 있다. 카피라이터가 알아야 할 소비자의 이해에 대해 실제 카피의 사례를 통해 알아보자.

- **소비자의 욕구와 문제 이해하기**: 카피라이터는 제품이나 서비스가 소비자의 욕구를 어떻게 충족시키고 어떤 문제를 해결해 줄 수 있는지 이해해야 한다. "일과를 마치고 집에 왔을 때, 부드러운 침대에서 편안하게 쉬고 싶으시죠? 메모리폼 매트리스는 너무너무 편안해요" 이런 카피에서는 소비자가 원하는 편안한 휴식을 반영했다.
- **소비자의 선호 이해하기**: 카피라이터는 핵심 소비자들이 어떤 스타일과 트렌드나 가치를 선호하는지 심층적으로 이해할 필요가 있다. "당신이 사랑하는 뉴트로 룩을 완성하세요. 빈티지 체크 패턴 가방이 당신의 스타일을 빛나게 합니다" 이런 카피는 뉴트로 룩을 좋아하는 소비자의 기호를 반영하고 소비자 심리에 맞춘 메시지다.
- **소비자의 행동 이해하기**: 소비자들이 구매 결정을 어떻게 하는지, 어떤 매체를 통해 정보를 얻는지, 어떤 시간에 활동하는지 같은 소비자의 행동 패턴을 이해하는 것도 중요하다. "아침 일찍 출근하는 당신을 위해, 24시간 동안 따스한 커피 보온병을 드립니다" 이런 카피는 이른 아침에 출근하는 소비자의 일상을 반영한 것이다.

카피라이터가 소비자 심리를 이해하고 그들의 욕구와 선호를 반영해 카피를 쓴다면 그 카피가 소비자에게 더 설득력 있게 다가갈 것이다. 카피를 그렇게 쓰면 소비자들은 어떤 제품이나 브랜드에 더 깊은 관심을 나타낼 것이다. 챗GPT를 활용하더라도 이처럼 소비자를 이해하는 과정을 반드시 거쳐야 한다. 카피라이터는 챗GPT에게 이런 과정을 거쳐 소비자의 선호를 반영한 카피를 써 달라고 요청해야 한다.

3) 환경 분석

카피라이터는 제품 분석, 시장 분석, 경쟁사 분석 같은 환경 분석 결과를 충분히 이해해야 한다. 이를 통해 독창적이고 효과적인 카피를 쓸 수 있다. 챗GPT를 활용해 카피를 잘 쓰려면 제품, 서비스, 시장, 경쟁사에 대해 깊이 분석해야 한다. 환경 분석은 광고하려는 제품과 서비스 및 경쟁사 광고에 대해 깊이 이해하는 데 필요하며, 소비자 맞춤형의 카피를 쓰기 위해서도 중요하다. 카피라이터가 알아야 환경 분석에 대해 실제 카피의 사례를 통해 알아보자.

- **제품 분석**: 카피라이터는 광고하려는 상품이나 서비스를 독특하게 만드는 것이 무엇인지 반드시 찾아내야 한다. 이런 과정을 거쳐 소비자에게 어떤 혜택을 확실히 전달할 수 있다. "이 노트북은 10시간 이상 배터리 수명을 보장합니다. 온종일 일하시는 분께 필요한 노트북입니다" 이런 카피는 제품의 특성에 초점을 맞췄다.
- **시장 분석**: 카피라이터는 광고하려는 상품, 시장의 트렌드, 선호도, 소비자 욕구에 대한 시장 분석 결과를 이해해야 한다. 시장 분석을 통해 현재의 시장 상황과 잘 맞아떨어지는 카피를 쓸 수 있다. "건강한 일상을 추구하는 당신을 위해 천연성분으로 만들었습니다" 카피에서 건강식품에 대한 현재의 시장 트렌드를 반영했다.
- **경쟁사 분석**: 경쟁사 광고전략의 핵심이 무엇인지 사전에 검토해야 한다. 사전에 경쟁사의 제품이나 브랜드를 분석해 보면 자사의 광고를 시장에서 차별화시킬 방법을 파악할 수 있다. "다른 스니커즈와 다릅니다. 재활용 소재로 만들어 지구 환경도 보호합니다" 이런 카피는 경쟁사 제품과 비교하면 환경보호 가치를 강조한 것이다.

카피라이터가 카피를 쓰기 전에 환경 분석 결과를 숙지하고 나서 카피를 쓴다면, 그렇지 않고 카피를 쓸 때보다 카피가 소비자에게 더 효과적으로 전달된다. 그리고 제품이나 서비스의 가치도 더욱 명확히 전달할 수 있다. 카피라이터가 챗GPT를 활용해 카피를 쓸 때도 이런 분석 결과를 바탕으로 카피라이팅의 방향을 잡는다면 더 효과적인 카피를 기대할 수 있다.

4) 핵심어 분석

검색엔진 최적화(SEO)의 카피라이팅에서는 핵심어(key word)의 분석이 중요하다. 목표 소비자가 가장 관심을 두는 핵심어는 무엇이고, 어떤 핵심어를 쓴 카피가 검색 결과에서 높은 순위를 얻을 수 있을지 판단해야 한다. 카피를 쓰는 과정에서 챗GPT를 활용해 핵심어를 찾아낼 수도 있다. 핵심어를 검색하면 소비자가 어떤 정보를 찾고 어떤 언어를 쓰고 있는지 포착할 수 있는데, 카피라이터는 소비자 맞춤형의 카피를 써서 검색엔진에서 핵심어가 잘 검색되도록 사전에 고려해야 한다. 카피라이터가 알아야 할 핵심어 분석에 대해 실제 카피의 사례를 통해 알아보자.

- **핵심어 추출**: 카피라이터는 카피를 쓰기에 앞서 소비자들이 일상에서 자주 쓸 가능성이 큰 핵심어 몇 개를 생각해 보면 실제 카피를 쓸 때 도움이 될 것이다. 자연 친화적인 선크림을 판매하는 회사의 카피를 쓴다고 하면 '자연 선크림' '친환경 선크림' '화학물질 없는 선크림' 같은 핵심어를 고려해서 카피를 쓰면 된다.
- **핵심어 검색**: 카피라이터는 선택한 핵심어가 실제로 검색 트래픽이 얼마나 많은지 사전에 확인해 볼 필요가 있다. 카피라이터는 네이버나 카카오의 검색창에 핵심어를 입력해서 검색해 보거나 구글의 '키워드 플래너' 같은 도구를 활용해서 핵심어의 검색량을 확인할 수 있다. 핵심어를 검색해 보면 실제 카피를 쓸 때 도움이 된다.
- **카피라이팅**: 카피라이터는 최종적으로 선택한 핵심어를 헤드라인이나 보디카피에 포함해 카피를 써야 한다. "화학물질 없는 선크림으로 피부를 보호하세요. 친환경 ○○선크림은 자연의 에너지를 담았습니다" 이런 카피에서는 핵심어 추출 단계에서 선정한 핵심어들을 카피에 두루 포함해 검색엔진에 잘 걸리도록 고려했다.
- **핵심어 성능 추적**: 카피라이터는 광고를 집행하고 난 다음에도 핵심어의 효과를 지속해서 추적하고 평가해야 한다. 어떤 핵심어가 예상했던 것보다 검색량이 적으면 카피라이터는 다른 핵심어로 대체하거나 카피를 수정할 필요가 있다. 검색량이 많아질 때까지 카피에서 핵심어를 계속 대체해 나가도 별문제가 없다.

핵심어를 분석해 카피를 쓰는 것은 챗GPT를 활용해서 카피를 쓸 때도 중요하다.

이런 인공지능 도구들은 제공된 핵심어를 바탕으로 광고 카피를 쓸 수 있으므로, 최적의 핵심어를 선택하는 카피라이터의 판단력이 효과적인 광고 카피를 창출하는 데 결정적으로 이바지한다. 따라서 카피라이터의 판단력과 선구안(選球眼)이 무엇보다 중요하다.

5) 광고의 이미지 결정

제품이나 브랜드마다 나름의 이미지가 있다. 따라서 카피도 제품이나 브랜드의 이미지에 알맞게 써야 한다. 어떤 광고에서 느낌(tone)과 스타일(style)을 일관되게 유지하면, 브랜드의 정체성을 강화하고 소비자와의 감정적 유대감을 높이는 데 도움이 된다. 광고의 느낌과 스타일을 결정해 제대로 활용하면 어떤 브랜드의 광고 메시지를 효과적으로 전달할 수도 있다. 광고의 이미지를 결정하기 위해 카피라이터가 반드시 알아야 할 사항은 무엇일까?

- **느낌**: 느낌(tone)은 광고의 이미지를 구성하는 요소의 하나로, 메시지 전달 방식(manner)과 함께 쓰이는 용어다. 상황이나 매체에 따라 광고의 느낌이 달라질 수도 있는데, 광고의 일관된 분위기를 해치지 않는 선에서 약간의 변화를 주는 정도에 그쳐야 한다. 보통은 정해진 광고의 느낌을 일관되게 유지하는 것이 바람직하다.
- **스타일**: 스타일(style)은 어떤 브랜드의 광고가 소비자에게 어떻게 느껴지게 하는지 나타내는 고유한 개성을 의미한다. 광고에 나타난 제품이나 브랜드의 이미지에 대한 소비자들의 인식도 스타일에 따라 다르게 결정된다. 광고의 이미지를 결정하는 데 스타일이 상당한 영향을 미치기 때문에 '느낌'과 같이 일관성을 유지해야 한다.

느낌과 스타일에 따라 광고 카피가 어떻게 달라지는지 사례를 살펴보며 비교해 보자. 애플 아이폰(iPhone)의 느낌이 '자신감'이고, 스타일이 '깔끔함'이라면 카피를 이렇게 쓸 수 있다. "아름다움이 힘이다. iPhone Pro" 나이키의 느낌이 '도전 정신'이고, 스타일이 '행동 촉구'라면 카피를 이렇게 쓸 수 있다. "당신 앞에 한계는 없다. Nike" 더바디샵(The Body Shop)의 느낌이 '따뜻함'이고, 스타일이 '친환경'이라면 카피를 이렇게 쓸 수 있다. "자연에서 온 선물. 당신의 피부를 보호합니다" 이처럼 브랜드의 느낌과 스타일을 구체적으로 정의해서 광고 카피에 반영하면 브랜드 개성을 형성하고 소비자와의 연결을 강화하는 데 도움이 된다.

6) 초벌 카피 쓰기

카피라이터는 최종 카피를 쓰기 전에 여러 개의 시안을 써 보고 나서, 그중에서 가장 효과적이라고 판단되는 카피를 선택해야 한다. 이 과정에서 A/B 테스트 같은 방법을 활용할 수 있다. 챗GPT를 활용해 광고 카피를 쓸 때도 '시안 작성'이 중요하다. 시안에는 이미지, 카피, 레이아웃을 포함해야 한다. 시안은 일반적으로 광고주가 승인하기 이전의 초벌 아이디어다. 시안을 만드는 과정과 단계별로 쓰는 카피의 예를 살펴보자.

- **목표 설정**: 카피라이터는 누구를 대상으로, 무엇을 판매하려고 하며, 소비자에게 제시할 정보는 무엇인지 같은 카피라이팅의 목표를 결정해야 한다. "20대 여성에게 새 브랜드의 스킨케어 제품 라인을 출시하려고 한다." 이와 같은 목표 설정의 진술문이 결정되면 함께 일하는 광고 기획자와 광고 창작자들과 목표를 공유해야 한다.
- **핵심 메시지의 결정**: 카피라이터는 제품과 서비스의 핵심적 특성과 강점을 분석하고 소비자들이 공감할 만한 소비자 혜택을 찾아내 핵심 메시지를 결정해야 한다. "100% 천연 성분으로 만들었기에 모든 피부 스타일에 적합한 스킨케어입니다." 핵심 메시지가 이렇게 결정됐다면 핵심 메시지의 타당성을 몇 번이고 따져 봐야 한다.
- **카피 쓰기**: 카피라이터는 이미 정해진 카피라이팅의 목표와 결정된 핵심 메시지를 참고해서 실제로 최종 카피를 쓰게 된다. "당신의 피부에 자연의 선물을 주세요. 100% 천연 성분으로 만들었기에 지성 피부도 건성 피부도 너무너무 좋아합니다" 이런 카피를 여러 개 써서 어떤 카피가 가장 좋은지 최종적으로 하나를 선택한다.
- **시안 디자인**: 카피와 함께 제시할 이미지나 레이아웃을 결정하고 구체적인 시안 작업에 들어간다. "제품의 이미지와 함께 자연 요소를 표현하는 배경을 적극적

으로 활용한다. 헤드라인은 뚜렷하게 보일 수 있도록 지면의 맨 위쪽에 배치한다." 이 과정에서 모든 것을 디자이너에게 맡기지 말고 카피라이터의 의견을 적극적으로 나타내야 한다.

- **피드백과 수정**: 광고주나 핵심 소비자 집단으로부터 피드백을 받고 필요한 경우에는 카피를 수정한다. 수정은 여러 차례 반복될 수도 있다. "24시간 지속하는 보습 효과로 당신의 피부를 촉촉하게" 광고주로부터 피드백을 받아 제품의 효과를 강조하는 카피를 새로 쓸 수도 있고, 처음의 카피를 모두 버리고 카피를 이렇게 새로 쓸 수도 있다.

초벌 카피를 쓰고 수정하는 과정에서 수정하는 빈도가 너무 잦으면 카피라이터가 마음의 상처를 받을 수도 있다. 따라서 카피라이터에게는 강인한 정신력과 인내심도 필요하다. 광고 카피의 효과를 높이기 위해 수정할 필요가 있을 때는 카피를 수정해야 하겠지만, 광고주의 개인 취향 때문에 수정을 거듭해야 한다면 카피라이터는 광고주를 찾아가 자신이 쓴 카피의 가치와 강점에 대해 논리적으로 설득해야 한다.

7) 효과 분석

광고가 노출되고 나면 효과를 분석해 카피의 영향력을 평가해야 하며, 필요하다면 카피를 수정해야 한다. 챗GPT를 활용해 카피를 쓸 때도 카피의 효과를 분석해야 한다. 카피라이터가 카피만 쓰는 시대는 끝났다. 디지털 시대의 카피라이터는 카피의 효과를 직접 측정하지 않더라도 효과 측정 결과를 이해하고 해석할 수는 있어야 한다. 자신이 쓴 카피가 목표 소비자에게 도달하고 행동 유발에 영향을 미쳤다고 판단하면 카피 쓸 때 확신이 생길 것이다. 디지털 시대에 카피라이터가 보편적으로 알아야 할 효과 지표는 다음과 같다.

- **클릭률**: 클릭률(CTR: Click Through Rate)은 소비자가 어떤 광고를 클릭하는 빈도의 비율이다. 광고를 보고 실제로 클릭한 이용자의 비율이므로 광고 카피와 디자인이 관심을 끄는지도 평가할 수 있는 좋은 지표다. 만약 "피부에 자연의 선물을"이라는 카피의 광고가 1,000회 노출되고 100명이 클릭했다면 CTR은 10%다.
- **전환율**: 전환율(Conversion Rate)은 이용자가 광고를 본 다음에 제품 구매나 서

비스 가입 같은 실제로 구매 행동을 시도한 비율을 나타낸다. 전환율을 통해 판매를 촉진하는 데 카피가 얼마나 효과적이었고 영향을 미쳤는지 파악할 수 있다. 만약 광고 카피를 클릭한 100명 중에서 20명이 제품을 구매했다면 전환율은 20%다.

• **반응 공유 댓글 수**: 소셜미디어 플랫폼에서는 '좋아요'와 '공유' 및 '댓글' 같은 이용자의 반응도 중요한 지표다. 카피가 소비자와의 상호작용을 유도하는 데 얼마나 영향을 미쳤는지 알 수 있다. 광고가 50개의 '좋아요'와 10개의 '공유', 그리고 15개의 '댓글'을 얻었다면, 그 카피가 소비자들의 반응을 얻었다는 근거일 수 있다.

4. 추가적으로 필요한 준비 사항

광고 노출의 결과를 분석하면 카피라이터가 자신이 쓴 카피의 효과를 측정하고 개선하는 데 필요한 통찰력을 얻을 수 있다. 이처럼 효과 분석을 시행하면 카피를 쓰는 데 도움이 될 것이다. 준비 과정을 철저히 거칠수록 디지털 시대에 필요한 카피라이팅 능력이 더욱 좋아질 것이다. 이 밖에도 카피라이터가 카피를 잘 쓰려면 다음과 같은 사항을 추가로 준비하면 도움을 얻을 수 있다.

1) 콘텐츠의 트렌드 파악

카피라이터는 인플루언서 마케팅, 소셜미디어 캠페인, 영상 콘텐츠 같은 시장에서 주목받는 콘텐츠의 트렌드를 이해하고 이를 카피에 반영해야 한다. 카피라이터가 챗GPT를 활용해 카피를 잘 쓰려면 콘텐츠의 트렌드를 세세하게 파악해야 한다. 콘텐츠의 트렌드를 파악하면 현재 소비자들이 어떤 주제나 메시지에 관심이 있는지 이해할 수 있고 효과적인 광고 카피를 쓸 수 있다. 변화하는 소비자 행동, 사회적 이슈, 새로운 기술에 따라 광고의 내용과 방식이 급변하는 디지털 마케팅 환경에서 콘텐츠의 트렌드가 특히 중요하다. 콘텐츠의 트렌드를 파악하는 방법과 이를 활용한 광고 카피의 사례를 살펴보자.

• **트렌드 조사**: 소셜미디어, 검색엔진, 산업 보고서, 뉴스 같은 자료에서 현재의 트

렌드를 파악한다. 인기 핵심어를 분석하거나 어떤 주제에 대한 소비자의 관심사를 분석해도 트렌드를 파악하는 데 도움이 된다. 지속가능성과 환경보호가 중요하다는 트렌드를 파악했다면 이런 추세를 반영해 카피를 쓰면 된다. 어떤 트렌드에 대해 직접 언급하거나 해당 트렌드에 알맞은 메시지를 찾아내 다음과 같은 카피를 쓸 수 있다. "피부 보호는 물론 지구 환경도 보호하세요. 100% 재활용 가능한 ○○스킨케어"

- **피드백과 수정 업무**: 카피라이터는 자신이 쓴 카피가 트렌드를 잘 반영하고 있는지 소비자의 반응이 어떠한지 주기적으로 확인하고 필요할 때마다 수정 과정을 거쳐야 한다. 자신이 쓴 카피가 소비자로부터 긍정적인 반응을 얻었다면, 느낌(tone)과 스타일을 그대로 유지하면서 다양한 버전의 새로운 카피를 계속 실험해 볼 수 있다. 이렇게 콘텐츠의 트렌드를 파악해 광고 카피에 반영하고 최적의 카피로 수정해 나간다면 카피라이터는 소비자와의 연결을 강화하는 동시에 광고효과도 더 높일 수 있다.

2) 속도와 유연성

디지털 마케팅 환경은 급변하기 때문에, 카피라이터는 변화에 빠르게 반응하고 적응할 수 있는 능력을 갖춰야 한다. 카피라이터는 새로운 플랫폼, 도구, 전략에 대해 지속해서 학습할 필요가 있다. 챗GPT를 활용해 광고 카피를 잘 쓰려면 '속도와 유연성'이 중요하다. 디지털 시대의 카피라이터에게 속도와 유연성을 유지하는 능력이 필요하다. 카피라이터는 소비자의 반응, 시장 트렌드, 경쟁 상황에 따라 자신이 이미 쓴 카피를 신속히 수정하고 새로운 카피를 써야 하기 때문이다.

- **상황에 적합한 대응**: 카피라이터는 여러 가지 시나리오에 대비해 다양한 카피를 미리 준비해야 한다. 계절별, 특별 이벤트, 소비자의 피드백 같은 상황에 따라 적합한 카피를 신속히 대체할 수 있어야 한다. 겨울철에 맞춰 카피를 이렇게 쓸 수도 있다. "건조한 날씨에 피부를 보호하세요. ○○스킨케어가 겨울에도 피부를 촉촉하게 지켜 줍니다" 이런 카피는 상황에 알맞게 대응한 메시지라고 할 수 있다.
- **데이터 기반의 의사결정**: 카피라이터는 소비자의 행동, 클릭률, 전환율 같은 데이

터를 실시간으로 감시하고 이를 바탕으로 카피를 신속히 수정하는 솜씨와 순발력을 갖춰야 한다. 이미 쓴 카피가 클릭률이 낮다면 다른 버전의 카피로 빠르게 바꿔 볼 필요가 있다. "피부 보호를 위한 똑똑한 선택. 올겨울에는 ○○스킨케어로 피부를 지키세요" 이런 카피로 카피를 수정했다면 데이터 기반의 의사 결정이라 할 수 있다.

- **사고의 유연성**: 카피라이터는 고정된 생각에 얽매이지 않고 새로운 트렌드나 소비자의 요구에 신속히 대응하는 유연한 사고력이 필요하다. 소비자들이 피부 관리와 피부 영양소를 섭취하는 데 관심이 많다면 카피를 이렇게 바꿔 볼 수 있다. "피부는 뭘 먹느냐에 따라 달라집니다. ○○스킨케어로 피부에 영양을 주세요" 이처럼 카피라이터는 급변하는 마케팅 환경에 대응하고 소비자에게 적절한 메시지를 전달해야 한다.

3) 데이터 분석 능력

디지털 시대에 챗GPT를 활용해 카피를 잘 쓰려면 '데이터 분석 능력'이 중요하다. 웹사이트 방문자 통계, 클릭률, 전환율 같은 데이터를 이해하고 분석할 수 있는 능력이 카피라이터에게 필요한 이유다. 카피라이터는 데이터 분석 능력을 바탕으로 카피의 효과를 측정하고 카피의 수정 방안을 찾을 수 있다. 데이터 분석 능력은 광고 카피를 쓰고 효과를 측정하는 데 있어서 매우 중요하다. 디지털 환경에서는 효과적인 광고 카피를 쓰기 위해 어떤 메시지가 잘 작동하는지, 어떤 대상 집단에 효과적인지 파악하기 위해 다양한 데이터를 분석하게 된다.

- **A/B 테스트 수행**: 같은 콘셉트의 광고를 2가지 다른 카피로 표현하고, 어떤 카피가 더 효과적인지 비교해 볼 수 있다. 이 테스트는 헤드라인, 서브 헤드라인, 구매 요청(CTA: Call To Action) 같은 광고의 여러 구성요소에 대해 알아볼 수 있다. 예컨대, "당신의 피부를 위한 ○○스킨케어"(A카피) 또는 "당신의 피부를 가장 잘 보호해 주는 ○○스킨케어"(B카피) 같은 2가지 버전의 카피를 써서 효과를 비교할 수 있다.
- **분석 도구 활용**: 구글 애널리틱스(Google Analytics) 같은 도구를 활용해 카피의 효과에 대한 소비자의 반응을 여러모로 분석할 수 있다. 카피라이터는 클릭률,

전환율, 평균 체류 시간 같은 지표를 통해 어떤 카피가 더 효과적인지 확인할 수 있다.

- **소비자의 피드백 분석**: 소비자의 댓글, 설문 조사, 심층 면접을 통해 직접적인 피드백을 수집하고 분석한다. 카피라이터는 분석 결과를 바탕으로 소비자들이 어떤 메시지에 더 강하게 반응하는지 파악하고, 그 결과를 수정할 카피에 반영할 수 있다.

카피라이터는 카피의 효과를 분석함으로써 데이터의 분석 능력을 높이고, 분석 결과를 카피라이팅에 다시 반영함으로써 보다 효과적인 메시지를 소비자들에게 전달할 수 있다. 각각의 데이터가 카피 파워를 높이는 데 중요한 기능을 하므로, 디지털 시대의 카피라이터에게는 데이터를 잘 이해하고 분석하는 능력이 필수적이다.

4) 멀티미디어의 활용 능력

디지털 시대의 카피라이터에게는 카피 쓰기 외에도 영상과 이미지 같은 다양한 형태의 콘텐츠를 활용하는 능력이 중요해지고 있다. 콘텐츠를 활용해 더욱 풍부하고 동적인 메시지를 전달할 수 있기 때문이다. 챗GPT를 활용해 광고의 카피를 잘 쓰려면 '멀티미디어 활용 능력'이 중요하다. 텍스트는 기본이지만 이미지, 영상, 오디오 같은 멀티미디어 요소도 강력한 메시지 전달 수단이 된다. 카피라이터가 멀티미디어 활용 능력을 높이는 방법과 이를 활용한 카피의 사례를 살펴보자.

- **이미지와 텍스트의 조화**: 이미지는 시각적으로 정보를 전달하는 데 있어서 매우 효과적이다. 광고 창작자들은 텍스트와 이미지가 서로 보완하도록 광고를 만들어야 한다. "피부 보호를 위한 똑똑한 선택–○○스킨케어" 이런 카피와 함께 피부가 건강해지는 과정을 보여 주는 이미지를 활용한다면 메시지의 효과를 더 높일 수 있다.
- **동영상 활용**: 동영상은 복잡한 정보를 쉽고 흥미롭게 전달하고, 소비자와 감정적으로 연결하는 데 효과를 발휘한다. "5분 만에 완벽한 피부를 원한다면 ○○스킨케어 바르는 법을 따라 해 보세요" 이런 카피와 소비자들이 제품을 쓰는 장면을 동영상과 함께 제시하면, 소비자들이 제품을 어떻게 활용해야 하는지 쉽게

이해할 수 있다.

- **소셜미디어 활용**: 각각의 소셜미디어 플랫폼이 지닌 매체별 특성을 이해하고 매체별 특성에 알맞게 멀티미디어 콘텐츠를 제작해야 한다. "피부를 위한 아름다운 선택. ○○스킨케어로 시작하세요" 이런 카피를 아름다운 제품 사진과 함께 인스타그램(Instagram)에 올려 공유한다면 시각적으로 강력한 메시지를 전달할 수 있다.

카피라이터가 다양한 방법을 써서 멀티미디어의 활용 능력을 높이고, 다양한 활용 방법을 카피라이팅에 활용한다면 보다 효과적으로 메시지를 전달할 수 있다. 디지털 시대에는 다양한 멀티미디어 요소를 능수능란하게 활용하는 능력이 카피라이터에게 필요하다. 멀티미디어 활용 능력은 디지털 시대의 광고 창작자가 갖춰야 할 필요한 덕목이다.

5) 이용자 경험 이해

이용자 경험(UX)에 대한 이해는 카피라이팅에서 중요한 요소다. 이용자 경험을 최적화하는 카피는 이용자의 참여를 증가시키고, 브랜드에 대한 긍정적인 인상을 심어줄 수 있다. 챗GPT를 활용해 광고의 카피를 잘 쓰려면 '이용자 경험 이해'가 중요하다. 이용자 경험의 이해는 제품이나 서비스를 소비자에게 어떻게 인식되도록 할 것인지, 그리고 경험하는 과정에서 소비자들이 무엇을 느끼고 바라는지에 대한 이해를 의미한다. 이용자의 경험을 이해한다면 소비자들이 기대하는 메시지를 창작해서, 그들이 원하는 경험을 제공할 수 있다. 이용자 경험을 깊이 이해하려는 방법과 실제 카피의 사례는 다음과 같다.

- **이용자의 필요와 기대의 이해**: 카피라이터는 소비자가 제품이나 서비스를 선택할 때 중요하게 생각하는 요소가 무엇인지 구체적으로 이해해야 한다. 이런 정보는 소비자의 댓글, 설문 조사, 심층 면접을 통해 파악할 수 있다. 소비자의 댓글을 분석한 결과, 피부가 민감해서 순한 제품을 찾는다는 의견이 많다면 이런 카피를 쓸 수 있다. "순한 성분으로 피부를 부드럽게 돌보는 ○○스킨케어"
- **이용자의 접근성 고려**: 카피라이터는 모든 소비자가 쉽게 정보를 얻고 제품이나

서비스를 쉽게 활용할 수 있도록 고려해야 한다. 이용자의 접근성에는 웹사이트의 UI/UX 디자인,[2] 제품의 활용법, 서비스의 접근성이 포함된다. 웹사이트의 UI/UX를 분석한 결과, 소비자들이 제품 정보를 찾는 데 어려움을 겪는다면 이런 카피를 쓸 수 있다. "클릭 한 번으로 모든 제품 정보를 한눈에!"

• **제품과 서비스 이용의 후기 파악**: 카피라이터는 소비자가 제품이나 서비스를 이용하는 과정에서 어떤 경험을 했는지 구체적으로 이해해야 한다. 이를 통해 더 나은 경험을 제공할 수 있도록 제품이나 서비스의 내용을 수정할 수 있다. 소비자의 이용 후기를 분석한 결과, 제품의 빠른 배송에 만족하는 소비자가 많다면 이런 카피를 쓸 수 있다. "오전에 주문하면 당일 도착! 빠르고 편리한 배송 서비스"

이처럼 카피라이터가 이용자의 경험을 이해하고, 그 내용을 카피에 반영하면 소비자에게 브랜드 메시지를 보다 효과적으로 전달할 수 있다. 이용자의 경험 내용을 카피에 반영하면 소비자의 만족도를 높이는 데 이바지할 수 있다. 카피라이터가 준비를 많이 하면 할수록 디지털 시대에 적합한 카피라이터의 자격과 능력을 차근차근 쌓게 된다고 할 수 있다.

---

2) UI 디자인(User Interface Design)은 이용자 인터페이스 디자인으로, 제품과 서비스를 이용할 때 인터페이스가 어떻게 보이고 기능하게 할 것인지 디자인하는 것이다. 직관적인 인터페이스를 통해 이용자가 헤매지 않고 행동하도록 이용자가 직접 접할 수 있는 모든 개별 화면과 터치 포인트를 고려해 폰트, 컬러, 레이아웃, 아이콘 등을 디자인한다. 그에 비해 UX 디자인(User eXperience Design)은 이용자 경험 디자인으로, 제품이나 서비스를 이용할 때 사용자가 겪는 전체 경험을 디자인하며 사용자가 쉽고 즐겁게 경험하도록 고려한다. 예컨대, 쇼핑몰 앱의 경우는 쇼핑몰 앱을 클릭해서 여는 것부터 시작해 회원가입, 로그인, 검색, 장바구니 담기, 결제까지의 모든 여정을 디자인하게 된다.

챗GPT가 알려 준 꿀팁

You : 챗GPT. 지금까지 다음 내용을 학생들에게 설명했어. 디지털 카피와 아날로그 카피, 디지털 시대의 광고 환경 변화, 디지털 카피 쓰기에 앞선 준비, 추가로 필요한 준비 사항 같은 주제야. 지금까지 설명한 4가지 주제는 학생들이 카피를 쓰는 데 도움이 될 만한 중요한 정보야. '디지털 시대의 광고 카피 쓰기'라는 제목을 구성하는 디지털 카피와 아날로그 카피, 디지털 시대의 광고 환경 변화, 디지털 카피 쓰기에 앞선 준비, 추가로 필요한 준비 사항에 관한 4가지 주제와 관련하여, 현실적으로 광고 카피라이팅에 도움이 될 만한 추가 정보가 있다면 알려 줄 수 있어?

ChatGPT : 이미 설명한 주제들은 디지털 시대의 광고 카피 작성에 관한 중요한 정보를 제공하고 있습니다. 그러나 광고 카피 작성에 도움이 될 만한 추가 정보를 제공할 수 있습니다. 아래는 각 주제와 관련된 추가 정보입니다.

디지털 카피와 아날로그 카피: 디지털 카피는 인터넷과 소셜 미디어를 통해 전달되는 광고를 의미하며, 텍스트, 이미지, 비디오 등 다양한 형식으로 표현됩니다. 아날로그 카피는 전통적인 인쇄 광고나 라디오와 텔레비전 광고를 의미합니다. 디지털 카피 작성은 빠른 반응과 상호 작용을 고려해야 하며, 아날로그 카피와는 다른 솜씨가 필요합니다. 온라인 추세와 사용자 행동을 이해하는 것이 중요합니다.

디지털 시대의 광고 환경 변화: 디지털 시대에는 광고 채널과 플랫폼이 다양화되었습니다. 검색엔진 광고, 소셜 미디어 광고, 비디오 마케팅, 인플루언서 마케팅 등이 주요한 광고 채널로 등장했습니다. 광고 작성자는 각 플랫폼의 특징과 규칙을 이해하고 해당 플랫폼에 적합한 콘텐츠를 생성해야 합니다.

디지털 카피 쓰기에 앞선 준비: 카피라이터는 목표 수용자를 이해하고 그들의 요구와 관심사를 파악해야 합니다. 사용자 리서치와 시장 조사가 필요합니다. 검색엔진 최적화(SEO) 및 검색엔진 마케팅(Search Engine Marketing) 기술을 습득하여 검색엔진에서 노출되는 능력을 향상해야 합니다.

추가로 필요한 준비 사항: 데이터 분석 능력은 디지털 광고 분야에서 중요합니다. 플랫폼 분석 도구와 웹 분석 도구를 활용하여 광고 성과를 평가하고 개선할 수 있어야 합니다. 콘텐츠 제작 능력도 필요합니다. 훌륭한 이미지 및 비디오 콘텐츠를 만들고 편집하는 기술이 도움이 됩니다.

이러한 정보와 기능은 학생들이 디지털 시대의 광고 카피를 효과적으로 작성하고 디지털 마케팅 환경에 적응하는 데 도움이 될 것입니다. 계속해서 업데이트되는 디지털 마케팅 추세를 주시하고, 실전 경험을 통해 능력을 향상하는 것도 중요합니다.

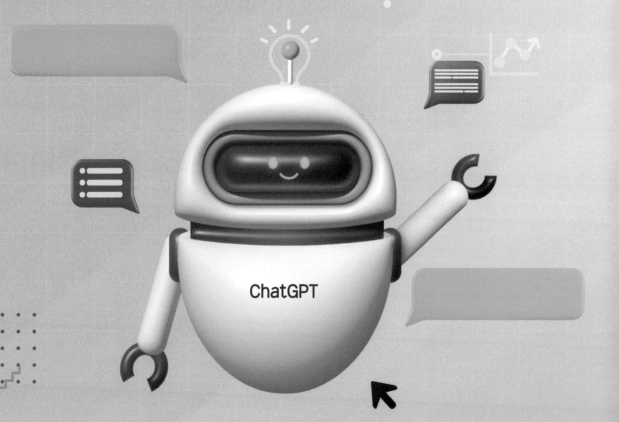

제**4**장

카피 창작에서의
전략과 전술

표현전략을 타당하게 수립하는 것은 카피라이팅에 성공하는 지름길이다. 어설픈 표현전략에 따라 카피를 쓰면 돌이킬 수 없는 이상한 광고물이 만들어진다. 그렇다면 표현전략은 무엇을 바탕으로 수립해야 하는가? 광고전략을 충분히 이해하고 타당한 표현 콘셉트를 찾는 데서부터 출발해야 한다. 표현전략과 광고전략은 서로 분리되는 영역이 아니라, 동전의 양면처럼 절대로 분리될 수 없으며 분리돼서도 안 된다. 광고회사에서 업무 영역 간의 경계가 모호해지며 점점 통합적 관점이 요구되는 디지털 시대에는 광고 기획과 광고 창작을 구분하는 것 자체가 무의미해졌기 때문이다.

광고전략을 망각하고 설정한 표현전략은 광고 목표와 유리돼 별도로 진행될 가능성이 크다. 카피라이터가 광고전략과 표현전략을 분리해서 생각한다면 '무엇을 말할 것인지(what to say)'는 잊고, '어떻게 말할 것인지(how to say)'에만 치중하거나 '어떻게 만져지게 할 것인지(how to be tangible)'에만 신경 쓰면서 멋진 글쓰기에만 전념할 수도 있다. 그렇게 되면 결과는 뻔하다. 상품 판매에는 이바지하지 못하고 멋있어 보이는 예술적 글쓰기만 할 것이다. 분명한 것은 카피라이팅이 예술적 글쓰기가 아니며 치밀한 논리와 기획력이 숨어 있는 고도의 설득 커뮤니케이션 솜씨라는 사실이다.

따라서 카피라이터는 광고전략과 표현전략의 관련 양상에 대해 깊이 이해하고, 자신이 맡은 상품과 서비스의 광고 창작에 적절하게 적용하고 응용할 능력을 갖춰야 한다. 크리에이티브 디렉터가 되고자 하는 카피라이터라면 광고 표현에 관련된 모든 문제를 스스로 해결하는 능력이 필요하다. 이 장에서는 본격적인 카피 창작에 들어가기에 앞서 광고전략 대 표현전략의 관계, 카피 창작에서의 깔때기 모형, 표현전략의 개념과 적용 방안, 카피 창작에서의 전략과 전술에 대해 여러모로 알아보고자 한다. 광고전략과 표현전략의 관련 양상을 충분히 숙지하면 카피를 더 잘 쓸 가능성이 크다.

1. 광고전략 대 표현전략의 관계

1) 광고의 삼각형

아무리 두툼한 광고학 교과서라 할지라도 결국 '상품'과 '시장'과 '소비자'라는 3가지 영역에 대한 설명으로 집약된다. 광고의 삼각형이란 상품, 시장, 그리고 소비자라는 3가지 핵심 요소의 관계를 의미한다. 이 3가지 요소를 이해하고 그 사이의 관계를 파악해 카피를 쓰는 것이 효과적인 카피라이팅의 핵심이다. 예컨대, 상품의 특성을 강조하되, 그것이 시장에서 어떻게 독특한지 보여 주고, 그것이 소비자의 필요나 원하는 것을 어떻게 충족시키는지 설명해야 한다. 이렇게 하면 카피는 상품과 시장과 소비자 사이의 연결고리가 된다.

디지털 생태계가 오프라인 생활공간을 점령하면서 소비자 의사결정 여정(CDJ: Customer Decision Journey)이 중요해졌다. 이 모델은 제품을 알리고 소비자가 제품을 구매하는 것으로 끝나던 전통적인 마케팅 모델과 달리, 소비자의 구매 과정을 파악하면 소비자가 구매를 결정하기까지 어떤 과정을 거치는지 설명해 준다. 디지털 생태계에서 무수한 사이트와 콘텐츠가 실시간으로 생성되기 때문에, 디지털 마케팅에서 가장 중요한 것은 트래픽(traffic)을 만드는 일이다. 전통 마케팅에서는 제조사 중심으로 '생산 → 광고 → 유통 → 구매 → 고객관리'의 단계로 마케팅 과정이 분리됐지만, 디지털 마케팅에서는 데이터 기반의 플랫폼에서 철저히 소비자 중심으로 '고객 유입 → 체류 → 전환 → 구매 → 확산'의 단계로 마케팅 과정이 유기적으로 흘러간다.[1] 이처럼 플랫폼의 존재 가치를 알리는 마케팅 커뮤니케이션의 기능이나 카피 솜씨가 그 어느 때보다 중요해졌다.

[그림 4-1] 전통 마케팅과 디지털 마케팅 프로세스 비교

---

1) 김유나(2023). 디지털 환경에서 시장 이해하기. 김병희, 이시훈, 이희준, 이진균, 김유나, 정세훈, 최인호, 김활빈, 지준형, 조준혁, 김희은, 민병운, 김동후, 염 철, 유은아, 정승혜, 박종구, 심성욱, 지원배 공저. 디지털 시대의 광고기획 신론(pp. 137-163). 서울: 학지사비즈.

디지털 시대의 카피라이팅에서는 소비자의 관심과 행동에 따라 카피를 계속해서 최적화시켜야 한다. 카피라이터들은 데이터 분석 도구를 활용해 콘텐츠의 성과를 점검하고, 이를 통해 어떤 카피가 효과적인지, 카피의 어떤 부분을 개선해야 하는지 파악해야 한다. 콘텐츠 관점에서의 카피라이팅은 브랜드와 소비자 간의 관계를 구축하는 수단이 될 수 있다. 콘텐츠 관점에서의 카피라이팅은 소비자가 주도하는 디지털 시대의 광고 마케팅 환경에서 더욱 중요해지고 있다. 소비자 행동을 고려한 카피라이팅은 결국 콘텐츠 최적화에 이르는 지름길이기 때문이다.

초창기 광고에서는 주로 상품과 시장을 강조했지만 디지털 시대에는 소비자 의사결정 여정(CDJ)이 중요해졌기 때문에 소비자를 강조한다. 소비자의 의사결정 여정을 분석하면서 크리에이티브를 실행해야 하고, 구체적인 소비자 여정에 따라 크리에이티브의 목표를 설정하고 카피라이터도 그 목표를 달성하는 카피를 써야 하기 때문이다. 광고의 발달사를 보면 광고를 움직이는 3가지 주체는 상품과 시장과 소비자이다. 상품과 시장과 소비자라는 꼭짓점을 기준으로 삼각형을 그리면 정삼각형이 그려진다.

광고 창작 과정에서 광고의 삼각형의 어느 꼭짓점을 강조하느냐에 따라 그려지는 삼각형의 모습이 달라진다. 도식적이고 획일적인 구분일 수 있지만 개념에 대한 이해를 돕기 위해, 한국 광고산업의 변화에 따라 광고 표현에 나타난 삼각형의 모습이 어떻게 달라져 왔는지 살펴보자. 한국전쟁이 끝나고 경제개발 5개년 계획이 시행되던 1960년대에는 광고 표현에 있어서 전반적으로 자기 자랑 위주의 '상품'을 강조했는데 이때의 삼각형은 시장과 소비자는 그대로 두고 상품을 강조하는(MCP') 이등변 삼각형 모양이었다. 또한 1970년대 이후에서 1988년 서울올림픽 이전까지는 시장에 다양한 브랜드가 등장해 시장 점유율 쟁탈전을 벌였는데, 이때의 삼각형은 상품과 소비자는 그대로 두고 시장을 강조하는(PCM') 이등변 삼각형 모양이었다.

서울올림픽 이후 한국 사회에 불어 닥친 1990년대의 포스트모더니즘과 20세기 말과 21세기 초를 거치면서 소비자들은 기본의 획일적 유행에서 탈

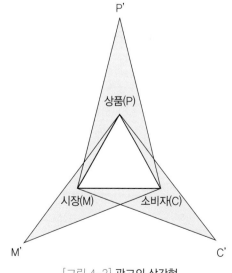

[그림 4-2] 광고의 삼각형

피해 각양각색의 개성을 지니게 된다. 이후 디지털 시대에 접어들어 광고 표현에 나타난 삼각형의 모양은 시장과 상품은 그대로 두고 소비자를 강조하는(MPC') 이등변 삼각형이 되었다. 즉, 상품력의 차이가 거의 없어지고 브랜드별로 시장 점유율 순위가 큰 변동이 없는 상황에서 광고는 소비자 심리에 눈을 돌렸다. 우리 카피라이터들이 광고를 창작해야 할 디지털 시대에는 소비자(사람) 영역이 아이디어를 캐는 금광이 되었다. 상품과 시장과 소비자의 개념에 대해 더욱 자세히 알아보자.

첫째, 상품(product)은 광고하려는 제품이나 서비스를 의미한다. 카피라이터는 상품의 기능과 특성 및 소비자 혜택을 정확히 이해해야 한다. 이를 통해 상품이 어떤 문제를 해결하거나 어떤 가치를 제공하는지 명확하게 전달할 수 있다. 어떤 물건이 상품으로 태어나지 못하고 공장에서 생산된 채 그대로 있다면, 이는 소비자에게 무의미한 물건일 뿐이다. 반면에 매장의 진열대에 전시돼 있다가 소비자로부터 관심 있는 품목으로 선택돼 소비자의 수중에 들어가는 순간에 그 물건은 비로소 상품으로 다시 태어난다. 같은 물건이라도 공장에서 생산돼 배송 과정을 거치고 상점의 진열대에 놓이기 전까지가 제품(製品)이라면, 매장에 진열돼 소비자의 선택을 기다리는 순간부터는 팔려야 하는 상품(商品)이 된다. 소비자에게 팔리지 못한 물건은 제품일 뿐이다.

광고 창작자들이 관심을 가져야 하는 대상은 제품이 아닌 상품이다. 즉, 물건에 생명력을 불어넣어 소비자에게 어떻게 팔 것인지에 관심을 가지기 때문에 그들이 상품에만 관심을 가지는 것은 당연하다. 이 같은 상품의 범위에는 물리적인 실체가 있는 물건뿐만 아니라 기업에서 제공하는 서비스까지 포함되며, 때로는 서비스 자체를 상품으로 판매하기도 한다. 따라서 어느 카피라이터가 공들여 쓴 카피 한 줄은 제품이나 서비스를 상품으로 바꿀 수 있는 강력한 설득 메시지가 된다고 할 수 있다.

둘째, 시장(market)은 상품과 관련된 판매 및 구매 환경을 의미한다. 시장의 동향이나 소비자의 선호 추이가 중요할 수밖에 없다. 카피라이터는 시장을 이해함으로써 상품이 어떻게 시장에서 독특한 위치를 차지하는지 파악해야 한다. 예컨대, 음료 시장이라 하더라도 콜라 시장과 식혜 시장은 다르다. 자동차 시장도 중형차 시장과 소형차 시장의 구매 의사결정 과정이 다르며 상품을 구매하는 소비자 심리가 다르다. 광고 기획 단계에서부터 철저한 시장 조사를 시행해 그에 적합한 광고전략을 수립할 필요가 있다. 카피라이터로서는 광고 기획자나 마케팅 담당자가 제시한 시장에 대한 정보를 바탕으로 그 시장 안에서 광고 상품을 더 주목받게 할 수 있는 놀라운 카피를 써야 한다.

일찍이 트라우트와 리스(Trout & Ries, 1979)는 최고의 상품이란 존재할 수 없으며 마케팅의 세계에서는 어떤 브랜드가 시장 내에 위치하는 객관적 실체와 상관없이 소비자가 마음속으로 느끼는 지각(perception)만 있을 뿐이라고 주장했다.[2] 즉, 상품의 시장 점유율 자체보다 소비자의 마음속에 상품이 어떻게 자리 잡고 있는지가 더 중요하며, 마케팅이란 상품력의 싸움이 아니라 인식의 싸움이라는 것이다. 따라서 시장은 소비자의 지각에 따라서 바뀔 가능성이 있는 가변적인 영역이다.

셋째, 소비자(consumer)는 상품을 구매하거나 서비스를 이용하는 주체를 의미한다. 카피라이터는 소비자의 선호와 필요 및 동기를 이해함으로써 소비자가 상품에 대해 어떻게 생각하고 느낄 것인지 예측하고 그들의 공감을 유발하는 카피를 써야 한다. 시장에는 수많은 상품이 널려 있는데 어떤 소비자는 어떤 상품을 선호하고 다른 소비자는 다른 상품을 선호한다. 따라서 카피라이터는 어떤 광고 상품의 목표 소비자에 대해 깊이 있게 이해하고 그들이 상품을 구매함으로써 어떠한 혜택을 얻을 수 있는지 사전에 고려해야 한다. 광고 창작자나 광고주 입장에서가 아니라 소비자의 관점에서 광고를 창작하라는 말은 소비자 혜택의 제공이 그만큼 중요하다는 의미다. 카피라이터는 상품과 시장에 관한 연구보다 소비자 심리에 대해 더 많이 고민해야 한다. 상품력의 차이가 거의 없어진 디지털 시대에 소비자(사람)에 관한 연구야말로 메시지를 차별화하는 지름길이기 때문이다. 일찍이 카피라이터 이만재는 카피라이팅에서 사람 연구가 중요하다며 이렇게 충고한 바 있다.

"우리나라 카피가 격이 없어지고 가벼워지고 하는 모든 이유가 시장이나 상품 이런 쪽에 우선순위를 두기 때문인데, 이제 순위를 좀 바꾸었으면 좋겠어요. 사람 연구를 맨 먼저 했으면 좋겠어요. 상품을 만들어 내는 사람 연구를 좀 깊이 하면 굉장히 재미있는 이야기가 나오고, 상품을 소비하는 사람 연구를 심층적으로 하면 거기에서 무궁무진한 아이디어가 나와요. …… 사람들은 광고를 보고도 자기 이야기가 아니니까 그냥 통과통과 그래요. 어떤 잡지는 본문보다 광고가 더 재미있게 읽히도록 편집을 하는데, 거기에는 사람 이야기를 재미있게 다룬 광고가 많아요. 제가 광고를 평가할 때 사람냄새 나는 광고에 점수를 더 주는 것은 당연하죠."[3]

---

2) Trout, J., & Ries, A. (1979). The positioning era: A view ten years later. *Advertising Age*, July 16, 39-42.

3) 김병희(2011b). 세상의 의표를 찌르는 글쓰기의 협객: 이만재. 카피의 스토리텔링: 창의성을 키우는 **통섭 광고학 2**(pp. 85-86). 서울: 한경사.

따라서 카피라이터는 상품이나 시장 요인보다 소비자 심리에 대한 이해를 바탕으로 다양한 맥락에서 '소비자 통찰력(consumer insight)'을 발견해 소비자의 심리타점(sweet spot)을 때릴 수 있는 카피를 써야 한다. 소비자 통찰력을 발견하기 위해서는 "왜 사람들은 그렇게 행동할까?" "왜 그렇게 느낄까?" "그다음에 사람들은 무엇을 하고 싶어 할까?" "소비자의 머릿속에 어떤 광고 마케팅 메시지를 전달해야 할까?" 같은 지속적인 질문을 카피라이터 스스로 던져 봐야 한다.

소비자 통찰력을 얻는 과정은 다음과 같다. 소비자에 대한 다양한 자료(data)를 수집한 다음 이를 분석해 다양한 정보(information)를 생성하고, 정보를 창의적으로 해석해 소비자의 심리타점을 때릴 수 있는 통찰력(insight)을 발견하고 거기에서 광고 표현에 필요한 영감(inspiration)을 얻어야 한다(자료 → 정보 → 통찰력 → 영감).[4] 카피라이터는 이런 과정을 거쳐 카피 창작에 필요한 영감을 얻을 수 있다. 자료수집을 위해 질문법을 활용하는 경우가 많은데, 서베이, 초점집단면접(FGI), 심층면접 같은 여러 가지가 있다. 소비자가 무심코 말하는 작은 단서 하나에도 장기 캠페인을 가능하게 할 통찰력이 숨어 있으므로, 카피라이터는 질문법을 적절히 활용해 소비자의 마음을 움직일 수 있는 카피를 '발견'하는 통찰력을 길러야 한다.

상품 특성의 이해, 시장 상황에 대한 이해, 그리고 소비자 심리의 이해는 광고전략을 수립하는 기본 토대다. 마찬가지로 카피라이터도 광고의 삼각형(상품, 시장, 소비자)에 대해 충분히 이해해야 한다. 시장을 강조하면 시장에서의 우위점이 강조되는 뾰족한 이등변 삼각형 모양(M')의 카피가 나올 것이며, 소비자를 강조하면 독특한 소비자 혜택이 강조되는 뾰족한 이등변 삼각형 모양(C')의 카피가 창작될 것이다. 따라서 카피라이터는 막연한 직관과 추측에서 벗어나 자료 분석에서 영감을 발견하기까지 긴장감 있게 자신의 창작 혼(魂)을 불태워야 한다. 시작이 반이라는 말처럼, 상품과 시장과 소비자의 관계에서 각 꼭짓점의 높이를 정하고 광고의 삼각형의 모양을 마음속에 결정하고 나면 카피 창작의 기본 설계도가 완성됐다고 할 수 있다.

2) 광고 기획의 과정

광고전략은 주로 광고 기획자가 수립한다. 과거와 달리 디지털 시대에는 카피라이

4) 문영숙, 김병희(2015). 소비자 인사이트: 심리타점의 발견과 적용(pp. 105-115). 서울: 커뮤니케이션북스.

터와 광고 기획자가 함께 공동으로 광고전략을 짜는 경우도 있지만, 광고전략의 수립
은 대체로 광고 기획자의 몫이다. 광고 기획의 과정은 기획자의 성향에 따라 다를 수
있지만 대체로 일관된 흐름을 거치게 된다. 상황 분석, 문제점 진단과 기회 요인 발
견, 광고전략 수립, 애드 브리프 작성, 애드 브리프에 따라 크리에이티브팀과 표현(크
리에이티브)전략 수립, 미디어 전략 수립, 광고 기획서 작성, 광고 기획안의 프레젠테
이션 같은 흐름을 거쳐 광고 기획이 완성된다.[5] 디지털 시대의 미디어 환경을 고려한
다면 기획자의 판단에 따라 광고 기획의 과정에서 디지털 광고전략을 별도로 고려할
수도 있다. 광고 기획의 일반적 과정을 단계적으로 살펴보자.

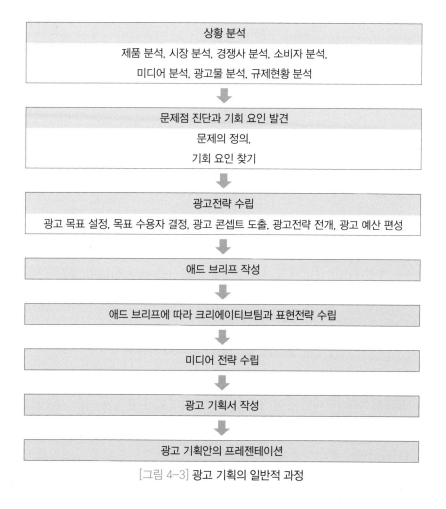

[그림 4-3] 광고 기획의 일반적 과정

---

5) 김병희(2023a). 광고기획의 개념과 광고기획의 과정. 김병희, 이시훈, 이희준, 이진균, 김유나, 정세훈, 최
인호, 김활빈, 지준형, 조준혁, 김희은, 민병운, 김동후, 염 철, 유은아, 정승혜, 박종구, 심성욱, 지원배 공
저. 디지털 시대의 광고기획 신론(pp. 19-49). 서울: 학지사비즈.

광고전략을 수립하는 일이 광고 기획자의 몫이라고 할지라도 카피라이터는 광고 기획서의 내용을 완전히 이해해야 하며, 전략이 잘못되면 더 좋은 대안으로 수정 의견을 제시해야 한다. 나아가 카피라이터가 카피를 잘 쓰려면 광고전략 대 표현전략의 관계를 구체적으로 이해해야 한다. 카피를 잘 쓰려면 카피라이터는 표현전략을 수립하기에 앞서 광고전략을 이해해야 한다. 광고전략은 표현전략 수립에 유용한 길잡이 기능을 한다. 천재로 태어난 사람은 광고전략을 몰라도 상품에 대한 카피를 쓸수도 있겠지만 그런 사람은 많지 않다. 카피라이터는 광고전략에 대해 광고 기획자만 알아야 한다고 오해하지 말고, 광고전략의 여러 층위를 깊이 있게 이해함으로써 전략의 타당성을 평가할 수 있는 안목을 길러야 한다.

광고전략(advertising strategy)이란 광고 캠페인의 전반적인 목표와 방향을 설정하는 것으로, 브랜드의 핵심 메시지를 비롯해 목표 소비자, 경쟁 시장 분석, 그리고 광고 캠페인의 전반적인 목표를 포함한다. 광고전략을 수립할 때는 광고의 핵심 메시지를 결정하고, 메시지를 전달할 대상도 결정해야 한다. 표현전략(creative strategy)은 광고전략을 구현할 메시지의 방향성을 결정하는 것으로, 카피라이팅, 디자인, 레이아웃, 색상, 이미지, 광고의 느낌(tone) 같은 크리에이티브 요소를 포함한다.

이 두 전략은 서로 긴밀하게 연결된다. 광고전략에서 '무엇을 말할 것인지'를 결정한다면, 표현전략에서는 '어떻게 말할 것인지'를 결정한다. 광고 카피를 효과적으로 쓰려면 수립된 광고전략을 명확히 이해하고 광고전략을 바탕으로 표현전략을 수립해야 한다. 예컨대, MZ세대에게 가을 신상품으로 나온 패션 배낭의 멋있는 디자인을 알리는 것이 광고전략이라면, 광고전략을 바탕으로 "어깨에 내려앉은 가을"이라는 한마디 말(the One thing)로 표현전략을 서술할 수 있다. 이처럼 광고전략과 표현전략은 서로 보완적인 관계이며 동전의 양면과 같다. 광고전략은 카피라이터가 쓸데없이 시간 낭비를 하지 않게 하는 지침이자 표현전략 수립에 필요한 핵심 정보를 알려 주는 가이드라인이다. 명쾌한 광고전략은 카피라이터에게 생각의 지도 기능을 제공한다. 김동규(2003)는 광고전략을 깊이 있게 이해하면 카피라이팅의 나침반 기능을 한다며, 카피라이터에게 다음과 같이 조언했다. "우리말 사전을 펼쳐 보십시오. 모래알처럼 수많은 단어 가운데 어떤 것을 골라 카피를 써야 할지 막막할 것입니다. 그럴 때 광고전략을 찾으십시오. 전략은 막막하게 펼쳐진 단어의 사막에서 카피라이팅의 길을 제시하는 나침반입니다."[6]

3) 광고전략 모형과 표현전략

그동안 광고학계와 광고업계에 소개된 광고전략 모형은 여러 가지가 있다. 모든 광고전략 모형을 카피라이터가 반드시 알아야 할 필요는 없다. 광고업계에서 보편적으로 활용되고 있는 그리드 모형, 브리프, ROI 모형, 아르(AARRR) 모형 정도만 숙지한다면 표현전략을 수립하거나 카피를 쓰는 데 큰 문제는 없을 것이다. 광고전략 모형이 나오게 된 배경은 각각 다르지만 4가지 모형을 구체적으로 이해한다면 카피를 쓰는 과정에서 많은 도움이 될 것이다. 4가지 광고전략 모형에 대해 간략히 살펴보면 다음과 같다.

(1) 그리드 모형

그리드(Grid) 모형은 광고회사 FCB(Foote, Cone, & Belding)의 부사장을 역임한 보근(Vaughn, 1980)이 이전의 광고전략 개념들을 종합해 광고전략에 포괄적으로 접근해야 한다는 맥락에서 제시했다. 그는 고관여 상황과 저관여 상황, 그리고 이성과 감성이라는 두 축에 따라 상품 영역을 네 영역으로 구분하고 각각 상황에 적합한 광고전략을 전개해야 한다고 주장했다. 상품을 구매할 때 소비자들이 중요하게 생각하는 정도에 따라 상품의 위치를 4개의 상한에 표시한 것이 그리드 모형이다.[7]

제1상한은 고관여─이성적 사고에 해당하며 광고물에서 정보를 제공하는 메시지를 전달해야 한다. 여기에는 소비자들이 어떤 상품을 구매하려고 의사결정을 하는 데 있어서 많은 정보가 필요한 자동차, 가구, 신상품이 해당된다. 광고 카피에서는 상품의 특성, 성능, 가격, 용도를 상세히 알려야 한다. 소비자의 의사결정 과정은 '인지─느낌─구매(learn-feel-do)'라는 위계적 효과 모형으로 설명할 수 있다.

제2상한은 고관여─감성적 사고에 해당되며 소비자들의 구매의사를 결정할 때 관여도는 높지만 구체적인 정보에 비해 태도나 전체적인 느낌을 더 중시하는 경우이다. 개인의 자존감이 중요한 요인으로 작용하며, 보석, 화장품, 의상 같은 상품이 해당된다. 소비자의 의사결정 과정은 '느낌─인지─구매(feel-learn-do)'의 단계를 거치기 때문에, 카피라이터는 느낌을 전달하는 감성적 카피를 쓰도록 노력해야 한다.

6) 김동규(2003). 카피라이팅론(p. 76). 서울: 나남출판.

7) Vaughn, R. (1980). How advertising works: A planning model. *Journal of Advertising Research, 20*(5), 27–33.

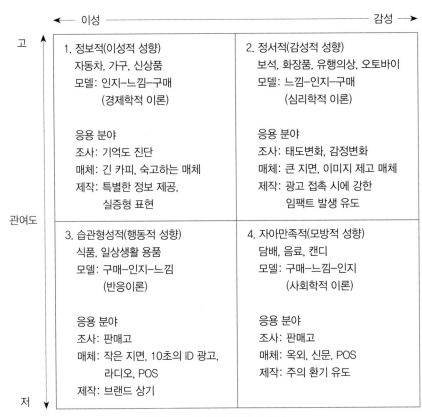

[그림 4-4] FCB의 그리드 모형

제3상한은 저관여—이성적 사고에 해당되며 구매의사를 결정할 때 관여도는 낮지만 구매하기 편하고 습관적으로 구매하는 상품들이 여기에 해당된다. 예컨대, 식음료 상품의 대부분이 여기에 해당된다. 소비자들은 브랜드 충성도에 따라 상품을 구매하는 경우가 보통이지만 필요에 따라 다른 브랜드로 바꿔서 구매하기도 한다. 소비자의 의사결정 과정은 '구매—인지—느낌(do-learn-feel)'의 단계를 거친다.

제4상한은 저관여—감성적 사고에 해당되며 개인의 기호를 충족시키는 청량음료나 담배 같은 일용품이 여기에 해당된다. 소비자는 해당 상품에 즉각 반응하기 때문에 논리적으로 설득하더라도 설득 효과가 오래 지속되지는 않는다. 여기에 해당되는 상품은 사회 추세나 또래 집단의 영향을 받는 경우가 보편적이다. 소비자들은 보통 '구매—느낌—인지(do-feel-learn)'의 단계를 거쳐 의사결정을 하게 된다.[8]

---

8) Vaughn, R. (1986). How advertising works: A planning model revisited. *Journal of Advertising Research*, 26(1), 57-66.

각각의 상품은 4개의 상한에 각각 위치한다. 광고 기획자는 상품의 특성과 소비자 행동을 고려에 광고전략 목표를 각각 다르게 설정할 수 있다. 따라서 FCB의 그리드 모형은 표현전략 수립의 출발점이 될 수 있으며, 가장 효율적인 매체를 선정할 때도 유용한 지침으로 활용할 수 있다. 카피라이터는 상품의 특성과 소비자 행동을 고려하면서 다르게 설정된 광고전략 목표에 따라 표현전략을 수립해야 한다.

제1상한에 위치하는 상품 광고의 표현전략은 소비자를 이성적으로 설득할 수 있는 정보제공적(informative) 성격을 지녀야 하고, 광고매체는 긴 카피를 쓸 수 있고 많은 정보를 제공할 수 있는 인쇄광고(특히 신문광고)가 적합하다. 예컨대, LG전자의 트롬 트윈워시 세탁기의 '생각의 세탁' 편에서는 많은 분량의 카피를 써서 소비자에게 풍부한 정보를 제공했다. 생각 없이 빨래를 돌리다가 다른 옷의 오염물로 인해 하얀 옷을 망친 경험이 있어 세탁기가 두 대 있었으면 좋겠다고 생각하던 사람들에게 공감을 유발하는 광고다.

광고에서는 많은 분량의 카피를 써서 하나의 몸체에 두 대의 세탁기가 들어간 트윈워시의 혁신성을 부각시켰다. "2가지 빨래를 나눠서 동시에: 하나의 바디, 두 개의 세탁기니까"라는 헤드라인 아래 이어지는 보디카피는 다음과 같다. "함께 할 수 없었던 색깔 옷과 흰옷 빨래도 이젠 나눠서 동시에! 위에는 트롬, 아래는 통돌이. 세계 최초의 이중세탁기로 당신의 세탁이 달라집니다" 여기에서 흰옷과 빨간 옷으로 지면을 구분하면서 인쇄광고의 레이아웃 특성을 살려 '생각의 세탁'이라는 혁신성을 강조했다. 이 광고에서는 제품의 혁신성을 바탕으로 세탁에 대한 주부들의 고민을 활용해 '인지-느낌-구매'의 과정을 거쳐 소비자를 설득하려고 했다.

제2상한에는 관여도가 높으면서도 감성적 판단이 지배하는 특성이 있으므로 감성적 호소력(affective)이 있는 광고 메시지가 효과적이며, 광고 매체는 지면이 크고 광고를 노출할 때 감성적 공감대를 느낄 수 있는 잡지나 포스터가 어울린다. 예컨대, GS칼텍스의 '마음톡톡' 광고에서는 비교적 큰 지면에 예술치유 키트로 만든 아이들의 실제 작품을 비주얼로 활용해 어려운 시기에 힘이 되고 희망이 되자는 메시지를 전달했다. 카피는 다음과 같다.

"세상 모든 것은, 누군가의 에너지다. I am your Energy"라는 헤드라인 아래, 보디카피는 다음과 같다. "가족은 I am your Energy다// 아빠의 귀가 시간이 빨라졌다. 누나의 잔소리가 늘었다. 형과 게임하는 시간이 많아졌고, 엄마의 웃음소리는 더 커졌다// 함께하는 시간이 많아졌다는 건, 어렵고 힘든 이 시기를 함께 이겨 내고 있다는 것// 어려울수록 힘이 되는 가족,/ 우리 가족은 나의 에너지다" 이 광고에서는 가족 사랑을 귀여운 인형으로 표현해 '느낌－인지－구매'의 과정을 거쳐 소비자를 설득하려고 했다.

제3상한에는 관여도가 낮으면서도 이성적 사고를 통해 상품구매를 결정하는 상품이 해당되므로 습관형성적(habit formation)인 특성이 있으며, 적합한 매체는 반복 노출을 통해 브랜드 인지도를 형성할 수 있는 라디오나 텔레비전 ID 광고 등이다. 예컨대, 동원F&B의 동원참치 '이건 맛의 대참치' 라디오 광고에서는 브랜드 인지도를 제고하기 위해 "이건 맛의 대참치"라는 카피를 반복적으로 노출했다. 간단한 재료인 참치로 다양한 요리를 할 수 있다는 사실을 중독성 있는 음악과 재치 있는 카피로 표현했다.

"참~치/ 요리로 참~치/ 조리로 참~치/ 이건 맛의 대참치……" 소비자들은 이 광고를 듣고 '차~암치' 하는 찰진 발음의 가사(카피)를 흥얼거리며 참치로 할 수 있는 메뉴들을 자연스럽게 기억할 것이다. '맛의 대잔치'를 '맛의 대 참치'라는 카피로 바꿔 유머러스하게 전달하기도 했다. 참치를 활용한 음식 조리법을 소개해 참치 요리의 다양성을 전달하는 동시에 단순히 브랜드를 알리기보다 소비자들이 자발적으로 광고에 참여해 광고 카피 자체를 흥얼거리게 만들었다. 이 광고에서는 SNS 유행어인

[그림 4-5] LG트롬 트윈워시 광고(제1상한)

[그림 4-6] GS칼텍스 마음톡톡 광고(제2상한)

'오조오억개'를 광고 카피에 반영해 '구매—인지—느낌'의 과정을 거쳐 소비자를 설득하려고 했다.

제4상한에는 관여도가 낮고 감성적 판단에 따라 구매 결정을 하는 상품들이므로 자아 만족감을 유발하는 내용이어야 하며, 광고 매체로는 OOH 광고가 적합하다. 예컨대, SPC삼립의 삼립호빵 옥외광고 '큰 호빵(Big-Hopang)' 편에서는 따뜻한 호빵을 먹고 싶은 겨울에 삼성역의 코엑스 건물에 디지털 사이니지를 설치해 옥외광고 활동을 전개했다. 호빵이 따뜻하게 데워지는 장면, 큰 호빵이 돌아가는 장면, 찜기에 김이 서리는 장면을 생생하게 보여 주며 사실적으로 표현했다. 오랫동안 써 오던 "찬바람이 호~ 불어오면 삼립호빵"이라는 카피를 그대로 써서 브랜드 가치를 환기하는 동시에, 삼립호빵이 겨울철 간식의 별미라는 점을 부각시켰다.

이 광고에서는 디지털 사이니지 광고에서 고려해야 할 TPO(시간, 장소, 상황)에 알맞게 구매 행동을 유인했다. 유동인구가 많은 곳에 호빵 찜기 모양의 거대한 전광판에 삼차원의 디지털 사이니지 광고를 게시한 것이다. "찬바람이 불어오면 삼립호빵. 따뜻함은 커진다"라는 카피를 커다란 전광판에 게시함으로써, 미디어의 차별화를 통해 주목과 구매를 유도했다. 광고에서는 찜기가 돌아가면 빵에 김이 모락모락 피어올라 사람들이 따뜻한 호빵의 입체감과 생동감을 느끼도록 유도해 '구매—느낌—인지'의 과정을 거쳐 소비자를 설득하려고 했다.

"참치송) ♫ 참~치/ 요리로 참~치/ 조리로 참~치/ 이건 맛의 대참치/

참~치/ 상추쌈밥으로 참~치/ 샐러드로 참~치/ 이건 맛의 대참치/

참~치/ 볶음밥으로 참~치/ 샌드위치로 참~치/ 이건 맛의 대참치/

참~치/ 미역국으로 참~치 까나페/ 야야야~ 언제까지 이 노래를/ 부를 셈이야/

참치 레시피 오조오억개/ 이건 맛의 대참치/ 동원참치"

[그림 4-7] 동원참치 라디오 광고(제3상한)

[그림 4-8] 삼립호빵 OOH 광고(제4상한)

(2) 브리프 모형

브리프(Brief)란 카피라이터를 비롯해 모든 광고 창작자들이 공유하는 광고 창작의 지침이다. 브리프는 어떤 광고회사의 고유한 광고전략 모형을 종합적으로 정리한 문서를 말하는데, 보통은 영국의 광고회사 사치앤사치(Sattchi & Sattchi)에서 제시한 '브리프(The Brief)' 광고전략 모형을 뜻한다. 크리에이티브 브리프(Creative Brief)라고도 하는 브리프는 2가지 목적을 위해 작성한다. 첫 번째 목적은 광고주와 광고회사 간에 광고전략 방향을 합의하기 위해서이고, 두 번째는 광고회사에서 광고 기획팀과 광고 창작팀 사이에 광고물 창작의 명확한 지침을 공유하기 위한 목적 때문이다.

광고주(Client)	브랜드(Brand)	업무번호(SWO No.)
		업무일자(Date)

캠페인 요청사항(Campaign Requirement) 캠페인, 단발성 광고, 광고번호
목표 소비자(The Target Audience) 인구통계적 특성, 일상, 상품 활용법/ 태도
광고 목표(What is this advertising intended to achieve?)
단일 집약적 제안(The Single Minded Proposition)
제안의 근거(Substantiation for the Proposition)
필수 삽입요소(Mandatory Inclusions) 상품 소유자, 로고, 전화번호 등
원하는 브랜드 이미지(Desired Brand Image) 친근한, 섬세한, 현대적인 등

업무일정(Timing of Creative Work) 기획팀에게: 광고주에게:	창작팀장 서명 기획팀장 서명

[그림 4-9] 사치앤사치의 '크리에이티브 브리프'

사치앤사치의 브리프는 광고의 배경에 대한 브리프(Background to the advertising brief), 광고 창작을 위한 크리에이티브 브리프(Creative brief), 미디어 브리프(Media brief) 같은 세 종류가 있다. 3가지 중에서 카피라이터가 가장 눈여겨봐야 할 것은 크리에이티브 브리프다. 브리프를 작성하고 해석할 때 가장 중요한 고려 사항은 단일 집약적 제안(SMP: Single Minded Proposition)을 찾아내 광고 창작자들 모두가 동의하고 공유해야 한다는 점이다. 단일 집약적 제안이란 로서 리브스가 제시했던 고유판매제안(USP)을 광고 메시지들의 집약에 초점을 맞춰 발전시킨 개념이다. 즉, 광고 목표를 달성하기 위해 표적 집단의 동기를 유발하고 차별화시키는 유일한 제안을 뜻한다.

고유판매제안(USP)이 상품에 내재하는 하나의 혜택을 찾아 제안하는 것이라면, 단일 집약적 제안(SMP)은 하나의 혜택이 소비자의 머릿속에 기억되도록 제안하는 단일 메시지다. 카피라이터는 브리프에서 말하는 단일 집약적 제안을 상품과 서비스가 제공하는 소비자 혜택 중에서 하나를 선택해 하나의 메시지로 집약시켜 표현해야 한다는 개념으로 이해해야 한다. 크리에이티브 브리프는 카피라이터에게 광고 창작에 필요한 기본적인 지침을 제시해 준다. 광고전략의 전체적인 개념을 일목요연하게 보여주는 브리프 모형은 쉽게 이해할 수 있다. 따라서 브리프 모형은 광고 기획팀과 광고 창작팀 사이에서 광고물 창작의 가장 중요한 지침으로 활용돼 왔다.

(3) 알오아이 모형

시대를 불문하고 어떤 광고가 성공하려면 상관성(Relevance), 독창성(Originality) 충격성(Impact)이라는 세 요소를 갖춰야 한다는 것이 알오아이(ROI) 모형의 핵심이다. 광고 메시지에 상품과 관련된 내용이 없다면 상품과 무관한 표현이 되기 쉽고, 상품과 상관되는 메시지가 있더라도 독창적인 내용이 없다면 절대로 소비자의 공감을 얻기 어려우며, 충격을 받을 만큼 감동을 주지 못한다면 공감할 수도 없고 광고 메시지를 오랫동안 기억하지도 못한다는 것이다. 여기에서 충격성이란 엄청나게 충격적인 카피를 써야 한다는 뜻이 아니라, 소비자들이 어떤 광고를 보고 느끼는 감동의 파장으로 이해해야 한다. ROI 모형은 다음과 같은 5가지 질문에 대한 해답을 구하는 과정에서 그 내용이 완성된다. 카피라이터가 따져 봐야 할 5가지 질문은 다음과 같다.

- 광고 목표가 구체적으로 무엇인가?
- 누구에게 메시지를 전달할 것인가?

- 소비자에게 어떤 혜택을 약속하고, 그 약속을 어떻게 뒷받침할 것인가?
- 브랜드 개성을 어떻게 차별화할 것인가?
- 어떤 미디어를 통해 메시지를 전달하고, 어떠한 틈새를 겨냥할 것인가?

이 모형은 광고회사 디디비니드햄(DDB Needham) 시카고 지사의 수석 부사장을 역임한 윌리엄 웰스(William Wells)가 체계화했다. 광고는 예술이라고 주장한 윌리엄 번벅의 디디비(DDB)를 기반으로 설립한 회사에서 제시한 ROI 모형은 광고 창작의 필수 요소를 모두 제시했다는 점에서 주목을 받았다. 이 광고회사의 회장을 역임한 라인하드(Keith Reinhard)는 자사의 기업 철학에 비유해 ROI를 '투자에 대한 대가(Return On Investment)'라고 재치 있게 풀이했다.

이상에서 카피라이터가 반드시 알아야 할 광고전략에 대해 살펴보았다. 다른 광고전략은 몰라도 된다는 뜻이 아니라, 모두 소개하기에는 한계가 있으니 카피라이터는 필요할 때마다 추가로 이해해야 한다. 어쨌든 광고전략과 표현전략은 동전의 양면과 같다. 광고전략을 이해하지 못하는 카피라이터는 정확하고 타당한 표현전략을 수립하는 데 한계에 봉착할 것이다. 카피라이터가 광고전략을 겉치레 용도로만 생각하고 표현전략을 직관적인 느낌으로만 받아들인다면 전략적인 카피를 쓰기 어렵다.

일반적인 광고 기획서는 ① 상황 분석, ② 소비자 분석, ③ 광고 목표 설정, ④ 광고 콘셉트 제시, ⑤ 광고 표현물 제시, ⑥ 매체 계획 순으로 구성돼 있다. 대체로 ①~④는 광고 기획자의 몫이며, ⑤만이 광고 창작자의 몫으로 생각하며 실제로 업무가 그렇게 이루어지는 경우가 많다. 그러나 카피라이터가 ①~④의 과정을 모르면 광고전략에 충실한 카피를 쓰기 어려우며, ⑥의 매체 계획을 도외시하면 매체별 특성에 적합한 카피를 쓰기 어려울 것이다. 광고물 창작이 카피라이터의 주요 업무지만 광고 기획에 문외한이라면 광고 캠페인 전체를 총괄하지 못하고 부분적인 직능인에 머무르기 쉽다. 따라서 카피라이터는 자기 영역에서 전문가적인 능력을 발휘하는 것은 기본이고 다른 영역에 대한 관심과 공부도 게을리하지 말아야 한다.

전설적인 카피라이터 존 케이플스(John Caples)는 광고 창작에 필요한 3가지 지침을 다음과 같이 제시했다.[9] 어디에 광고하고, 언제 광고하고, 광고에서 무엇을 전달

---

9) Caples, J. (1992). 광고, 이렇게 하면 성공한다 (*Tested advertising methods*)(p. 17). (송도익 역). 서울: 서해 문집. (원저는 1932년에 출판).

할 것인가? 3가지 지침을 더 세분화시켜 카피라이터가 표현전략을 수립할 때 스스로 짚어봐야 할 질문 내용은 다음의 5가지다.

- 표현전략이 광고를 본 소비자의 기대 반응과 일치하는가?
- 핵심 메시지와 크리에이티브 목표를 분명하게 설정했는가?
- 표현전략에 표적 시장과 상품 특성을 명확히 제시했는가?
- 표현전략이 전반적인 매체 운영 전략과 조화를 이루는가?
- 준비한 광고 캠페인의 실행지침이 구체적이고 현실적인가?

카피라이터는 카피를 실제로 쓰기에 앞서 앞에서 제시한 5가지 질문에 대해 자신 있게 대답할 수 있어야 한다. 그런 다음에 카피를 쓰기 시작하면 더 좋은 결과를 기대 할 수 있을 것이다. 표현전략과 광고전략이 조화를 이루지 못하고 엇나간 상태에서 광고를 만들 경우도 있다. 그렇게 하면 안 된다. 카피라이터가 카피를 쓰는 일에만 골 몰한 나머지 광고전략의 출발점을 망각한다면 그 후에 이루어지는 많은 것들이 잘못 될 가능성이 크다.

(4) 아르 모형

디지털 시대에는 광고 크리에이티브에서도 효율과 속도가 중요해졌다. 광고효 과를 효율적으로 달성하기 위해 광고전략을 어떻게 수립하고 크리에이티브 목표 를 어떻게 설정하는 것이 바람직한지에 대한 현실적인 해법으로 아르(AARRR) 모 형이 제시되었다. 기술, 데이터, 비즈니스 환경의 변화를 반영한 아르 모형은 허 무 지표(vanity metrics)의 관리보다 실행 지표(actionable metrics)를 중시한다는 특 성이 있다.[10] 아르(AARRR) 모형에서는 획득(Acquisition), 활성화(Activation), 유지 (Retention), 추천(Referral), 수익(Revenue)이라는 단계를 거칠 때마다 크리에이티브 목표가 달라진다. 이에 따라 크리에이티브의 목표에 대한 패러다임도 달라졌다. 그 동안 광고 크리에이티브의 목표는 '널리 알리는 것'에서 '폭넓게 모이게 하는 것'을 추 구해 왔는데, 아르 모형에서는 크리에이티브의 목표가 '폭넓게 모이게 하는 것'에서

---

10) 아르(AARRR)는 미국 실리콘밸리의 대표적인 벤처 캐피털인 500스타트업(500 Startups)의 창업자이자 대 표인 데이브 맥클루어(Dave McClure)가 2007년 고안한 모델로, 투자자 입장에서 광고나 마케팅 활동을 평가하고 스타트업의 성장성을 전망하기 위한 목적을 갖고 있다.

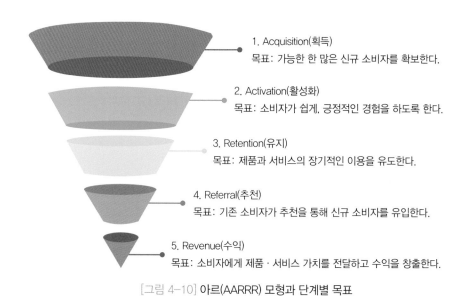

1. Acquisition(획득)
목표: 가능한 한 많은 신규 소비자를 확보한다.

2. Activation(활성화)
목표: 소비자가 쉽게, 긍정적인 경험을 하도록 한다.

3. Retention(유지)
목표: 제품과 서비스의 장기적인 이용을 유도한다.

4. Referral(추천)
목표: 기존 소비자가 추천을 통해 신규 소비자를 유입한다.

5. Revenue(수익)
목표: 소비자에게 제품 · 서비스 가치를 전달하고 수익을 창출한다.

[그림 4-10] 아르(AARRR) 모형과 단계별 목표

나아가 '효과를 집중시키는 것'으로 전환됐다. 디지털 시대에는 소비자 의사결정 여정(CDJ)을 관리하며 크리에이티브를 실행해야 하는데, 아르 모형에서는 소비자 의사결정 여정을 고려해 광고의 실행 목표를 설정하라고 권고하고 있기 때문이다.

그렇다면 무엇이 기존의 모형과 아르(AARRR) 모형의 차이일까? 이전에도 아이드마(AIDMA)나 아이사스(AISAS)를 비롯한 여러 가지 모형이 있었지만 기존 모형과 아르 모형은 본질에서 차이가 있다. 기존 모형이 주목(Attention)에 중점을 뒀다면, 아르 모형에서는 소비자의 확보를 중시한다. 기존 모형이 행동(Action)이나 공유(Share)에 중점을 뒀다면, 아르 모형에서는 마지막의 수익 단계에서 수익을 구체적으로 측정하는 데에 초점을 맞췄다. 즉, 수익은 '소비자 유입×클릭률(CTR)×구매 전환율(CVR)×평균 구매금액(AOV)'이라는 공식에 따라 구체적으로 측정할 수 있다.

소비자 확보 비용(CAC)을 최대한 낮추고 소비자의 생애 가치(LTV)를 최대한 높이는 것이 아르 모형의 지향점이다. 기존 모형은 선형 모형이므로 앞 단계의 크리에이티브 효과가 끝까지 계속되리라고 전제하지만, 깔때기 모형인 아르에서는 단계를 거듭할수록 소비자가 이탈할 수밖에 없다. 따라서 아르 모형에서는 단계별 이탈률을 최대한 줄이고 전환율을 최대한 높이는 것을 크리에이티브 목표로 설정한다.[11] 결과

---

11) 민병운(2023). 창의적인 크리에이티브의 전개. 김병희, 이시훈, 이희준, 이진균, 김유나, 정세훈, 최인호, 김활빈, 지준형, 조준혁, 김희은, 민병운, 김동후, 염 철, 유은아, 정승혜, 박종구, 심성욱, 지원배 공저. 디지털 시대의 광고기획 신론(pp. 267-305). 서울: 학지사비즈.

적으로 아르 모형은 단계별로 크리에이티브 목표를 측정하려는 '효과'와 재원 투입에 따른 결과를 관리하려는 '효율'의 관점을 고려한 것이다. 결국 앞으로의 크리에이티브에서는 효율과 속도를 중시할 수밖에 없게 되었다.

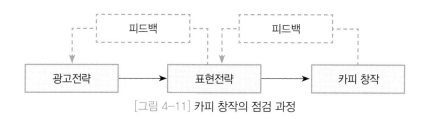

[그림 4-11] 카피 창작의 점검 과정

　광고전략은 표현전략의 수립에 영향을 미치며 표현전략은 광고전략의 방향에 따라 결정된다. 따라서 카피라이터는 카피 창작의 점검 과정을 이해해야 한다. 카피를 쓰면서 현재 자신이 쓰고 있는 카피가 광고전략과 표현전략에서 벗어난 것인지 아니면 제대로 쓰고 있는지 수시로 점검할 필요가 있다. 정해진 크리에이티브 콘셉트를 바탕으로 광고전략과 표현전략을 수시로 점검하는 자세야말로, 전략에 충실한 카피를 쓰는 요체이자 전략을 빛내 주는 카피라이팅의 지름길이다.

2. 카피 창작에서의 깔때기 모형

　카피라이터가 카피를 잘 쓰려면 카피 창작 과정을 충분히 이해해야 한다. 카피를 쓰는 과정은 여러 단계로 이루어지는데, 각 단계는 카피의 수준을 높이는 데 영향을 미친다. 그동안 카피 전문가들은 광고 카피 창작 과정에 대해 여러 가지 맥락에서 설명해 왔다. 대체로 각자의 경험에 따라 설명하는 것이 보통이었고 나름대로 의의가 있었다. 김동규(2003)는 오랜 현장 경험과 연구 경력을 바탕으로 광고 카피의 창작 과정을 포괄적으로 설명하는 깔때기 모형(Funnel Model)을 제안했다. 이 모형에서는 카피 창작 과정을 알기 쉽게 설명하고, 카피라이터가 각 단계에서 해야 할 일을 체계적으로 정리했다.

　카피라이터가 경험하는 다양한 관여 상황을 카피 창작과 관련지어 단계별로 설명한 카피 깔때기 모형은 '상품과 서비스에 대한 방대한 일차 자료가 어떤 처리 과정을 거쳐 최종적 정보 상품(completed information product)인 카피로 태어나는지 이론화시킨 일종의 카피라이팅 단계 모형'이다. 깔때기 모형에 의하면 카피 창작 과정은 상황 분석, 목표 소비자 선정, 광고 목표 설정, 카피 전략 수립, 아이디어 전개, 카피 수사법(rhetoric, 수사학) 구사라는 6단계로 이루어진다.[12] 깔때기 모형의 세부 단계는 협의의 광고전략 단계와 유사하지만 다섯 번째 단계인 카피 전략 수립 단계가 다를 뿐이다. 깔때기 모형은 구조가 간단하므로 기존의 일반적인 광고전략 모형과 유사해 보이지만, 기존의 광고전략과 달리 단계마다 카피라이터가 해야 할 일과 전략적 고려 사항을 구체적으로 제시했다는 점에서 독창적이고 포괄적인 카피 창작 과정 모형이라 할 수 있다.

깔때기 모형의 핵심은 불필요한 정보를 단계적으로 제거해 나가며 광고 메시지를 응축한다는 점인데, 여기에서의 깔때기는 모든 정보가 다 흘러 들어가는 보통의 깔때기와 다르다. 구조적으로 긴밀하게 연결된 각 단계의 경계선마다 보이지 않는 관문(----)이 설치돼 있어 광고의 삼각형(상품, 시장, 소비자)에 관련된 정보들이 넓은

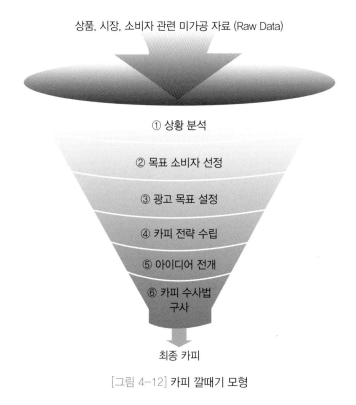

[그림 4-12] 카피 깔때기 모형

12) 김동규(2003). 카피라이팅론(pp. 97-123). 서울: 나남출판.

입구로 투입되면, 깔때기의 단계를 거치는 과정에서 불필요한 것은 제거되고 카피 창작에 필요한 핵심 정보만 남게 된다. 이 과정에서 메시지는 더욱 응축되고 정제돼 최종 카피가 나오게 된다. 깔때기 모형의 각 단계를 더욱 상세히 알아보자.

1) 상황 분석

첫 번째 단계인 상황 분석(circumstance analysis) 단계는 깔때기의 가장 넓은 입구에 해당된다. 이곳으로 상품과 시장 및 경쟁 상황이나 소비자 특성에 대한 수많은 정보가 투입된다. 상황 분석은 관련된 자료를 수집하고 정리하는 카피 창작의 출발점이다. 복잡하고 방대한 정보를 처리하는 단계지만 이 단계를 건너뛰면 카피 창작이 불가능하다. 상황 분석은 상품과 시장 및 소비자에 관련된 이런저런 사항을 기초 자료를 중심으로 분석하는 단계다.

상품 분석에서는 광고 상품에 관한 다양한 정보를 충실히 수집해, 상품의 물리적 특성과 심리적 특성은 물론 브랜드 이미지에 대해 알아볼 필요가 있다. 시장 분석은 자신이 맡은 광고 상품과 경쟁 상품을 비교해 시장에서의 위치를 파악하는 단계이며, 상품의 시장 점유율, 전체 시장의 성장률, 유통 구조의 특성 같은 여러 경로를 통해 수집한 자료를 분석해야 한다.

2) 목표 소비자 선정

목표 소비자(target consumer)란 광고 상품을 현재 자주 구매하고 있거나 앞으로 구매하기를 기대하는 핵심 소비자를 의미한다. 이 단계에서는 단지 인구통계학적 기준에 따라 목표 소비자를 선정하는 것만이 아니라 여러 소비자 행동에 관련된 여러 통계 지표를 바탕으로 소비자의 사회경제적 특성과 소비자 심리의 분석 결과를 카피 창작에 적극적으로 반영해야 한다.

광고 기획팀에서도 나름대로 분석한 소비자 정보를 제공하겠지만, 카피라이터는 주어진 정보를 책상에 앉아서 읽고 분석하는 것과는 별도로 매장이나 백화점에 나가 그들이 왜 어떤 브랜드를 선택하는지 현장의 소비자가 쓰는 생생한 언어를 들을 필요가 있다. 국내 CM 플래너 1호인 이강우 선생은 책상머리에 앉아 카피를 쓰지 않고, 현장의 소비자 언어에서 카피를 찾았다는 자신의 경험을 다음과 같이 고백했다.

"남들보다 뛰어난 재능이 있었다고 생각한 적은 없어요. 억지로라도 제 장점을 말하자면 분석적인 태도가 아니었을까 해요. 세종문화 시절 식품이나 생활용품을 맡으면 단골로 압구정동 슈퍼마켓에 갔어요. 주부들 뒤를 졸졸 뒤쫓아 다녀 오해받은 적도 있지만 주부들 대화 속에 정말 훌륭한 카피가 다 있어요. 그러니까 소비자의 마음속에 존재하는 언어를 상품에 딱 맞아떨어지게 가져다 붙이는 맞춤법을 찾아야 해요. 그것을 찾아내는 눈썰미를 길러야 해요."[13]

이강우 선생이 현장에서 찾아낸 카피를 가리켜 '발바닥으로' 쓴 카피라고 할 수 있다. 카피라이터는 카피를 쓰기 전에 길거리나 시장에 가서 목표 소비자의 일상과 그들의 심리적 특성을 이해해야 한다. 소비자 지향적인 관점을 유지해야 소비자가 공감하는 카피를 채집할 수 있다. 카피라이터가 목표 소비자의 프로필(target profile)을 구체적으로 작성해 보면 이 또한 소비자의 일상에 가까운 카피를 쓰는 데 도움이 될 것이다. 만약 목표 소비자가 대학생 집단이라면 막연하게 20대 초반의 대학생이라고 단정하지 말고, 아침부터 저녁까지 대학생 한 명의 생활부터 취미나 패션 같은 시시콜콜한 성향까지 일상의 모든 것을 세세히 서술해 봐야 한다. 그렇게 해서 작성된 소비자의 프로필은 함께 일하는 동료들의 아이디어 발상과 카피라이팅에 구체적으로 도움이 될 것이다.

3) 광고 목표 설정

광고 목표(advertising objective)란 어떤 광고를 매체에 일정 기간 노출한 다음에 얻을 수 있는 기대 효과를 의미한다. 광고 목표가 설정되면 광고의 기획, 창작, 집행 과정에서 통일된 원칙을 유지하며, 광고를 집행한 다음에는 과학적인 조사방법을 통해 광고효과를 검증할 수도 있다. 상품과 시장과 소비자라는 광고의 삼각형에 관련되는 다양한 맥락을 종합해서 광고 목표를 설정하는 것이 일반적이다. 광고 목표를 기술한 예를 보면서 옳고 그름을 판단해 보자.

13) 김병희(2011a). 반걸음만 앞서간 설득의 심리학자: 이강우. 영상미학의 연금술: 창의성을 키우는 통섭 광고학 1(p. 73). 서울: 한경사.

- 신규 브랜드를 3개월 이내에 목표 소비자의 20%에게 알린다. (O)
- 광고하는 브랜드의 선호도를 6개월 동안에 1% 이상 높인다. (O)
- 행사 기간에 브랜드의 판매 신장률을 이전보다 5% 높인다. (X)

앞에 제시한 광고 목표를 기술한 사례를 보면, 앞의 2가지는 올바른 서술이고 맨 마지막 것은 잘못된 서술이다. 앞의 2가지가 커뮤니케이션 관점에서 서술한 것이라면 마지막 것은 마케팅 관점에서 서술한 마케팅 목표다. 광고 목표는 상품 판매율의 신장이나 시장 점유율(market share)의 확대 같은 마케팅적 과제와는 다르다. 광고의 효과 과정에서 상품 품질, 유통 경로, 가격 정책, 판촉 활동 같은 마케팅 믹스 요소의 영향을 배제할 수 없으므로 어디까지가 순수한 광고효과인지 늘 쟁점이 되어 왔다.

일찍이 콜리(Russel H. Colley)는 목표에 따른 관리(management by objectives) 개념을 적용해 다그마(DAGMAR: Defining Advertising Goals for Measured Advertising Results) 이론을 제시했다.[14] 즉, 광고효과를 측정할 수 있도록 광고 목표를 설정해야 한다는 내용인데, 여기에서의 광고 목표는 판매 신장 같은 마케팅 과제를 달성하는 것이 아니라 커뮤니케이션 과제를 달성할 수 있는 목표치를 제시해야 한다는 뜻이다. 따라서 광고 캠페인의 성공 여부나 실패 여부도 판매 효과가 아닌 커뮤니케이션 효과에 따라 평가해야 한다고 했다. 다그마 이론에서 말하는 광고 목표의 설정 기준을 제시하면 다음과 같다.

- 구체적(concrete)이고 측정할 수 있는(measurable) 커뮤니케이션 과업을
- 명확히 규정된 목표 수용자(target audience)를 대상으로
- 광고 캠페인을 시작하기 전의 기준지표(benchmark)와 캠페인을 실행해서 달성하려는 변화량을 구체적인 숫자로 명시하고
- 목표를 달성하는 데 필요한 기간(time period)을 구체적으로 제시해야 한다.

이때 광고 목표가 외적 요인의 영향을 받는 판매 목표와 같아서는 안 되고, 소비자의 인지 형성, 상품 정보의 전달, 상품에 대한 태도 형성, 구매 행동 유발 같은 커뮤니

---

14) Colley, R. H. (1998). DAGMAR 광고이론 (*Defining advertising goals for measured advertising results*). (윤선길, 조한웅 공역). 서울: 커뮤니케이션북스. (원저는 1995년에 출판).

케이션 과제를 구체적인 광고 목표로 설정해야 한다. 광고효과를 측정할 수 있는 구체적인 광고 목표를 설정하라고 권고한 다그마(DAGMAR) 이론에서 인지(awareness) → 이해(comprehension) → 확신(conviction) → 행동(action)으로 이어지는 단계적 효과 모형(Hierarchy of Effects Model)을 제시했다는 점도 인상적이다. 여러 연구에서 광고효과가 반드시 이런 순서대로 나타나지 않는다는 반론을 제기하기도 했다. 하지만 어쨌든 측정 가능한 광고 목표를 설정하라고 촉구했다는 점에서 카피라이터가 카피를 쓸 때 중요한 참고 자료가 될 것이다.

4) 카피 전략 수립

카피 창작에 필요한 카피 전략(copy strategy)이 따로 있다기보다 카피 전략과 표현 전략은 보통 같은 의미로 쓰인다. 표현전략이란 개별 광고 메시지의 일반적인 본질과 특성을 규정하는 지도 원리나 기법으로 광고 소구의 일종이다.[15] 카피의 전반적인 스타일을 결정하는 단계이므로 광고의 삼각형에서 현재 상황에 가장 적합한 전략을 결정하는 것이 무엇보다 중요하다.

이 단계에서는 상품에 대한 소비자 혜택을 바탕으로 카피라이팅에 필요한 표현 콘셉트를 도출해야 하므로, 카피라이터에게 실질적으로 가장 중요한 단계다. 김동규(2003)도 카피 깔때기 모형을 설명하면서 카피 전략이 모형의 핵심이라고 했다. 광고 전략을 충분히 이해하고 카피 전략을 수립하면, 카피의 내용과 느낌을 어느 정도 감지할 수 있다.

5) 아이디어 전개

카피 전략이 수립되면 본격적으로 카피라이팅에 필요한 아이디어 발상(copy idea generation)을 시작해야 한다. 이 단계에서는 광고전략과 카피 전략이 구체적으로 무엇인지 망각하지 않는 것이 중요하다. 카피의 방향성에 따라 어떤 메시지를 어떻게 전달할 것인지 생각하면서, 창의적인 아이디어 발상을 시작해야 한다. 여러 가지 아이디어 발상법을 참고한다면 성과가 나타날 것이다. 이 단계에서는 표현 콘셉트를

---

15) Frazer, C. F. (1983). Creative strategy: A management perspective. *Journal of Advertising*, *12*(4), 36-41.

극대화할 수 있는 아이디어 발상을 구체적으로 진행해야 한다. 필요하다면 카피 전략을 생각하며 헤드라인을 초벌 카피로 써 보는 것도 좋다. 헤드라인은 명확하고 간결하게 써 보되 소비자의 관심을 끌 만한 아이디어 위주로 정리해야 한다.

6) 카피 수사학 구사

창의적인 아이디어가 나오면 그 아이디어를 빛나게 표현할 수 있도록 카피를 다듬고 표현을 비약해야 한다. 크리에이티브 브리프에 나타난 메시지를 표현만 살짝 바꾸고 다듬은 것은 카피가 아니다. "'전략과 일치하면 된다'가 아니라 전략을 바탕으로 (광고를) 보는 이의 흥미와 관심의 세계로 뛰어올라야 크리에이티브한 카피"[16]가 된다. 이 단계에서 카피라이터는 초벌 카피를 비약적으로 표현하도록 노력해야 한다. 이때 카피 수사학(copy rhetoric)을 익혀 두면 카피를 쓸 때 상당한 도움이 된다.

카피 창작 과정에서 명심해야 할 것은 카피 창작의 결과물이 한 개인의 능력에 의해 결정된다기보다 그가 몸담은 광고회사 내외의 여러 환경적 요인에 따라 상당히 달라질 수 있다는 사실이다. 카피라이터가 쓰는 최종 카피의 결과는 광고 창작에 참여한 광고 창작자들 간의 쌍방향적 상호작용을 통해 실현된다고 한다.[17] 카피를 쓰는 과정은 카피라이터를 둘러싸고 있는 다양한 요인에 따라 영향을 받는다는 뜻이다. 지금까지 카피라이팅은 카피라이터 개인의 능력으로 하는 일이라는 것이 일반적인 관점이었다. 그러나 아무리 카피라이터의 능력이 뛰어나더라도 광고회사라는 조직 내에서 갈등 관계가 심화되면 좋은 카피를 쓰기 어렵다.

결국, 광고 카피는 카피라이터 자신의 능력과 카피 창작에 영향을 미치는 다양한 요인과의 교차점에서 탄생한다고 할 수 있다. 아이디어를 최종 카피로 완성하는 사람은 카피라이터지만, 카피를 최종 완성하는 과정에서 크리에이티브 디렉터, 아트디렉터, 광고 기획자(AE), 광고회사 임원, 광고주 등 여러 사람의 영향을 받게 된다. 따라서 카피라이터는 자신의 재능만 믿고 고집을 피우기보다 카피 창작에 영향을 미치는 여러 요인을 고려하면서 카피를 써야 한다. 스스로 자부하는 카피라이터일수록 겸손

16) 강정문(2000). 강정문의 대홍 생각(전무 메모 19): 카피는 또 하나의 원본이 아니다. 강정문을 사랑하는 사람들의 모임, 대홍기획 편저. 뭐가 그리 복잡하노? 짧게 좀 해라(pp. 263-264). 서울: 청람문화사.
17) 김동규(2006). 광고 카피의 산출 과정에 관한 근거이론 연구. 한국광고홍보학보, 8(2), 106-157.

한 자세로 자신을 낮춰야 하고, 능력에 대한 과신보다 주변의 광고 창작자들을 배려하며 소통해야 한다. 그래야 함께 일하는 동료들이 카피라이터의 아이디어와 카피를 오랫동안 사랑해 주고, 그 카피라이터를 카피 잘 쓰는 사람으로 인정해 줄 것이다.

3. 표현전략의 개념과 적용 방안

모든 일을 할 때는 전략이 필요하다. 건축가에게는 집을 짓는 데 필요한 설계도가 필요할 것이고, 화가에게는 그림에 대한 전반적인 구상이 필요할 것이다. 이처럼 어떤 일을 효율적으로 수행하기 위한 아이디어의 정수가 전략이다. 광고에서는 어떤 상품이나 서비스를 활성화하기 위한 광고 집행 계획을 의미하며, 모든 광고 기획서에는 광고전략이 구체적으로 명시돼 있다. 광고 기획서는 보통 광고 기획자(AE)가 쓰지만, 최근에는 카피라이터가 처음부터 전략 수립에 참여하는 때도 많다.

따라서 카피라이터는 광고 기획을 광고 기획자의 몫으로 생각하고 기획서가 나온 다음부터 일을 시작하겠다는 생각을 처음부터 버려야 한다. 카피라이터는 남이 쓴 광고 기획서를 제대로 이해해야 하고, 타당한 전략인지 아닌지도 평가할 수 있어야 하며, 전략이 타당하지 않을 때는 카피라이터의 관점에서 대안을 제시해야 한다. 카피라이터에게 전방위의 능력을 요구하는 것은 디지털 시대의 보편적인 추세다. 따라서 카피라이터는 기획자의 영역이냐 창작자의 영역이냐를 놓고 업무를 줄이려고 논쟁을 벌이기보다 광고에 관한 다방면의 지식을 쌓아 광고 창작자로서의 전투력을 높이는 자세가 더 중요하다.

카피라이터가 카피를 잘 쓰려면 표현전략의 개념과 적용 방안을 충분히 이해해야 한다. 표현전략(creative strategy)은 광고 메시지를 어떻게 표현할 것인지를 결정하는 계획으로, 표현전략에 따라 광고 메시지를 어떤 스타일로 전달할 것인지 결정된다. 표현전략의 주요 요소는 메시지 전략(message strategy), 크리에이티브 콘셉트(creative concept), 실행 스타일(execution style)이다. 카피를 잘 쓰려면 광고 창작에 필요한 전략과 전술을 충분히 숙지해야 한다. 전략과 전술에 대한 개념을 줄줄 외운다고 해서 카피를 잘 쓰는 것은 아니지만 기본 지식을 풍부하게 갖출수록 연차가 올라갈 때마다 지식의 진가를 발휘하기 때문이다.

그동안 다양한 관점의 표현전략이 존재해 왔다. 표현전략이란 달리 말해서 광고 메시지의 일반적인 특성과 기법을 결정하는 계획으로, 광고 소구(ad appeal) 방법의 일종이다. 광고의 소구 방법은 소비자의 가치와 문화를 반영하며, 광고의 표현전략은 크리에이티브 요소를 좌우하기 때문에 카피 스타일에도 상당한 영향을 미친다. 여러 가지 표현전략 중에서 프레이저(Frazer, 1983)가 제시한 표현전략 모형은 오래전에 나왔지만, 여전히 광고학계의 포괄적인 동의를 얻고 있다. 표현전략 유형에 대해 구체적으로 살펴보기로 하자.

일찍이 프레이저는 경쟁 상황을 고려한 여러 가지 광고전략을 종합해, 본원적 전략, 선점 전략, 고유판매제안 전략, 브랜드 이미지 전략, 포지셔닝 전략, 공명 전략, 정서 전략 같은 7가지의 표현전략 모형을 제시했다.[18] 이 모형은 여러 후속 연구에서 광고 메시지를 전략의 핵심 유형으로 지지를 얻으며 광고 표현전략의 일반적 가이드라인이라는 평가를 받았다.[19] 그가 제시한 7가지 표현전략의 내용을 살펴보면 다음과 같다.

1) 본원적 전략

같은 상품 범주에 있는 어떠한 브랜드라도 할 수 있는 일반적인 메시지를 구사하는 표현을 본원적(generic) 전략이라고 한다. 여기에서는 상품의 차별적인 특성을 강조하기보다 일반적인 속성을 전달하는 경향이 있으며, 광고주는 자사 브랜드를 경쟁사 브랜드와 차별화하려고 시도하지 않으며 자사 브랜드가 타사의 브랜드보다 우월하다고 주장하지도 않는다. 이 전략은 주로 어떤 상품군의 선도 브랜드 광고에서 자주 쓰이지만, 후발 브랜드라고 해서 시도하지 못할 이유는 없다. 다만 후발 브랜드에서 이 전략을 쓸 때 탁월한 메시지가 아니라면 본원적 주장(generic claims)이 선발 브랜드의 메시지로 오인될 수도 있다. 오히려 선발 브랜드를 도와줄 가능성이 높기 때문에, 후발 브랜드의 카피라이팅에서는 세심한 주의를 기울여야 한다.

예컨대, 한국오츠카제약 남성스킨케어 브랜드 우르오스의 광고 '행성' 편에서는 자외선 차단제의 본원적 주장인 자외선 차단 기능을 재치 있게 표현했다. 지면의 왼쪽

---

18) Frazer, C. F. (1983). Creative strategy: A management perspective. *Journal of Advertising*, *12*(4), 36-41.

19) Laskey, H. A., Day, E., & Crask, M. R. (1989). Typology of main message strategies for television commercials. *Journal of Advertising*, *18*(1), 36-41.

[그림 4-13] 한국오츠카제약 우르오스 광고 '행성' 편

에 태양이 있고, 태양계의 행성들이 일직선으로 늘어서 있다. 지구는 원래 위치에 없고 강렬한 태양에서 가장 멀리 떨어진 곳에 있는데, 우루오스의 자외선 차단제가 태양 빛을 확실히 차단한다는 메시지를 전달하기 위한 설정이다. 간명한 카피 한 줄은 이렇다. "태양으로부터 멀어지자. UL·OS SUN BLOCK" 광고에서는 상품의 특성이나 혜택을 부각하지 않고 어떤 선크림 광고에서도 쓸 수 있는 '태양으로부터 멀어지자'라는 카피를 썼다. 우르오스의 자외선 차단제를 쓰면 태양으로부터 더 멀어진다는 본원적 기능을 제시한 것이다. 광고의 끝부분에 우르오스가 아닌 어떤 브랜드 이름을 붙여도 되는 카피다. 하지만 후발 브랜드에서 본원적 전략을 자주 쓰면 메시지가 선발 브랜드로 전이되기 때문에 신중하게 판단해야 한다.

2) 선점 전략

어떤 상품 범주에서 경쟁 브랜드 사이에 기능과 혜택 측면에서 차이가 거의 없을 때는 본원적 주장을 하면서도 상품과 서비스의 우월성을 경쟁 브랜드보다 먼저 강조할 수 있다. 이처럼 치고 나가며 소비자 인식을 먼저 차지하려는 접근 방법을 선점(preemptive) 전략이라고 한다. 본원적 주장이라 할지라도 인상적인 카피로 핵심 메시지를 선점한다면, 경쟁 브랜드에서 나중에 똑같은 카피를 쓰기는 어렵다. 선점 전략을 구사하면 자사 브랜드와 경쟁 브랜드 사이에 기능적 차이가 없어 본원적 주장을 하더라도, 경쟁 브랜드에서 따라 하지 못하도록 미리 차단하고 메시지를 선점하는 효과를 기대할 수 있다. 선점 전략을 활용한 카피의 사례를 살펴보자.

예컨대, 마켓컬리 광고 '새벽 배송' 편에서는 당일 배송이란 말이 보편적으로 쓰이고 있을 때 새벽 배송을 강조하며 메시지를 선점했다. 광고가 시작되면 배우 전지현 씨가 이른 새벽에 거리에 나와 뭔가를 기다리고 있다. 처음부터 끝까지 영상의 변화에 맞춰 내레이션이 계속 이어진다. "마트와 작별하고 새벽 배송. 새벽 배송은 마켓컬리. 예민한 먹거리도 새벽 배송. 새벽 배송은 마켓컬리. 농장에서 하루 만에 새벽 배송. 새벽 배송은 마켓컬리. 퀄리티 있게 새벽 배송. 마켓컬리 샛별 배송. 내일의 장보기 마켓컬리" 전 씨가 마켓컬리의 배송 상자를 들고 집으로 들어가는 장면에 이어 "퀄리티 있게 새벽 배송. 마켓컬리 샛별 배송"이라는 자막이 나오며 광고가 끝난다.

[그림 4-14] 마켓컬리 광고 '새벽 배송' 편

광고에서 "새벽 배송은 마켓컬리"라는 카피를 반복 노출하자 마켓컬리의 인지도도 올라갔다. 영상을 공개한 지 한 달 만에 유튜브 조회 수가 420만 뷰를 넘어섰고 매출도 급상승했다. 배송 서비스를 하는 유통사 중에서 마켓컬리가 새벽 배송이라는 메시지를 선점하자 경쟁 브랜드에서는 따라 하지 못했다. 선점 전략은 기능 면에서 대체할 수 있는 상품 광고에서 널리 활용되고 있다. "감자가 잘 자라야 포카칩"(포카칩)이나 "라면도 먹고 칼슘도 먹고"(오뚜기라면) 같은 카피처럼, 상품 특성이나 소비자 혜택이 유사하다면 광고 카피를 먼저 노출해 메시지를 선점하는 쪽에 유리한 전략이다. 그러나 노출하는 광고 물량이 너무 미미할 때는 경쟁 브랜드에서 그 메시지를 따라 하며 광고 물량으로 공략할 가능성이 크다. 따라서 선점 전략을 적용할 때는 선점할 핵심 메시지를 결정하고 광고 물량을 충분히 고려해야 한다.

3) 고유판매제안 전략

고유판매제안(USP) 전략은 리브스(Reeves, 1961)가 『광고의 실체(Reality in Advertising)』에서 체계화한 광고전략이다.[20] 이 전략을 적용할 때는 자사 상품과 경쟁 상품 사이에 나타나는 물리적·기능적 차이를 찾아내 핵심 메시지를 결정해야 한다. 1960년대에 미국 광고계를 주도한 이 전략은 3가지 원칙에 따라 상품의 고유한 특성을 부각하는 경성 판매(hard selling) 전략이었는데, 나중에 광고업계에서는 이 전략을 리브스 스타일이라고 명명했다. 전략의 핵심은 상품의 고유한 특성을 소비자 혜택으로 표현할 핵심 메시지를 결정한 다음, 핵심 카피를 계속 반복하고 강조하는 데 있다.

따라서 이 전략에서는 경쟁 상품이나 브랜드에서는 제안하기 어려운 비교 우위점(comparative advantage)을 찾아내 자사 상품의 핵심 메시지로 부각할 수 있는 카피라이터의 능력이 중요하다. 상품과 서비스를 구매해야 하는 이유를 소비자에게 제시하는 고유판매제안 전략은 카피라이팅의 다양한 맥락에서 활용돼 왔다. 예컨대, "아기 옷은 빨아먹을 수 있어야 합니다" 같은 해피랜드의 광고 카피를 쓴 카피라이터는 아기들이 습관적으로 옷을 빤다는 사실에 주목했다. 카피라이터는 아기가 아무렇게나 '빨아먹어도 안전한' 고유판매제안을 찾아내 "순면 100%의 아기 옷"이라고 표현하지 않았다. 대신에 "아기 옷은 빨아먹을 수 있어야 한다"고 주장함으로써, 엄마들을 안심시키고 아기에게 순면으로 만든 옷을 입히라고 권유하는 카피를 썼다.

4) 브랜드 이미지 전략

고유판매제안(USP) 전략이 자사 상품과 경쟁 상품 간의 물리적이고 기능적인 차이를 기초로 하는 데 비해 브랜드 이미지(brand image) 전략은 심리적 차별화를 강조

---

20) Reeves, R. (1961). *Reality in advertising* (pp. 46-69). New York, NY: Alfred Knopf.

한다는 점에서 차이가 있다. 고유판매제안 전략이 경
성 판매(hard selling) 전략이라면, 1960년대에 오길비
(David Ogilvy)가 주창했던 이미지 전략은 연성 판매
(soft selling) 전략이다. 1960년대 이후에 등장한 상품
들이 품질, 가격, 디자인, 포장 면에서 경쟁 상품과 별
다른 차이가 없어지게 되자 브랜드 이미지 전략이 주
목을 받았다. 브랜드 이미지란 어떤 브랜드에 대해 소
비자가 느끼는 종합적 인상이다. 오길비는 광고를 통
해 브랜드 이미지를 장기적으로 누적시켜야 한다고
주장하며, 자사 상품과 경쟁 상품의 차별점을 물리적
특성이 아닌 심리적인 특성에서 찾아내 감정에 호소
하는 광고를 만들어야 한다고 강조했다.

[그림 4-15] 해서웨이 셔츠 '게오르크 랑겔' 편

예컨대, 해서웨이 셔츠 광고 '게오르크 랑겔' 편을
보자. 오길비는 해서웨이 셔츠의 이미지 제고를 위해 검은 안대를 쓴 독일 태생의 게
오르크 랑겔(George Wrangel) 남작의 사진을 활용했다. 그는 광고에 품격 있는 신사
를 등장시키면 셔츠를 구매할 소비자도 스스로를 품격 있는 사람으로 동일시하리라
생각했다. 광고가 게재되자 미국의 주요 매체에 소개되었고, 세계 각국에서 안대를
쓴 사람의 모방작을 낳을 정도로 화제가 되었다. 디지털 시대의 광고에서도 브랜드
이미지를 제고하는 표현전략이 중요하다.

디지털 시대의 마케팅에서도 브랜드 자산(brand equity)의 구축을 강조한다. 브랜
드 이미지 전략은 브랜드 자산을 구축하는 출발점이다. 물리적 특성에서 경쟁 상품
과 차별화하기 어렵거나 차별점이 있다 하더라도 경쟁사에서 쉽게 모방할 수 있다면
브랜드 이미지 전략을 재검토해야 한다. 우수한 제품력이 뒷받침된다면 긍정적인 이
미지를 구축하는 데도 결정적인 도움이 될 것이다. 예컨대, 오랫동안 같은 콘셉트를
바탕으로 브랜드 자산을 관리해 온 SK텔레콤의 '사람을 향합니다' 캠페인이나 LG의
'Life is Good' 같은 캠페인은 브랜드 이미지 전략을 적용한 대표적인 사례다.

5) 포지셔닝 전략

일찍이 트라웃과 리스(Trout & Ries, 1979)가 포지셔닝 개념을 제시한 이후, 포지셔

닝 전략은 국내외 광고업계에서 두루 활용돼 왔다. 포지셔닝(positioning) 전략은 자사 브랜드를 경쟁 브랜드의 강약점과 비교한 다음 틈새가 보이는 위치에 자사 브랜드의 위치를 자리매김하려는 시도다. 트라웃과 리스는 마케팅 담당자들이 시장 점유율을 경쟁 브랜드와의 싸움으로 확장할 수 있다는 잘못된 가정을 하면서 광고와 마케팅 전략을 잘못 수행했다고 비판하며, 그 대안으로 포지셔닝 개념을 제시했다.[21]

포지셔닝 전략에 의하면 마케팅이란 현장의 실체적인 시장 구도가 아니며 시장 점유율과 관계없이 어떤 브랜드에 대해 소비자들이 머릿속으로 어떻게 느끼는가 하는 '인식의 싸움'이라는 것이다.[22] 소비자들이 머릿속으로 어떻게 느끼는가 하는 인식의 영역을 확장하기 위해 포지셔닝(위치)을 정하는 방법은 여러 가지가 있다. 카피라이터는 자신이 맡는 상품에 가장 적합한 포지셔닝 방법을 채택해 그에 알맞게 카피를 쓰면 상당한 효과를 기대할 수 있다. 다양한 포지셔닝 방법을 소개하면 다음과 같다.

(1) 상품 특성에 의한 포지셔닝

일반적으로 가장 많이 활용되는 방법으로 경쟁사에서 모방하기 어려운 상품의 한 가지 특성을 강조함으로써 소비자의 머릿속에 그 브랜드를 강력하게 자리 잡게 하는 방법이다. 이 방법은 주로 언어의 조합에 따라 기능을 발휘하므로 카피라이터의 솜씨를 알아보는 지렛대가 된다. 도브(Dove)의 "보습 화장", 볼보(Volvo)의 "안전한 자동차", 박카스의 "피로회복", KB국민카드의 "안전한 금융" 같은 카피는 카피라이터가 그 상품의 한 가지 특성을 찾아내 상품에 새로운 생명력을 불어넣은 것이라 할 수 있다.

예컨대, 위니아 딤채 광고 '김장 김치맛' 편에서는 상품 특성에 의한 포지셔닝을 위해 "발효과학"이라는 카피를 썼다. '발효'라는 단어는 원래 과학의 세계에 가깝지 않고 토속 음식 제조에 적합한 개념인데도 이질적인 단어인 '과학'과 합쳐지자 김치가 과학적인 기술력으로 발효될 것 같은 느낌을 준다. 이 광고 이후 딤채의 판매량이 급성장했는데 "발효과학"이라는 카피가 주부들에게 호소력 있게 다가감으로써 딤채의 포지셔닝 정립에 기여한 것이다. 이처럼 전혀 이질적인 단어끼리의 절묘한 만남을 통해 상품 특성에 의한 포지셔닝을 가능하게 하는 새롭고 놀라운 개념이 태어날 가능성이 크다.

---

21) Trout, J., & Ries, A. (1979). The positioning era: A view ten years later. *Advertising Age, July 16*, 39-42.
22) Ries, A., & Trout, J. (1981). *Positioning: The battle for your mind.* New York, NY: McGraw-Hill.

[그림 4-16] 위니아 딤채 '김장 김치맛' 편

(2) 전속 모델에 의한 포지셔닝

유명인이나 전형적인 소비자를 광고의 전속 모델로 써서 모델의 이미지를 브랜드 이미지로 전이하고자 할 때 전속 모델에 의한 포지셔닝 방법을 활용할 수 있다. 모델의 이미지가 브랜드 이미지로 전이되는 근거는 광고 심리학의 조건화 이론으로 설명할 수 있다(김병희, 2007). 고전적 조건화(classical conditioning)는 러시아의 심리학자 파블로프(Ivan Pavlov)가 개 실험을 통하여 증명한 개념으로, 반응을 유발하는 어떤 자극이 처음에 단독으로는 반응을 유발하지 못하지만 다른 자극과 함께 짝을 이루면 반응을 하게 되는 경우를 의미한다. 두 번째 자극은 시간이 지나면서 첫 번째 자극과 연합되어 유사한 반응을 유발한다.

파블로프는 실험을 통해 개의 타액 분비 반응을 유발하는 자극(개에게 고기 주기)과 중성 자극(고기를 줄 때마다 종소리 울리기)을 함께 짝 지으면 고전적 조건화에 의한 학습이 유발된다는 점을 입증했다. 이때 개에게 자연적으로 반응을 유발하는 고기는 무조건 자극(UCS: Unconditioned Stimulus)이며, 종소리는 시간이 흐르면서 조건 자극(CS: Conditioned Stimulus) 또는 중성자극(NS: Neutral Stimulus)으로 변한다. 종소리는 처음에 타액 분비를 유발하지 않지만, 고기를 먹을 때마다 종소리를 들어온 개는 나중에 가서 종소리만 들어도 고기가 먹고 싶어 침을 흘리기 시작하는 조건 반응(CR: Conditioned Response)이 일어난다.

파블로프는 개에게 중성 자극(NS)을 되풀이했을 때의 반응은 무조건적 자극(UCS)

을 가했을 때처럼 무조건적 반응(UCR)을 일으킨다고 하였는데, 스태츠(Staats)는 이에 착안하여 특정한 조작 조건을 생각하게 되었고, 특정한 상황(UCS)에 중립적인 단어(NS)를 결부시키면 수용자(소비자)는 그 단어에 어떠한 반응(UCR)을 보인다는 사실을 실험을 통하여 입증했다. 결국, 고전적 조건화 모형은 중성 자극을 무조건적 자극과 결합한 다음 이를 조건 자극화함으로써 중성 자극이 무조건적 반응을 일으키도록 하는 설득 방법이다. 이처럼 고전적 조건화 모형은 중성 자극을 통하여 무조건 반응을 유발하는 광고 아이디어 발상과 카피 창작에 유용한 시사점을 제공한다. 소비자가 어떤 상품(조건 자극)에 대해 중립적인 태도를 보이는데, 신나는 음악과 멋진 배경, 그리고 공감할 수 있는 카피로 구성된 광고(중성 자극)에 반복적으로 노출되면 나중에는 그 상품에 대해 호의적인 태도를 보일 수 있다.

필립 모리스의 말보로(Marlboro) 담배 광고의 경우를 생각해 보자. 처음에는 여성용 담배였던 말보로가 남성용 담배로 재포지셔닝(repositioning)할 수 있었던 데는 서부의 카우보이라는 중성 자극(NS)의 역할이 컸다고 할 수 있다. 소비자들은 서부의 카우보이(NS)로부터 강인함, 개척정신, 사나이다움을 자연스럽게 느끼게 되는데, 말보로 담배(조건 자극)는 이러한 카우보이(NS)와 함께 계속 제시됨으로써 애연가들 사이에서 이 담배가 자연스럽게 남자의 담배로 무조건적인 반응(UCR)을 일으켰다고 볼 수 있다. 예컨대, 밀러(Miller) 맥주의 노동자, 나이키(Nike)의 마이클 조던, 그리고 다시다 광고에서 항상 "그래, 이 맛이야!"라고 말했던 김혜자 배우 같은 경우가 전속 모델에 의한 포지셔닝의 전형적 사례다.

(3) 가격과 품질 비교에 의한 포지셔닝

소비자는 대개 가격이 비싸면 품질이 좋고 가격이 낮으면 품질도 나쁘다고 생각하는 경향이 있다. 이런 소비자를 대상으로 가격이 저렴해도 품질은 좋다는 내용의 가격정보를 이용하거나 경쟁 브랜드와의 품질을 비교함으로써 소비자의 머릿속에 자사의 브랜드를 포지셔닝할 수도 있다. 예컨대, 남성복 시장에서 "옷값의 거품을 뺐습니다" 같은 카피로 잘 알려진 파크랜드의 포지셔닝 전략이 대표적이다.

(4) 용도 제시에 의한 포지셔닝

카피에서 광고 상품의 쓰이는 용도와 활용되는 상황을 제시함으로써 소비자의 머릿속에 "~할 때는 어떤 브랜드"라는 식으로 자리매김을 시도하는 방법이다. 이 방법은 주로 제약 광고나 일상의 소비재 광고에서 자주 활용되고 있다. 예컨대, 롯데제과의 롯데자일리톨 광고 '입 냄새' 편에서는 마스크 대신에 시간이 지나도 냄새가 쉽게 사라지지 않는 꽃게, 양파, 생선을 사람 얼굴에 착용시켜 괴로워하고 있는 표정을 연출함으로써 공감을 유발했다. 카피는 간명한 한 줄이다. "Take off bad breath!" 구취를 없애라는 말이다. 입 냄새 때문에 고민스러울 때는 자일리톨로 해결하라는 메시지를 간명한 카피 한 줄로 전달하며, 용도 제시에 의한 포지셔닝 방법을 시도했다.

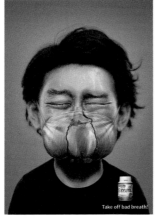

[그림 4-17] 자일리톨껌 광고 '구취 제거' 편

(5) 상징을 활용한 포지셔닝

캐릭터나 기호 및 동물 같은 상징체계를 활용하여 어떤 브랜드 이미지를 포지셔닝할 수 있다. 말보로 담배의 카우보이 상징에서 알 수 있듯이, 광고에서 상징을 잘만 활용하면 상품의 유한한 사용가치가 무한한 상징가치로 변화한다. 상징은 독자적 준거 체계와 주관적 경험에 따라 해석이 달라지기 때문에 목표 수용자의 준거 체계와 소망과 경험, 그리고 환상에 적절하게 일치하지 않으면 의미를 제대로 전달하지 못한다.[23] 따라서 상징을 활용해 포지셔닝 전략을 전개하려면 광고 창작자와 광고 수용자 간에 의미가 일치하도록 적절한 상징을 활용하는 동시에 브랜드의 상징 가치를 높이는 카피를 써야 한다.

예컨대, 앱설루트 보드카 캠페인 중의 하나인 도시 시리즈를 보자. '마드리드' 편에서는 기타로 유명한 세고비아를 연상하게 하며 기타 중앙에 앱설루트 병 모양으로 홈

---

23) 양웅(2004). 상징의 의미와 광고 속의 상징. 광고와 상징(pp. 11-21). 서울: 한국방송광고공사.

을 팠으며, '암스테르담' 편에서는 네덜란드 암스테르담이 관광 도시임에 착안해 박물관 건물의 정면을 병 모양으로 형상화했다. 그리고 '비엔나' 편에서는 오스트리아 비엔나가 음악의 도시라는 점에 착안해 음표들을 합쳐 병 모양을 만들었고, '서울' 편에서는 태극무늬가 새겨진 한국의 방패연 중앙을 뚫어 병 모양을 형상화했다. 이 같은 도시 이미지 시리즈는 앱설루트 브랜드를 도시의 특성과 연결해 그 도시 사람들에게 특별한 가치가 있다는 식으로 의미를 정박시켰다.[24] 똑같은 형식과 내용을 유지한 시리즈 광고는 각 도시의 대표적인 특성을 앱설루트 상징으로 활용한 포지셔닝 방법을 시도했다.

[그림 4-18] 앱설루트 '마드리드' 편

[그림 4-19] 앱설루트 '암스테르담' 편

[그림 4-20] 앱설루트 '비엔나' 편

[그림 4-21] 앱설루트 '서울' 편

24) 김병희(2006). 앱설루트 캠페인에서 배우자. 광고 오디세이(pp. 102-107). 서울: 새문사.

(6) 경쟁자의 위상을 이용하는 포지셔닝

이미 확립된 경쟁자를 이용해 그 경쟁자의 위상과 비슷하게 동화시키거나 혹은 다른 점을 대조함으로써 쉽게 위상을 정립하는 방법이다. 예컨대, 렌터카 업계에서 에이비스(Avis)가 1위 브랜드 허츠(Hertz)를 상대로 펼친 No.2 캠페인 사례가 대표적이다. "에이비스는 렌터카 업계에서 단지 2등일 뿐입니다." "당신이 만약 2등에 불과하다면 열심히 노력하는 것 외에 달리 무슨 수가 있겠습니까?" 같은 카피들이 경쟁사의 위상을 이용하는 포지셔닝 방법이다.

(7) 상품군 활용에 의한 포지셔닝

광고 상품을 어떤 상품군에 속하게 하거나 제외해 그 상품의 이미지를 포지셔닝하는 방법이다. 예컨대, 게토레이의 '갈증해소 음료'나 세븐업(7-up)의 '콜라 아님(un-cola)' 캠페인이 대표적이다. 게토레이는 기존의 스포츠음료나 이온 청량음료가 아닌 갈증해소 음료라는 새로운 상품군의 개념을 제시했다. 세븐업은 소비자들이 세븐업을 콜라와 유사한 청량음료로 인식하는 것을 막기 위해 콜라가 아니라는 사실을 강조해 상품군 활용에 의한 포지셔닝을 시도함으로써 자사 상품의 차별화에 성공했다.

KCC창호 광고 '무한 광고 유니버스에 갇힌 성동일' 편에서는 누구나 알 만한 광고들을 패러디해 상품군 활용에 의한 포지셔닝을 시도했다. 광고에 친숙한 다른 광고들이 많이 등장했다. 개비스콘, 경동보일러, 2%부족할때, 맥심 카누 라떼, 바디프렌드, 꽃을 든 남자, 스팸, 리챔, K2, 신라면, KT 5G 등이다. "창을 한번 바꿔 보시죠" 하며 광고 모델 성동일이 등장하면서 첫 장면이 시작되자 텔레비전에서 KCC 광고가 나온다. 곧이어 어느 노부부가 방안에서 "추운데 애들이 고생이나 안 하는지…… 원" 하자, "여보, 아버님 댁에 창 하나 놔드려야겠어요" 하는 자막이 나오는데 '경동보일러' 광고의 한 장면이다. 이어서 "따뜻하게 세상을 연결하는 창"이라는 카피로 연결했다.

남자 친구가 "너 만나고 제대로 되는 일이 하나도 없어! 가! 가란 말이야. 가라고!!" 하자, 여자는 현관문을 쾅 닫고 집 안으로 들어와 버린다. 그러자 밖에서 떠드는 남자 친구의 목소리는 들리지 않고 "조용하게 세상을 연결하는 창"이라는 카피로 연결했다. 롯데칠성의 '2%부족할때' 광고를 패러디한 장면이다. 성동일이 고급 의자에 앉아 "어우 시원해!" 하는 장면은 "편하게 세상을 연결하는 창"이라는 카피로 연결했다. BTS가 등장했던 '바디프렌드'의 광고를 패러디한 것이다. 감독이 "자~ 슛 들어가실

게요" 하자, 성동일이 "광고가 언제 끝날지 궁금하시죠? 그렇다면 창을 한번 바꿔 보시죠. 우수한 단열과 방음 성능으로. 세상하고 대체 몇 번을 연결하는 거야" 하며 광고가 끝난다. 광고의 마지막에 "웃음과 감동으로 세상을 연결한 대한민국 명광고들에게 감사드립니다"라는 카피를 덧붙여 패러디임을 분명히 밝혔다. 창호와 무관해 보이는 광고 소재도 어떻게든 창호의 특성으로 연결해 상품군 활용에 의한 포지셔닝 방법을 적용한 광고였다.

[그림 4-22] KCC 창호 '무한 광고 유니버스에 갇힌 성동일' 편

(8) 사회적 쟁점 제시에 의한 포지셔닝

사회적으로 중요한 주제를 환기하거나 논쟁거리가 될 만한 주제를 제시함으로써 어떤 상품이나 브랜드를 포지셔닝하는 방법이다. 예컨대, 베네통(Benetton) 광고 '삼색인종 심장' 편과 '백마 흑마 교미' 편과 같이 사회적으로 물의를 일으킬 수 있는 메시지를 제시한 경우가 이에 해당된다. 국내에서는 ESG 경영과 지속가능한 발전 목표를 고려해 '그린(Green)으로 플렉스(Flex)'라는 캠페인을 전개한 SK이노베이션의 광고가 사회적 쟁점 제시에 의한 포지셔닝을 시도했다. 국어사전에서는 플렉스(flex)를 자기만족이나 자기 과시를 위해 값비싼 물건을 구매하는 일이라고 풀이한다. 플렉스의 라틴어 어원은 플렉수스(flexus)로 구부림, 혹은 다른 방향을 의미하는데, 1990년대 미국의 힙합 가수들을 통해 재물이나 능력을 과시하는 행위를 뜻하는 말로 발전했다. 한국에서는 2019년 이후 '과시적 소비' 혹은 '솔직하게 과시하다'라는 뜻으로 쓰였

다. 그러니까 SK이노베이션의 핵심어인 '그린으로 플렉스'라는 말은 남들보다 먼저 그린 경영을 실천해 새로운 가치를 만들어 내겠다는 의지를 천명한 것이다.

[그림 4-23] 베네통 '삼색인종 심장' 편

[그림 4-24] 베네통 '백마 흑마 교미' 편

6) 공명 전략

공명(울림)이란 물리학에서 주로 활용되는 용어로 대상에 부딪혀 되돌아오는 소리를 말한다. 광고에서 공명(resonance) 전략이란 상품 관련 메시지나 브랜드 이미지 제고에 초점을 맞추기보다 소비자가 모방할 수 있는 상황을 제시해 소비자 스스로 그 상황을 경험하도록 하는 전략이다. 공명 전략을 활용할 때는 광고에서 묘사하는 내용과 소비자의 경험을 조화롭게 일치시키는 데 초점을 맞춘다.[25]

공명은 소비자와 광고물 사이의 정서적 울림과 공감을 의미하며, 수사학적 광고 표현으로서의 공명은 카피와 비주얼 사이의 울림이자 상호유희(interplay)를 의미한다.

---

25) Frazer, C. F. (1983). Creative strategy: A management perspective. *Journal of Advertising*, 12(4), 39.

[그림 4–25] 오뚜기죽 광고 '카트에 가득' 편

어떤 광고에서 카피와 비주얼이 절묘하게 만나 독특한 의미를 만들어 낼 때 공명이 일어날 가능성이 크다.[26] 이희복(2005)은 공명에 대해 "광고 커뮤니케이션에서 카피와 비주얼 사이에 활용된, 동음이의어에 의한 상호유희로 커뮤니케이션 효과를 높이기 위해 쓰이는 광고 표현 방법의 하나"로 정의하고, 광고에서 공명이 일어나려면 동음이의어(同音異議語)의 익살을 활용한 카피가 음운론적·의미론적 작용을 일으켜야 가능하다고 했다.[27] 이 전략을 적용할 때는 카피라이터가 소비자의 경험을 분석해 소비자들이 긍정적으로 연상할 상황을 제시해야 한다. 공명 전략은 상품 간에 차별점이 거의 없을 때 소비자의 공명을 유발함으로써 광고 브랜드에 긍정적인 반응을 유발할 수 있다.

광고 내용과 소비자의 상호작용이 중요한 공명 전략을 활용한 카피의 예를 오뚜기죽의 광고 '카트에 가득' 편에서 확인해 보자. 광고에서는 말을 축약해서 표현하는 젊은이들의 언어 습관을 반영해 오뚜기죽을 줄여 '오죽'이란 말을 만들어 소비자의 공명을 유도했다. "내가 오죽하면 이렇게 많이 샀겠어?"라는 헤드라인을 쓴 카피라이터의 재치가 돋보인다. 광고에서는 오뚜기죽이 너무 맛있어 많이 샀다는 메시지를 강조하고, 건더기가 통으로 들어 있으니 더 맛있다는 카피로 오뚜기죽의 장점을 부각시켰다. 카피는 다음과 같다. "내가 오죽하면 이렇게 많이 샀겠어?/ 통건더기가 통째 들어 있어 더 맛있는 오뚜기죽/ 이젠 맛있는 죽 고를 땐, 오뚜기죽을 콕 집으세요!/ 오죽 맛있으면/오뚜기죽" 이 광고에서는 "오죽 맛있으면 오뚜기죽"이라는 메시지로 소비자와의 공명을 시도했다.

26) McQuarrie, E. F., & Mick, D. G. (1996). Figures of rhetoric in advertising language. *Journal of Consumer Research*, *22*(4), 424-438.

27) 이희복(2005). 광고의 수사적 비유로서 공명의 커뮤니케이션 효과. 커뮤니케이션학연구, 13(2), 54-79.

7) 정서 전략

정서 전략(affective strategy)은 인간의 다양한 감정에 소구하는 전략이다. 인간의 감정은 사랑, 향수, 동정심, 우정, 흥분, 기쁨, 공포, 후회, 혐오 등 긍정적 정서에서 부정적 정서에 이르기까지 다양한데, 때로는 불규칙한(anomalous) 경향을 나타내기도 한다. 따라서 이 전략에서는 복잡한 인간 감정을 두루 고려해서 광고 카피를 쓴다. 정서 전략을 적용할 때는 조사 결과에 따르기보다 카피라이터의 직감과 언어 감각을 따르기 때문에, 정서가 전략 전개의 원동력이 되는 경우가 많다.

이 전략은 식음료, 패션, 보석, 화장품 등 인간의 감정에 호소하는 상품에 두루 적용할 수 있지만, 상품과 서비스와 관계없이 두루 활용할 수 있다. 그러나 정서가 막연히 정서적이고 서정적인 내용을 담는다고 해서 공감을 유발하지는 않기 때문에 상품과의 상관성을 반드시 고려해야 한다. 예컨대, 참이슬 후레쉬 광고에서는 감정과 정서에 호소하며 19.8도로 낮아진 소주의 특성을 설명했다. '기울이면' 편, '지켜 준다면' 편, '선수' 편, '공주' 편을 보면 상품의 경쟁 우위를 강조하기보다 19.8도라는 낮아진 술의 도수에 초점을 맞춰 남녀 간의 심리 게임으로 설명했다. 정서 전략을 활용한 광고 헤드라인을 살펴보면 다음과 같다.

- "19.^{8}도만 기울이면 그녀 마음을 얻을 수 있을 것 같다"
- "19.^{8}도만 지켜준다면 마음을 허락할 수 있을 것 같다"
- "나는 선수다. 그러나 19.^{8}도는 넘지 않는다"
- "나는 공주다. 그래서 19.^{8}도를 넘으면 안 된다"

[그림 4-26] 참이슬 광고 '기울이면' 편

[그림 4-27] 참이슬 광고 '지켜준다면' 편

[그림 4-28] 참이슬 광고 '선수' 편   [그림 4-29] 참이슬 광고 '공주' 편

4. 카피 창작에서의 전략과 전술

전쟁에서 승리하려면 좋은 전략과 전술이 있어야 하듯이 카피라이팅에 있어서도 마찬가지다. 광고가 마케팅 전쟁에서의 승리를 좌우하는 메시지의 포탄이라면 카피는 메시지의 포탄 중에서도 대포라 할 수 있다. 카피 전략은 표현전략을 바탕으로 표현 콘셉트를 추출하고 카피 창작에 필요한 구체적인 메시지를 구성하는 청사진이다. 한편, 카피 전술은 실제로 카피를 쓰는 구체적인 방법이자 수립한 카피 전략을 바탕으로 표현하는 카피라이팅의 실무적 원칙을 의미한다.

카피 창작에서의 전략과 전술은 여러 가지가 있을 수 있다. 카피라이터에 따라 자신의 경험에서 체득한 전략과 전술이 있을 수 있는데, 사람마다 달라서 일반화하기는 쉽지 않다. 20여 년 이상 카피를 써 온 수준급 카피라이터는 전략과 전술을 따로 기술하지 않더라도 머릿속으로 헤아려 직감적으로 카피를 쓸 것이다. 마치 백전노장의 야구 감독이 경기 때마다 따로 전략 기술서를 쓰지 않고서도 머릿속으로 경기의 구상을 마치는 이치와 같다. 이들도 처음에는 야구 경기의 전략과 전술을 달달 외울 정도로 열심히 노력했을 것이다. 따라서 풋내기 카피라이터나 중견 카피라이터 모두는 카피 창작에서 전략과 전술을 숙지할 필요가 있다. 광고업계에서 대표적인 카피 전략으로 알려진 카피 폴리시와 카피 플랫폼에 대해 알아보자.

1) 카피 폴리시

카피라이팅에서 광고 창작과 관련된 용어를 많이 안다고 해서 카피를 잘 쓰는 것은 아니다. 하지만 창작에 관련된 용어를 알아두면 카피라이터가 개념을 명확히 파악해 카피를 쓸 때 도움이 되기 때문에 광고 창작 용어를 알아둘 필요가 있다. 카피 폴리시와 카피 플랫폼(copy platform)이라는 말을 몰라도 카피를 쓸 수는 있겠지만, 2가지 용어가 카피를 쓸 때 도움이 되기 때문에 반드시 알아둘 필요가 있다.

카피 폴리시(copy policy)는 카피를 어떻게 쓸 것인지 사전에 결정하는 카피 정책이다. 이 용어는 일본 광고인들이 처음 만들어 낸 조어인데, 카피 창작에 앞서 카피라이터가 자신이 맡은 상품이나 서비스의 카피를 어떻게 쓸 것인지 포괄적으로 제시하는 청사진이다. 이는 카피를 쓰기 전에 광고 카피에 대한 전반적인 청사진을 그리는 데 활용되며 단순히 머릿속으로 생각하는 카피라이터에게 카피라이팅의 전체 윤곽을 일목요연하게 정리해 주는 장점이 있다.

따라서 카피 폴리시를 결정할 때는 머릿속으로만 생각하기보다 구체적인 문장으로 표현해야 한다. 머릿속으로 생각하는 것과 전체적인 카피의 윤곽을 실제로 기술해 보는 것은 엄청난 차이가 있기 때문이다. 머릿속으로 생각하는 생각이나 개념은 수시로 변하기 쉽고 때로는 카피라이터 자신도 자신이 쓰려고 하는 카피의 방향에 혼선을 느끼는 경우가 많으므로, 카피 폴리시를 문서로 작성해서 모든 광고 창작자가 공유해야 한다. 카피 폴리시를 작성할 때는 대체로 다음과 같은 5가지 사항이 명시돼야 한다.[28]

- 이 카피는 누구를 대상으로 하며 그 이유는 무엇인가?
- 이 카피는 어떤 매체에 나갈 예정이며 그 이유는 무엇인가?
- 단일 카피 또는 일련의 시리즈 카피는 어떤 목적을 띠고 있는가?
- 강조점은 무엇인가? 광고 내용이나 연결 관계에서 가장 바람직한 방법은?
- 카피 메시지를 수용한 소비자가 어떻게 반응하기를 바라는가?

이상의 내용은 결국 A4 용지 한 장에 요약될 것이다. 그 안에 목표 소비자, 노출 매

---

28) 이낙운(1988). 광고제작의 실제(p. 29). 서울: 나남출판.

체, 카피라이팅의 목적과 핵심 사항, 그리고 광고에 대한 소비자의 기대 반응까지 포괄하는 카피 창작의 길라잡이나 마찬가지다. 즉, 카피 폴리시는 광고의 삼각형에서 상품과 시장과 소비자에 관한 핵심 정보만을 간추린 다음 카피를 쓸 때 통찰력을 제공해 준다. 따라서 카피라이터는 카피가 잘 풀리지 않을 때는 언제든 다시 카피 폴리시를 살펴보며 내용을 숙지해야 하고, 최종 카피가 완성될 때까지 5가지 질문 내용을 생각하며 카피 창작의 지침으로 삼아야 한다.

2) 카피 플랫폼

(1) 카피 플랫폼의 개념

카피 플랫폼(copy platform)은 크리에이티브 전략에 대한 진술(creative strategy statement) 같은 다른 이름으로 설명되지만, 카피 플랫폼이 가장 일반적인 명칭이다. 카피 플랫폼에 대해 니시오 타다히사(西尾忠久, 1986)는 "소비자를 설득할 수 있는 단어를 빠짐없이 일목요연하게 적어 놓은 표"[29]라고 정의했으며, 앨트스틸과 그라우(Altstiel & Grow, 2006)는 "광고에서의 핵심적 진실, 고유판매제안, 빅 아이디어, 또는 포지셔닝에 대한 진술"[30]이라고 설명했다.

2가지 정의 모두가 카피 플랫폼에 대한 그럴듯한 설명이다. 하지만 문자 그대로 기차역에 플랫폼이 없다면 기차가 손님을 싣고 떠날 수 없듯이 실제 카피 창작을 위해 카피라이터(기차)가 반드시 싣고 떠나야 하는 핵심 정보(승차권을 가진 손님)의 집합이 카피 플랫폼이다. 훌륭하게 작성된 카피 플랫폼은 상품의 특성과 소비자 혜택, 경쟁 구도에서의 강점과 약점, 표적 소비자에 대한 구체적인 정보, 메시지의 느낌, 그리고 상품에 관해 설명하는 가장 중요한 한마디(one thing)를 포괄해야 한다. 상품과 브랜드에 관해 설명하는 가장 중요한 한마디는 다음과 같은 문장 형태로 서술한다.

"이 상품(브랜드)에 대해 한마디로 말한다면 _____이다."

---

29) 니시오 타다히사(西尾忠久, 1986). 효과적인 광고 카피 (안준근 역). 서울: 오리콤 마케팅커뮤니케이션 연구소. (원저는 1983년에 출판).

30) Altstiel, T., & Grow, J. (2006). *Advertising strategy: Creative tactics from the outside/in* (p. 41). Thousand Oaks, CA: Sage.

카피 플랫폼을 작성하려면 먼저 상품의 특성을 찾아내 이를 소비자 혜택으로 연결하는 분석 과정이 필요하다. 이때 고유판매제안 전략에서 포지셔닝 전략에 이르기까지 여러 광고전략을 검토한 다음 가장 타당한 전략을 선택해야 한다. 이때 중요한 사실은 카피 창작과 관련성이 낮은 전략을 위한 전략을 검토하지 말고, 카피라이터의 언어 감각으로 소비자 혜택을 극대화하는 실질적으로 유용한 표현전략을 선택해야 한다는 점이다.

카피라이터는 상품의 물리적 특성과 감성적 특성을 분석하고 나서 카피 플랫폼에 반영해야 한다. 물리적 특성(physical characteristics)이란 상품의 크기, 모양, 색깔, 디자인 같은 가시적인 속성을 말하며, 감성적 특성(emotional characteristics)이란 소비자가 느낄 수 있는 독특한 내면 심리를 의미한다. 이 같은 상품의 특성을 충분히 이해하고 카피 플랫폼을 작성하면 실제로 카피를 쓸 때 놀라운 아이디어들이 쏟아지는 경우가 많다.

(2) 카피 플랫폼 작성 순서

카피 플랫폼은 광고의 삼각형인 상품(서비스)과 시장과 소비자의 3가지 영역을 먼저 설명한 다음 마지막으로 크리에이티브 전략에 필요한 '한 마디 말'을 제시하는 것으로 마무리된다. 하지만 광고 창작에 통찰력을 제시하는 카피 플랫폼을 작성하기란 그렇게 간단하지 않다. 효과적인 카피 플랫폼을 작성하기 위해서는, 소비자 정보, 브랜드 메시지, 상품 차별화, 캠페인 주제, 느낌과 스타일, 제약 요소, 평가 준거 등을 사전에 검토해야 하며,[31] 모든 요소가 종합적으로 조화를 이루도록 해야 한다. 카피 플랫폼 작성 순서를 단계별로 제시하면 다음과 같다.

- **상품 영역**: 상품(서비스) 영역에서는 특성이나 혜택을 중요한 순서대로 나열하며 "그래서?"라는 질문을 반복함으로써 상품이 제공하는 소비자 혜택을 찾는 데 주안점을 둬야 한다. 그다음에 상품(서비스)의 고유한 속성을 찾아내고 그러한 상품 관련 주장을 입증할 수 있는지 알아본다. 이때 만약 기업명이 중요하다면 왜 그런가 하는 이유를 찾아내고 현재의 브랜드 상황에 알맞게 고려해서 카피를 써

31) King, J. M. (2006). *Copywriting that sells high tech: The definitive guide to writing powerful promotional materials for technology products, services, and companies* (p. 33). AZ: United States Write Spark Press.

야 한다.

- **소비자 영역**: 소비자 영역에서는 소비자의 인구통계적 특성, 심리적 특성(일상, 태도, 개성, 구매 행태 등), 상품(서비스)을 구매함으로써 충족되는 욕구 등을 차분하게 분석할 필요가 있다. 단순한 인구통계적 특성은 별다른 통찰력을 제공해 주지 못하므로 소비자의 심리학적 특성(psychographics)을 보다 구체적으로 분석해야 하며, 소비자 중에서 가장 전형적인 특성을 보인 사람의 일상을 묘사해 봐야 한다.

- **시장 영역**: 시장 영역에서는 시장 상황과 시장 점유율에서의 주요 경쟁자, 상품과 서비스의 비교우위나 비교열위의 분석, 시장에서의 상품과 서비스의 위치, 경쟁 상품과 비교한 가격의 위치 등을 분석해 기술한다. 이때 어떤 브랜드의 시장 점유율(market share)보다 포지셔닝 전략에서 말하는 브랜드에 대한 인식의 정도, 다시 말해서 소비자의 머릿속에 어떤 브랜드가 자리 잡은 마음 점유율(mind share)도 생각해 봐야 한다.

- **크리에이티브 영역**: 크리에이티브 전략 부분에서는 상품과 서비스에 대해 설명하는 한 마디 말(핵심어, key word)을 제시하는 것이 가장 중요하다. 즉, 어떤 상품과 서비스에 대해 "한마디로 말한다면 ……이다."라는 구체적이고 차별적인 내용을 기술해야 한다. 그런 다음에 상품과 시장과 소비자에 대한 사실적인 내용이나 각종 통계치를 제시하면 대체로 카피 플랫폼이 완성된다.

이상에서 설명한 카피 플랫폼(크리에이티브 전략 진술)의 작성 양식을 앨트스틸과 그라우(Altstiel & Grow, 2006)의 분석 결과[32]를 바탕으로 제시하면 다음과 같다.

---

32) Altstiel, T., & Grow, J. (2006). *Advertising strategy: Creative tactics from the outside/in* (pp. 365-366). Thousand Oaks, CA: Sage.

카피 플랫폼(크레에이티브 전략 진술)

• 상품(서비스)

1. 특성이나 혜택을 중요한 순서대로 나열하기("그래서?"라는 질문 반복)

특성	혜택
_____	_____
_____	_____
_____	_____
_____	_____

2. 상품(서비스)의 고유한 속성

_____

3. 상품 관련 주장을 입증할 수 있는가?

_____

4. 기업명이 중요한가? 만약 그렇다면 왜?

_____

5. 브랜드 가치

높다 _____ 낮다 _____ 없음 _____

• 소비자

1. 인구통계적 특성(나이, 성별, 교육수준, 소득수준, 직업, 지리적 분포 등)

_____

_____

2. 심리적 특성(일상, 태도, 개성, 구매 행태 등)

_____

_____

3. 상품(서비스)을 구매함으로써 충족되는 욕구

_____

_____

• 시장

1. 시장 및 시장 점유율에서의 주요 경쟁자

_____ _____ _____
_____ _____ _____

2. 상품(서비스)의 비교우위와 비교열위

경쟁사	우위점	불리점
_____	_____	_____
_____	_____	_____

3. 시장에서의 상품(서비스)의 위치

유사 상품(지각된 비교우위 없음)

_____

신상품 범주

_____

유사 상품보다 현저한 향상

_____

4. 경쟁 상품과 비교한 가격의 위치

높다	비슷하다	낮다
_____	_____	_____
_____	_____	_____

• 크리에이티브 전략

1. 한 마디 말: "이 상품(서비스)에 대해 한마디로 말한다면······."

_____

2. 상품, 소비자, 시장에 대한 주요 사실이나 통계치

_____
_____

이상의 카피 플랫폼은 쓰기가 번거롭지만 한번 작성하고 나면 카피를 쓰는 과정에서 유용하게 활용할 수 있다. 사람은 망각의 동물이다. 카피라이터도 동시다발적으로 여러 가지 상품의 광고 카피를 써야 할 때가 많은데, 이때 카피 플랫폼은 망망대해를 항해할 때 길을 알려 주는 항해도처럼 카피 창작의 지도가 되기도 하고 방향을 제시하는 나침반이 되기도 한다.

광고 창작 과정에서 매체에 따라, 표현 기법에 따라 카피가 약간씩 달라질 수 있는데 카피 플랫폼에 따라 업무를 수행하면 전체적 흐름이 흔들리지 않고 통일성을 유지하는 카피를 쓸 수 있다. 나의 카피라이터로서의 경험을 바탕으로 훌륭한 카피 플랫폼 작성에 필요한 몇 가지 고려 사항을 간략히 제안하면 다음과 같다.

- **제안 1**: 상품의 일반적 특성을 소비자 혜택으로 전환한다.
- **제안 2**: 소비자의 관점에 서서 상품이 주는 가치를 기술해 본다.
- **제안 3**: 시장에서의 상품의 포지셔닝 위치를 좌표로 그려 본다.
- **제안 4**: 2~3가지의 '한마디 말'을 써서 주변의 평가를 받아 본다.
- **제안 5**: 애매하게 설명하지 말고 분명한 '한마디 말'을 써야 한다.
- **제안 6**: 한국인 대상의 광고이므로 영어로 된 '한마디 말'은 자제한다.
- **제안 7**: 시간, 장소, 경우(TPO: Time, Place, Occasion)에 알맞게 상품 특성을 소비자 혜택으로 전환한다.

이상의 카피 플랫폼을 잘만 활용하면 개별 광고의 카피 창작이 끝난 다음 후속 광고의 크리에이티브 주제를 찾는 데도 유용한 지침이 될 수 있다. 또한 장기적으로 개별 광고를 캠페인성 광고로 발전시키는 데도 카피 플랫폼은 중요한 지침으로 작용한다. 따라서 카피라이터는 작성의 번거로움 때문에 회피하기보다 향후의 쓰임새를 생각해 더욱 오랜 시간 동안 고민해 카피 플랫폼을 공들여 작성할 필요가 있겠다. 카피라이터들이여! 실제 카피 창작에 들어가기를 너무 서두르지 말자. 실제 카피 쓰기는 그다음 문제다.

챗GPT가 알려 준 꿀팁

You : 챗GPT, 지금까지 다음 내용을 학생들에게 설명했어. 광고전략 대 표현전략의 관계, 카피 창작에서의 깔때기 모형, 표현전략의 개념과 적용 방안, 카피 창작에서의 전략과 전술 같은 주제야. 지금까지 설명한 4가지 주제는 학생들이 카피를 쓰는 데 도움이 될 만한 중요한 정보야. '카피 창작에서의 전략과 전술'이라는 제목을 구성하는 광고전략 대 표현전략의 관계, 카피 창작에서의 깔때기 모형, 표현전략의 개념과 적용 방안, 카피 창작에서의 전략과 전술에 관한 4가지 주제와 관련하여, 현실적으로 광고 카피라이팅에 도움이 될 만한 추가 정보가 있다면 알려 줄 수 있어?

ChatGPT : 이미 설명한 주제들은 광고 카피 작성과 광고전략에 관한 중요한 정보를 제공하고 있습니다. 그러나 광고 카피라이팅에 도움이 될 만한 추가 정보를 제공할 수 있습니다. 아래는 각 주제와 관련된 추가 정보입니다.

광고전략 대 표현전략의 관계: 광고전략은 브랜드의 비전과 목표를 설정하는 것으로 시작합니다. 표현전략은 이러한 전략을 구체적으로 어떻게 표현할 것인지를 결정합니다. 광고 카피라이터는 광고전략을 기반으로 표현전략을 개발하고 실제 광고 콘텐츠에 적용해야 합니다.

카피 창작에서의 깔때기 모형: 깔때기 모형은 고객의 관심을 확보하고 유지하기 위한 접근 방식을 설명합니다. 광고의 첫 부분에서는 넓은 대중을 대상으로 관심을 끄는 데 집중하고, 그 후 단계에서 더 세부적인 메시지를 전달합니다. 광고 카피라이터는 이 모형을 활용하여 광고 캠페인을 계획하고 스토리텔링 전략을 구성해야 합니다.

표현전략의 개념과 적용 방안: 표현전략은 브랜드 메시지를 어떻게 전달할지를 결정하는 것으로 중요합니다. 브랜드의 정체성, 가치관, 목표에 따라 다양한 표현전략을 선택할 수 있습니다. 광고 카피라이터는 브랜드의 독특한 특성을 강조하고 고객의 감정에 호소하는 방식을 고려해야 합니다.

카피 창작에서의 전략과 전술: 광고 카피 작성은 전략과 전술의 조화로 이루어집니다. 전략은 광고의 큰 틀을 제공하고, 전술은 실제 카피 작성 및 디자인 결정과 관련이 있습니다. 광고 카피라이터는 전략적으로 메시지를 전달하면서도 창의적인 전술을 적용하여 주목성을 높여야 합니다.

이러한 정보와 함께 실제 광고 캠페인 사례 연구 및 실무 경험이 광고 카피라이터에게 도움이 될 것입니다. 또한 광고 캠페인의 성과를 분석하고 최적화하는 능력도 중요합니다.

제5장

카피의 구성요소와
카피 솜씨

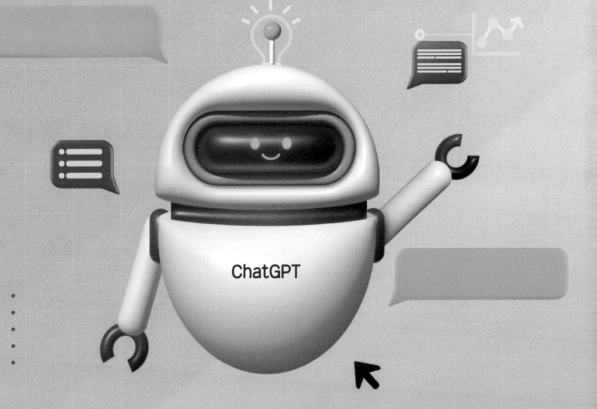

도대체 창의적인 광고 카피란 무엇일까? 카피는 브랜드나 제품, 서비스에 대한 정보를 소비자에게 전달하는 광고의 텍스트 부분이다. 광고 카피는 브랜드에 대한 느낌과 목소리를 반영하며 브랜드 메시지를 효과적으로 전달한다. 카피는 좁은 의미에서 헤드라인과 보디카피를 가리키기도 하고, 넓은 의미에서 시각적 표현을 포함한 광고물을 구성하는 모든 것을 가리킨다. 광고 메시지를 지탱하는 '메시지의 등뼈'인 카피를 어떻게 쓰느냐에 따라 설득 효과가 달라진다. 카피라이터들은 더 나은 카피 한 줄을 찾기 위해 밤늦도록 퇴근하지 못하고 숱한 불면(不眠)의 밤을 새울 것이다.

광고 카피는 브랜드와 제품 및 서비스의 특성과 혜택을 전달해 소비자가 구매 결정을 내리는 데 필요한 정보를 제공하며(정보 전달), 브랜드의 가치와 존재를 소비자에게 알리며 잘 쓴 카피는 브랜드의 인지도를 구축하는 데 결정적인 영향을 미친다(브랜드 인지도 제고). 광고 카피는 또한 소비자와 브랜드를 연결해 브랜드에 대한 긍정적인 인상과 감정적 애착을 형성하고(소비자와의 감성적 연결), 행동 요청(call to action)을 시도함으로써 소비자에게 '구매' '클릭' '등록' '다운로드'를 유도하기 때문에(행동 유도), 어떤 브랜드의 매출과 수익을 증가시키는 데 영향을 미치는 중요한 수단이다.

하지만 광고전략과 정확히 일치하는 내용을 썼다고 해서 그것을 창의적인 카피라고 할 수 없다. 현대 광고에서는 카피에 대해 협의의 개념이 아닌 광고 메시지를 구성하는 전체 구성요소로 보는 광의의 개념으로 이해하려는 관점이 우세하다. 이 장에서는 광고 카피와 관련된 제반 구성 요인을 다양한 맥락에서 소개한다. 카피의 개념과 범위의 재정립, 헤드라인의 의의와 쓰기 연습, 보디카피의 가치와 쓰기 연습, 슬로건의 개념과 유형의 이해에 관해 설명하고, 카피라이터가 각 구성요소를 활용해 어떻게 카피 솜씨를 발휘할 수 있을지 디지털 시대의 광고 현상에 알맞게 설명하고자 한다.

1. 카피의 개념과 범위의 재정립

새삼스러운 말이지만 카피란 무엇인가? 이에 대한 정의는 다양하다. 국어사전을 찾아보면, 카피는 베낀 것, 사본, 등사, 모사의 뜻이다. 광고 관련 용어로는 광고 문장 또는 광고 문안으로 쓰인다. 광고 용어로서의 카피는 대략 다음과 같은 3가지 의미를 담고 있다.

- 좁은 의미의 카피는 헤드라인과 본문(body copy)을 의미한다.
- 본문 이외의 오버 헤드라인, 서브 헤드라인, 슬로건(브랜드 슬로건, 기업 슬로건, 캠페인 슬로건), 리드, 소제목을 의미한다.
- 브랜드 이름, 기업 이름, 가격 표시, 상품의 사양(spec: 활용 기간, 활용법, 기타), 광고주 요구사항 등을 담고 있다.
- 넓은 의미의 카피는 광고물을 구성하는 모든 것(시각적 표현 포함)을 말한다.

일반적으로 활용되는 카피의 의미는 첫째, 둘째, 셋째의 의미를 합한 것을 가리키며, 넷째는 광고효과 측정에서의 카피 테스팅(copy testing)에서 활용하는 개념이다. 따라서 광고의 등뼈인 카피는 광고의 여러 가지 구성 요인 중에서 글이나 말로 표현되는 모든 것을 의미한다고 하겠다. 이 같은 카피를 쓰는 과정을 카피라이팅(copywriting)이라고 하며, 카피를 쓰는 사람을 카피라이터(copywriter, 카피 창작자)라고 한다. 그렇다면 이 같은 사전적 의미 말고 카피란 무엇일까? 광고 기획서나 크리에이티브 브리프에 기술된 광고 콘셉트를 그럴듯한 말로 풀어쓰면 창의적인 카피가 되는 것일까? 이에 대해 여러 광고인은 다음과 같이 설명했다.

"크리에이티브 브리프에 써 놓은 내용을 언어 표현만 살짝 다듬어 내놓은 것이 카피일 수는 없다. '전략과 일치하면 된다.'가 아니라 전략을 발판으로 해 (광고를) 보는 이의 흥미와 관심의 세계로 뛰어올라야 크리에이티브한 카피다."[1]

"카피란 광고주의 생각을 모사(模寫)해 내고, 소비자들의 마음을 모사해 낸 다음 그것을 절묘하게 결합시킨 것이다."[2]

"카피는 글로 쓴 것만이 아니다. 카피가 녹아 들어간 비주얼이 있고, 말없이 응시하는 모델의 표정에도 카피는 있다. 아트디렉터가 선택한 레이아웃이나 컬러에도 카피는 녹아들어

---

1) 강정문(2000). 강정문의 대홍 생각(전무 메모 19): 카피는 또 하나의 원본이 아니다. 강정문을 사랑하는 사람들의 모임, 대홍기획 편저: 뭐가 그리 복잡하노? 짧게 좀 해라(p. 263). 서울: 청람문화사.
2) 김정우(2006). 카피연습장 1: 아이디어와 인쇄광고 편(p. 40). 서울: 커뮤니케이션북스.

있다. 한 곡의 음악 혹은 한 마디의 효과음에도 카피는 존재한다. 인텔 인사이드의 '디디디딩'
이라는 소리는 얼마나 많은 카피를 담고 있는가. 맥도날드의 노란색 M자에는 또 얼마나 많은
카피가 숨어 있는가."[3]

즉, 광고전략과 일치하고 그것을 제대로 표현했다고 해서 창의적인 카피일 수 없
다는 것이다. 논문 제목 같은 죽은 언어로 쓴 카피에 관심을 가질 소비자는 없다. 카
피 창작의 핵심은 광고전략을 바탕으로 소비자가 집중하도록 메시지의 수준을 점프
하는 데 있을 것이다. 또한 카피 속에 광고주가 하고 싶어 하는 메시지를 충분히 담아
소비자의 공감대를 충분히 끌어내야 한다는 점에서, 카피는 양쪽의 생각을 모사(模
寫, 베끼기)해야 하는 측면도 있다.

한편, 오로지 광고에서 글로 표현된 것만을 카피로 볼 필요가 없고 광고의 모든 구
성 요인이 카피에 관련된다는 견해도 주목할 만하다. 카피에 어울리지 않는 비주얼
이라면 그것이 광고에 쓰일 까닭이 없으며 카피와 어울리지 않는 모델이라면 처음부
터 고려 대상이 되지 못했을 것이다. 따라서 카피를 단지 글로 쓰인 언어적인 것만으
로 해석하지 않고, 광고의 전체 구성요소로 더 넓은 의미에서 해석한 이상의 견해는
타당하다. 따라서 넓은 의미에서의 카피는 광고 메시지를 표현하는 아이디어 전체를
지칭한다고 하겠다.

여기에서는 넓은 의미에서의 카피에 관해 설명하지 않고 글이나 말에 관련되는 협
의의 카피 구성 요인에 관해 설명하고자 한다. 보다 구체적으로, 인쇄광고에서는 헤
드라인(Headline), 오버라인(Overline), 서브헤드(Subhead), 보디카피(Body copy), 슬
로건(Slogan), 캐치프레이즈(Catchphrase), 캡션(Caption) 등이 카피에 해당된다. 또한
전파광고에서는 동영상을 제외한 자막(Subtitle) 부분과 소리로 전달하는 모든 메시지
를 카피라고 할 수 있다. 프로스펙스 사하라 광고를 바탕으로 카피의 구성 요인을 개
략적으로 설명하면 다음과 같다.

- **헤드라인**: 헤드라인(Headline)이란 아이디어에 알맞게 크리에이티브 콘셉트를
  비약시켜 표현하는 광고의 핵심 메시지다. 특히 소비자에게 보디카피나 비주얼
  같은 광고의 여러 구성요소에 주목하게 함으로써 기억을 활성화하기 때문에, 헤

3) 최병광(2006). 카피는 카피가 아니다. LG Ad, 11/12월호, 8-10.

드라인은 시속 100킬로로 달리는 고속도로변에 설치된 빌보드 같은 성격을 지닌다.[4]

헤드라인에 대한 여러 가지 정의를 종합하면, 헤드라인은 광고 아이디어에 알맞게 크리에이티브 콘셉트를 소비자가 이해하기 쉽도록 전달하는 광고의 핵심 메시지라고 할 수 있다. 인쇄광고에서의 헤드라인은 대체로 가장 큰 글씨체로, 전파광고에서는 가장 강조해 표현하는 것이 일반적이다. 보디카피를 읽거나 듣도록 유도하고 한 번 보거나 들어서 오래 기억할 수 있는 것이 좋은 헤드라인이다.

- **오버라인**: 오버라인(Overline)이란 헤드라인 위에 배치돼 헤드라인만으로 메시지를 전달하기 부족할 경우에 헤드라인으로 유도하는 카피다. 광고 실무계에서는 오버헤드(Overhead)라는 용어를 보편적으로 쓰고 있지만, 버튼(Burton, 1996)은 오버라인이 보다 정확한 용어라고 지적한 바 있다.[5] 광고에서 오버라인이 꼭 필요하지는 않으며 헤드라인만으로는 부족한 느낌이어서 헤드라인을 읽으라고 유도하는 카피가 필요할 때 활용한다. 그러나 오버라인 없이 헤드라인만으로 메시지를 충분히 전달할 수 있으면 헤드라인만 쓰는 것이 바람직하다.

- **서브헤드**: 서브헤드(Subhead)는 헤드라인의 바로 아래에 배치돼 헤드라인을 보완하는 카피다. 헤드라인만으로 핵심 광고 메시지를 전달하는 것이 바람직하지만, 헤드라인만으로 내용을 전달하기가 미흡할 때는 서브헤드를 써서 헤드라인을 뒷받침해야 한다.

- **보디카피**: 보디카피(Body copy)는 헤드라인을 읽고 난 소비자에게 더 구체적인 정보를 전달하기 위해 덧붙이는 광고 메시지의 몸체 부분이다. 소비자의 구매욕을 높이기 위해서는 흥미성, 통일성, 단순성, 강조성, 그리고 설득성의 요소가 보디카피에서 조화를 이루어야 한다.

- **슬로건**: 슬로건(Slogan)은 상품의 소비자 혜택이나 기업 철학 등을 짧고 기억하기 쉬운 소비자 언어로 표현해 장기간 반복적으로 활용하는 카피다. 원래는 위급한 때를 알리는 소리에서 파생되었으나, 오늘날에는 기업 철학이나 상품의 특성을 일정 기간이나 장기간 반복적으로 활용해 기업이나 상품이 추구하는 바를 나타내는 지향점이기도 하다.

---

4) 김동규(2003). 카피라이팅론(p. 427). 서울: 나남출판.

5) Burton, P. W. (1996). *Advertising copywriting* (7th ed., p. 13). Lincolnwood, IL: NTC Business Books.

- **캐치프레이즈**: 캐치프레이즈(Catchphrase)는 슬로건에 비해 단기간 활용하기 위한 목적에서 쓰는 카피로, 소비자의 구체적이고 즉각적인 구매 행동을 촉구하는 내용이 거의 대부분이다.
- **캡션**: 캡션(Caption)은 광고에 제시된 상품, 일러스트레이션, 쿠폰, 광고 그림, 그리고 광고 사진 주변에서 제시된 내용을 설명하는 카피다. 캡션은 보디카피와는 별도로 광고에서의 삽화나 사진 주위에 작은 활자로 된 짧은 글로 주제를 서술하거나 설명하며, 사진과 언어를 이상적으로 결합하고 소비자의 사진에 대한 자의적인 해석을 배제하는 기능을 수행한다.
- **자막**: 자막(Subtitle)은 텔레비전 광고에서 영상 메시지를 보완하거나 독자적인 기능을 발휘할 목적으로 화면에 문자 형태로 처리한 카피다.
- **기타**: 기업이나 브랜드의 로고(Logotype), 상품이나 브랜드의 즉각적인 이용을 권유하는 추천문(Blurb), 만화에서의 대화처럼 메시지를 전달하는 말풍선(Balloon), 그리고 서명(Signature) 등이 있다.

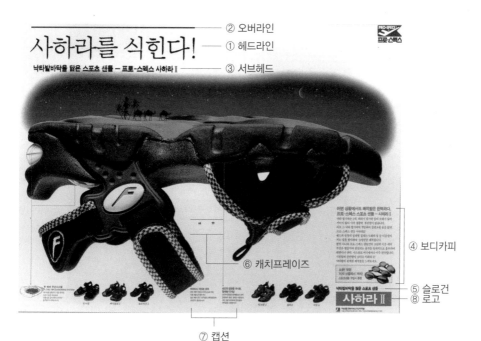

[그림 5-1] **카피의 구성 요인**

2. 헤드라인의 의의와 쓰기 연습

1) 헤드라인의 기능

헤드라인(Headline)은 대부분의 광고에서 가장 중요한 요소다.[6] 헤드라인은 보디카피나 비주얼 같은 광고의 구성요소 중에서 소비자의 기억을 활성화할 가능성이 가장 큰데, 그런데도 소비자의 주목을 끌지 못하고 일회용으로 활용되고 나서 사라져 버리는 헤드라인이 너무 많다. 심지어 어떤 카피라이터는 헤드라인의 개념과 의미를 잘못 이해해 크리에이티브 콘셉트(creative concept)를 그대로 헤드라인으로 쓰는 일도 빈번하다. 뜻밖에도 크리에이티브 콘셉트와 헤드라인을 구분하지 못하는 카피라이터들이 많다.[7] 일찍이 오길비는 헤드라인 하나가 광고효과 유발에 상당한 영향을 미칠 수 있음을 다음과 같이 강조했다.

> "헤드라인은 광고에 있어 가장 중요한 요소다. 그것은 독자들이 카피를 읽느냐 읽지 않느냐를 결정하게 하는 전보(電報)다. 평균적으로 보디카피를 읽는 사람의 5배가 헤드라인을 읽는다. 만약 헤드라인에서 뭔가를 팔지 못하면 당신은 광고주의 돈을 80%나 낭비하는 셈이다."[8]

광고학계와 광고업계에서는 대체로 블라이(Bly, 1985)가 제시한 헤드라인의 4가지 기능을 지지했다. 즉, 헤드라인이 소비자의 주목을 끌고, 광고의 목표 소비자를 선택하게 하며, 헤드라인 자체로써 전체 메시지를 전달하며, 소비자를 보디카피로 유인해야 한다는 것이다.[9] 이를 보다 구체적으로 알아보면 다음과 같다.

---

6) Caples, J. (1975). Fifty things I have learned in fifty years in advertising. *Advertising Age, September 22*, 47.
7) 크리에이티브 콘셉트가 광고 표현의 방향을 제시하는 표현의 구심점이라면, 헤드라인은 그 구심점에 근거해 '어떻게 말할 것인지' 다양한 글쓰기를 시도한 다음 최종적으로 선택되는 카피다. 예컨대, 대우자동차 레간자 광고에서 '소리 없는 파워'가 크리에이티브 콘셉트라면, 실제 광고물에 쓰인 "쉿!"은 헤드라인이 된다. 크리에이티브 콘셉트를 거의 그대로 헤드라인으로 쓰느냐, 아니면 이를 한 차원 비약시켜 소비자의 마음을 사로잡는 헤드라인을 쓰느냐에 따라 카피라이터의 자질을 엿볼 수 있다.
8) Ogilvy, D. (1963). *Confessions of an advertising man* (p. 104). New York, NY: Ballantine.
9) Bly, R. W. (1985). *The copywriter's handbook* (pp. 13-18). New York, NY: Dodd, Mead & Company.

- **소비자의 주목유발 기능**: 헤드라인은 광고효과 과정을 설명하는 고전적 모형인 AIDMA(Attention → Interest → Desire → Memory → Action) 법칙에서 가장 첫 번째 단계인 소비자의 주목을 유발(getting attention)하게 하는 기능을 수행한다.
- **소비자의 선택 기능**: 광고의 목표 집단을 설정하는 데 있어서 정부광고가 아닌 이상 전 국민을 대상으로 할 필요가 없다. 따라서 헤드라인은 많은 소비자 중에서 광고의 표적 소비자를 선택(selecting the audience)하게 하며 광고의 목표 집단을 호명하는 기능을 수행한다.
- **전체 메시지의 전달 기능**: 헤드라인 그 자체로서 소비자에게 구매 행동을 유발해야 한다. 오길비가 광고를 보는 독자의 80%가 헤드라인을 읽는다고 했듯이, 소비자들은 보디카피는 읽지 않아도 헤드라인은 읽을 가능성이 크다. 따라서 자세한 내용은 보디카피를 참고하라는 식으로 여지를 남기지 말고 헤드라인 자체로 전체 메시지를 전달(delivering a complete message)할 수 있어야 한다. 보디카피에서 추가로 보완하는 것은 또 다른 과제다.
- **보디카피로의 유인 기능**: 헤드라인은 그 자체로서 전체 메시지를 전달해야 하지만 소비자에게 보디카피를 읽고 싶은 마음이 일어나도록 유인(drawing the reader into body copy)할 수 있어야 한다. 그렇게 되면 소비자에게 보디카피의 내용까지 전달할 수 있으므로 메시지의 효과가 더 높아질 수 있다.

국내에서도 이만재(1990)는 헤드라인의 기능에 대해 이렇게 설명했다. 헤드라인은 소비자의 주목을 끌 수 있어야 하고, 다수의 대중 사이에서 상품과 관련되는 목표 고객을 바로 골라낼 수 있어야 하며, 독자를 보디카피까지 읽도록 유인하는 힘을 발휘해야 하고, 헤드라인 그 자체로 즉각적인 행동을 촉발해야 한다는 것이다.[10]

디지털 시대의 광고는 소비자와 브랜드의 관계설정을 시도하는 경우가 많다. 정보의 혼잡 현상으로 인해 광고효과가 갈수록 약화하는 상황에서 직접적인 상품 판매보다 장기적으로 브랜드에 대한 호의적인 관계 형성을 모색하는 광고들이 늘고 있다. 이처럼 브랜드 관리가 중요해진 디지털 시대의 광고에서 카피라이터는 브랜드에 대한 뉴스를 제공하는 헤드라인, 브랜드의 주장을 강조하는 헤드라인, 목표 소비자에게 광고 상품을 활용해 보라고 권고하는 헤드라인, 잠재고객(prospect)을 선별하는 헤드

---

10) 이만재(1990). 카피라이터 입문(pp. 76-78). 서울: 고려원.

라인, 소비자의 호기심을 자극하는 헤드라인, 광고의 이미지나 느낌을 확정하는 헤드라인, 브랜드의 성격을 규정하는 헤드라인을 쓰도록 특별히 신경 써야 한다.[11]

헤드라인은 브랜드의 주장을 강조하기 위해 인쇄광고에서는 가장 눈에 잘 띄게 배치하고 보디카피보다 큰 활자로 표현하는 것이 일반적이다. 또한 방송광고에서는 핵심 비주얼(key visual)과 연결해 가장 잘 들리고 주목할 수 있게 녹음하는 것이 일반적이다. 그러나 항상 그렇지는 않으며, 아이디어의 내용과 특성에 따라 헤드라인을 내레이션이나 별도의 자막으로 처리하기도 한다.

소비자로서는 광고를 보지 않아도 살아가는 데 아무런 문제가 없으므로 헤드라인의 기능에 대해 반드시 알아야 할 필요가 없다. 그러나 카피라이터의 관점에서 보면 헤드라인은 자신의 이름이나 명성을 좌우하는 문제다. 따라서 카피라이터들은 광고에서 가장 중요한 요소인 헤드라인의 기능에 대해 충분히 숙지하고, 카피를 쓸 때 기능을 발휘하는 카피를 쓰기 위해 여러모로 방법을 찾아야 한다.

2) 헤드라인의 유형

광고 헤드라인은 카피라이터가 작성한 여러 대안 중에서 채택된 하나의 메시지 유형이다. 헤드라인 유형(type of headline)은 광고 메시지의 구성 원리와 직결되지만, 대개의 분류가 연구자 개인의 직관에 따라 분류했기 때문에, 각각의 장점에도 불구하고 일반화 가능성이 크지 않아 보편적으로 적용하기 어려웠다. 예컨대, 헤드라인 유형을 던과 버반(Dunn & Barban, 1986)은 3가지 유형(직접소구형, 간접소구형, 혼합소구형)으로 분류했고,[12] 일본의 우에조 노리오(植條則夫, 1991)는 9가지 유형(뉴스·고지형, 단정형, 실증형, 주장·제안형, 암시·경고형, 의뢰·호소형, 질문형, 정서형, 효용·이익형)으로 분류했다.[13] 김동규(2003)는 10가지 유형(뉴스형, 편익제시형, 정서형, 호기심 유발형, 목표고객 선정형, 입증형, 지시형, 주장·제안형, 문제 해결형, 타이틀형)으로 분류했고,[14] 앨스티엘과 그라우(Altstiel & Grow, 2006)는 8가지 유형(뉴스형, 직접혜택

11) O'Guinn, T. S., Allen, C. T., & Semenik, R. J. (2003). *Advertising and integrated brand promotion* (3rd ed., pp. 409-410). Mason, OH: Thomson South-Western.

12) Dunn, S. W., & Barban, A. M. (1986). *Advertising: Its role in modern marketing* (6th ed., pp. 459-464). New York, NY: The Dryden Press.

13) 우에조 노리오(植條則夫, 1991). 카피교실 (植条則夫のコピ-教室: 廣告情報作品)(pp. 31-36). (맹명관 역). 서울: 들녘. (원저는 1988년에 출판).

형, 호기심형, 감정형, 지시형, 허풍형, 비교형, 레이블형)으로 분류했다.[15] 이처럼 연구자에 따라 메시지의 제시 방법이나 소구 유형 같은 각각 다른 기준을 적용하고 카피라이터로서의 경험과 직관에 따라 광고 헤드라인 유형을 분류했다.

한번 정해진 광고 콘셉트는 바뀌면 안 되는 불변의 지침이지만 헤드라인의 표현 유형은 상상력에 따라 달라진다. 매체에 따라, 말하는 시점에 따라, 아이디어의 전개 방식에 따라, 경쟁 브랜드의 표현전략에 따라, 여러 광고 환경에 따라, 광고 창작자의 성향에 따라 천차만별의 헤드라인이 나오게 된다. 이렇듯 광고 헤드라인 유형은 광고 메시지의 주요 결정 요인이다. 여러 헤드라인 유형을 유사한 항목끼리 통합한 결과, 뉴스형이 19회로 가장 공통으로 언급된 헤드라인 유형으로 나타났다. 그다음으로 호기심형(15회), 혜택형(12회), 정서형(10회), 지시형(9회), 실증형 및 질문형(8회), 제안형(7회), 단정형 및 과장형(4회), 경고형 및 방안형(3회) 순이었으며, 나머지 기타 유형이 8가지로 나타났다.[16] 여러 연구자는 헤드라인의 유형 분류를 시도했는데 나름의 의의가 있었으며 광고 카피 창작에 이바지했다. 그러나 광고 헤드라인의 유형에 대한 여러 분류는 실증적으로 검증하기보다 연구자의 직관이나 경험에 의한 자의적인 분류라는 한계가 있다.

광고 헤드라인은 광고물의 창의성을 결정하는 주요 요인의 하나이며 소비자의 상기도나 재인의 향상에 영향을 미친다. 카피라이터들이 헤드라인 유형을 알지 못해도 카피를 쓸 수는 있겠지만 객관적으로 분류된 헤드라인 유형을 알고서 광고 창작에 임하는 경우와 그렇지 않은 경우는 물론 우리나라 카피라이터들이 선호하는 헤드라인 유형과 회피하는 헤드라인 유형을 알고서 카피를 쓸 때는 분명 그 결과에 차이가 있다. 김병희(2007b)는 그동안의 헤드라인 유형 분류가 연구자의 경험이나 직관에 의지한 단순 분류라는 점에 주목해 우리나라 광고인이 인식하는 헤드라인 유형을 실증적으로 규명했다. 분석 결과, 우리나라 광고인들이 인식하는 헤드라인 유형은 9가지로 분류할 수 있었다. 이를 보다 구체적으로 설명하면 다음과 같다.[17]

14) 김동규(2003). 카피라이팅론(pp. 435-447). 서울: 나남출판.

15) Altstiel, T., & Grow, J. (2006). *Advertising strategy: Creative tactics from the outside/in* (pp. 178-179). Thousand Oaks, CA: Sage.

16) 김병희(2007a). 광고카피 창작론: 기본원리 편. 경기: 나남출판.

17) 김병희(2007b). 광고 헤드라인의 유형분류에 관한 연구. 광고연구, 75, 9-34.

(1) 설명형

설명형은 소비자가 상품을 쓰고 있는 상황을 제시하고, 상품을 쓸 때 나타날 수 있는 문제점에 대한 대처 방법을 단계별로 설명한다. 또한 일상의 단면을 있는 그대로 묘사하고 상품을 어떻게 쓰는지 친절하게 알려 주며, 상품 사용법이 어려운 경우에는 쉽고 자세히 설명하는 스타일의 헤드라인이다. 예를 들어, 풀무원 두부의 '콩' 편에서는 수많은 콩을 열거한 다음, "이 콩들은 두부는 될 수 있지만 풀무원 두부는 될 수 없습니다"라는 헤드라인을 썼는데 이런 헤드라인이 설명형에 해당한다.

(2) 혜택형

혜택형은 상품의 유익함을 강력히 주장하고, 상품 활용의 혜택을 제시하거나, 소비자에게 효용을 약속하는 헤드라인이다. 이는 상품을 활용해 얻을 수 있는 효용이나 혜택을 제시해 더 즉각적인 반응을 유도하는 유형이다. 이때 효능이나 효과 같은 상품의 물리적 혜택보다 어떤 상품을 활용하고 난 후에 오랫동안 만족할 수 있는 심리적 혜택을 제시하는 것이 효과적이다. 예컨대, KB카드 광고 '꺼내라' 편에서는 "꺼내라"라는 헤드라인과 "가둬두기엔 할인의 기회가 너무 많다"라는 서브헤드를 통해 카드가 제공하는 소비자 혜택을 제시했다. 카드가 제공하는 혜택이 많다는 점과 할인의 기회가 아깝다는 점을 통해 소비자의 구매욕을 자극하는 혜택형 헤드라인이다.

[그림 5-2] KB카드 광고 '꺼내라' 편

(3) 실증형

실증형은 상품의 기능을 실제로 증명하거나 상품의 특성을 입증함으로써 소비자 스스로가 반응하도록 유도하는 헤드라인이다. 이는 상품의 기능이나 특성을 실제로 증명함으로써 소비자의 태도 변화를 시도하는 형식인데, 이때 추상적인 표현을 삼가고 구체적이고 실증적인 헤드라인을 써야만 효과를 기대할 수 있다. 예컨대, 매일유업 바나나우유의 "바나나는 원래 하얗다" 시리즈 광고에서는 색소를 쓰지 않고 천연 과즙으로 맛을 낸 하얀색의 바나나우유를 실제로 보여 줘 '바나나는 노랗다'고 생각하는 사람들의 선입견을 바꿨는데, 실증형에 해당하는 헤드라인이다.

(4) 경고형

경고형 헤드라인은 광고 상품을 쓰지 않으면 시대감각에 뒤처진다고 암시하거나, 구매하지 않는 소비자의 열등감을 부채질함으로써 생활 습관을 바꾸라고 강조한다. 이는 광고 상품을 쓰지 않으면 시대에 뒤떨어진다며 인간 심리의 약점을 찌르는 유형인데, 자칫 잘못하면 역풍을 맞을 수 있다. 암시나 경고 내용이 수긍하기 어렵거나 상품 판매를 위한 수단으로 인식할 경우 소비자들이 외면하기 때문이다. 따라서 이 유형은 조심스럽게 접근해야 한다.[18] 예컨대, 한국얀센의 타이레놀 광고 '독도' 편의 "독도를 자기네 땅이라 말합니다. 대한민국 4800만이 머리가 아픕니다" 같은 헤드라인이나 동아제약 서큐란의 "혈액 순환 장애, 몸이 알면 늦습니다" 같은 헤드라인이 경고형에 해당한다.

(5) 유머형

유머형 헤드라인은 같은 내용이라도 소비자를 웃게 만들고 상황을 재미있게 전달하는 스타일로 광고 브랜드에 대한 호감을 유발할 가능성이 크다. 광고에 재미있는 장면을 제시하거나 대중매체에서 유행하는 소재를 차용하면서 광고 헤드라인과 연결한다. 예컨대, 롯데리아 크랩버거의 "니들이 게 맛을 알아?" 같은 헤드라인이 유머형에 해당한다. 또한 빙그레 요플레 토핑의 광고 '껍데기가 별로야' 편에서는 요플레 속에 있는 내용물의 강점을 알리기 위해 "껍데기가 별로야~"라는 카피를 반복해, 좋은 재료를 껍데기에 담아 아쉽다는 내용을 전달했다. 그 어떤 제품보다 토핑이 맛있는데 껍데기가 별로라 토핑의 고품질이 저평가될 수 있다는 점을 유머형 헤드라인으로 표현했다. 유머형 광고의 카피는 이렇다. "♪) 크래프트 토핑을 드디어 완성했는데/ 껍데기가 별로야~/ 섬세한 크래프트 토핑인데/ 껍데기가 별(★)로야~ 요플레/ 비싼 재료 넣어놓곤/ 이런 패키지를 바랐는데!/ 토핑은 5성급인데/ 껍데기가 별로야~/ 그냥 그냥 그냥 흔한 제품 같아/ 부수고 또 부숴서 널 찾았는데 널 찾았는데(요플레 토핑)/ 담을 수 없어/ 이런 껍데기에/ 에헷? 꺄으하항★/ 크래프트 토핑에 집중하느라 껍데기는 신경 못 썼습니다/ Na) 어떤 껍데기도 감당할 수 없는 슈퍼 프리미엄 크래프트 토핑/ 요플레 토핑/ 요플레, 더 건강하게 더 맛있게"

---

18) 우에조 노리오(植條則夫, 1991). 카피교실 (植条則夫のコピ−教室: 廣告情報作品)(pp. 34-35). (맹명관 역). 서울: 들녘. (원저는 1988년에 출판).

(6) 정서형

정서형 헤드라인은 상품 정보를 감각적·시적으로 표현하는 스타일이다. 이 유형은 인간의 감정에 호소하는 감성소구 방법으로, 소비자의 감성이나 정서를 자극하는 데 자주 활용한다. 자칫하면 카피가 아닌 시 쓰기가 될 가능성이 있고 상품과의 상관성(relevance)을 망각할 수 있으므로 특히 주의해야 한다. 시처럼 표현하더라도 반드시 상품과의 상관성을 유지해야 한다. 예컨대, 크리넥스의 "크리넥스로도 닦을 수 없는 그리움이 있다", 한독약품 훼스탈 플러스의 "삼키려고 할수록 삼키기 힘든 게 사랑이지", 롯데칠성음료 2%부족할때의 "사랑은 언제나 목마르다" 같은 헤드라인이 정서형에 해당한다.

(7) 뉴스형

뉴스형은 상품에 대한 정보를 언론의 보도 기사나 뉴스처럼 전달하고, 상품의 장점을 직접 알리는 헤드라인이다. 상품에 대한 소비자 혜택을 뉴스 스타일로 전달하기 때문에 뉴스로 착각할 수도 있다. '광고는 베스트 뉴스'라는 말이 이 유형을 설명하는 적절한 표현일 것이다. 예컨대, 벼룩시장의 라디오 광고 '뉴스' 편에서는 "벼룩시장이 9시 뉴스를 알려 드리진 않지만, 뉴스보다 도움 되는 실생활 정보를 전해 드립니다"라며 상품 정보를 뉴스처럼 전달하는데, 이런 헤드라인이 뉴스형에 해당한다.

(8) 호기심형

호기심형 헤드라인은 소비자의 궁금증을 유발하고 호기심을 자극한다. 이는 소비자들이 공감할 수 있는 메시지를 제시하고 나서 소비자가 광고에 참여해 함께 생각하고 문제를 해결해 보자고 유도하는 형식이다. 생소한 질문이 아닌 소비자들이 충분히 공감할 수 있는 질문을 제기해 상상을 유도하는 이 유형은 소비자에게 헤드라인에 대한 긍정적인 동의를 유도하며 광고에 참여해서 함께 생각해 보자는 의도가 담겨 있다. 예를 들어, 대한항공의 "미국, 어디까지 가 봤니?" 캠페인의 광고 카피는 소비자의 궁금증을 유발하는 호기심형 헤드라인이다. 네이버 광고 '야한 생각' 편에서는 지식 검색 기능을 강조하기 위해 "'야한 생각'하면 정말 머리가 빨리 자랄까?" 하며, 모델이 스스로 질문하는 헤드라인을 썼다. 이는 소비자의 궁금증을 유발하는 호기심형 헤드라인이다.

(9) 제안형

제안형은 새로운 생활양식을 제안하거나 소비자의 권유를 사실적으로 표현하는 헤드라인이다. 이 유형에서는 소비자들에게 생활 습관을 바꾸라고 주장하거나 상품 혜택이나 기업 철학에 직접 동의하기를 유도한다. 1세대 카피라이터 김태형 선생은 광고에 '생활의 제안'이 있어야 한다고 했다. 이 유형에서는 극적인 제안을 통하여 소비자의 태도 변화를 시도한다. 따라서 제안 내용은 소비자들이 수용할 수 있는 수준이어야 하며 타당해야 한다. 예컨대, 참존화장품의 "여자들이여, 잠꾸러기가 되자!", 산토리와인의 "금요일은 와인을 사는 날", CJ 엔프라니의 "20대부터 관리하자", 동일 하이빌의 "아이들은 마당에서 큰다" 같은 헤드라인이 제안형에 해당한다.

[그림 5-3] 네이버 광고 '야한 생각' 편

이상에서 설명한 헤드라인 유형 9가지는 김병희(2007b)의 광고 헤드라인의 유형 분류에 관한 연구결과를 바탕으로 제시한 것이다. 어떤 카피라이터가 헤드라인 유형을 완전히 이해했다고 해서 실제로 헤드라인을 잘 쓴다고 단정하기 어렵다. 카피라이터는 영감에 따라 카피를 쓸 수도 있겠지만 헤드라인의 기본 유형에 대하여 충분히 이해하고, 이를 바탕으로 자기 스타일로 변용하면 카피를 쓰는 과정에서 도움이 될 것이다. 카피라이터는 끊임없이 노력해야 좋은 카피를 쓸 수 있다는 점을 명심하고 다양한 헤드라인 유형을 창작해야 한다. 다만 헤드라인의 표현 유형을 숙지하되, 거기에 맞추려고 지나치게 얽매일 필요는 없다. 9가지 헤드라인 유형을 기본으로 삼되 카피라이터 스스로의 감각을 발휘하는 카피라이팅이 더 중요하다.

이상에서 헤드라인 유형을 사례를 들어 설명했으나, 어떤 카피라이터가 헤드라인 유형을 잘 분류하고 이를 완전히 이해했다고 해서 헤드라인을 잘 쓰는 것은 아니다. 카피라이터들이 주먹구구식의 영감에 따라 카피를 쓸 수도 있겠지만, 헤드라인의 기본 유형에 대해 충분히 이해하고 이를 바탕으로 자기 스타일로 변용하면 카피를 쓸 때 큰 도움이 될 것이다. 9가지 헤드라인 유형은 직관이나 경험에 의한 분류가 아니라 광고인들이 인식하는 헤드라인 유형을 실증적으로 분류한 것이라, 카피 창작에 있어서 실질적으로 유용한 지침이 될 것이다.

같은 크리에이티브 콘셉트에서 각각 다른 수많은 헤드라인이 나올 수 있다. 헤드라인은 상품과 시장과 소비자의 함수관계에 의해 그려지는 광고의 삼각형에 따라 변화무쌍하게 달라지는데, 최종적으로 광고물에 활용되는 헤드라인은 치열한 경쟁을 뚫고 선택된 것이나 마찬가지다. 실제 광고물에 쓰이는 헤드라인은 아이디어 발상 과정에서 나오는 수십 가지 후보인 중에서 선택된 하나의 헤드라인이다. 카피라이터의 취향, 크리에이티브 디렉터(CD)의 선입견, 광고회사 중역들의 검토 과정에서의 평가, 그리고 광고주의 수정 요청에 따라 달라지기 때문에 그것이 반드시 최적의 헤드라인이라고 단정하기는 어렵다.

따라서 카피라이터는 이미 매체에 노출된 헤드라인을 비판적인 관점에서 바라보고 그것을 바꿔 볼 필요가 있다. 아이디어 발상 결과를 바탕으로 이상의 9가지 기본 유형에 따라 헤드라인을 바꿔 보는 공부를 카피라이터 스스로 해 봐야 한다. 예컨대, 롯데칠성음료 2%부족할때 광고에서 "날 물로 보지마!"는 제안형 헤드라인인데, 이 역시 최적의 헤드라인이라고 단정하기 어렵다. 예컨대, "날 물로 보지마!"(제안형)를 나머지 8가지 유형으로 변화시켜 보자.

- **설명형**: "물이 아닙니다. 미과수 음료입니다"
- **혜택형**: "기분까지 2% 가벼워져요"
- **실증형**: "물과 2%의 차이, 직접 확인해 보세요"
- **경고형**: "물은 가라, 큰코다칠라!"
- **유머형**: "이제, 물 먹지 마세요"
- **정서형**: "사랑의 목마름은 왜 2% 부족한 걸까…"
- **뉴스형**: "요즘 2% 부족하신 분들이 늘고 있습니다"
- **호기심형**: "아직도 2% 부족하세요?"

광고 콘셉트는 흔들리지 않는 불변의 지침이지만 실제 헤드라인은 유형에 따라 얼마든지 달라질 수 있다. 즉, 언제 말할 것인가에 따라서, 영상 아이디어가 어떻게 전개되느냐에 따라서, 경쟁 브랜드의 표현전략에 따라서, 사회적인 쟁점에 따라서, 소비자의 광고 기호에 대한 해독 방식에 따라서 천차만별의 헤드라인이 나올 수 있다. 또한 비주얼로 보여 주는 상황을 요약하기(상황요약형), 비주얼에서 제시하는 상황에 의미를 부여하기(의미부여형), 그리고 비주얼과 헤드라인의 시너지 창출하기(시너지 창출형) 같은 3가지 접근 방법으로 기존의 헤드라인을 바꿔 보는 연습을 반복하는 것도 카피를 잘 쓰는 데 도움이 된다.[19]

따라서 카피라이터들은 끊임없이 노력해야 한다. 처음부터 카피를 잘 쓰는 사람은 거의 없다. 노력하고 또 노력해야 좋은 카피를 쓸 수 있다는 점을 명심하고 다양한 헤드라인 유형을 자유자재로 쓸 수 있어야 한다. 다만, 헤드라인의 표현 유형을 숙지하되 거기에 꼭 맞춰 쓰려고 지나치게 얽매일 필요는 없다. 카피라이터 스스로 자신의 마음 가는 대로 변화무쌍하게 써 보되, 그에 앞서 9가지 헤드라인 유형에 대한 기본기를 충실히 다지기를 바란다.

3) 케이플스의 29가지 헤드라인 쓰는 법

일찍이 미국의 광고인 케이플스는 29가지 헤드라인 쓰는 법을 제시했다. 헤드라인에서의 작은 변화가 유인력의 차이를 만들 수 있다고 확신한 그는 헤드라인 유형을 크게 뉴스성 헤드라인, 가격을 활용한 헤드라인, 핵심어를 활용한 헤드라인으로 나누고 각각의 헤드라인 작성법을 제시했다.[20] 오래전에 제시된 고전적인 내용이지만 디지털 시대의 광고 환경에서 봐도 손색이 없으며 앞으로 세월이 흐른 다음에도 공감할 수 있는 내용이다. 더 구체적인 내용은 다음과 같다.

(1) 뉴스형 헤드라인

광고에서 신상품을 보여 주고 그 상품의 새로운 용도나 개선점을 제시하는 정보 제공의 기능을 갖는다. 따라서 뉴스형 헤드라인은 가장 일반적으로 활용되는 헤드라인 유형으로, 소비자의 주목을 끄는 데 영향을 미칠 수 있다. 그러나 디지털 시대의 똑똑한 소비자들에게 단순하게 알리기만 한다면 싫증나게 느껴질 수 있다. 따라서 뉴스 형식을 활용하되 창의적인 카피를 쓰도록 노력해야 한다. 케이플스가 제시한 뉴스형 헤드라인의 7가지 법칙은 다음과 같다.

19) 김정우(2006). 카피연습장 1: 아이디어와 인쇄광고 편(pp. 174-199). 서울: 커뮤니케이션북스.
20) Caples, J. (1992). 광고, 이렇게 하면 성공한다 (*Tested advertising methods*)(pp. 71-95). (송도익 역). 서울: 서해문집. (원저는 1932년에 출판). 이상을 참고해 부분적으로 번역을 다시 하고 우리나라의 카피 사례를 제시했다.

- **법칙 1:** '알림'이라는 의미의 단어로 헤드라인을 시작하라.

  "모두가 아이가 되는

  그 계절이 <u>왔다</u>" (한국관광공사)

  "멘소래담 스프레이가

  새로 <u>나왔습니다</u>" (멘소래담 스프레이)

- **법칙 2:** '알림'과 유사한 의미의 단어로 헤드라인을 시작하라.

  "매콤, 새콤, 달콤.

  <u>3콤</u>하게 맛있다" (팔도 비빔면)

  "판실이 <u>이사오던</u> 날,

  냄새는 이사를 갔습니다" (피죤 판실)

- **법칙 3:** '새로운'이라는 단어로 헤드라인을 시작하라.

  "<u>새로운</u> 세상" (신세계백화점)

  "커피믹스의 <u>새로운</u> 시작,

  네스카페 신선한 모카" (네스카페)

- **법칙 4:** '이제' '지금' '막'이라는 단어로 헤드라인을 시작하라.

  "<u>이제</u>,

  비타민C로 샤워해 봐!" (인트로비즈 비타샤워)

  "<u>이제</u> 은나노 기술이

  세탁과 동시에 살균까지 한다" (하우젠 드럼세탁기)

- **법칙 5:** '마침내' '드디어'라는 단어로 헤드라인을 시작하라.

  "<u>마침내</u> 패션 유통의

  신세계가 열립니다" (신세계백화점)

"드디어,

물 걱정 돈 걱정 끝!" (웅진코웨이 정수기)

- **법칙 6**: 헤드라인에 시간 개념을 넣어 보라.

　"누구나 <u>15초</u> 만에

　스타가 될 수 있다" (틱톡)

　"하루 <u>15분</u>이면 40년 후엔

　1,000권을 읽게 된다" (공익광고협의회)

- **법칙 7**: 뉴스 식으로 헤드라인을 써 보라.

　"수원지가

　<u>천지차이</u>" (백산수)

　"오늘, 전국에 하이트가 한 병도 없습니다.

　<u>오늘은 만우절이다</u>" (하이트 맥주)

예컨대, 하우젠 드럼세탁기 광고 '살균까지' 편을 보자. 이 광고에서는 '법칙 4'에서 강조한 '이제'라는 말을 헤드라인에 넣어 지금까지 세탁만 하던 세탁기가 앞으로는 살균까지 할 수 있게 되었다는 사실을 강조했다. 여기에서 '이제'는 헤드라인을 읽는 소비자의 호흡을 잠시 멈추게 하면서 새로운 기술의 시작을 강조하는 언어적 장치로 활용되었다.

[그림 5-4] 하우젠 드럼세탁기 광고

(2) 가격 소구형 헤드라인

가격을 따지지 않는 소비자는 없을 것이다. 소비자들은 모두 가격에 민감하다. 소비자들이 광고를 볼 때 크게 쓰인 헤드라인보다 광고 하단에 조그맣게 쓰여 있는 가격을 먼저 보는 경우도 많다. 따라서 카피를 쓸 때 아예 처음부터 헤드라인에서 가격을 내세워 가격을 강조하는 헤드라인을 써도 효과를 발휘한다. 하지만 가격만 강조하는 카피를 계속 쓴다면 그 브랜드의 이미지가 나빠질 가능성도 있다. 가격에 소구하는 카피를 지나치게 자주 쓰면 안 되는 이유이기도 하다. 케이플스가 제시한 가격 소구형 헤드라인의 법칙은 다음과 같다.

- **법칙 8**: 헤드라인에서 가격을 언급해 보라.
  "알아서 챙겨 주는
  나만의 머니 트레이너" (핀크)

  "월 34,000원으로 가볍게 시작해서
  갈수록 든든해지는 보험이 있습니다" (ING 다이렉트보험)

- **법칙 9**: 가격 할인을 이야기해 보라.
  "올마이갓,
  올영세일" (올리브영)

  "주유소에서 난 특별한 고객.
  리터당 40원이나 할인받는다" (현대카드)

- **법칙 10**: (상품 시험 구매에 한정해서) 특별가를 제시해 보라.
  "1% 맘에 안 들어도
  100% 교환 환불" (홈플러스 신선 AS센터)

  "색깔은 컬러,
  비용은 흑백" (HP 비즈니스잉크젯)

- **법칙 11**: (후불제, 분납제 등) 지급 방법의 편리함을 제시해 보라.
  "하루 750원으로 남편을,

아내를 지켜 주세요" (아메리카생명보험)

"자동차는 먼저 가져가시고,

대금은 천천히 <u>나눠 내세요</u>" (GM대우)

• **법칙 12**: 무료로 준다는 내용을 제시해 보라.

"일요일엔 002가

추가 10분간 <u>무료</u>래요, <u>무료</u>!" (국제전화 002)

"맛있어서 모자랄까 봐

<u>1판 더</u> 드립니다!" (피자에땅)

• **법칙 13**: 가치 있는 정보를 제공해 보라.

"<u>AI의 미래</u>를 이끌

주인공의 자리입니다" (LG)

"<u>이천 원의 맛집</u>,

롯데리아 착한 메뉴" (롯데리아)

[그림 5-5] LG의 '미래, 같이' 광고

LG의 '미래, 같이' 광고에서는 대한민국 인공지능 산업을 이끌어 갈 학생들과 청년들을 위해 마음껏 AI를 배우고 꿈꿀 수 있도록 LG의 다양한 AI 교육 프로그램이 진행되고 있다는 사실을 알렸다. "AI의 미래를 이끌 주인공의 자리입니다"라는 카피 아래쪽에 AI 글자를 든든한 의자 모양으로 표현했다. LG에서 마련한 AI 교육 프로그램에 참여하면 미래가치를 기대할 수 있다는 점을 "미래, 같이"라는 카피로 표현했다.

- **법칙 14**: 이야깃거리를 제시해 보라.

     "내가 그녀를 프린트하기 전에는
     그녀는 다만 하나의 jpg에 지나지 않았다" (삼성프린터 포토S)

     "기역(ㄱ)부터 히읗(ㅎ)까지,
     아(ㅏ)부터 이(ㅣ)까지. 가히.
     오늘 한글을 다시 바라봅니다" (가히)

10월 9일 한글날을 기리기 위해 가히는 브랜드명에 담긴 한글의 철학을 알리기 위해 한국의 멋스러움과 한글의 소중함을 살려 고유한 브랜드 이미지를 환기하려고 했다. "ㄱ부터 ㅎ까지, ㅏ부터 ㅣ까지"라는 카피를 통해 브랜드 이름을 널리 알리려고 노력했다. "누구나 쉽게 익히고 쉽게 사용하도록 만들어진 한글. 덕분에 우리의 문화도 아름답게 꽃을 피울 수 있었습니다. 그 마음을 배우며 누구나 쉽게 아름다워지는 세상을 그려봅니다. 기역(ㄱ)부터 히읗(ㅎ)까지, 아(ㅏ)부터 이(ㅣ)까지. 가히. 오늘 한글을 다시 바라봅니다" 내레이션에 맞춰 한글 자모음이 등장하고, 기역과 히읗 부분과 아와 이 부분을 진하게 강조하니 '가히'가 되는 흥미로운 구성이다.

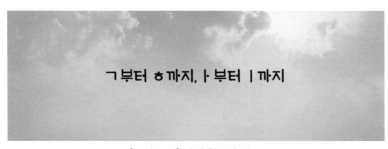

[그림 5-6] 가히 한글날 광고

(3) 핵심어형 헤드라인

헤드라인에서 어떤 단어를 쓰면 주목 효과가 뛰어난 경우가 많다. 이 단어들은 대체로 소비자들에게 잠시 생각해 보도록 하는 관여도가 높은 단어들이다. 이처럼 어떤 단어를 반드시 포함해 쓰는 헤드라인을 핵심어형 헤드라인이라고 한다. '방법' '어떻게' '왜' '어째서' '이유' '어떤' '어느' '~하지 않는' '~이 아니라면' '찾음' '구함' '선발' '이' '이것' '권고' '제안' 같은 단어들이 핵심어다. 케이플스가 제시한 핵심어형 헤드라인의 법칙은 다음과 같다.

- **법칙 15**: 헤드라인에 '방법'이라는 단어를 써 보라.

  "놀면서 저절로

  공부가 되는 <u>방법</u>!"(MC스퀘어)

  "런던 정통 진을 입는 <u>방법</u> 2가지.

  비행기를 타고 런던에 간다. 진을 사 입는다.

  미치코런던 매장에 간다. 진을 사 입는다" (미치코런던)

- **법칙 16**: 헤드라인에 '어떻게'라는 단어를 써 보라.

  "김 부장은 그 IT정보를

  <u>어떻게</u> 알았을까?" (디지털타임스)

  "물론 시바스 리갈 없이도 살 수 있죠.

  문제는 <u>어떻게</u> 사느냐는 것 아니겠습니까?" (시바스리갈)

- **법칙 17**: 헤드라인에 '왜'나 '어째서' 또는 '이유' 같은 단어를 써 보라.

  "<u>왜</u> 미국의 어린이들은

  어려서부터 펀드를 할까요?" (한국투자증권)

  "보일러를 싸게만 만들어서는

  안 되는 10가지 <u>이유</u>" (린나이 가스보일러)

• **법칙 18**: 헤드라인에 '어떤'이나 '어느' 같은 단어를 써 보라.

"<u>어떤</u> 남편이 되시렵니까?" (코오롱스포츠)

"<u>어느</u> 시인의 안주가 돼도 좋다.

<u>어느</u> 학형의 노래가 돼도 좋다" (청하)

• **법칙 19**: 헤드라인에 '～하지 않는'이나 '～이 아니라면' 같은 단어를 써 보라.

"최저 가격<u>이 아니라면</u>

까르푸 제품이 아닙니다" (한국 까르푸)

"꽃미남은 태어나<u>지 않는다</u>.

여자친구에 의해 키워지는 것이다" (CJ몰)

• **법칙 20**: 헤드라인에 '찾음'이나 '구함' 또는 '선발' 같은 단어를 써 보라.

"찌릿찌릿한 마케터

일곱 명만 <u>뽑습니다</u>" (TBWA 코리아)

"장바구니 들고 오신

고객님을 <u>찾습니다</u>" (롯데마트)

• **법칙 21**: 헤드라인에 '이'나 '이것' 같은 단어를 써 보라.

"<u>이</u>만큼 커지고

<u>이</u>만큼 싸지고" (KFC)

"<u>이</u>보다 앞서갈 수는 없습니다.

<u>이</u>보다 새로울 수는 없습니다" (현대 그렌저XG)

• **법칙 22**: 헤드라인에 '권고'나 '제안' 같은 단어를 써 보라.

"먹지 마세요.

피부에 <u>양보하세요</u>" (스킨푸드)

"엄마,

오래 사세요" (유한양행 삐콤C)

- **법칙 23**: 증언형의 헤드라인을 써 보라.

"의자가 보내는 응원.

기대요" (시디즈)

"한 달에 한 번

개린이날을 선물하세요" (베이컨박스)

시디즈의 '기대요' 프로젝트는 기댈 수 있는 편안한 시디즈 의자를 통해 꿈을 이루기 위해 노력하는 사람들에게 따뜻한 격려와 응원의 메시지를 전하는 캠페인이다. 늦은 나이에 한글 공부를 시작한 한글 대학의 할머니들이나 학생과 선생님이 한 명뿐인 초등학교에 시디즈 의자를 선물하고, 그들의 꿈을 응원하는 따뜻한 이야기를 증언형 헤드라인의 영상으로 풀어냈다. 광고에서는 일상에서 쓰는 의자의 가치를 격려와 응원의 메시지로 재해석해 소비자들의 공감을 유발했다.

[그림 5-7] 시디즈 '기대요' 광고

- **법칙 24**: 소비자 스스로 해 보도록 하라.

  "독서와 무제한 <u>친해지리</u>" (밀리의 서재)

  "아직 가보지 못한 길이 있다.
  아직 <u>먹어보지 못한</u> 크래커가 있다" (해태 아이비크래커)

- **법칙 25**: 한 단어로 헤드라인을 써 보라.

  "<u>누구시길래</u>…" (르노삼성 SM5)

  "<u>뽀드득</u>~" (부광 브렌닥스치약)

- **법칙 26**: 두 단어로 헤드라인을 써 보라.

  "<u>빨래 끝!</u>" (옥시크린)

  "<u>대한민국 1%</u>" (렉스턴)

- **법칙 27**: 소비자가 심사숙고하도록 경고해 보라.

  "이 타이어는 <u>비쌉니다</u>" (한국타이어 옵티모)

  "화장은 피부 음식이에요.
  아무거나 <u>먹지 마세요</u>" (ICIS 화장품)

- **법칙 28**: 광고주가 직접 소비자에게 말하듯이 써 보라.

  "봄을 타십니까?
  피로를 <u>타십니까</u>?" (일동제약 아로나민골드)

  "당신의 별명이 '안경'인 것은
  그 안경이 어울리지 않기 <u>때문입니다</u>" (안경전문점 Zoff)

- **법칙 29**: 어떤 사람이나 어떤 집단에게만 말하듯이 써 보라.

    "여성들이여,

    잠꾸러기가 되자" (에바스화장품 타임)

    "무모한 분들,

    유모있게 삽시다" (가발 스펠라707)

[그림 5-8] 에바스 타임 광고 '잠꾸러기' 편

예컨대, 에바스 타임 '잠꾸러기' 편은 '법칙 29'를 준수했다. 이 광고의 헤드라인에서는 '여성들'을 먼저 호명한 다음 "잠꾸러기가 되자"라는 제안형 헤드라인으로 이어 가고 있다. 즉, 새로운 일상을 제안하면서 어떤 집단을 구체적으로 거론하면 화장품의 주요 고객인 여성 소비자들이 무슨 내용인지 궁금해하며 그만큼 더 관심을 가질 가능성이 크다.

4) 오길비의 헤드라인 쓰는 법

일찍이 오길비는 『어느 광고인의 고백』(1964)의 제6장 〈강력한 카피를 쓰려면〉에서 헤드라인 작성법을 제시했다. 오길비의 광고 철학 부분에서도 설명했듯이, 그는 헤드라인을 광고에 있어서 가장 중요한 핵심 요소라고 강조했다. 광고 전체의 첫인상을 결정하는 것이 헤드라인이기 때문에, 광고 헤드라인이 소비자의 머릿속에 오래도록 머물러 있으면서 기억을 활성화하는 강력한 단서로 작용해야 한다는 것이다.

오길비가 광고인으로 활동하던 시절에는 인쇄광고가 강세였기 때문에 그는 '독자'라는 용어를 자주 썼다. 그가 쓴 독자라는 단어를 디지털 시대에 알맞게 소비자라고 바꿔도 무리가 없으므로, 다음 설명에서는 모두 '소비자'로 바꾸었다. 오길비의 헤드라인 쓰는 법은 케이플스가 제시한 내용과 중복된 것도 있지만 광고의 거장이 제시한 금과옥조 같은 법칙이므로 모두 그대로 소개한다. 그가 제시한 헤드라인 쓰는 법 10가지를 요약해 제시하면 다음과 같다.[21]

---

21) Ogilvy, D. (1963). *Confessions of an advertising man* (pp. 105-107). New York, NY: Ballantine.

- **법칙 1**: 헤드라인이 잠재고객에게 신호를 보내도록 써 보라.

  "24시간 <u>입고 싶은 편안함</u>" (유니클로 와이어리스브라)

  "당신의 차고에 포르셰가 없어도
  <u>마음속에는</u> 한 대 있을 겁니다" (포르셰)

- **법칙 2**: 어떤 헤드라인에서도 소비자의 관심사가 중요하므로 소비자의 관심사에 호소하는 헤드라인을 써 보라.

  "바르는 순간,
  피부는 <u>빛이 된다</u>" (아모레 마몽드)

  "당신이 잠들 때
  에이스는 <u>깨어납니다</u>" (에이스 침대)

- **법칙 3**: 헤드라인에 항상 뉴스거리가 들어가도록 시도해 보라.

  "껍데기만 조금 바꾼다고
  <u>신차입니까?</u>" (GM대우 라세티)

  "해외여행 가격파괴는
  십중팔구 <u>여행 파괴</u>" (범한여행 투어어게인)

- **법칙 4**: 놀라운 효과를 발휘하는 다음과 같은 단어나 구절을 헤드라인에서 활용해 보라. 즉, '가장' '어떻게' '갑자기' '지금' '알림' '소개' '여기에' '방금 나온' '중요한 발전' '개선' '굉장한' '경이로운' '주목할 만한' '혁명적인' '놀라운' '기적' '마술' '권해요' '빠른' '쉬운' '구함' '도전' '~에 대한 조언' '비교해 보세요' '특가판매' '서두르세요', 그리고 '마지막 기회' 등이다.

  "상상은 또 다른 <u>마술</u>이다" (KT&G)

  "세상에서 <u>가장</u> 작은 카페
  당신의 바리스타 당신의 아메리카노" (카누 바리스타 머신)

[그림 5-9] 동서식품 카누 바리스타 머신 광고

　동서식품 카누 바리스타 머신의 광고 '당신의 바리스타 당신의 아메리카노' 편에서
는 따듯한 색감 처리, 자연스러운 화면 전환, 그리고 빠르지 않고 적당한 속도의 해설
로 제품에 관한 설명을 짧게 전달하며 소비자들의 이해를 도왔다. "세상에서 가장 작
은 카페"라는 브랜드 슬로건에 이어서 "당신의 바리스타 당신의 아메리카노"라는 카
피로 커피 추출기의 특징을 잘 녹여 내면서도 광고 영상의 전반적인 분위기와 잘 맞
는 카피로 눈길을 끌었다.

- **법칙 5**: 보디카피를 읽는 사람의 5배나 되는 사람들이 헤드라인을 읽기 때문에 잠
  깐 스치는 사람도 알 수 있도록 헤드라인에 반드시 브랜드 이름을 포함해 보라.
  　　　　"복잡한 감기,
  　　　화콜로 확~ 통일" (화콜 골드)

  　　　　"찬바람 불 때
  　　　핫초코 미떼" (미떼)

[그림 5-10] 동서식품 핫초코 미떼 광고

동서식품의 핫초코 미떼 광고에서는 헤드라인에 브랜드 이름을 포함했다. 아빠와 딸의 갈등을 따듯한 핫초코 미떼를 마시며 해결한다는 내용의 광고에서는 날씨에서 찬바람이 불거나 마음에서 찬바람이 불 때 핫초코 미떼로 해결하라는 메시지를 감동적으로 표현했다. 핫초코라는 제품에 맞는 포근한 색감을 연출함으로써 소비자들에게 동질감을 느끼게 했다. 헤드라인에 브랜드 이름을 포함한 시도는 카피의 분위기와 어우러지며 효과를 발휘했을 것이다.

- **법칙 6**: 헤드라인에 소비자에 대한 약속이 들어 있어야 한다. 따라서 필요할 경우 긴 헤드라인을 써 보라.

  "모두가 자일리톨껌을 만들기 시작했을 때,
  롯데는 자일리톨껌 +2를 만들었습니다!" (롯데 자일리톨껌)

  "어느 아침,
  나폴레옹은 침대에서 일어나지 않았다.
  천하를 얻고도 한 잔의 커피가 없으면
  하루를 시작하려 하지 않았던 나폴레옹" (동서식품 맥심)

- **법칙 7**: 헤드라인에서 소비자의 호기심을 유발한다면 보디카피를 더 많이 읽을 가능성이 크기 때문에, 헤드라인의 끝부분에 보디카피를 읽도록 소비자를 유도하는 그 무엇이 있어야 한다.

  "혼자 아껴두고 싶은 생각이 절반.
  모두 불러 모으고 싶은 생각이 절반" (딤플)

  "세상일에 쫓기다 보면 고향 어머니 잊어버리고,
  내 자식 사랑하다 보면 어머니 얼굴 잊어버리고" (에바스화장품)

- **법칙 8**: 카피라이터들이 익살, 문학적 암시, 그리고 모호함 같은 솜씨 부리는 (tricky) 헤드라인을 쓰는 것은 죄악이다.[22] 소비자들은 모호한 헤드라인의 뜻을 알려고 광고 카피에 오래 머무르지 않는다. 따라서 헤드라인을 어렵게 쓰지 말고 쉽게 써 보라.

> "좋은 아침,
> 좋은 아파트" (동문아파트 굿모닝빌)

> "척~하면 삼천리,
> 책~하면 Yes24!" (Yes24)

- **법칙 9**: 부정적인 헤드라인을 쓰면 위험하다는 조사 결과가 있으므로, 될 수 있으면 긍정적인 헤드라인을 써 보라.

> "동화처럼 살고 싶다" (동화자연마루)

> "아이스크림은 차가운 것이 아니라
> 사랑처럼 따뜻한 것이다" (빙그레 아이스크림)

- **법칙 10**: 보디카피를 읽지 않으면 무슨 말인지 알 수 없는 분별없는(blind) 헤드라인은 쓰지 말라. 즉, 구체적인 헤드라인을 써 보라.

> "나는 싸워야 한다" (대한생명)

> "지금까지의 세상,
> 당신과 잘 맞습니까?" (KT 원츠)

예컨대, 대한생명 광고 '싸움' 편의 헤드라인과 삼성생명 광고 '남편' 편의 헤드라인을 비교해 보자. 광고의 삼각형에서 두 회사의 위치와 광고 목표가 다를 수 있다는 점을 전제하더라도, "나는 싸워야 한다"라는 대한생명의 헤드라인은 보디카피를 읽어보기 전까지는 무슨 말인지 알 수 없다. 보디카피는 "길들여지려는 나와… 타협하려는 나와… 포기하려는 나와… 싸워야 한다/ 나는 인생에서 가장 중요한 30대 후반에 서 있기 때문이다/ Change the Life!"다. 즉, 이 광고에서는 인생에서 가장 중요한

---

22) 이와 관련해 김동규(2003: 453)는 오길비와 정반대의 관점을 나타내고 있다. 그는 문체를 통한 카피 레토릭 구사를 카피 창작의 핵심 기법으로 보고, 오히려 광고 수사학의 다양한 표현 기법을 활용하는 것이 메시지에 대한 주목 효과를 높인다고 주장한다. 각 메시지의 효과를 검증해 봐야 결론을 내릴 수 있는 문제지만, 시대가 달라졌다는 점에서 나 역시 심정적으로는 김동규의 관점에 동의한다.

30대 후반에서 스스로 자신의 인생과 정면으로 대결하며 자신의 인생을 바꾸라는 뜻으로 읽힌다. 그러나 이것이 보험회사의 특성과 무슨 상관이 있는지 보디카피를 읽고 나서도 애매할 뿐이다.

이에 비해 삼성생명 광고에서는 "남편의 인생은 길다"라는 헤드라인만 읽어 봐도 남편의 긴 인생이 오래오래 행복하도록 남편 앞으로 보험을 들어 줘야겠다는 아내의 마음을 알 수 있다. 보디카피는 "남편은 멋있었다/ 대학 때 기타를 치던/ 그의 옆얼굴은 날렵했다/ …… 남편으로, 아버지로, 시대의 허리로/ 40대 그의 후반전은 더 뜨거울 것이다/ 요즘 부쩍 몇 살로 보이느냐고 묻는다/ 대답 대신 운동을 시작하라고 했다/ 그는 여전히 멋있지만/ 남편의 인생은 길기에/ 긴 인생 아름답도록—Bravo your Life!"다. 이 광고에서는 남편의 인생을 아내의 관점에서 극적으로 서술하면서 남편의 인생이 길기에 여전히 멋있는 남편을 위해 뭔가 해 줘야겠다는 아내의 마음이 고스란히 전해 온다. 따라서 카피라이터들은 무슨 말인지 알 수 없는 분별없는(blind) 헤드라인을 쓰지 말고 사실에 근거한 구체적인 헤드라인을 쓸 필요가 있다.

이상에서 오길비가 제시한 헤드라인 창작의 10가지 법칙을 구체적으로 소개했다. 물론 오래전에 미국 광고를 바탕으로 제시한 것이지만 오늘날 한국 광고의 창작에도

[그림 5-11] 대한생명 광고 '싸움' 편

[그림 5-12] 삼성생명 광고 '남편' 편

유용한 지침이 된다. 특히 헤드라인의 길이가 짧을수록 좋다는 것이 카피라이터들의 경험에서 나온 일반적인 인식이나, 상품의 이야기를 충분히 전달하는 데 필요하다면 헤드라인이 길어도 전혀 문제가 안 된다고 확신한 오길비의 지적은 인상적이다.

오길비는 롤스로이스 광고 '시속 60마일' 편의 카피를 쓴 과정을 소개한 적이 있었다. "시속 60마일로 가는 이 신형 롤스로이스 안에서 가장 큰 소음은 전자시계에서 나는 소리(At 60 miles an hour the loudest noise in this new Rolls-Royce comes from the electric clock)" 오길비는 이 헤드라인을 쓰면서 26가지나 다른 헤드라인을 썼다고 회고했다.

> "나는 이 롤스로이스 카피를 쓸 때 26가지의 각각 다른 헤드라인을 썼다. 그리고 광고 회사의 카피라이터 6명에게 자세히 검토한 다음 가장 좋은 것을 고르도록 했다. 그런 다음 3,500단어에 이르는 카피를 썼다. 나는 다시 한 번 서너 명의 다른 카피라이터에게 넘겨 지루하고 모호한 부분을 제거하도록 해 줄여 나갔다."

케이플스도 "의미 없는 짧은 헤드라인보다 할 말 다 하는 긴 헤드라인이 더 효과적"이라는 기록을 남겼다.[23] 헤드라인의 길이에 대해서는 공교롭게도 오길비와 케이플스의 생각이 일치했다. 그러나 헤드라인이 길어야 한다거나 짧아야 효과적이라거나 하는 일반화된 원칙은 없다. 다만 소비자에게 카피를 잘 기억시키려면 아무래도 긴 헤드라인보다 짧은 헤드라인이 더 효과적일 가능성이 크다고 할 수 있다.

더욱이 광고 현장에서 일하는 카피라이터들은 헤드라인을 더 짧게 줄이라는 상사의 요구에 직면하는 경우가 많다. 그러나 상사의 조언을 존중해야겠지만 그 의견이 항상 옳다고는 할 수 없으니, 그 지시에 반드시 순응할 필요는 없다. 카피라이터는 헤드라인을 길게 쓸 것인지 짧게 쓸 것인지에 대해 사전에 과민하게 고려하지 않아도 된다. 차라리 아이디어를 비약할 적절한 헤드라인을 쓰는 안목을 키우는 지혜가 더 중요하다. 카피라이터로서 카피를 썼던 나의 경험을 바탕으로 효과적인 헤드라인 창작에 필요한 몇 가지 고려 사항을 간략히 제안하면 다음과 같다.

---

23) Caples, J. (1975). Fifty things I have learned in fifty years in advertising. *Advertising Age*, September 22, 47.

- **제안 1**: 소비자의 참여를 유도하는 호기심형 헤드라인을 써 보라.
- **제안 2**: 소비자의 행동을 촉구하는 동사를 활용한 헤드라인을 써 보라.
- **제안 3**: 비주얼과의 상승(synergy) 효과를 일으킬 헤드라인을 써 보라.
- **제안 4**: 장기 캠페인으로의 확장을 생각하며 주제별 메시지를 전개해 보라.
- **제안 5**: 헤드라인 자체로 완벽한 메시지가 전달되도록 분명하게 써 보라.
- **제안 6**: 크리에이티브 콘셉트를 쉽고 흥미진진하게 표현해 보라.
- **제안 7**: 광고 수사학에서 제시하는 다양한 표현 기법으로 변화시켜 보라.

3. 보디카피의 가치와 쓰기 연습

많은 카피라이터는 헤드라인 작성과 콘셉트 도출에 많은 시간을 쓰는 데 비해 보디카피를 쓰는 데는 별로 공을 들이지 않는다. 그러나 이는 대단히 잘못된 관행으로 극단적으로 말해서 보디카피를 쓰지 못하는 카피라이터는 카피 창작에서 손을 떼야 한다. 헤드라인만으로 광고가 완성되는 것은 아니며, 많은 경우 보디카피는 광고의 완성도에 상당한 영향을 미친다. 따라서 카피라이터는 보디카피 쓰기에 더 많은 시간과 열정을 투자해야 한다.

보디카피는 헤드라인에서 제시한 핵심 광고 메시지를 보완하며, 상품과 서비스에 대한 보다 구체적인 정보를 제공함으로써 소비자가 광고 메시지를 확신하도록 한다. 보디카피가 제 기능을 다 하게 하려면 설명하는 내용이 이해하기 쉽고 체계적으로 제시될 필요가 있다. 광고 메시지 분할의 3-4-3 모델에 의하면, 비주얼이 30%, 헤드라인이 40%, 그리고 보디카피가 30% 정도로 광고 메시지를 구성하는 데 영향을 미친다.

보디카피 역시 헤드라인에 못지않게 광고효과에 상당한 영향을 미치기 때문에 첫 문장을 강하고 직접적으로 쓸 필요가 있다. 한 문장에 하나의 내용만 제시하는 것이 좋으며, 필요할 경우 강조점 별로 따로따로 쓸 필요가 있다. 어떤 카피라이터는 보디카피의 첫줄을 그림(visual)에 대한 설명으로 시작하는 때도 있는데 이는 바람직하지 못하다.

보디카피는 특히 상품과 서비스에 대한 구체적인 정보를 친절하게 안내한다는 점에서 중학생 수준에서 이해할 수 있는 일상적인 언어로 써야 한다. 나의 경험에 의하면, 보디카피는 재빨리 쓰고 나중에 다시 그럴듯하게 다듬는(Write hot, Polish cool) 과정을 반복하는 것이 효율적이다. 보디카피의 창작에 있어서 강조해야 할 사항을 살펴보면 다음과 같다.

1) 보디카피의 강조점

우에조 노리오는 보디카피 창작에 있어서 반드시 고려해야 할 5가지 강조점을 제시했다. 즉, 모든 보디카피는 소비자에게 흥미를 제공해야 하고, 모든 카피 내용이 통일성을 유지해야 하며, 될 수 있는 대로 단순하고 일목요연하게 읽혀야 하며, 강조할 부분에서는 강조 표시를 해야 하며, 그리고 광고에 제시된 카피 내용이 설득력이 있어야 한다는 것이다.[24] 이를 보다 구체적으로 설명하면 다음과 같다.

(1) 카피의 흥미성
보디카피의 첫 줄에서는 헤드라인의 여운을 이어받아 소비자의 흥미를 집중시키고 광고에서 호소하는 내용을 더욱 강조할 필요가 있다. 흥미롭게 시작하지 않으면 이어지는 내용에 대해서도 소비자는 주목하지 않을 것이기 때문이다. 따라서 도입부에서 종결부에 이르기까지 계속해서 흥미로운 내용을 제공하는 구성이 좋은 보디카피의 요체라고 할 수 있다.

(2) 카피의 통일성
카피의 모든 구성 요인을 통일시키는 맥락에서 보디카피를 써야 한다. 광고에서 느끼는 인상이 한 가지로 집약되지 않으면 광고에 대한 소비자의 태도나 메시지의 전달력도 약해질 수밖에 없다. 따라서 카피라이터는 헤드라인, 오버라인, 서브 헤드라인, 슬로건 등 카피의 제반 구성 요인을 질서 정연하게 하나로 모은다는 생각을 하며 보디카피를 써야 한다.

---

24) 우에조 노리오(植條則夫, 1991). 카피교실 (植条則夫のコピ−教室: 廣告情報作品)(pp. 39-45). (맹명관 역). 서울: 들녘. (원저는 1988년에 출판).

(3) 카피의 단순성

광고 메시지는 단순 명쾌해야 한다. 정보의 혼잡 현상으로 인해 소비자로서는 알아야 할 정보가 주변에 널려 있으므로 핵심적인 내용을 정확히 전달하는 선에서 보디카피를 단순화할 필요가 있다. 그러나 항상 단순화해서 써야 하는 것은 아니다. 보디카피의 분량 역시 제한이 없어, 메릴 린치(Merrill Lynch) 사에서는 무려 6,450단어를 활용한 광고를 『뉴욕 타임즈』에 1회 게재해 소비자로부터 10,000여 통의 회신을 받기도 했다. [25]

(4) 카피의 강조성

카피 창작은 글쓰기이되 소비자를 설득하는 기술적인 글쓰기다. 따라서 보디카피에서 특별히 강조하는 부분이 없다면 그만큼 효과가 떨어질 수밖에 없다. 필요할 때는 보디카피에서 고딕체나 이탤릭체 또는 새로운 서체를 활용해 중요한 부분을 시각적으로 강조해야 한다. 소비자가 꼭 알았으면 하는 중요한 내용이라면 아래쪽에 선을 긋고 글씨를 키우거나 여백을 주어 강조해야 한다. 또한 보디카피의 중간마다 소제목을 달아 주거나 강조하는 내용을 되풀이할 필요가 있다.

(5) 카피의 설득성

인쇄광고의 카피가 '글다운 글'이어야 한다면 전파광고의 카피는 역시 '말다운 말'이어야 한다. 말과 글은 활용하는 매체에 따라서 표현하는 방법이 달라지기 때문에 매체의 특성에 적합한 보디카피를 써야 한다. 즉, 인쇄매체 광고에서의 보디카피와 전파매체 광고에서의 보디카피는 다를 수밖에 없다. 예컨대, 텔레비전에서는 말과 음향의 조화가 중요하다는 점에서, 카피라이터는 TV-CM이 '소리의 칵테일'이라는 정의를 음미해 볼 필요가 있는 것이다. [26] 보디카피는 무엇보다 소비자의 공감을 유발해야 하는데 이는 카피 내용이 그만큼 설득력이 있어야 한다는 뜻이다.

예컨대, 스피드메이트 광고 '렌치' 편은 일반 소비자를 대상으로 하는 광고가 아니라 대리점 모집 광고다. 오길비가 제시한 '법칙 7'에 따라 "에이, 도둑놈들!"이라는 호

---

25) 최덕수 편저(1987). 광고의 체크리스트(pp. 388-390). 서울: 대광기획.
26) 이인구(1995). 읽는 카피, 듣는 카피. 카피라이터 이인구가 본 세상(pp. 270-275). 서울: 한국광고연구원.

기심을 유발하는 헤드라인을 썼다. 이 광고를 본 카센터 사장이나 정비사들은 도대체 누가 무엇 때문에 도둑놈 소리를 듣는 것일까 하는 생각을 하며 아래에 이어지는 보디카피를 읽을 가능성이 크다. 한편으로는 일반 소비자들에게 기존 카센터의 정비 서비스가 좋지 않았는데도 가격이 높지 않았나 하는 궁금증을 유발함으로써 소비자를 보디카피로 유인하는 효과도 얻고 있다. 보디카피를 보면 다음과 같다.

사시사철 기름 범벅이 된 채 수고하시는 전국의 카센타 사장님, 정비사 여러분!
여러분들의 수고에도 불구하고 정비 서비스에 대한 고객들의 반응은 부정적인 것
같습니다. 그러나 여러분들이 부도덕해서 생긴 문제는 아니지요. 그보다는, 부품별
표준 가격의 부재, 통일된 서비스 매뉴얼 부재, 전문 정비사를 기르는
체계적인 교육 시스템의 부재 등 자동차 관련 산업 중 가장 낙후되고
영세한 산업인데 원인이 있다고 저희 SK는 생각합니다.

SK가 시작하겠습니다.

전국 네트워크를 갖추고 서비스 체계를 ON/OFF 통합 등 디지털시대에 맞는
대의 자동차 大國, 대한민국의 정비 업그레이드 하겠습니다. 자동차 천만
놓겠습니다. 여러분께서 SK의 든든한 산업을 선진국 수준으로 끌어 올려
바른 정비문화를 SK 스피드메이트와 파트너가 돼 주십시오. 믿을 수 있는
함께 만들어 주십시오.

이 광고에서는 보디카피의 첫 줄을 "사시사철 기름 범벅이 된 채 수고하시는……" 으로 시작하면서 목표 집단의 흥미를 집중시키고 있다(흥미성). 계속해서 이 광고의 카피 요소들을 분석해 보자. 광고의 맨 상단에 있는 "고객이 행복할 때까지─ OK! SK"라는 기업 슬로건, "에이, 도둑놈들!"이라는 헤드라인, 보디카피, 그리고 광고의 맨 하단에 있는 "대한민국 정비의 표준"이라는 브랜드 슬로건에 이르기까지 모든 요소가 약간씩 표현만 다를 뿐 통일된 한목소리를 내고 있다(통일성).

그리고 보디카피의 길이는 상당히 길지만 구구절절 옳은 내용이라, 카센터 사장이나 정비사 처지에서는 전달하는 메시지의 내용을 생각보다 단순 명쾌하게 받아들일 것이다(단순성). 또한 보디카피의 중간 부분에 있는 "SK가 시작하겠습니다." 같은 카피를 다른 카피의 두 배 정도로 키워 중요한 정보를 시각적으로 강조하는 동시에 보

디카피 중앙 부분에 세로로 여백을 두고 그 안에 스패너를 배치해 새로운 자동차 정비 서비스의 탄생을 강조했다(강조성).

더욱이 정비 서비스에 대한 고객들의 반응이 부정적인 원인을 카센터 사장이나 정비사의 불친절한 서비스에서 찾지 않고, "부품별 표준 가격의 부재, 통일된 서비스 매뉴얼 부재, 전문 정비사를 기르는 체계적인 교육 시스템의 부재 등" 산업의 영세성 탓으로 돌림으로써 소비자의 공감을 유발하려고 시도했다(설득성). 카피라이터는 이상에서 설명한 보디카피의 5가지 강조점에 유념하면서 한 줄 한 줄 정성 들여 보디카피를 써야 할 것이다.

[그림 5-13] 스피드메이트 광고 '렌치' 편

2) 보디카피의 유형

보디카피를 어떻게 쓸 것인가? 먼저, 보디카피는 좋은 글의 요건을 갖춰야 한다. 광고 카피에서의 좋은 글이란 미사여구를 많이 늘어놓거나 무조건 아름답게 쓰는 글이 아니라, 상품이나 서비스 정보를 바탕으로 소비자들이 감동하도록 쓰는 것이다.

일반적인 글쓰기에서든 카피라이팅에서든 "어떠한 경우라 하더라도 좋은 글은 한 마디로 글 쓰는 이의 의도와 뜻을 정확하게 표현하면서 동시에 독자에게 감동을 주는 글"[27]이다.

더욱이 훌륭한 카피라이터가 되고 싶은 사람이라면 "단순히 글을 잘 쓰는 사람이 아니다. 그는 인간의 행동에 대해서는 따뜻한 마음으로 연구하는 학생이며, 금전 등록기의 전략에 대해서는 빈틈없이 연구하는 학생"[28]이어야 한다. 모든 카피라이터는 광고의 삼각형에 따라 그에 합당한 보디카피를 써야 하겠지만, 일반적으로 통용되는 보디카피의 유형을 제시하면 다음과 같은 3가지가 있다.[29]

(1) 이야기형

이야기(story)형은 전통적으로 가장 많이 활용되는 유형으로 도입부, 중간부, 종결부라는 구조를 갖는다. 도입부에서는 먼저 광고의 주제나 소비자 혜택을 제시하고, 중간부에서는 소비자가 반드시 어떤 상품이나 서비스를 구매해야 하는 이유를 제시한다. 마지막으로 종결부에서는 도입부와 중간부에서 제시한 전체 내용을 요약하는 동시에 소비자의 구매 행동을 촉구한다. 여기에서 상품에 대한 이야기 내용이 잘 정리될 때는 굳이 보디카피를 길게 쓸 이유가 없다.

(2) 탄착점형

광고주들은 바쁜 소비자들이 보디카피를 읽을 시간이 없으리라 판단하고 카피를 쓸 때 전달할 내용의 핵심만을 제시하라고 하는 경우가 많다. 따라서 이때는 사격에서 탄착점을 겨냥하듯 핵심 메시지만 보디카피로 쓰게 된다. 이처럼 신문이나 잡지 광고 또는 DM 광고에서 자주 나타나는 탄착점(bullet point)형은 중요한 핵심 포인트 하나를 집중적으로 소개하는 유형이다. 그러나 가장 중요한 한 마디를 결정하기는 쉽지 않다. 광고주는 또한 여러 메시지를 동시에 반영해 달라고 주문하는 경우가 많아 탄착점을 결정하기가 어렵다. 따라서 이 유형에 따라 보디카피를 쓸 때는 전통적

---

27) 백운복(2006). 글쓰기 이렇게 하면 된다(p. 21). 서울: 새문사.

28) Stebbins, H. (1991). 카피캡슐 512. 카피캡슐 (*Copy capsules*)(pp. 138-139). (송도익 역). 서울: 서해문집. (원저는 1957년에 출판).

29) Altstiel, T., & Grow, J. (2006). *Advertising strategy: Creative tactics from the outside/in* (pp. 178-179). Thousand Oaks, CA: Sage.

인 이야기형과 탄착점형을 혼용해 메시지의 균형을 조절해 볼 필요가 있다.

(3) 경구형

광고를 보다 보면 아예 보디카피가 없고 헤드라인만 카피로 쓴 광고가 종종 눈에 띈다. 예컨대, 패션 광고에서는 보디카피가 없는 경우가 많은데 이 같은 광고 스타일은 계속 늘고 있다. 이처럼 보디카피 없이 헤드라인과 비주얼만으로 시너지를 일으켜 핵심 메시지를 전달하고자 하는 유형을 경구형(one-liner, 警句)이라고 한다. 어떤 광고에서 상품에 대해 자세히 설명할 필요가 없을 때나 자세한 정보는 웹사이트에서 찾으라고 유도할 때는 촌철살인(寸鐵殺人)의 경구형 카피나 아예 카피가 없는 무 카피 형태가 효과적일 수 있다.

예컨대, 건강한 생활을 위한 모임 광고 '남편' 편에서는 이야기형 보디카피를 활용했고, 회계전문회사의 광고 '백지 광고' 편에서는 경구형 보디카피를 활용했다. 건강한 생활을 위한 모임 광고 '남편' 편에서는 "나는 내 남편을 어떻게 죽였나(How I killed my husband)"라는 헤드라인 아래의 지면 중앙에 섬뜩한 식칼을 꽂아 놓았다. "팀이 죽었을 때 나는 그의 옆에 있었다"로 시작되는 보디카피는 지방, 설탕, 커피 등을 너무 좋아한 남편을 막지 못해 결국 남편을 심장병에 걸려 죽게 만들었다는 내용이다. 건강한 생활을 위한 단체에 알맞은 광고인데 보디카피를 이야기형으로 구성하고 극적인 내용으로 전개했다.

더욱이 회계전문회사 광고에서는 "누가 이 광고를 읽을까요(Who would read this ad)?"라는 헤드라인 아래 당연히 있어야 할 보디카피를 통째로 생략해 버렸다. 궁금증을 유발하는 무 카피 광고 또는 백지 광고다. 다만, 맨 하단에 세 줄짜리 카피를 깨알같이 조그만 크기로 제시함으로써 오히려 관심을 유도했다. "아, 읽으셨네요. 저희에게 관심을 가지셨네요. 비밀 하나를 알려 드리죠. 사실 저희는 절묘한 카피는 못 씁니다. 그냥 돈만 운용합니다. 기업회계, 펀드 관리, 자산조사와 중개, 인수합병 전문. 팩스 265-3179. 광고 끝. 감사합니다" 이 광고에서는 상담 장면 같은 그림이나 업무 내용을 소개하는 보디카피를 통째로 생략해 버리고 경구형 스타일의 보디카피를 써서 소비자의 주목을 유도했다.

이 같은 3가지 유형으로 보디카피를 쓸 수 있지만 보디카피를 잘 쓰기란 생각보다 쉽지 않다. 뜻밖에도 헤드라인을 잘 쓰는 카피라이터들도 보디카피 창작에서 고전을

[그림 5-14] 건강한 생활을 위한 모임 광고 '남편' 편

[그림 5-15] 회계전문회사 광고 '백지 광고' 편

면치 못하는 경우를 많이 만나게 된다. 그들이 쓴 보디카피를 보면 띄어쓰기나 맞춤법은 물론 문장의 기본도 갖추지 못한 경우가 많다. 이는 카피라이터들이 헤드라인 창작에만 지나치게 신경을 쓰고 보디카피 창작은 소홀히 한 탓이다. 따라서 보디카피를 잘 쓰려면 그만큼 시간과 노력을 많이 투자해야 가능한 일이다.

보디카피를 잘 쓰려면 무엇보다 소비자에게 강요하기보다 설득하는 글쓰기의 관점이 필요하다. 아무리 전문적인 내용을 전달해야 하는 카피라도 목표 소비자가 이해할 수 있는 일상적인 단어를 활용해야 한다. 오길비는 평소 회사 내에서 사람들에게 메모 건네기를 즐겼는데, 그가 남긴 이런저런 메모들을 통해 그가 카피 창작에 있어서 어려움을 느꼈던 일단을 유추할 수 있다. 예컨대, 어느 광고회사 사장인 레이 캘트(Ray Calt)에게 보낸 그의 편지 내용을 보자. 그는 헤드라인이나 보디카피를 쓰면서 단 한 번도 손쉽게 쓴 적이 없고 몇 번이고 수정하면서 최종 카피를 완성했음을 다음 편지에서도 알 수 있다.

"친애하는 캘트에게.　　　　　　　　　　　　　　　　　　1955년 4월 19일

3월 22일에 보내 온 자네 편지에서 말한 카피라이터로서의 내 습관에 대해 적은 것이네.

1. 나는 카피를 회사에서 써 본 적이 없어. 항상 집에서 쓰지.
2. 항상 광고의 사례 연구에 많은 시간을 할애하지. 최소한 나는 광고할 상품의 경쟁사 광고 20년 치를 살펴본다네.
3. 내 조사 분석 자료들을 빼놓을 수 없지.
4. 내가 맡은 광고 캠페인에 대해 스스로 결정한 다음, 광고주의 승인을 받기 전까지는 아무 일도 하지 않아.
5. 카피를 쓰기 전에 내가 상품 판매에 대해 생각하는 모든 가능성을 기록한 다음, 조사 자료를 활용해 카피의 구조에 맞추고 있어.
6. 그다음에 헤드라인을 써. 헤드라인 20여 개를 쓴 다음 광고인들의 의견을 들어 봐.
7. 이때부터 실제로 카피를 쓰기 시작해. 항상 집안 서재의 책상에 앉아 쓰기 시작하는 데 아주 신경이 예민해져. 최근 담배를 끊고부터 더 심해진 것 같아.
8. 복잡하고 어지러운 광고는 질색이야. 대략 카피 20개 정도를 쓰레기통에 버리네.
9. 이때까지 그럴듯한 카피가 하나도 없으면 축음기에 헨델의 오라토리오를 틀어 놓고 럼주를 반병 정도 마시네. 이 무렵 좋은 카피가 나오기 시작해.
10. 다음 날 아침 일찍 일어나 카피들을 수정하지.
11. 그런 다음 기차를 타고 가며 뉴욕 사무실의 비서에게 카피 초안을 타이핑시키네. (난 타이핑할 줄 몰라. 아주 불편한 일이야.)
12. 난 형편없는 카피라이터지만 편집에는 능력이 있어. 내 카피들을 스스로 수정해. 보통 4~5번 정도 수정하면 광고주에게 보여 줘도 괜찮을 정도의 카피가 나오네. 하지만 내가 정성 들여 쓴 카피를 광고주가 수정하라고 하면 몹시 화가 나.

이 모든 과정이 매우 어렵고 어려운 업무들이야. 아마 다른 카피라이터들은 더 훌륭한 기술을 가지고 있겠지.

친구 오길비(D. O.)"[30]

---

30) Raphaelson, J. (Ed.) (1988). *The unpublished David Ogilvy* (pp. 54-55). Bloomsbury Way, London: Sidgwick and Jackson Limited.

이와 유사한 맥락에서, 오길비는 히긴스(Higgins)와 대담하는 과정에서 "나는 문법의 규칙을 잘 모른다……. 만약 당신이 사람들에게 뭔가를 사게 하려면…… 당신은 그들의 언어, 그들이 매일 쓰는 말, 그들의 생각 속에 있는 말을 활용해야 할 것"[31]이라고 말했다. 초보 카피라이터의 경우 자꾸 유식한 말이나 관념적인 단어를 활용하려고 하는데, 이 역시 잘못된 카피 창작 태도다. 쾨닉(Julian Koenig)이 적절히 지적하고 있듯이, 카피라이터의 임무는 "카피라이터 자신이 얼마나 뛰어난지 보여 주는 것이 아닌 광고 상품이 얼마나 좋은지 드러내는 일"이기 때문이다.

3) 보디카피의 구조

그렇다면 어떻게 해야 더 효과적인 보디카피를 쓸 수 있을까? 이 질문에 대한 정답 역시 없다. 다만 카피 창작은 상세하고 구체적이며 상업적인 글쓰기라는 점만은 분명하다. 상업적인 글쓰기에서 구체적인 내용은 모호한 주장보다 설득력이 강할 것이다. 그리고 상품에 대해 인상적으로 설명하는 단어는 그렇지 못한 단어에 비해 소비자의 머릿속에 더 오랫동안 기억될 것이다.

따라서 보디카피 창작에 있어서 분명하고 생생한 어휘를 활용하는 것이 가장 중요하다고 하겠다. 멋있게 표현하기 위해 억지로 만들어 낸 지나친 기교나 미사여구는 오히려 역효과를 나타낼 수 있다. 대신 전달하고자 하는 내용을 정확히 전달하되 보디카피의 모든 내용이 구조적으로 연결되는 것이 바람직하다. 보디카피는 대체로 다음과 같이 발단, 전개, 그리고 종결의 구조를 갖는다.

- **발단**: 보디카피의 첫 문장(첫 마디)은 헤드라인과 자연스럽게 연결될 수 있는 편안한 문장으로 시작하는 것이 바람직하다. 일반적으로 소비자의 시선(청각)은 헤드라인에서 시작돼 보디카피로 흘러간다. 따라서 보디카피의 문장(첫 마디)도 앞의 헤드라인과 자연스럽게 연결돼야 한다.
- **전개**: 발단에 이어 상품과 서비스에 대한 정보나 특성을 상세히 설명해 나간다. 이 과정에서 마치 상품 설명서처럼 단순하게 나열하면 소비자들이 쉽게 지루함

---

31) Higgins, D. (1965). *The art of writing advertising: Conversations with masters of craft* (p. 93). Lincolnwood, IL: NTC Business Books.

을 느낄 수 있다. 따라서 광고 아이디어와 자연스럽게 어우러지도록 보디카피를 전개해야 한다.

- **종결**: 앞부분에서 제시한 내용 중 가장 핵심적인 메시지를 마지막에서 다시 한 번 강조할 필요가 있다. 여기에서는 앞의 내용을 반복하기보다 소비자의 구매 욕을 자극할 수 있는 마무리 카피(closing copy)로 정리해야 한다. 그리고 마무리 카피에서는 정서적인 내용보다 구매 행동을 촉구하는 직접적인 카피가 효과적 이다.

카피라이터는 이런 구조를 숙지한 다음 그 구조를 바탕으로 보디카피를 자유자재로 변화시키는 상상력을 발휘해야 한다. 오길비는 『어느 광고인의 고백』(1963)의 제6장 〈강력한 카피를 쓰려면〉에서 보디카피를 쓰는 요령에 대해서도 다음과 같은 9가지 사항을 고려해 보디카피를 창작할 것을 권고했다.[32]

- 멀리 돌려서 말하지 말고 직접적으로 써 보라.
- 최고급 또는 일반적인 단어나 평범한 말을 피하고 써 보라.
- 보디카피에 추천하는 내용을 삽입해 써 보라.
- 소비자에게 도움이 되는 조언이나 서비스를 제공해 보라.
- 순수 문학파의 광고가 좋다고 생각한 적이 단 한 번도 없다.
- 회사가 자신의 성실함을 자랑하는 내용은 자랑할 것이 없음을 고백하는 것과 마찬가지이므로 자랑을 삼가며 써 보라.
- 엄숙하고 고상하게 쓸 필요가 없을 때는 고객이 매일 쓰는 구어체 카피를 써 보라.
- 상 받는 카피를 쓰고 싶은 유혹을 물리치고 광고의 목적이 상품 판매임을 명심하고 써 보라.
- 훌륭한 카피라이터의 능력은 신상품을 얼마나 많이 성공시켰느냐에 따라 결정되므로 신상품을 성공시킬 만한 카피를 써 보라.

그러기 위해서는 진실에 호소하고, 처음에는 생각나는 대로 길게 썼다가 점차 불필요한 부분을 삭제하면서 소비자 설득에 초점을 맞춰야 한다. 또한 되도록 많은 분량

---

32) Ogilvy, D. (1963). *Confessions of an advertising man*. New York, NY: allantine.

의 카피를 써서 주변에 보여 주며 타인의 반응을 보면서 설득력이 높은 카피를 최종 선정해야 한다. 나의 경험을 바탕으로 효과적인 보디카피 창작에 필요한 몇 가지 고려 사항을 간략히 제안하면 다음과 같다.

- **광고주나 상품이 아닌 소비자와 관련지어 첫 문장을 시작하라.** 초보자가 쓴 카피를 보면 사실적인 정보를 자세히 나열하고 있는데, 이렇게 되면 소비자는 흥미를 잃기 쉽다. 만약 첫 문장을 상품으로 시작했다면 즉시 다시 써야 한다. 소비자와 관련지어 첫 문장을 시작하면 일단 소비자들이 더 관심을 가질 것이다.
- **한 사람 한 사람을 호명하듯이 카피를 쓰라.** 예컨대, '독자 여러분'이나 '학생 여러분'처럼 구체적이지 않은 대규모의 사람을 지칭하기보다 한 사람 한 사람에게 말하듯이 개인화(personification)하여 각자에게 광고 메시지를 전달하는 것이 효과적이다.[33]
- **변화를 주면서 쓰라.** 일급 카피라이터들은 카피를 쓰면서 단어와 단어, 문장과 문장, 문단과 문단을 자연스럽게 연결하면서 내용에 변화를 준다. 그러나 이 과정에서 '그리고' '그러나' '또한' '또는' '결국' 같은 연결어(bridging words)를 꼭 필요한 경우에는 써야겠지만 지나치게 남용하면 곤란하다. 이런 맥락은 다음과 같은 이어령의 진술에서도 확인할 수 있다.

> "상 목수는 못질을 하지 않아요. 참으로 기량이 뛰어난 상 목수는 억지로 못질을 해 나무를 잇는 것이 아니라 서로 아귀를 맞추어 균형과 조화로 집을 지어요. 문장과 문장을 이어 가는 기술도 마찬가지인데, 서툰 글일수록 '그리고' '그래서' '그러나' 같은 접속사의 못으로 글을 이어 가고 '것이다'로 끝맺는 일이 많아요……"[34]

상 목수는 못질하지 않는다는 이어령의 비유에서 보디카피 작성에서 자연스럽게 이어지는 글쓰기가 얼마나 중요한지 알 수 있다. 인쇄광고의 보디카피를 보면 글이 되려다 만 비문(非文)의 진열장이고 도무지 무슨 말인지 알 수 없는 악문(惡文)의 연

33) Burton, P. W. (1996). *Advertising copywriting* (7th ed., p. 113). Lincolnwood, IL: NTC Business Books.
34) 김병희(2011e). 시대의 표정을 제시해 온 문화 풍향계: 이어령. 문화산업의 콘텐츠: 창의성을 키우는 통섭 광고학 5(pp. 53-64). 서울: 한경사.

속인 경우가 많다. 따라서 접속사의 남용을 피하고 변화를 주면서 쓰는 훈련이 필요
하다.

- **필요할 때는 축약어(contractions)를 활용하라.** 보디카피는 대체로 비공식직 언어를 쓰기도 히고 대화하는 느낌을 전달하기도 한다. 축약어는 대화에서 자유롭게 활용되는데, 보디카피에서도 축약어를 활용해도 무리가 없다. 그러나 축약어가 모든 사람이 두루 알고 있는 내용이어야 하며, 한 광고에 축약어를 너무 많이 활용하면 광고 메시지를 혼란스럽게 할 수 있다. 예컨대, 필요에 따라서는 "즐감하세요"(즐겁게 감상하세요) 같은 스타일의 카피를 써도 된다.
- **첫 문장은 짧고 쉽게 이해하도록 시작한다.** 보디카피의 첫 줄은 헤드라인의 끝부분과 자연스럽게 이어지도록 시작하는 것이 좋다. 또한 보디카피를 너무 무겁게 시작하면 부담을 줄 수도 있으므로 소비자들이 읽기 쉽고 이해하기 쉬운 문체로 짧게 시작할 필요가 있다.
- **처음에는 길게 썼다가 소리 내어 읽어 보며 줄여 나간다.** 카피 창작에서 단어들을 낭비하면 오히려 소비자를 혼란스럽게 한다. 따라서 일단 처음에는 생각나는 내용을 다 쓰고 나서 나중에 자주 읽어 보면서 불필요한 군더더기와 중복된 말들은 생략하고 간결하게 써야 한다.
- **리듬감이 생기면 읽기 쉬우므로 대구법과 대조법을 활용한다.** 보디카피는 어디까지나 헤드라인을 보완하는 것이 가장 중요한 기능이므로 상품 내용을 더 자세히 설명하는 방법은 많다. 그중에서 대구법과 대조법은 보디카피의 문장에 리듬감을 준다는 점에서 효과적이다.
- **광고 전체의 분위기를 생각하며 적절한 어휘를 쓴다.** 우리 국어처럼 다양한 어휘가 있는 말은 그리 많지 않다. 영어에서는 "새가 노래한다(Birds sing)."라고 하지만 우리말에서는 "새가 운다."라고 하듯이 국가 간에 단어의 의미 차가 크다. 또한 우리말은 새들의 지저귐을 다양하게 묘사한다. 우리말 사전은 카피라이터들이 언어적 아이디어를 캐는 아이디어 광산이다. 다음과 같은 지적에 카피라이터들도 주목할 필요가 있다.

"라디오나 텔레비전의 기상예보는 바람이 불었다 하면 '강한 바람'이 불겠다고 한다. 그것
이 어제오늘 일이 아니다. 바람이 어떻게 불면 '강하게' 부는 것인가? 토박이말이라면 바람이

3. 보디카피의 가치와 쓰기 연습 **237**

'잔잔하게' '산들산들' '선들선들' '간들간들' '건들건들' '세게' '세차게' '거세게' '거칠게' '매섭게' '모질게' 불겠다고 예보할 수 있다.

바람은 불어오는 쪽에 따라 '샛바람 · 가새바람 · 된새바람 · 강쇠바람'이 있고, '마파람 · 갈마파람 · 된마파람'도 있고, '가수알바람 · 하늬바람 · 높하늬바람'도 있고, '높새바람 · 뒤바람 · 막새바람'도 있고, '앞바람 · 옆바람 · 윗바람 · 아랫바람 · 산바람 · 골바람 · 들바람 · 벌바람 · 왜바람'도 있다.

불어오는 모습에 따라 '산들바람 · 선들바람 · 간들바람 · 건들바람 · 비바람 · 고추바람 · 꽃바람 · 꽃샘바람 · 눈바람 · 늦바람 · 된바람 · 매운바람 · 실바람 · 서릿바람 · 소소리바람 · 손돌바람 · 황소바람'이 있고, '용수바람 · 회오리바람 · 돌개바람'까지 있다.

'강한 바람'이라는 소리는 한자말 '강풍'이 있으니 그렇다고 하자. 그러나 '강한 비가 내리겠다.' '강한 구름이 몰려온다.' 하다가 지난겨울에는 '강한 눈이 오겠다.'까지 했다. 우리말 씀씀이가 어쩌다 이처럼 무뎌지고 말았을까? 말이 무뎌진 것은 느낌과 생각과 뜻이 무뎌진 것이다. 아해 다르고 어해 다른 우리 토박이말을 살려서 우리의 느낌과 생각과 뜻을 살려야 한다."[35]

- **형용사나 최상급 표현의 활용을 최대한 절제한다.** 문학 작품에서는 형용사나 부사의 활용이 감동의 깊이를 더해 주는 경우가 많으나 광고 카피에서는 그렇지 못하다. 따라서 상품을 수식하는 형용사나 부사를 함부로 남발하지 말고 명사와 동사 위주로 보디카피를 써야 문장을 단순화하고 의미를 정확하게 전달할 수 있다.
- **광고 상품을 구매하도록 행동을 유발하는 말로 끝맺는다.** 보디카피의 마무리는 "한번 써 보세요" "방문해 주세요" 같은 직설적인 문장을 활용해 즉각적인 구매 행동을 유발하는 내용으로 마무리하는 것이 좋다. 자유롭게 쓰되 동사를 활용하면 행동을 유발하는 놀라운 효과를 발휘한다.

35) 김수업(2006. 7. 11.). 말뜻 말맛: '강한 바람'만인가?. 한겨레, 30면.

4. 슬로건의 개념과 유형의 이해

1) 슬로건의 개념

좋은 슬로건(Slogan)은 마치 원금에서 이자가 불어 나가듯 시간이 지날수록 브랜드 가치를 높여 준다는 점에서 은행에 맡기는 메시지의 원금과 같다고 할 수 있다. 따라서 좋은 슬로건을 개발해 물과 거름을 주고 튼실하게 가꾸어 나가는 일 역시 카피라이터의 몫이다. 슬로건은 일회용으로만 쓰이면 의미가 없고 비교적 오랫동안 활용되면서 브랜드 자산을 구축하는 데 이바지해야만 의미가 있다.

슬로건은 스코틀랜드 지방의 고원 민족이나 변경민족이 위급한 상황이 닥쳐올 때 다급하게 외친 함성에서 시작되었다. 갤릭어로 함성의 의미가 있는 'Slaugh-gaimm'에 슬로건의 어원이 있으며, 여기에는 '군인의 복창소리(army yell)'라는 뜻이 내포돼 있다.[36] 다시 말해서, 슬로건은 짧은 어휘로 상황을 전달하는 일발필도의 메시지인데, 광고적인 맥락에서 볼 때 브랜드 개성을 설명하는 짧고 강력한 카피라고 할 수 있다.

전략적인 차원에서의 좋은 광고 슬로건은 시의 원리를 응용해 환기 효과를 창출하기도 한다. 시인은 개인적 사건을 있는 그대로 서술하기보다 원형성 원리에 기초해 일반화 및 보편화하는 과정을 거쳐 시적 세계를 표상한다. 따라서 시인 개인의 목소리는 희석되고 일반인의 목소리가 강화된 다성성 효과(effect of polyphony)가 나타난다.[37] 카피라이터가 쓰는 광고 슬로건도 시적 운율을 중시한다는 점에서 대중의 환기 효과를 창출한다고 하겠다.

그렇다면 슬로건과 헤드라인의 기능적 차이점은 무엇일까? 슬로건이 독립성, 다회성, 완전성, 의미전달에 치중한 데 비해, 헤드라인은 종속성, 일회성, 불완전성, 주목 · 유도 · 창의의 특성을 갖는다.[38] 즉, 슬로건은 비주얼이 없어도 독자적으로 기능을 발휘하며, 일정 기간 반복해서 노출되고 장기간 활용이 가능하며, 그 자체로 의미가 충분하므로 활용하는 동안 완전함을 추구하고, 메시지 중심의 의미전달에 한정해

---

36) 박영준(2001). 기업 슬로건의 언어적 기법에 대한 분석. 이중언어학, 19, 273-297.
37) 최인령(2005). 광고 메모리, 시적 메모리: 인지적 환기시학의 접근 방법에 의한 시와 광고 슬로건의 관련성 연구. 불어불문학연구, 64, 613-646.
38) 이희복(2006). 도시 브랜드의 슬로건 분석: 수사적 기법을 중심으로. 스피치와 커뮤니케이션, 5, 69-102.

활용된다. 이에 비해 헤드라인은 광고에 활용되는 슬로건에 종속적이며, 지속해서 활용되지 않고 단발성 광고에 활용되며, 광고가 달라지면 바뀌기 때문에 불완전하며, 개별 광고의 주목 효과나 창의적인 표현에 치중한다는 것이다.

그러나 이상의 구분이 의미는 있으나 슬로건과 헤드라인을 지나치게 이분법적으로 구분하고 슬로건과 헤드라인의 상호 변환 가능성을 간과한 측면이 있다. 광고 현장에서는 처음에 슬로건이 없는 상태에서 헤드라인으로 먼저 활용했다가 그 헤드라인이 반응이 좋게 나타나면 슬로건으로 활용하기도 한다. 직장에서의 승진에 비유하면 헤드라인이 슬로건으로 승진하는 사례도 제법 자주 발생한다. 따라서 양자를 대립적 개념으로 이해하기보다 상호보완적 관계로 이해할 필요가 있겠다.

〈표 5-1〉 슬로건과 헤드라인의 비교

구분	슬로건	헤드라인
성격	독립성	종속성
빈도	다회성	일회성
형태	완전성	불완전성
임무	의미전달	주목, 유도, 창의

2) 슬로건의 유형과 종류

슬로건 창작은 어떻게 쓰느냐에 따라 브랜드에 대한 인상을 깊이 남길 수도 있고 그렇지 않을 수도 있는 카피라이팅의 정점이라 할 수 있다. 슬로건에 관한 그동안의 연구는 주로 언어학적 맥락에서 이루어졌다.[39] 언어학의 지식 중에서도 수사학적 접근법을 분석한 연구가 많이 이루어졌는데, 박영준(2001)의 슬로건 분석이 대표적이다. 그는 기업의 슬로건을 언어적 기법으로 분석하고, 슬로건의 특성을 브랜드 표현, 표기문자, 구성 형식, 대구와 대조, 두운과 각운, 직유와 은유, 대상 표현, 전달 의미, 메시지 성격, 정보 제공으로 구분해 설명했다.[40] 실제 슬로건을 보면서 슬로건의 유형을 살펴보기로 하자.

39) 이현우(1998). 광고 슬로건 및 브랜드 네임에 대한 언어학적 접근 연구. 광고연구, 40, 125-145.
40) 박영준(2001). 기업 슬로건의 언어적 기법에 대한 분석. 이중언어학, 19, 273-297.

- **브랜드 표현**: 슬로건 안에 기업의 이름이 함께 표현돼 있는지 그렇지 않은지 나타내는 형태다. 대부분의 슬로건에는 브랜드 이름이 포함되는 경우가 많다. 예컨대, 다음과 같은 슬로건에서는 슬로건에 브랜드 이름을 포함했다.

  "OK! SK!" (SK)

  "당근이세요?" (당근마켓)

  "하이마트로 가요~" (하이마트)

- **표기문자**: 슬로건에 활용된 문자가 어떤 언어인지 나타낸다. 즉, 한글, 한자와 한글, 한자와 영문, 한자, 영문과 한글, 영문 같은 형태가 있을 수 있다. 예컨대, 다음과 같은 표기 문자에 따른 슬로건 유형을 살펴보자.

  "그냥 너답게 즐기는 거야" (틱톡, 한글)

  "당신의 Play가 계속되도록" (구글플레이, 영어+한글)

  "Change the morning!" (에이스침대, 영어)

- **구성 형식**: 슬로건의 문장 구성 형태에 따라 단어형, 단독구형, 생략구형, 연결구형, 문장형, 복합 문장형으로 구분할 수 있다. 예컨대, 다음과 같은 구성 형식에 따른 슬로건 유형을 살펴보자.

  "행복정장" (LG패션 마에스트로, 단어형)

  "AI로 더 나은 디지털 세상을 만들어 갑니다" (KT, 문장형)

  "헌혈, 사랑의 실천입니다" (대한적십자사, 단어+문장 형태의 복합문장형)

- **대구와 대조**: 소비자의 강한 기억 유발을 위해 규칙성을 적용하는 대구와 대조 기법이 활용된다. 예컨대, 다음과 같은 대구와 대조 유형의 슬로건을 살펴보자.

  "보이는 것은 기술, 느끼는 것은 미래" (현대오토넷, 대구)

  "집을 찾다 나를 찾다" (직방, 대구)

  "작은 차, 큰 기쁨" (대우자동차 티코, 대조)

- **두운과 각운**: 운율을 고려한 슬로건은 읽기 쉽고 기억하기 쉽다는 장점이 있다. 슬로건 안에서 두운과 각운이 반복되면 기억 효과도 그만큼 증가한다. 예컨대, 다음과 같은 두운과 각운을 활용한 슬로건 유형을 살펴보자.

"Mega Taste, Mega Smile" (메가커피, 두운)

"바르게 빠르게 다르게" (신한금융, 각운)

"하늘만큼 땅만큼" (교보생명, 각운)

- **직유와 은유**: 슬로건이 대상을 수식할 때 '같이' '처럼'을 활용해 우회적으로 비유하는 직유와 'A=B' 식으로 은유를 활용해 비유하는 슬로건이 있다. 예컨대, 다음과 같은 직유와 은유를 활용한 슬로건 유형을 살펴보자.

"산소같은 여자" (마몽드, 직유)

"여행엔 쏘카" (쏘카, 은유)

"초코파이는 정(情)입니다" (오리온 초코파이, 은유)

- **대상 표현**: 슬로건 소구의 대상이 되는 소비자를 어떻게 표현했는가를 살펴서 인칭에 따라 구분하는 것이다. 예컨대, 다음과 같은 인칭을 활용한 슬로건 유형을 살펴보자.

"나를 알아주는 커피가 있다" (맥스웰 하우스, 1인칭)

"당신과 하나" (하나은행, 2인칭)

"그녀의 프리미엄" (푸르지오, 3인칭)

- **전달 의미**: 슬로건이 전달하는 의미에 따라 우위적 표현 내용을 '단순 우위' '비교 우위' '최상 우위'로 구분할 수 있다. 예컨대, 다음과 같은 전달 의미의 우위법을 활용한 슬로건 유형을 살펴보자.

"개운하게 맵다" (해찬들 집고추장, 단순 우위)

"고객을 위해 한 번 더" (대한생명, 비교 우위)

"세상에서 가장 맛있는 미소" (오리온 하얀미소, 최상 우위)

- **메시지 성격**: 메시지의 성격에 따라 슬로건을 배타적 차별성, 우호적 차별성, 미래적 차별성, 그리고 이미지 제고 표현으로 유형을 구분할 수 있다. 예컨대, 다음과 같은 메시지 성격에 따른 슬로건 유형을 살펴보자.

"라면은 농심이 맛있습니다" (농심라면, 배타적 차별성)

"좋아하는 걸 좋아해" (스타벅스, 우호적 차별성)

"더 크게 환호할 미래를 위하여!" (OB맥주, 미래적 차별성)

- **정보 제공**: 슬로건에서 기업의 정보를 제공하는 경우, 전문성, 특장점, 특이정보, 그리고 단순 정보를 제공하는 유형이 있다. 다음과 같은 정보 제공의 강도에 따른 슬로건 유형을 살펴보자.

"급할수록, 귀할수록" (DHL, 전문성)

"가그린의 상쾌함 그대로" (가그린치약, 특장점)

"라면이 아니라 뉴면입니다" (빙그레라면, 단순 정보)

예컨대, 풀무원 기업광고 '하늘 아래' 편과 '세상엔' 편에서는 "생명을 하늘처럼"이라는 슬로건을 쓰고 있다. 이 슬로건은 우회적으로 비유하는 직유법을 활용하고 있으며 기업 슬로건에 해당된다. 이 슬로건은 "하늘 아래, 생명 아닌 것이 어디 있소"나 "세상엔 사람만 사는 게 아니오" 같은 광고 헤드라인과 자연스럽게 어우러지며, 풀무원을 자연 친화적인 기업으로 알리는 데 이바지했다.

슬로건은 또한 용도에 따라 기업 슬로건, 캠페인 슬로건, 그리고 브랜드 슬로건의 세 종류로 구분할 수 있다. 기업의 철학을 나타내기 위해 기업 이름 앞에 나가는 것이 기업 슬로건이고, 어떤 캠페인을 이끌어 가는 주제를 제시하는 것이 캠페인 슬로건이

[그림 5-16] 풀무원 광고 '하늘 아래' 편

[그림 5-17] 풀무원 광고 '세상엔' 편

다. 그리고 어떤 브랜드의 특성이나 소비자 혜택을 제시하기 위해 활용하는 것이 브랜드 슬로건이다. 그 구체적인 사례를 살펴보면 다음과 같다.

- **기업 슬로건**

  "인생을 맛있게" (농심)

  "착한 사람들이 만듭니다" (해찬들)

  "여기서 행복하자" (여기어때)

  "우리 강산 푸르게 푸르게" (유한킴벌리)

  "이미 모두의 은행" (카카오뱅크)

- **캠페인 슬로건**

  "함께 가요, 희망으로" (삼성)

  "사람을 향합니다" (SK텔레콤)

  "가슴이 따뜻한 사람과 만나고 싶다" (맥심 커피)

  "소리 없이 세상을 움직입니다" (포스코 기업PR)

  "너에게 밥을 보낸다" (배달의 민족)

- **브랜드 슬로건**

  "고향의 맛" (다시다)

  "새삶스럽게" (이케아코리아)

  "Remember Together" (빙그레투게더)

  "나의 이야기는 커지고 있다" (디즈니플러스)

  "눈높이 사랑, 눈높이 교육" (대교 눈높이 학습지)

언어 표현이라는 측면에서 보면, 효율적인 언어의 활용을 통해 간결하면서도 힘 있게 메시지를 전달하는 슬로건이 좋은 슬로건이다.[41] 그래야 슬로건이 기업 이미지의 구축이나 상품 이미지의 형성에 큰 영향을 미칠 수 있다. 오래오래 기억되는 슬로건은 언어유희(wordplay)의 양과 질, 그리고 활용되는 기간과 매체 예산에 따라 차이가

---

41) 박영준, 김정우, 안병섭, 송민규(2006). 광고언어론: 언어학의 눈으로 본 광고(pp. 100-101). 서울: 커뮤니케이션북스.

나타난다. 즉, 어떤 슬로건이 오래 기억되기 위해서는 그만큼 인상적인 구성도 중요하지만, 매체 예산을 고려해서 작성할 필요가 있다는 뜻이다.[42] 우리 기업들이 슬로건을 너무 자주 바꾸는 상황에서 깊이 고려해야 할 사항이다.

슬로건을 자꾸 바꾸기보다 새로운 슬로건을 만들지 않는 것이 오히려 너 바람직한 현상일 수 있다. 슬로건의 교체는 그만큼 낭비적 요소가 많기 때문이다. 헬 스테빈스는 "좋은 슬로건이 희박한 공기에서 나오는 일은 극히 드물다. 그것은 마치 영웅이나 대통령처럼 전장의 포연 속에서 홀연히 나타난다."[43]고 말했다. 오래오래 기억되는 슬로건 창작이 고뇌와 노력의 산물이라는 점을 강조한 말이다. 나의 경험을 바탕으로 효과적인 슬로건 창작에 필요한 몇 가지 고려 사항을 간략히 제안하면 다음과 같다.

- **기억하기 쉬워야 한다.** 아무리 멋지고 독창적인 슬로건이더라도 쉽게 기억할 수 없고, 단지 멋있는 단어의 조합과 나열에 그친다면 무용지물이 되기 쉽다. 기억하기 쉬운 슬로건 창작을 위해서는 리듬감을 살려 표현하고 호기심을 끄는 내용으로 구성해 보는 노력이 필요하다.
- **명확하게 의미를 전달해야 한다.** 기업 슬로건이건 캠페인 슬로건이건 브랜드 슬로건이건 각각의 목적에 알맞게 작성함으로써, 기업이나 브랜드에서 알리고자 하는 메시지를 명확하고 구체적으로 전달해야 한다.
- **장기간 활용할 수 있어야 한다.** 하나의 슬로건이 결정되기까지는 수많은 시안이 있을 수 있겠지만 장기적으로 쓸 수 있는 강력하고 포괄적인 슬로건을 선택하는 경험과 안목이 중요하다.
- **될 수 있는 대로 짧게 쓰는 것이 좋다.** 소비자들은 슬로건이 지나치게 길거나 지루하면 금방 싫증내는 경향이 있다. 따라서 한순간에 소비자의 주목을 끌 수 있도록 핵심적인 내용을 짧고 강력한 카피로 써야 한다.
- **브랜드 자산의 구축에 이바지해야 한다.** 아무리 멋지고 독창적인 슬로건이라 하더라도 브랜드 자산을 구축하지 못하면 그저 그런 말장난에 그치기 쉽다. 브랜드 자산의 구축에 이바지할 수 있는 슬로건을 개발해야 한다.

---

42) Reece, B. B., Vanden Bergh, B. G., & Li, H. (1994). What makes a slogan memorable and who remember it. *Journal of Current Issues and Research in Advertising, 16*(2), 41-57.

43) Stebbins, H. (1991). 카피캡슐 658. **카피캡슐** (*Copy capsules*)(pp. 184-185). (송도익 역). 서울: 서해문집. (원저는 1957년에 출판).

챗GPT가 알려 준 꿀팁

🅢 **You** : 챗GPT. 지금까지 다음 내용을 학생들에게 설명했어. 카피의 개념과 범위의 재정립. 헤드라인의 의의와 쓰기 연습. 보디카피의 가치와 쓰기 연습. 슬로건의 개념과 유형의 이해 같은 주제야. 지금까지 설명한 4가지 주제는 학생들이 카피를 쓰는 데 도움이 될 만한 중요한 정보야. '카피의 구성요소와 카피 솜씨'라는 제목을 구성하는 카피의 개념과 범위의 재정립. 헤드라인의 의의와 쓰기 연습. 보디카피의 가치와 쓰기 연습. 슬로건의 개념과 유형의 이해에 관한 4가지 주제와 관련하여. 현실적으로 광고 카피라이팅에 도움이 될 만한 추가 정보가 있다면 알려 줄 수 있어?

🅖 **ChatGPT** : 이미 설명한 주제들은 카피라이팅과 광고 카피 작성에 관한 중요한 정보를 제공하고 있습니다. 그러나 광고 카피 라이팅에 도움이 될 만한 추가 정보를 제공할 수 있습니다. 아래는 각 주제와 관련된 추가 정보입니다.

카피의 개념과 범위의 재정립: 카피는 광고나 마케팅 콘텐츠의 핵심 텍스트입니다. 이것은 제목, 부제, 본문, 슬로건 등을 포함합니다. 더 나아가, 카피라이팅은 브랜드 메시지, 목표, 대상 시장에 따라 다양한 형태와 스타일을 가질 수 있으며, 감정적 호소, 정보 제공 또는 콘텐츠 스토리텔링에 중점을 둘 수 있습니다.

헤드라인의 의의와 쓰기 연습: 헤드라인은 광고의 핵심 부분 중 하나로, 주목을 끌고 관심을 유도하는 기능을 합니다. 헤드라인은 간결하고 명확하게 메시지를 전달해야 합니다. 헤드라인 작성법을 연습하면 창의적이고 효과적인 표현을 개발할 수 있습니다. 다양한 헤드라인 스타일을 실험하고, A/B 테스트를 통해 효과적인 헤드라인을 식별하는 것이 중요합니다.

보디카피의 가치와 쓰기 연습: 보디카피는 광고의 본문 내용을 가리킵니다. 이 부분은 제품 또는 서비스의 장점, 특징, 이점을 자세히 설명하는 곳입니다. 보디카피의 작성은 명확하고 소비자들이 이해하기 쉽게 제공하는 것이 중요하며, 강력한 이유와 증거를 제시하여 소비자들의 신뢰를 얻어야 합니다.

슬로건의 개념과 유형의 이해: 슬로건은 브랜드 또는 캠페인의 핵심 메시지를 간결하고 인상적으로 전달하는 역할을 합니다. 브랜드 식별과 기억에 큰 영향을 미칩니다. 슬로건은 감정적 호소, 브랜드의 가치관, 제품 또는 서비스의 핵심 이점을 강조하는 다양한 유형을 가질 수 있습니다. 강력한 슬로건은 브랜드를 식별하고 기억에 남게 합니다.

카피 쓰는 능력을 개발하고 향상시키는 데 있어서 실제 광고 캠페인 사례 연구와 시장 동향을 주시하며, 지속적인 연습과 피드백을 통해 솜씨를 키워 가는 것이 중요합니다. 또한 소비자의 반응을 감시하고 최적화하는 것도 필요합니다.

제**6**장

디지털 카피라이팅
접근 방법

디지털 카피라이팅은 다양한 접근 방법을 통해 효과적인 커뮤니케이션 활동을 전개하고 마케팅 목표를 달성할 수 있다. 검색엔진 최적화(SEO)의 카피라이팅에서는 목표 소비자들이 자주 쓰는 검색어를 파악하는 것이 중요하다. 카피라이터는 소비자들이 자주 쓰는 검색어와 콘텐츠를 만드는 키워드를 분석하고, 카피에 핵심어를 포함해 검색엔진이 핵심 카피를 인식하게 하는 콘텐츠의 최적화도 고려해야 한다. 검색엔진이 이용자의 경험을 파악해 주기 때문에 카피라이터는 헤드라인이나 제목 태그에서 상품에 대한 설명을 최적화시켜 클릭률을 높일 수 있도록 반드시 고려해야 한다.

디지털 카피라이팅에서는 페르소나의 특성에 맞춰 카피를 써 보는 것도 중요하다. 카피라이터는 목표 소비자의 특성과 관심사 및 문제점을 분석한 다음에 페르소나의 특성을 정의하고, 페르소나의 필요와 관심사를 반영해 맞춤형 메시지를 개발해야 하며, 페르소나의 감정과 경험을 고려해 소비자와의 감정적 연결을 시도해야 한다. 나아가 웹사이트의 트래픽과 소셜미디어의 상호작용이나 전환율 같은 자료를 비교 분석한 다음에 카피를 쓰는 데이터 주도형의 카피라이팅도 필요하다. 필요할 때는 다양한 카피를 비교해 보고 가장 효과적인 카피를 확정하는 A/B 테스트도 시도할 수 있다.

디지털 카피라이팅의 핵심은 명확한 메시지로 참여를 유도하는 콘텐츠를 만드는 데 있다. 카피라이터는 소셜미디어에서 인기 있는 추세와 주제를 파악해야 하고, 소셜미디어에서의 반응을 실시간으로 감시하고 그에 적절히 대응하며 카피를 써야 한다. 이 장에서는 검색엔진 최적화의 카피라이팅, 페르소나를 활용하는 카피라이팅, 데이터가 주도하는 카피라이팅, 소셜미디어 추세에 따른 카피라이팅의 접근 방법에 대해 살펴본다. 카피라이팅의 목표나 소비자 특성에 따라 접근 방법을 조정할 수 있는데, 때로는 여러 가지를 혼합시킨 접근 방법을 썼을 때 높은 광고효과를 기대할 수 있다.

1. 검색엔진 최적화의 카피라이팅

검색엔진 최적화(SEO: Search Engine Optimization)란 검색하는 사람의 의도를 이해하고 이에 충실히 맞춰 웹 페이지의 콘텐츠를 제작하고, 이 페이지가 검색 결과 페이지에서 잘 노출되도록 웹페이지의 태그와 링크 구조를 개선해, 웹사이트나 웹페이지 검색엔진의 검색 결과에서 높은 순위를 얻도록 최적화하는 과정이다. 검색엔진 최적화의 목표는 웹페이지의 검색엔진이 이해하고 쉽게 찾을 수 있도록 검색 조건을 갖추는 데 있다.

이렇게 하면 특정 핵심어로 검색했을 때 검색 결과의 상단에 더 자주 표시되므로 웹사이트에 더 많은 트래픽을 유도할 수 있다는 장점이 있다. 검색엔진 최적화(SEO)에 맞춘 카피라이팅은 디지털 시대의 카피라이팅에서 핵심 기법의 하나다. 이렇게 하면 웹사이트의 가시성을 높이고, 검색 결과의 순위를 향상하며, 사이트 방문자들에 어떤 브랜드의 가치를 알리는 데 크게 이바지한다. 검색엔진 최적화의 카피라이팅에서 카피라이터가 알아야 할 핵심 요소를 살펴보자.

1) 검색엔진 최적화의 기본 요소

검색엔진 최적화의 기본 요소는 검색엔진에서 더 높은 순위를 얻을 수 있도록 하는 데 필요한 요소들이다. 카피라이터가 기본 요소에 대해 충분히 이해하고 검색엔진의 작동 원리를 고려하여 카피를 쓴다면 그 카피가 더 높은 검색 순위에 올라갈 수 있으니 카피 메시지의 효과도 높아진다. 검색엔진 최적화와 관련하여 카피라이터가 알아야 할 5가지의 기본 요소는 다음과 같다.

첫째, 검색엔진 최적화의 개념을 이해해야 한다. 카피라이터는 검색엔진 최적화(SEO)의 개념이 무엇인지, 왜 중요한지, 핵심 기능은 무엇인지, 그리고 어떻게 작동하는지에 대해 구체적으로 이해할 필요가 있다. 카피라이터가 검색엔진의 기본 구조와 기능에 대해 더 많이 이해할수록 검색엔진에 최적화된 카피를 쓸 가능성이 크다.

둘째, 핵심어를 연구해야 한다. 핵심어(key word)는 검색엔진에 적합하도록 최적화시킨 가장 중요한 단어다. 카피라이터는 핵심어를 정해서 검색엔진에 어떻게 노출되게 할 것인지 전략적으로 판단해야 한다. 어떤 핵심어를 선택하고 활용하느냐에 따라, 검색엔진에서 노출되는 순위를 결정하는 데 결정적인 영향을 미치기 때문이다.

셋째, 가치를 제공하는 카피를 써야 한다. 검색엔진 최적화에 맞춘 카피라이팅은 소비자들에게 가치 있는 정보를 제공해야 한다. 그렇지 않으면 소비자들은 해당 사이트에서 떠나버리고 검색엔진도 사이트를 무시할 것이다. 따라서 카피라이터는 광고 카피에서 가치 있는 정보를 제공하는 동시에 핵심어를 통합할 방법을 찾아내야 한다.

　넷째, 메타 데이터와 헤드라인을 이해해야 한다. 카피라이터는 메타 태그, 제목 태그, 앵커 텍스트 같은 용어를 이해할 필요가 있다. 메타 데이터는 웹페이지에 대한 정보를 제공하는 데이터로, 검색엔진이 페이지의 내용을 이해하고 분석하는 데 도움이 되며 이용자가 웹페이지를 직접 방문하지 않아도 검색엔진에서 페이지의 주요 내용을 파악하게 한다. 메타 데이터에는 다음과 같은 종류가 있다. ① 메타 타이틀은 검색 결과 페이지에서 웹페이지의 제목으로 표시되며, 페이지의 주제를 정확하게 반영하기 때문에 핵심어를 포함해야 한다. ② 메타 설명은 웹페이지에 간단한 요약문을 제공하는 짧은 텍스트로, 검색 결과 페이지에서 결과 아래에 표시돼 이용자가 해당 페이지의 클릭 여부를 결정하는 데 영향을 미친다. ③ 메타 핵심어는 페이지의 주요 핵심어를 나열한 것인데, 현재는 대부분의 검색엔진에서 무시하므로 자주 쓰이지는 않는다. ④ 메타 로봇은 검색엔진 로봇에게 페이지를 어떻게 처리할 것인지 지시하는 태그로, 페이지를 색인화하거나 무시하고, 링크를 따를지 말지도 지시한다.

　다섯째, 검색엔진 최적화의 최신 추세를 이해해야 한다. 검색엔진은 계속 변화하고 발전하는 분야이기 때문에, 카피라이터는 항상 최신의 트렌드를 살펴보며 카피를 써야 한다. 예컨대, 자연스럽고 읽기 쉬운 콘텐츠를 더 중요시하는 자연어 처리(NLP: Natural Language Processing)의 원칙, 해당 주제에 대해 충분한 지식과 경험을 갖춰야 한다는 구글의 EAT(Expertise: 전문성, Authoritativeness: 권위성, Trustworthiness: 신뢰성)의 원칙, 모바일 친화적 웹사이트를 더 중요하게 평가하는 모바일 우선 색인(Mobile-First Indexing)의 원칙, 스마트 스피커와 음성 비서의 보급으로 음성 검색이 늘어남에 따라 대화체로 쓴 콘텐츠와 긴 핵심어를 중시하는 음성 검색 최적화(VSO: Voice Search Optimization)의 원칙 같은 검색엔진에 관한 최신 트렌드를 이해하고 카피를 쓸 때 반영해야 한다.

2) 검색엔진 최적화에 맞춘 카피 사례

　검색엔진 최적화(SEO)에 맞춘 광고 카피 사례를 살펴보기로 하자. 다음의 카피 사례에서 핵심어를 효과적으로 활용해 기대하는 목표 소비자에게 노출되게 하는 카피를 쓰려면 어떻게 접근해야 하는지 알 수 있다. 물론 인간 카피라이터가 아닌 챗GPT가 쓴 카피이므로 어색한 대목도 있어 잘 쓴 카피라고는 할 수 없다. 어디까지나 초벌 카피로 참고만 하고, 인간 카피라이터가 보완해야 한다.

(1) 검색엔진 최적화에 맞춘 광고 목적별 카피 사례

상품 판매를 위한 카피 사례는 이렇다. "가장 좋아하는 고급 스킨케어 브랜드를 저렴한 가격에. 빠른 배송과 뛰어난 서비스. 지금 바로 저렴한 고급 스킨케어를 검색해 보세요." 이 카피에서 핵심어는 '저렴한 고급 스킨케어'다. 이 핵심어는 소비자들이 구매하려는 상품과 관련된 검색어와 일치되도록 고려한 것이다.

서비스 제공을 위한 카피 사례는 이렇다. "집에서 가장 가까운 중고장터를 찾고 계시는지요? 집 근처에서 가장 가까운 당근마켓을 검색해 놀라운 서비스를 경험해 보세요." 카피라이터는 '당근마켓'이라는 핵심어가 검색엔진에 잘 걸리도록 고려했다. 검색엔진을 위한 카피는 어떤 서비스를 찾는 사람들이 검색할 가능성이 큰 단어를 카피로 써야 한다.

이러한 카피 사례에서 핵심어가 어떻게 검색엔진 최적화의 카피라이팅에 활용될 수 있는지 확인할 수 있다. 그러나 검색엔진 최적화에 알맞게 카피를 쓰는 데 있어서 핵심어를 단순히 삽입하는 것만으로는 충분하지 않다. 카피의 내용은 항상 소비자에게 가치를 제공하고 자연스럽고 읽기 쉬워야 하며, 핵심어가 적절히 배치돼야 한다. 그러나 핵심어의 과도한 남용은 검색엔진 운영사로부터 벌점을 받을 수 있으니, 과도한 남용은 삼가야 한다.

(2) 검색엔진 최적화에 맞춘 상품 유형별 카피 사례

검색엔진 최적화에 맞춰 광고 카피를 효과적으로 쓰려면 카피의 내용을 상품이나 서비스 유형에 따라 다르게 써야 한다. 검색엔진 최적화에 맞춘 상품 유형별 카피 사례를 살펴보기로 하자.

패션 및 의류를 위한 카피 사례는 이렇다. "다가오는 겨울을 위해 편안하면서도 세련된 여성 겨울 코트를 찾고 계시나요? 최신 패션 트렌드에 맞는 따뜻하고 멋진 코트 컬렉션을 확인해 보세요." 이 카피에서 '여성 겨울 코트'는 해당 계절과 패션 아이템에 관심이 있는 이용자가 검색할 가능성이 큰 핵심어다.

가전상품을 위한 카피 사례는 이렇다. "내구성과 성능이 뛰어난 에너지 효율 냉장고를 구매하세요. 가장 믿을 수 있는 브랜드의 여러 모델 중에서 선택하세요." 이 카피에서 '에너지 효율 냉장고'는 특정 가전상품에 관심이 있는 이용자들이 검색할 가능성이 큰 핵심어다.

건강 및 웰니스 상품을 위한 카피 사례는 이렇다. "자연스럽게 에너지를 보충하는 유기농 에너지 보충제를 드셔 보세요. 천연 성분으로 만들어 온종일 활력을 느낄 수 있습니다" 이 카피에서 '유기농 에너지 보충제'는 이런 유형의 상품을 찾는 사람들이 검색할 수 있는 핵심어다.

소프트웨어 및 기술 상품을 위한 카피 사례는 이렇다. "작업 효율성을 높이는 클라우드 기반의 프로젝트 관리 도구를 활용해 보세요. 간편한 협업과 일정 관리를 위한 최고의 솔루션입니다" 이 카피에서 '클라우드 기반의 프로젝트 관리 도구'는 기업이나 팀이 원격 협업 도구를 찾을 때 검색할 수 있는 핵심어다.

이처럼 검색엔진 최적화에 맞춘 카피를 쓰려고 할 때 카피라이터는 중요한 2가지 사실을 명심해야 한다. 카피를 쓸 때 핵심어를 활용해 특정 상품이나 서비스에 대한 검색 결과를 최적화시켜야 하고, 소비자에게 브랜드의 가치와 의미를 전달함으로써 공감을 유발하는 카피를 써야 한다는 사실이다. 결국, 검색엔진 최적화에 따른 카피라이팅에서는 상품이나 서비스의 핵심 가치를 효과적으로 전달하는 동시에 핵심어를 자연스럽게 통합시키는 솜씨가 무엇보다 중요하다.

(3) 검색엔진 최적화에 맞춘 메시지 유형별 카피 사례

검색엔진 최적화를 위한 카피라이팅 기법에서, 메시지 유형에 따라서도 카피의 내용이 달라져야 한다. 메시지 유형에 따른 카피라이팅 사례를 정리해 보면 다음과 같다. 다시 강조하지만 인간 카피라이터가 아닌 챗GPT가 쓴 카피이므로 어디까지나 초벌 카피로만 참고해야 한다.

정보 제공을 위한 카피 사례는 이렇다. "최신 애플 아이폰의 특성과 성능에 대해 알아보세요. 포괄적인 이용자 가이드를 통해 새로운 기능과 최적화 방법을 알 수 있어요" 여기에서 '애플 아이폰'은 이용자들이 이 상품에 대한 정보를 검색할 때 활용할 가능성이 큰 핵심어다.

판매촉진 활동을 위한 카피 사례는 이렇다. "이번 주말에만 할인. 50% 할인 가구 세일을 놓치지 마세요. 고품질의 가구를 절반 가격에 가져갈 기회" 이 카피에서 '50% 할인 가구 세일'은 이용자들이 특별 행사나 할인에 관심을 가질 때 검색할 수 있는 핵심어다.

신상품 출시를 위한 카피 사례는 이렇다. "새로 출시된 갤럭시의 혁신적인 기능을 체험해 보세요. 휴대 성능이 개선된 혜택을 지금 확인하세요" 이 카피에서 '갤럭시'는 소비자들이 신상품에 대한 정보를 찾거나 새로운 기술에 대해 알아보려 할 때 검색할 수 있는 핵심어다.

브랜드 인지도 향상을 위한 카피 사례는 이렇다. "브랜드X의 천연 성분 스킨케어 상품으로 피부를 건강하게 유지하세요. 환경친화적 상품에서 자연의 힘을 느껴 보세요." 이 카피에서 '브랜드X'는 이 브랜드의 상품에 대한 인식을 높이고, 브랜드를 찾는 이용자가 검색할 만한 핵심어다.

각 메시지 유형마다 검색엔진 최적화에 맞춘 카피를 쓸 때 중요한 사실은 카피가 소비자에게 의미 있는 정보를 제공해야 한다는 점이다. 나아가 카피 내용에서 핵심어를 자연스럽게 통합시키는 것도 중요하다. 이렇게 하면 검색엔진에서 카피의 내용을 바탕으로 적절한 검색 쿼리와 연결할 수 있다.

(4) 검색엔진 최적화에 맞춘 소비자 유형별 카피 사례

검색엔진 최적화를 위한 카피라이팅 기법에서, 검색엔진 최적화에 해당하는 광고 카피 사례를 목표하는 소비자 유형에 따라 살펴보자. 카피라이터는 목표하는 소비자의 특성을 어떻게 나눌 것인지, 카피를 쓰기 전에 먼저 소비자 집단을 유형별로 구분해 볼 필요가 있다.

가정주부를 위한 카피 사례는 이렇다. "아이들의 영양을 챙기기 위한 건강한 아이들 식단에 대한 팁과 조언을 찾으세요. 전문가들이 제공하는 다양한 요리법을 확인해 보세요." 카피에서 '건강한 아이들 식단'이라는 핵심어는 가정주부들이 아이들에게 건강한 음식을 제공하려 할 때 검색할 가능성이 큰 핵심어다.

청년과 대학생을 위한 카피 사례는 이렇다. "아직 늦지 않았습니다. 효과적인 시험 공부법으로 성적을 높일 수 있습니다. 전문가가 제공하는 학습 전략을 확인해 보세요." 이 카피에서 '효과적인 시험 공부법'이라는 핵심어는 청년과 대학생이 시험을 준비하면서 검색할 가능성이 매우 큰 단어다.

기업인을 위한 카피 사례는 이렇다. "비즈니스를 더욱 효율적으로 운영하고 싶으시죠? 소규모 사업의 자동화 솔루션을 검색해 보세요. 혁신적인 기술로 시간과 비용을 절약해 보세요." 이 카피에서 '소규모 사업의 자동화 솔루션'이라는 핵심어는 기업인이 비즈니스 성과를 향상하고 효율성을 높이는 방법을 찾을 때 활용할 수 있는 단어다.

집수리 DIY 애호가를 위한 카피 사례는 이렇다. "집에서 손쉽게 DIY 화장실 리모델링을 시도해 보세요. 단계별 가이드와 전문가 팁을 제공하는 저희 블로그를 확인해 보세요." 이 카피에서 'DIY 화장실 리모델링'이라는 핵심어는 집수리 방법을 찾는

DIY 애호가들이 검색할 수 있는 단어다.

이처럼 검색엔진 최적화의 카피라이팅은 특정 목표 소비자에게 의미 있는 정보를 제공하면서 그들이 검색할 가능성이 큰 핵심어를 통합시켜야 한다. 이렇게 하면 웹 사이트나 광고 카피가 검색엔진 결과에서 더 높은 순위를 차지할 수 있다.

(5) 검색엔진 최적화에 맞춘 인구통계적 특성별 카피 사례

검색엔진 최적화를 위한 카피라이팅 기법에서, 인구통계적(demographics) 특성에 따라서도 카피를 쓸 수 있다. 인구통계적 특성이란 성별, 연령별, 학력별, 직업별, 거주지별, 소득수준별 특성을 의미한다. 인구통계적 특성에 따른 광고 카피의 사례를 살펴보자.

청소년을 위한 카피 사례는 이렇다. "학교에서 가장 멋진 학생이 되고 싶으세요? 유행을 좇는 청소년 패션을 조사하고 최신 스타일로 업그레이드하세요" 이 카피에서 '유행을 좇는 청소년 패션'이라는 핵심어는 패션에 관심 있는 청소년들이 검색할 가능성이 크다.

20대 여성을 위한 카피 사례는 이렇다. "피부에 활력을 주고 싶으세요? 유기농 스킨케어 상품을 써 보세요. 화학 성분이 없는 상품으로 피부를 건강하게 유지하세요" 이 카피에서 '유기농 스킨케어 상품'이란 핵심어는 화학 성분을 피하고 친환경 상품을 찾는 20대 여성이 검색할 가능성이 크다.

30~40대 남성을 위한 카피 사례는 이렇다. "건강한 식습관으로 건강을 유지하세요. 남성 건강 식단에 대한 전문가의 조언을 확인하세요" 이 카피에서 '남성 건강 식단'이라는 핵심어는 건강에 초점을 맞춘 30~40대 남성이 검색할 가능성이 크다.

노년층을 위한 카피 사례는 이렇다. "아들딸과 손자 손녀와 계속 소통하고 싶으시죠? 간편한 스마트폰 활용법을 배우십시오. 생각보다 어렵지 않습니다. 디지털 세상이 어르신들을 더 편하게 합니다" 이 카피에서 '스마트폰 활용법'이라는 핵심어는 새로운 기술을 배우려는 노년층이 검색할 가능성이 크다.

이처럼 검색엔진 최적화를 위한 카피라이팅은 목표 소비자의 인구통계학적 특성에 알맞게 적합한 핵심어를 포함해야 한다. 이렇게 하면 웹사이트나 광고 카피가 검색엔진 결과에서 더 높은 순위를 차지할 수 있다.

(6) 검색엔진 최적화에 맞춘 심리사회적 특성별 카피 사례

검색엔진 최적화의 카피라이팅 기법을 알아보기 위해 카피라이터는 검색엔진의 특성에 알맞게 최적화할 수 있는 광고 카피 사례를 챗GPT에게 써 달라고 요청할 수 있다. 목표하는 심리적(psychographics) 특성에 따른 카피라이팅 기법을 적용한 광고 카피 사례를 살펴보자. 다음에 제시하는 카피 사례는 어디까지나 예에 불과하다.

환경 의식이 높은 소비자를 위한 카피 사례는 이렇다. "환경 보호가 중요하다고 생각하신다면 재활용 가능한 상품을 찾아보세요. 친환경 상품이 지구를 지킵니다" 이 카피의 경우에 '재활용 가능한 상품'이라는 핵심어는 환경에 대한 책임감이 강한 소비자들이 검색할 가능성이 크다.

건강 지향적인 소비자를 위한 카피 사례는 이렇다. "몸과 마음을 모두 건강하게 유지하고 싶으시죠? 통합 건강 웰니스 팁을 검색하고 전문가의 조언을 받아 보세요" 이 카피에서 '통합 건강 웰니스 팁'이라는 핵심어는 건강의 중요성을 자주 생각하며 건강 지향적인 생활방식을 추구하는 소비자들이 검색할 가능성이 크다.

가치 소비자를 위한 카피 사례는 이렇다. "가격과 품질 사이에서 타협하지 않으신다면 고품질의 저렴한 가구를 찾아보세요. 품질과 가격 모두에서 기대 이상의 만족감을 드립니다" 이 카피에서 '고품질의 저렴한 가구'라는 핵심어는 가격과 상품의 가치를 중시하는 소비자들이 검색할 가능성이 크다.

호기심 많은 탐험가를 위한 카피 사례는 이렇다. "잘 알려지지 않은 새로운 곳으로 떠나고 싶으세요? 미지의 여행 목적지를 검색하고 다음 모험을 계획해 보세요" 이 카피에서 '미지의 여행 목적지'라는 핵심어는 이미 알려진 곳보다 새로운 경험과 모험을 즐기는 소비자들이 검색할 가능성이 크다.

이처럼 소비자의 심리사회적 특성을 이해하고 그에 따른 적절한 핵심어를 검색엔진 최적화의 카피라이팅에 적용하면 웹사이트나 광고가 검색엔진 결과에서 더 높은 순위를 차지할 수 있다. 카피라이터는 챗GPT가 써 주는 초벌 카피를 참고해서 자신이 최종 카피를 완성해야 한다.

(7) 검색엔진 최적화에 맞춘 스마트폰의 연령별 카피 사례

검색엔진 최적화에 맞춰 연령별 카피도 쓸 수 있다. 예컨대, 챗GPT에게 "X브랜드의 스마트폰에 대한 카피를 '더 행복한 하루'라는 광고 콘셉트에 따라 10대, 20대, 30대, 40대, 50대, 60대 이상이라는 6개 집단에 알맞게 실제 광고 카피를 써 줄 수 있어?"라고 질문하면, 챗GPT는 잠시도 망설이지 않고 다음과 같은 카피를 토해 낼 것이다.

- **10대**: "최신 게임, 소셜미디어, 새로운 모바일 앱을 즐기는 데 X브랜드 스마트폰 만큼 좋은 건 없습니다. '가장 빠른 스마트폰'으로 일상을 업그레이드하고 더 행복한 하루를 보내세요"
- **20대**: "X브랜드 스마트폰으로 모든 것을 관리하세요. '멀티태스킹 스마트폰'을 검색하고, 일과 삶에서 완벽한 균형을 이루십시오. 더 행복한 하루를 위한 완벽한 파트너를 만나 보세요"
- **30대**: "X브랜드 스마트폰으로 일상을 간편하게 만드세요. '가장 안정적인 스마트폰'을 검색하고 가족, 직장, 개인 시간 관리를 원활하게 하세요. 더 행복한 하루를 위한 최고의 도구를 경험해 보세요"
- **40대**: "X브랜드 스마트폰으로 비즈니스를 효율적으로 관리하세요. '업무용 최고의 스마트폰'을 검색하고 모든 업무를 한 손으로 처리하세요. 더 행복한 하루를 위한 비즈니스 파트너를 소개합니다"
- **50대**: "X브랜드 스마트폰이 가족과 소중한 순간을 기록하게 도와드립니다. '탁월한 카메라 기능 스마트폰'을 검색하고 가족의 특별한 순간을 고화질로 캡처하세요. 더 행복한 하루를 위한 가장 좋은 카메라를 만나 보세요"
- **60대 이상**: "X브랜드 스마트폰으로 디지털 세계와 쉽게 연결하세요. '간편 활용 스마트폰'을 검색하고 새로운 기술에 적응하는 데 도움을 받으세요. 더 행복한 하루를 위한 가장 친숙한 기술 파트너를 발견하세요"

각 연령별로 소비자들이 원하는 것을 탐색하고 그에 적합한 핵심어를 포함해 광고 카피를 써 달라고 챗GPT에게 요청하면 효과적인 검색엔진 최적화에 맞춘 카피를 확보할 수 있다. 이때 어떤 핵심어를 포함하느냐가 연령별 소비자의 공감을 얻을 수 있는 카피를 쓰는 데 필요한 가장 중요한 기초 자료가 된다.

(8) 검색엔진 최적화에 맞춘 X브랜드 스마트폰의 혁신수용별 카피 사례

검색엔진 최적화의 카피라이팅에서 로저스가 제시한 혁신의 확산(diffusion of innovation) 이론을 통해 5개의 수용 집단별 카피도 기대할 수 있다. 이 이론에서는 사람에 따라 새로운 아이디어나 신상품을 받아들이는 시기가 다르다고 가정한다. 커뮤니케이션 학자인 에버렛 로저스(Everett Rogers)는 상품수용 곡선을 제시하며 어떤 사람들은 새로운 것을 가장 먼저 사용해 보고 싶어 하지만 어떤 사람들은 그것이 어떤지 살펴보려고 잠시 기다리며, 또 다른 사람들은 오랜 시간이 흐른 다음에야 신상품이나 새로운 아이디어를 수용하는 경향이 있다고 설명했다. 로저스는 시간의 흐름에 따라 혁신에 얼마만큼 개방적인 태도를 보이느냐에 따라 사람들을 5가지 유형으로 분류했다.[1]

혁신층(Innovators)은 언제나 신상품을 가장 먼저 써 보고 싶어 한다. 그들은 신상품의 구매 행동에서 매우 적극적이고 모험적인 경향이 있다. 그들은 자사의 구매 행동에서 가끔 실수가 발생하더라도 기꺼이 위험을 감수하려고 한다. 그들은 구매 행동의 옳고 그름보다 가장 먼저 시도한다는 선점 효과를 더 중요하게 생각한다.

초기 수용층(Early Adopters)은 신상품이 시장에 어느 정도 깔릴 때까지 짧은 기간 동안 기다리지만, 선두 그룹에 뒤처지기를 원하지는 않는다. 초기 수용층은 일반적으로 여론선도자이며 상품 범주에 관해 다양한 지식을 가지고 있다. 이들은 당장 신상품을 사지 않는 대신에 결점이 보완되고 가격이 어느 정도 내려갈 때까지 기다린다.

초기 다수층(Early Majority)은 신상품을 써 볼 것인지, 쓴다면 언제 쓸 것인지를 놓고 매우 심사숙고한다. 그들은 새로운 아이디어에 개방적이지만 초기 수용층보다 더 조심스러워한다. 그들은 스마트폰 최신 모델을 누구보다 앞서서 구매한 사람들은 아니지만, 친구가 이를 구매했고 유명 회사에서 만들었다면 이제는 그것을 사도 되겠다고 판단한다.

후기 다수층(Late Majority) 집단에 속한 사람들은 신상품이나 새로운 아이디어에 회의적이며 그 상품이 확고한 위치를 잡을 때까지 기다린다. 그들은 친구나 가족의 압력이나 권유가 있을 때까지는 써 보지도 않는다. 뒤늦게 인기 있는 상품을 사려고 하는 사람들이 여기에 속한다.

뒤처진 수용층(Laggards)은 신상품의 구매를 망설이며 가장 나중에 구매하거나 끝까지 구매하지 않는 사람들이다. 이들은 신상품이 거의 모두에게 알려지거나 가격이 내려가기 전까지도 그 상품을 쓰지 못한다. 새로운 자동차 모델이 나왔는데도 전혀 관심을 두지 않고 15년 이상을 똑같은 차를 타는 사람들이 이 유형에 해당한다.

---

1) 문영숙, 김병희(2015). 상품수용곡선. 소비자 인사이트: 심리타점의 발견과 적용(pp. 177-182). 서울: 커뮤니케이션북스.

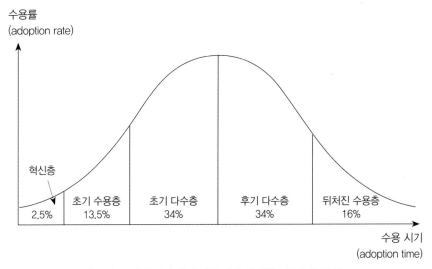

수용률
(adoption rate)

혁신층

초기 수용층
13.5%

초기 다수층
34%

후기 다수층
34%

뒤처진 수용층
16%

2.5%

수용 시기
(adoption time)

[그림 6-1] 혁신의 확산 이론에서 제시한 상품수용 곡선

　챗GPT에게 "X브랜드의 스마트폰에 대한 카피를 로저스가 제시한 '혁신의 확산' 이론의 5개 수용층에 알맞게 실제 광고 카피를 써 줄 수 있어?"라고 질문하면, 챗GPT는 잠시도 망설이지 않고 다음과 같은 카피를 토해 낸다.

- **혁신층**: "기술에 빠르게 적응하는 것을 좋아하시나요? X브랜드의 최신 스마트폰을 찾아보세요. '혁신적인 스마트폰'을 검색하고 가장 앞선 첨단 기술을 누리며 더 행복한 하루를 만들어 보세요"
- **초기 수용층**: "새로운 경험을 찾는 당신을 위해 'X브랜드 최신 스마트폰'을 추천합니다. '최고의 신상품 스마트폰'을 검색하고 선도적인 기술로 더 행복한 하루를 보내십시오"
- **초기 다수층**: "신뢰할 수 있는 기술을 찾으시나요? '믿을 만한 X브랜드 스마트폰'을 검색해 보세요. 많은 사람이 이미 인정한 품질로 더 행복한 하루를 시작해 보세요"
- **후기 다수층**: "검증된 상품을 선호하시나요? '이미 품질이 입증된 X브랜드 스마트폰'을 검색해 보세요. 이미 수많은 사람이 선택한 기술을 경험하며 더 행복한 하루를 보내 보세요"
- **뒤처진 수용층**: "간편하고 믿을 만한 기술을 찾고 계시나요? '쓰기 쉬운 X브랜드 스마트폰'을 검색하고, 간편하면서도 더더욱 행복한 하루를 만들어 보세요"

혁신의 확산 이론에서 제시한 상품수용 곡선에 따라 단계별로 효과를 발휘하는 핵심어가 다르다. 사람에 따라 새로운 아이디어나 신상품을 받아들이는 시기가 다르므로 카피라이터는 그에 적합한 핵심어를 골라 카피를 써야 한다. 소비자들이 원하는 단계별 욕구를 파악해서 그에 적합한 핵심어가 포함된 카피를 쓴다면, 검색엔진 최적화에 따른 카피라이팅의 기대 효과를 쉽게 달성할 수 있다.

2. 페르소나를 활용하는 카피라이팅

디지털 카피라이팅의 접근 방법에서 페르소나에 따라 카피를 쓰는 기법이 있다. 페르소나(퍼소나, persona)는 어떤 상품이나 서비스를 사용할 만한 목표 집단에 있는 다양한 사용자 유형을 대표하는 가상의 인물이다.[2] 페르소나는 어떤 특정한 상황과 환경에서 어떤 전형적인 인물이 어떻게 행동할 것인가에 대해 예측하기 위해 실제 사용자의 자료를 바탕으로 개인의 개성을 부여하여 만들어진다. 페르소나는 가상의 인물을 묘사하고 그 인물의 배경과 환경을 설명하는 가상의 이름, 목표, 평소에 느끼는 불편함, 가상의 인물이 느끼는 욕구 등으로 구성된다. 인터렉션 분야에서도 광고와 마케팅 전략을 수립하기 위한 자료로 두루 활용되고 있다.

페르소나 기반의 카피라이팅은 어떤 목표 소비자의 특성, 행동, 관심사, 동기 등을 바탕으로 어떤 가상의 캐릭터인 페르소나를 만들어 그들에게 가장 효과적으로 다가갈 수 있도록 카피를 쓰는 방법이다. 페르소나의 원래 뜻은 고대 희랍 무대에서 배역들이 썼던 가면을 지칭하지만, 오늘날에는 배우가 연기 생활을 하며 자신이 맡았던 배역의 인격은 물론 사람들에게 알려진 사생활의 요소를 가지고 개발한 자아상(自我像)을 말한다. 디지털 시대의 페르소나는 광고와 마케팅 전략 수립에서 중요한 기능을 하며, 빅데이터를 바탕으로 소비자의 행동과 선호를 정확히 파악해 세분화된 페르소나를 만들 수 있다. 카피라이터는 페르소나의 특성을 고려해 목표 소비자에게 가장 적합한 카

---

2) 1988년 앨런 쿠퍼(Alan Cooper)의 저서 『정신병원에서 뛰쳐나온 디자인(Inmates Are Running the Asylum)』에서 페르소나의 개념이 처음 소개되었다. 페르소나는 연구의 목적으로 개발된 방법론이 아닌 실무 중심의 방법론이다. 1990년대부터 소프트웨어 개발과 인터렉션 디자인 분야에서 주목받기 시작했다. Cooper, A. (2004). 정신병원에서 뛰쳐나온 디자인(Inmates are running the asylum: Why high tech products drive us crazy and how to restore the sanity). (이구형 역). 서울: 안그라픽스. (원저는 1999년에 출판).

피를 쓸 수 있다. 페르소나에 따른 카피라이팅의 주요 단계는 다음과 같다.

1) 페르소나에 따른 카피라이팅의 주요 단계

(1) 페르소나의 정의

카피라이터는 목표 소비자의 성별, 연령, 직업, 관심사, 동기, 문제점을 바탕으로 가상의 페르소나를 만들 수 있다. 그렇게 해서 목표 시장을 잘 이해하고 소비자의 필요와 고민을 해결하는 메시지를 만들기 위해서다. 페르소나에 따른 카피라이팅의 주요 단계에서 페르소나를 어떻게 정의할 수 있을까? 페르소나의 정의는 광고 카피의 기초를 형성한다. 이 단계에서는 브랜드나 상품의 목표 소비자인 페르소나를 구체적으로 정의하게 된다. 페르소나의 정의는 광고 카피의 언어, 느낌, 메시지를 결정하는 데 있어서 필수적인 요소다. 페르소나를 정의하는 주요 단계는 다음과 같다.

① **목표 소비자의 세분화 식별**: 카피라이터는 브랜드나 상품의 목표 소비자에 대한 세분화 영역을 식별해야 한다. 소비자의 연령별, 성별, 지역별, 직업별, 소득수준별 같은 인구통계학적 특성에 따라 목표 소비자의 세분화 식별이 이루어진다.

② **소비자의 심리사회적 특성의 이해**: 카피라이터는 소비자의 가치관, 태도, 관심사 같은 심리사회적 특성을 이해해야 한다. 소비자의 심리사회적 특성을 이해함으로써 페르소나의 동기와 행동을 보다 구체적으로 이해하고 카피를 써야 한다.

③ **소비자의 동기와 방해 요인의 식별**: 카피라이터는 어떤 페르소나가 브랜드나 상품을 선택하는 핵심적인 동기를 파악하고 상품 선택을 방해하는 요인을 식별해야 한다. 나아가 그 과제를 해결해 줄 구체적인 카피를 쓰도록 궁리해야 한다.

④ **소비자 여정의 작성**: 어떤 페르소나가 브랜드나 상품을 발견한 다음 일상생활에서 활용하고 경험하는 과정을 여행자의 이동 경로처럼 작성해 볼 필요가 있다. 이 과정을 거치면 소비자들의 구매와 소비 과정이 일목요연하게 정리될 것이다.

이런 단계를 통해 페르소나를 정의하면 광고 카피를 효과적으로 쓸 수 있다. 예컨대, '건강에 관심 많은 30대 여성'이라는 페르소나를 정의하면, 광고 카피를 다음과 같이 써 볼 수 있다. "건강은 가장 중요한 자산입니다. 그래서 천연 성분으로 만든 X브랜드 건강기능식품을 만들었습니다. 풍부한 비타민과 미네랄이 담겨 있어, 바쁜 일상에서도 건강을 챙길 수 있어요. 당신의 건강을 위한 최선의 선택, X브랜드의 건강 기능식품으로 하루를 시작해 보세요" 페르소나의 관심사(건강), 동기(건강 챙기기), 도전 과제(바쁜 일상)를 고려해서 카피를 쓴다면 페르소나와 감정적으로 연결하기 쉽고 상품의 가치도 분명하게 전달할 수 있다.

(2) 메시지 개발

카피라이터는 어떤 페르소나에게 공감을 유발할 수 있는 내용과 느낌(tone)과 언어로 카피를 쓰려고 노력해야 한다. 카피라이터는 카피를 쓰기 전에 페르소나의 관점에서 소비자들이 카피 메시지를 접하고 어떤 행동을 취하게 될지 예상하면서 카피를 써야 한다. 메시지 개발 단계에서는 앞서 정의한 페르소나의 특성을 구체적으로 이해하고 나서 실제의 광고 카피를 써야 한다. 이 단계에서는 페르소나의 관심사, 동기, 도전 과제를 고려해서 카피를 쓰면 된다.

- **페르소나의 동기에 맞는 메시지 개발**: 페르소나의 구매 동기나 욕구를 충족시킬 수 있는 카피가 매우 중요하다. 카피라이터는 페르소나가 상품이나 서비스를 이용하는 구체적인 동기를 파악한 다음 쉽게 공감할 수 있도록 카피를 써야 한다.
- **페르소나의 도전 과제 해결 방안 제시**: 카피라이터는 페르소나의 방해 요인을 해결할 방법을 제시하는 카피를 써야 한다. 카피에서 상품이나 서비스가 페르소나의 문제를 어떻게 해결할 수 있을지 명확한 언어로 구체적으로 표현해야 한다.
- **페르소나와의 감정적 연결 강화**: 카피라이터는 소비자와의 감정적 연결을 강화할 수 있도록 페르소나의 감정과 가치관에 적합한 카피를 쓰도록 노력해야 한다. 소비자와 감정적으로 연결되지 못하는 카피는 광고효과도 기대하기 어렵다.

예컨대, '지속가능한 생활에 관심이 많은 20대 남성'이라는 페르소나를 대상으로 메시지를 개발할 경우, 다음과 같은 카피를 쓸 수 있다. "당신의 선택이 미래를 바꿉니다. X브랜드의 친환경 스니커즈는 재활용 소재로 만들어 환경에 미치는 부정적인 영향을 최소화합니다. 당신의 지속가능한 삶에 필요한 X브랜드의 친환경 스니커즈. 당신의 선택으로 세상을 바꿔 보세요" 이 광고 카피는 페르소나의 동기(지속가능한 생활)와 방해 요인(환경에 미치는 부정적인 영향 최소화)을 해결하며, 페르소나와 감정적으로 연결했다. 이렇게 쓴 광고 카피는 페르소나가 상품에 대해 긍정적인 태도를 가지게 해서 구매 동기를 높일 수 있다.

(3) 테스트 및 평가

카피라이터가 쓴 카피를 페르소나에게 노출하고 그 반응을 관찰한다. 반응이 예상과 다르면 카피를 수정하고 다시 쓰면 된다. 페르소나에 따른 카피라이팅의 주요 단계에서 '테스트 및 평가'는 마지막 단계인데, 이 단계에서는 이미 쓴 카피가 실제로 페르소나와 잘 맞는지 확인할 필요가 있다. 이 단계는 여러 가지 방법으로 진행할 수 있는데, A/B 테스트, 이용자 피드백 분석, 광고효과 분석을 할 수 있다.

- **A/B 테스트**: 카피를 2개 이상 다르게 써서 페르소나를 대상으로 테스트하고, 어떤 카피가 반응이 더 좋은지 비교해 본다. "당신의 선택이 미래를 바꿉니다"와 "환경을 사랑하는 당신을 위한 선택"이라는 다른 카피를 같은 페르소나에게 보여 주고, 클릭률이나 전환율 같은 지표를 비교한 다음에 더 효과적인 카피를 선택할 수 있다.
- **이용자의 피드백 수집**: 어떤 브랜드를 실제로 이용하는 페르소나로부터 직접 피드백 결과를 수집한다. 카피라이터는 설문조사, 심층인터뷰, 초점집단면접(FGI) 결과를 바탕으로 광고 카피에 대한 소비자의 반응이나 의견을 알아볼 수 있다. 만약 분석 결과에서 어떤 의미를 찾았다면 그 결과를 반영해서 카피를 수정해 나갈 수 있다.
- **광고효과의 지표 분석**: 광고효과를 측정하기 위해 클릭률, 전환율, 재방문율 같은 지표를 분석한다. 카피라이터는 분석 결과를 바탕으로 광고 카피가 실제로 페르소나의 행동에 어떠한 영향을 미치는지 확인할 필요가 있다. 카피에서 어떤 문제점을 발견했다면 이미 쓴 카피에서 부분 수정하거나 전혀 다른 카피를 새로 써야 한다.

테스트 및 평가 단계에서는 페르소나의 변화나 시장 환경의 변화에 따라 광고 카피를 계속 수정하고 개선하려는 노력이 중요하다. 카피라이터는 테스트와 평가 단계를 통해 광고 카피가 페르소나와 잘 어울리는지 계속 확인하고, 필요한 경우에는 카피를 거듭거듭 수정함으로써 보다 효과적인 카피 메시지를 완성할 수 있다.

(4) 채널 최적화

카피라이터는 다양한 디지털 채널에서 페르소나와의 접점을 고려해, 각 채널에 알맞게 카피를 쓰고 최적화해야 한다. 예컨대, 소셜미디어, 이메일, 블로그 등 각 채널의 특성과 장점을 최대한 활용할 수 있어야 한다. 페르소나에 따른 카피라이팅의 주요 단계에서 '채널 최적화'는 페르소나가 주로 활용하는 채널에 알맞게 광고 메시지를 최적화하는 과정이다. 페르소나의 행동 패턴, 선호하는 콘텐츠 형식, 그리고 해당 채널의 특성을 고려해야 한다. 예컨대, 페르소나가 도시에 거주하는 20대 초반의 여성이고 주로 인스타그램을 활용한다고 가정해 보자. 이 페르소나에게 '친환경의 세련된 디자인의 스니커즈'를 알리고 싶다면, 다음과 같이 채널 최적화를 진행할 수 있다.

- **콘텐츠 형식의 고려**: 인스타그램은 시각적인 요소를 중시하는 채널이다. 따라서 광고 카피도 잘 써야 하겠지만, 세련된 디자인의 스니커즈를 잘 보여 주는 이미지나 동영상을 함께 활용할 때 설득 효과가 높아질 수 있다. 콘텐츠의 구성에서 반드시 형식을 고려해야 하는 이유도 그 때문이다.
- **인스타그램의 특성 활용**: 인스타그램에서는 해시태그(#)를 통해 콘텐츠를 찾는 이용자가 많다. 따라서 '친환경' '스니커즈' '세련된 디자인' 같은 해시태그를 광고 카피에 반드시 포함해야 한다. 콘텐츠에 해시태그(#)를 넣은 것은 인스타그램의 특성을 고려한 채널 최적화의 방법이다.
- **적절한 느낌과 매너의 활용**: 20대 초반의 도시 거주 여성을 대상으로 하는 페르소나에게 알맞게 친근하고 세련된 느낌(tone)과 매너를 활용한다. 예컨대, 이런 카피를 써 볼 수 있다. "나만의 스타일을 완성하는 세련된 디자인의 친환경 X브랜드 스니커즈! 지금 바로 만나 보세요. #친환경 #스니커즈 #세련된디자인"

이처럼 채널 최적화의 단계에서는 페르소나가 선호하는 채널의 특성을 이해하고 채널의 기능이나 특성에 알맞게 카피를 써야 한다. 다른 미디어에서 쓴 카피를 가져다 쓸 수도 있겠지만 항상 채널과의 적합성을 검토해야 한다. 채널의 특성에 최적화된 카피를 써야만 효과를 발휘하는 광고를 기대할 수 있다.

(5) 다양한 페르소나의 고려

하나의 상품이나 서비스에도 여러 가지 페르소나가 존재할 수 있다. 따라서 카피라이터는 다양한 페르소나를 고려해 카피를 쓰고, 각 페르소나에게 최적화된 메시지를 전달하는 솜씨를 발휘해야 한다. 페르소나에 따른 카피라이팅의 주요 단계에서 다양한 페르소나를 고려하는 방법은 어떤 상품이나 서비스가 여러 종류의 이용자 집단에 매력적일 수 있다는 사실을 고려해, 다양한 페르소나에게 알맞게 카피를 쓰는 것을 의미한다. 페르소나를 통해 이용자의 다양한 특성을 이해한다면, 상품이나 서비스의 다양한 가치를 효과적으로 전달할 수 있다. 페르소나의 욕구와 필요를 반영한 광고 카피는 이용자의 높은 참여를 유도하는 동시에 광고효과도 기대할 수 있다. 예컨대, 다양한 페르소나를 고려한 스마트폰에 대한 카피를 다음과 같이 써 볼 수 있다.

- **직장인 페르소나**: "끝없이 진화하는 비즈니스 환경 속에서도 언제나 앞서가는 당신을 위한 X스마트폰. 이제는 일과 삶의 균형을 한눈에!"
- **대학생 페르소나**: "강의도, 과제도, 친구들과의 모임도, 이제 X스마트폰 하나로 해결하세요. 당신의 대학 생활을 위한 필수 아이템!"
- **사진 애호가 페르소나**: "X스마트폰으로 세상을 담아 보세요. 놀라운 해상도와 직관적 인터페이스로 당신의 모든 순간을 완벽하게 포착합니다"
- **어르신 페르소나**: "이제는 어려워하지 마세요. X스마트폰은 쉽고 편리한 디자인을 자랑합니다. 누구나 쉽게 즐기는 X스마트폰"

페르소나에 따른 카피라이팅은 보다 효과적이고 개인화된 메시지를 제공할 수 있다. 페르소나에 맞춘 카피는 디지털 시대의 소비자들이 기대하는 개인적 소통을 가능하게 하고 그들의 신뢰를 얻는 데 도움이 될 것이다. 페르소나에 따른 카피라이팅의 주요 단계에서 다음 사항을 추가할 수도 있다. 시장 상황과 소비자 행동 및 기술 추세가 변하기 때문에, 정기적으로 페르소나를 검토하고 개선하는 '페르소나 업데이트'도 필요하다. 새로운 데이터와 통찰력을 바탕으로 페르소나를 더욱 세밀하게 조정하고 개선해 나가야 한다. 이처럼 페르소나 활용하는 카피라이팅은 디지털 시대의 광고에서 갈수록 중요해질 것이다. 디지털 시대에는 개인화된 메시지를 통해 소비자들과 개별적으로 연결하는 통찰력이 중요하기 때문이다.

2) 페르소나를 활용하는 카피라이팅 기법

페르소나 또는 가상 캐릭터를 바탕으로 카피를 잘 쓰려면 페르소나의 특성에 관련된 행동과 가치 및 취향을 제대로 이해하고 이를 반영해야 한다. 특히 디지털 시대에서는 사람들이 개인화된 메시지에 더 구체적으로 반응하기 때문에, 페르소나에 따른 카피는 강력한 효과를 기대할 수 있다. 페르소나 또는 가상 캐릭터를 바탕으로 광고 카피를 쓰는 데 도움이 될 수 있는 몇 가지 기법을 살펴보자.

(1) 페르소나 이해하기

카피를 잘 쓰려면 페르소나 또는 가상 캐릭터의 특성과 선호 및 가치를 철저히 이해해야 한다. 카피라이터는 페르소나의 세계에 빠져들어 그들이 겪는 문제, 그들이 좋아하는 것, 그들이 추구하는 것을 이해하고 이를 광고 카피에 반영할 필요가 있다. 페르소나를 이해하는 것은 카피라이팅에 필요한 기본적인 출발 단계로, 페르소나 혹은 목표 소비자의 특성과 선호 및 가치를 철저히 파악하고 이를 광고 카피에 반영해야 한다.

- **페르소나의 특성 파악**: 먼저 페르소나의 나이, 성별, 직업, 거주지, 수입 같은 인구통계학적 정보를 파악해야 한다. 이 정보는 광고의 느낌과 메시지를 결정하는 데 도움이 된다. 20대 초반의 대학생 페르소나를 대상으로 하는 카피의 느낌은 60대 은퇴자 페르소나를 대상으로 하는 카피와 다를 수밖에 없다.
- **선호 및 취향의 이해**: 카피라이터는 페르소나의 취향과 관심사 또는 선호하는 브랜드의 스타일을 파악해야 한다. 그렇게 하면 카피 메시지를 맞춤화하고, 페르소나가 기대하는 소비자 혜택을 더 정확히 제공할 수 있다.
- **가치와 목표의 인지**: 카피라이터는 페르소나 혹은 목표 소비자가 추구하는 가치와 목표를 심층적으로 이해해야 한다. 가치와 목표를 구체적으로 파악할수록 카피의 목표와 메시지의 느낌을 결정할 때 크게 도움이 된다.
- **문제와 필요성의 이해**: 카피라이터는 페르소나가 직면한 문제점과 이를 해결할 수 있는 현실적인 대책을 반드시 찾아내야 한다. 상품이나 서비스를 알리는 카피에서 현실적인 해결 방안이나 대책을 명확히 표현해야 한다.

예컨대, 대상 페르소나가 '30대 직장인이며, 건강에 관심이 많고, 시간이 부족하다'고 가정해 보자. 이 페르소나를 위한 건강식품 브랜드의 광고 카피를 다음과 같이 쓸 수 있다. "직장인의 건강 필수품! X브랜드의 건강식품으로 바쁜 하루를 에너지 넘치게 시작하세요!" 이 카피는 페르소나의 특성(30대 직장인, 시간이 부족함), 선호(건강에 관심이 많음), 그리고 문제(시간이 부족해 건강에 충분히 신경을 쓸 수 없음)를 고려해서 챗GPT가 써 줄 것이다. 이처럼 페르소나의 특성에서 발견한 통찰력을 광고 카피에 반영해야 한다.

(2) 페르소나와 대화하기

카피라이터는 페르소나 또는 가상 캐릭터와 대화하듯이 카피를 써야 한다. 그렇게 쓰면 카피가 개인화되고 특정 대상에게 직접 말하는 듯이 느껴진다. 페르소나를 고려해 카피를 잘 쓰는 방법 중에서 '페르소나와 대화하기'는 카피라이팅에서 중요한 전략이다. 이렇게 하면 페르소나에게 직접적이고 개인화된 메시지를 제공함으로써 그들이 브랜드에 강하게 연결되도록 이바지하기 때문이다.

- **직접적인 언어 활용**: 카피를 쓸 때 '당신'이라는 주어를 써서 페르소나에게 직접 말하는 듯이 표현해야 한다. 그렇게 표현하면 메시지를 개인화하고 페르소나가 광고 카피와 직접 연결되는 느낌을 주기 때문에 더 효과적이다.
- **페르소나의 언어 활용**: 페르소나가 일상생활에서 쓰고 있는 용어, 표현, 속어를 카피에서 활용하면 도움이 된다. 그렇게 하면 페르소나에게 익숙하고 편안한 느낌을 주며 어떤 브랜드와 페르소나의 친밀도가 높아질 수 있다.
- **대화체 작성**: 문어체가 아닌 구어체나 대화체로 카피를 써 볼 필요가 있다. 구어체나 대화체 카피를 쓰면 광고 카피가 대화의 일부처럼 느껴지기 때문에, 문어체 카피와는 달리 페르소나에게 더욱 친근하게 다가갈 수 있다.

예컨대, 페르소나가 '캠퍼스 생활을 즐기는 20대 초반의 대학생으로 친구들과의 소통을 중시하는 사람'이라고 가정해 보자. 이 페르소나를 위한 스마트폰 브랜드의 광고 카피를 다음과 같이 쓸 수 있다. "바쁜 강의, 집단 학습, 친구와의 약속…… 당신의 캠퍼스 생활을 더 풍요롭게 해 줄 X브랜드 스마트폰. 친구들과의 채팅, 사진 공유, 심지어 공부까지, 모든 것을 한곳에서 관리하세요. X브랜드만 있다면 대학 생활이 더 즐거워집니다" 챗GPT가 쓴 이 카피는 페르소나와 대화하는 것처럼 썼으며, 페르소나의 언어와 느낌을 반영했다. 또한 '당신'이라는 주어를 써서 페르소나에게 직접 말하고 있다는 느낌을 주었다.

(3) 감정적 연결 만들기

카피라이터는 페르소나 또는 가상 캐릭터의 감정에 연결할 수 있는 카피를 쓰려고 노력해야 한다. 이렇게 하면 광고 카피가 상품과 서비스에 연결돼 브랜드에 대한 긍정적 감정을 촉발할 수 있다. 페르소나와 브랜드를 감정적으로 연결하는 솜씨는 카피라이터의 능력에서 나온다. 감정적으로 연결되는 순간 페르소나는 브랜드에 대한 호감을 느끼고 상품이나 서비스를 적극 지지하게 된다. 감정적 연결을 시도하는 데 도움이 되는 몇 가지 방법을 살펴보자.

- **이야기의 활용**: 사람들은 어떤 흥미로운 이야기에 강하게 반응한다. 카피라이터는 이야기가 감정적으로 연결하는 매개체로 작용하도록 카피를 써야 한다. 그렇게 쓴 카피는 페르소나가 어떤 브랜드와 동일시할 기회를 제공한다.
- **감정적 언어의 활용**: 카피라이터가 감정적인 단어나 문구를 활용해 페르소나의 감정을 자극할 수도 있다. 그렇게 카피를 쓰면 페르소나가 광고 카피에 더 강하게 반응할 가능성이 크니 소비자들도 광고 메시지에 더 반응할 것이다.
- **페르소나의 가치와 연결**: 카피라이터는 페르소나의 가치와 이해관계를 카피에 반영하고 이를 강조할 필요가 있다. 그렇게 표현하면 브랜드와 상품이 페르소나에게 어떤 가치를 더해 줄 수 있는지 보여 주며 감정적 연결을 강화할 수 있다.

예컨대, 페르소나가 '미술을 사랑하며 자기 창작물을 공유하기를 즐기는 젊은 예술가'라고 가정해 보자. 챗GPT는 페르소나를 위한 X스마트폰 브랜드의 광고 카피를 다음과 같이 써 줄 수 있다. "창의성에 빛을 밝히는 X스마트폰. 당신의 감성을 완벽하게 담아내는 카메라와 아름다운 작품을 사람들과 공유하는 강력한 연결성. 이제, 당신의 예술은 더 이상 한계가 없습니다. X스마트폰이 당신의 예술작품을 더 빛나게 합니다" 이 광고 카피는 페르소나의 가치와 이해관계를 반영하며, 감정적 언어를 활용해 감정적 연결 관계를 형성했다. 페르소나와의 감정적 연결을 강화하는 메시지를 통해 페르소나가 브랜드와 상품을 강력히 원하도록 도울 수 있다.

(4) 이야기를 활용하기

페르소나 또는 가상 캐릭터의 이야기를 활용해 광고 카피를 써 볼 수 있다. 이렇게 하면 사람들이 이야기에 더 쉽게 관여할 수 있고 메시지를 기억하는 데도 도움이 된다. 이야기의 활용은 페르소나를 바탕으로 광고 카피를 쓸 때 매우 효과적인 기법의 하나다. 사람들은 이야기에 흥미를 느끼며, 이를 통해 복잡한 정보를 이해하거나 감정적으로 연결할 수 있다. 이러한 기법을 활용할 때 다음 사항들을 고려해 카피를 쓸 수 있다.

- **시작, 중간, 마무리가 명확한 이야기 구조**: 페르소나가 흥미롭게 찾아보고 이해할 수 있는 간결하면서도 명확한 이야기 구조를 만드는 것이 중요하다. 따라서 카피라이터는 이야기의 시작과 중간은 물론 마무리를 명확히 설정해야 한다.
- **페르소나의 관점에서 이야기 구성하기**: 페르소나가 이야기의 주인공이 되도록 카피를 써야 한다. 그렇게 하면 페르소나가 이야기에 감정적으로 투영하고 상품이나 브랜드와의 관계를 쉽게 형성하는 동시에 브랜드 자산을 구축할 수 있다.
- **페르소나의 문제를 해결하는 이야기 창작**: 상품이나 서비스가 페르소나의 문제를 어떻게든 해결해 주는 이야기 구조를 만들어야 한다. 그렇게 하면 페르소나가 상품이나 서비스를 필요로 하는 이유를 분명하고도 구체적으로 전달할 수 있다.

예컨대, 페르소나가 데이터 관리에 어려움을 겪고 있는 사업가라면, 챗GPT는 광고 카피를 다음과 같이 써 줄 것이다. "그는 새 사업을 시작했지만 엄청난 양의 데이터 관리에 압도당했습니다. 그가 발견한 X스마트폰. 그가 X스마트폰으로 데이터를 관리한 이후, 업무 효율성이 대폭 향상됐습니다. 이제, 그는 스마트폰 없이는 어떤 업무도 상상할 수 없습니다" 이런 식으로 이야기를 전개하는 카피를 쓰면 페르소나의 문제점을 해결해 주는 상품의 가치를 효과적으로 전달할 수 있다.

(5) 이용자 경험을 고려하기

페르소나 또는 가상 캐릭터가 상품이나 서비스를 활용하는 방법을 고려하면, 이용자 경험에 관한 카피를 쓰는 데 도움이 된다. 이러한 접근법은 페르소나에게 상품이나 서비스의 가치를 보여 주는 데 효과적이다. 이용자 경험을 고려한 카피는 페르소나가 상품이나 서비스를 활용할 때 어떤 경험을 기대할 수 있는지 명확히 파악하도록 한다. 이용자 경험은 상품이나 서비스의 품질, 활용성, 효율성, 이용자의 감정 상태를 포함하기 때문에 이를 효과적으로 전달하는 카피는 페르소나를 상품이나 서비스에 더 구체적으로 관련지을 수 있다. 이를 위해 다음과 같은 원칙을 고려해 볼 수 있다.

- **페르소나의 문제 해결**: 페르소나가 겪는 문제를 이해하고, 상품이나 서비스가 이를 어떻게 해결할 수 있는지 명확히 보여 주는 카피를 써야 한다. 그렇게 하면 페르소나가 상품이나 서비스를 활용할 때 기대할 수 있는 경험을 구체적으로 묘사할 수 있다.
- **상품이나 서비스의 독특한 혜택 강조**: 상품이나 서비스의 독특한 기능과 이점을 페르소나가 이해하고 인식할 수 있도록 카피를 써야 한다. 그렇게 하면 페르소나가 상품이나 서비스를 활용할 때의 경험을 소비자들이 생생하고도 구체적으로 느낄 수 있다.
- **감정적인 언어를 활용해 연결**: 카피에서 감정적인 언어를 활용해 페르소나와 감정적으로 연결할 필요가 있다. 그렇게 하면 페르소나가 상품이나 서비스를 쓸 때 느끼는 긍정적인 감정을 카피로 표현함으로써 상품과 서비스에 대한 기대감을 높일 수 있다.

예컨대, 페르소나가 사진 촬영을 즐기는 여행자라면 광고 카피를 다음과 같이 쓸 수 있다. "여행, 더 이상 고민하지 마세요. X스마트폰은 초고속 셔터와 놀라운 성능으로 한순간도 놓치지 않습니다. 사진 찍을 때 멋진 경치를 절대 놓치지 마세요. X스마트폰만 있다면 모든 여행이 아름다운 기억으로 남게 됩니다" 이처럼 이용자 경험을 고려한 카피는 페르소나에게 상품이나 서비스를 활용할 때 어떤 경험을 기대할 수 있는지 명확하게 보여 준다. 이런 기법들을 활용해 페르소나 기반의 광고 카피를 쓰면 목표 소비자에게 더 효과적으로 브랜드 메시지를 전달할 수 있다.

3. 데이터가 주도하는 카피라이팅

디지털 카피라이팅에서 데이터가 주도하는 카피라이팅 기법이란 무엇일까? 데이터가 주도하는 카피는 다양한 자료를 수집하고 분석해 더 효과적인 광고 카피를 쓰는 방법이다. 이 방법은 소비자의 행동과 선호 및 반응에 대한 실제 데이터를 바탕으로 한다. 이 데이터는 소셜미디어 행동, 웹사이트 방문 패턴, 이메일 클릭률, 구매 이력 같은 다양한 출처에서 얻을 수 있다. 데이터가 주도하는 카피라이팅의 주요 단계는 다음과 같다.

1) 데이터가 주도하는 카피라이팅의 주요 단계

(1) 데이터 수집

소비자와 상호작용하는 모든 접점에서 자료를 수집한다. 이 데이터에는 웹사이트 방문, 이메일 클릭, 소셜미디어 참여, 구매 이력 같은 다양한 정보가 포함된다. 자료 수집은 데이터가 주도하는 카피 쓰기의 핵심 단계의 하나로, 이용자의 행동과 선호도 및 관심사에 대한 정보를 얻는 과정이다. 이 정보는 이후의 카피라이팅 과정에서 통찰력을 제공하며, 목표 집단에게 맞는 맞춤형 메시지를 제공하는 데 활용된다. 자료 수집 과정에서 활용할 수 있는 방법과 그에 따른 광고 카피의 사례를 살펴보자.

- **소비자 댓글 및 피드백**: 소비자들이 상품이나 서비스에 대해 남긴 댓글과 피드백은 소중한 데이터의 원천이다. 이는 소비자들이 상품이나 서비스에서 무엇을 좋아하고, 무엇을 개선하기를 바라는지에 대한 중요한 통찰력을 제공한다. 예컨대, 한 의류 브랜드가 소비자들로부터 "사이즈가 정확히 맞아요."라는 반응을 자주 받는다면, 이를 광고 카피에 반영해 "당신의 완벽한 핏을 위한 패션" 같은 카피를 쓸 수 있다.
- **웹사이트 분석 도구**: 구글 애널리틱스(Google Analytics) 같은 웹사이트 분석 도구를 활용하면 방문자의 행동, 방문 시간, 선호하는 콘텐츠 등 많은 정보를 수집할 수 있다. 이 데이터를 통해 어떤 콘텐츠가 가장 인기가 있고, 어떤 페이지에서 가장 많은 시간을 보내는지 같은 정보를 얻을 수 있다. 예컨대, 소비자들이 광고하는 상품 페이지를 가장 많이 방문했다면, "가장 사랑받는 ○○상품을 확인해 보세요" 같은 광고 카피를 쓸 수 있다.
- **소셜미디어 분석**: 소셜미디어는 이용자들의 의견과 반응을 실시간으로 파악할 수 있는 훌륭한 플랫폼이다. 특정 해시태그, 브랜드 언급(mention), 관련 주제(topic)를 통해 이용자의 관심사와 반응을 파악할 수 있다. 예컨대, 특정 스니커

즈가 소셜미디어에서 화제가 되고 있다면, "지금 가장 핫한 스니커즈, 놓치지 마세요!" 같은 광고 카피를 쓸 수 있다.

- **소비자 설문조사**: 직접적인 소비자의 의견을 듣는 가장 전통적인 방법은 설문조사다. 상품과 서비스 및 브랜드에 대한 소비자의 생각, 선호도, 만족도를 파악할 수 있다. 설문조사 결과를 바탕으로 "소비자가 가장 만족하는 ○○서비스" 같은 카피를 쓸 수 있다.

이런 방법들을 통해 수집된 데이터는 그 이후의 카피라이팅 과정에서 중요한 기초자료가 된다. 데이터를 바탕으로 만들어진 광고 카피는 소비자에게 훨씬 더 맞춤화된 메시지를 전달하게 되고, 그로 인해 더 높은 광고효과를 기대할 수 있다.

(2) 데이터 분석

카피라이터는 수집된 데이터를 분석해 소비자의 행동 패턴과 선호도 및 반응을 이해해야 한다. 분석 결과는 소비자에 대한 이해를 깊게 하고, 반응할 메시지의 기대 효과를 파악하는 데 도움이 된다. 자료를 수집한 다음에는 그 데이터를 분석해 카피라이팅에 활용할 수 있는 통찰력을 얻는 단계가 이어진다. 이 단계에서는 다양한 데이터 분석 기법을 활용해 수집한 데이터를 이해하고, 그것이 소비자의 설득 과정에 어떤 의미가 있는지 파악한다. 데이터 분석 과정에서 활용할 수 있는 방법과 그에 따른 광고 카피 사례를 살펴보자.

- **소비자 세분화**: 소비자 데이터를 분석해 서로 다른 특성을 가진 여러 소비자 집단을 식별해야 한다. 이는 맞춤형 메시지를 전달할 수 있는 중요한 작업이다. 예컨대, 데이터 분석을 통해 20대 초반의 여성이 광고하려는 상품에 가장 많이 관심을 보인다는 사실을 발견했다면, "20대 여성들이 선택한 ○○상품"과 같은 카피를 쓸 수 있다.
- **행동 분석**: 이용자의 웹사이트 방문 패턴, 구매 이력, 상품 활용방식을 분석해야 한다. 이를 통해 이용자의 관심사와 선호를 파악하고, 이를 카피에 반영할 수 있다. 예컨대, 데이터 분석을 통해 이용자들이 특정 시간대에 가장 많이 상품을 구매한다는 정보를 발견했다면, "아침에 에너지 충전. 오전 10시의 인기 상품!" 같은 카피를 쓸 수 있다.

- **경향성 분석**: 시간에 따라 데이터의 변화를 관찰하고 분석해야 한다. 시장의 추세를 파악하고 이를 광고 카피에 반영해야 한다. 예컨대, 겨울철에 이용자들이 특정 상품에 대한 관심이 증가한다는 사실을 발견했다면, "겨울에 딱 맞는 ○○ 상품으로 따뜻함을 느껴 보세요!" 같은 카피를 쓸 수 있다.
- **감성 분석**: 감성 분석은 소비자들의 감성적인 의견을 분석하는 것으로, 특히 소셜미디어 데이터나 소비자 댓글을 분석할 때 유용하다. 예컨대, 소비자들이 어떤 상품에 대해 긍정적인 의견을 많이 달고 있다면, "모두가 사랑하는 ○○상품을 만나 보세요!" 같은 카피를 쓸 수 있다.

이렇게 분석된 데이터를 바탕으로 작성한 광고 카피는 소비자의 행동과 선호, 그리고 시장의 추세를 반영할 것이다. 카피라이터가 소비자 세분화, 행동 분석, 경향성 분석, 감성 분석 같은 데이터 분석 단계를 차근차근 거친 다음에 카피를 쓴다면 광고효과가 더 높은 카피를 쓰게 될 것이다.

(3) 카피 쓰기

카피라이터는 분석 결과를 바탕으로 소비자들이 가장 공감할 만한 카피를 쓰면 된다. 이때 카피에서는 소비자의 관심사와 동기 및 문제점을 반영해야 한다. 자료 수집과 분석을 통해 얻은 통찰력을 바탕으로 실제 광고 카피를 쓰는 이 단계에서는 데이터를 기반으로 소비자와의 소통을 극대화하는 방법을 찾아야 한다. 다음에서 카피 작성 과정에서의 사례를 살펴보자.

- **소비자의 언어 활용하기**: 카피라이터가 데이터 분석을 통해 파악한 소비자의 언어와 표현을 활용하면 매우 효과적이다. 그 언어와 표현을 카피에 쓰면 소비자가 더 쉽게 받아들일 수 있다. '화이트 데이'에 가장 자주 언급되는 단어가 '초콜릿'이었다면, "화이트 데이에 완벽한 선택, ○○초콜릿을 선물하세요!" 같은 카피를 쓸 수 있다.
- **소비자 세분화에 기반한 메시지**: 카피라이터는 소비자 세분화를 통해 얻은 소비자 심리에 대한 통찰력을 바탕으로 다양한 소비자 집단에 알맞게 카피를 쓰는 감각을 발휘해야 한다. 예컨대, 20대 여성이 광고하려는 상품에 가장 관심이 많다는 것을 발견했다면, "20대 여성들이 사랑하는 ○○상품을 만나 보세요!" 같은 카피

를 쓸 수 있다.

- **현재의 추세 반영**: 카피라이터가 쓰는 카피에서 시장의 현재 추세를 반영했다면 그 카피가 더 현대적이고 신선하게 느껴질 것이다. 카피라이터는 카피를 쓰기 전에 추세 분석 자료를 깊이 검토해야 한다. 예컨대, 환경친화적인 상품이 추세 라면, "지구를 사랑하는 우리의 친환경 상품을 만나 보세요!" 같은 카피를 쓸 수 있다.

- **감성적 스토리텔링**: 어떤 자료도 광고 카피에서는 여전히 감성적으로 연결해야 한다. 소비자의 감정과 연결될 수 있는 스토리텔링 요소를 활용하면 카피가 더욱 효과를 발휘할 것이다. 예컨대, 소비자들이 상품을 쓰며 느끼는 행복한 경험 에 대한 데이터가 있다면, "당신의 하루를 더욱 행복하게 만들어 줄 ○○상품" 같은 카피를 쓸 수 있다.

카피라이터가 이처럼 데이터를 바탕으로 카피를 쓴다면 그 카피는 대상 소비자들 에게 더욱 논리적이고 개인화된 메시지로 다가갈 것이다. 데이터를 바탕으로 카피를 쓴다면 소비자와의 연결을 강화하고 광고효과를 높이는 데도 도움이 된다. 카피라이 터는 데이터를 기반으로 소비자와의 소통을 극대화할 방법을 늘 고민해야 한다.

(4) 테스트와 최적화

카피라이터는 자신이 쓴 초벌 카피를 A/B 테스트를 통해 테스트하고, 반응에 따라 카피를 최적화해야 한다. 테스트와 최적화는 카피의 효과를 지속해서 향상하는 데 중요하다. 카피를 작성한 후에는 실제 효과를 측정하고, 그 결과를 바탕으로 카피를 최적화하는 과정이 필요하다. 이 단계에서는 A/B 테스트, 피드백 수집, 데이터 분석 같은 방법을 활용해 광고 카피의 효과를 높일 수 있다. 테스트 및 최적화 과정의 사례 를 제시하면 다음과 같다.

- **A/B 테스트**: 2가지 다른 광고 카피를 쓰고, 어떤 것이 더 효과적일 것인지 테스 트해 볼 필요가 있다. 예컨대, "20대 여성들이 사랑하는 ○○상품을 만나 보세 요!"와 "20대 여성들이 선택한 ○○상품"이라는 2가지의 카피 중에서 어떤 것이 더 좋은 반응을 얻을 것인지 테스트할 수 있다.

- **피드백 수집 및 분석**: 카피라이터는 소비자들의 피드백을 수집하고 분석해, 카피

가 어떠한 반응을 끌어냈는지 이해할 필요가 있다. 예컨대, 카피에 대한 소비자들의 댓글과 해설 또는 소셜미디어에서의 반응을 분석해 카피가 실제로 영향을 미치는 효과를 곧바로 파악할 수 있다.

• **데이터 기반의 최적화**: 테스트 결과와 피드백을 바탕으로 카피를 수정하고 최적화해야 한다. "20대 여성들이 사랑하는 ○○상품을 만나 보세요!"라는 카피가 "20대 여성들이 선택한 ○○상품"에 비해 반응이 좋았다면, 앞의 카피를 활용하고 이를 바탕으로 다른 카피를 써 볼 수 있다.

데이터가 주도하는 카피라이팅에서는 이처럼 계속해서 카피를 테스트하고 최적화하는 과정을 거치며 효과를 높여 나가는 수정 과정이 핵심이다. 이 과정을 통해 광고카피는 지속해서 개선되며 소비자와의 소통도 더욱 효과적으로 이루어질 수 있다. 데이터가 주도하는 카피라이팅 과정에는 다음과 같은 추가적인 단계가 포함될 수 있다.

(5) 예측 분석

고급 분석 도구와 알고리즘을 활용해 소비자의 미래 행동을 예측하는 예측 모델을 만들면 소비자가 어떤 메시지에 가장 효과적으로 반응할지, 어떤 상품이나 서비스에 관심을 가질 것인지 예측할 수 있다. 예측 분석 단계는 데이터가 주도하는 카피라이팅에서 핵심적인 기능을 한다. 이 단계에서는 과거의 데이터와 분석 결과를 활용해 미래의 소비자 행동이나 추세를 예측한다. 이는 브랜드에 대한 미래의 마케팅 전략을 개발하고 광고 카피를 최적화하는 데 도움이 된다. 다음에 제시하는 예측 분석의 사례를 살펴보자.

• **상품 관련 추세 예측**: 과거 판매 데이터, 시장 추세, 소비자 행동 등을 분석해 미래의 상품 관련 추세를 예측할 수 있다. 예컨대, 과거의 데이터를 분석한 결과 여름에 특정 상품의 판매량이 증가한다는 사실을 알았다면, 이를 바탕으로 "여름이 오면 ○○상품이 더 필요해진다!" 같은 카피를 쓸 수 있을 것이다.
• **소비자 행동 예측**: 소비자의 구매 이력이나 상품에 대한 피드백을 분석해 미래의 소비자 행동을 예측할 수 있다. 소비자들이 어떤 상품을 구매한 후 일주일 내에 그 상품을 추가로 구매하는 경향이 있다면, "구매한 지 일주일이 지났나요? 이 상품을 추가로 확인해 보세요!" 같은 카피를 써서 추가 구매를 유도할 수 있다.

- **계절별 판매 예측**: 카피라이터는 과거의 계절별 판매 자료나 소비자 행동을 분석하고 미래의 판매 추세를 예측한 결과를 숙지하고 나서 카피 작업에 들어가야 한다. 해마다 크리스마스 무렵에 특정 상품의 판매가 증가했다면, "올해 크리스마스에는 이 상품을 선물하세요!" 같은 카피를 계절의 유행에 맞춰 써야 한다.

카피라이터가 예측 분석에 대해 이해하고 광고 카피를 쓴다면 브랜드의 광고와 마케팅 활동을 전개하는 데 큰 도움이 된다. 하지만 예측 분석의 결과가 항상 100% 정확하지는 않다는 사실을 명심해야 한다. 따라서 예측 분석 결과를 바탕으로 카피를 쓸 때는 다양한 가능성을 고려해 유연한 상상력을 발휘해야 한다.

(6) 인공지능과 기계학습의 활용

인공지능의 기계학습(machine learning)은 빅데이터를 처리하고 복잡한 패턴을 인식하며 최적의 메시지를 생성하는 데 활용된다. 이 기술은 맞춤형 카피를 쓰는 데 크게 도움이 된다. 인공지능의 기계학습 기술은 대량의 데이터를 빠르고 정확하게 처리해 복잡한 패턴을 찾아내고 미래의 행동을 예측하는 데 도움을 준다. 이 기술을 활용해 개별적인 소비자의 행동과 선호도에 맞춘 맞춤형 카피도 쓸 수 있다. 인공지능과 기계학습을 활용한 광고 카피라이팅의 사례를 살펴보자.

- **맞춤형 카피 생성**: 인공지능 알고리즘은 소비자 행동의 자료나 웹사이트의 방문 패턴 같은 정보를 분석해 개인화된 광고 카피를 쓰도록 도와준다. 어떤 소비자가 여행 상품을 자주 구매하는 것을 인공지능이 파악했다면, "여행 좋아하세요? 이 상품을 살펴보세요!" 같은 맞춤형 카피를 쓸 수 있다.
- **텍스트 분석을 통한 카피 최적화**: 인공지능은 소비자의 댓글이나 피드백을 분석해, 어떤 핵심어나 표현이 소비자들에게 긍정적인 반응을 불러일으키는지 찾아낼 수 있다. 카피라이터는 인공지능이 알려 주는 텍스트 분석의 정보를 바탕으로 핵심어나 핵심적인 표현을 활용하는 카피를 쓸 수 있다.
- **효과 예측과 테스트**: 기계학습 알고리즘은 과거의 자료를 학습해 미래의 카피 효과를 예측할 수 있도록 한다. 예컨대, 특정 핵심어나 표현이 과거에 얼마나 효과적이었는지 분석한 결과를 바탕으로 비슷한 카피의 반응을 예측할 수 있으므로 카피라이터는 그런 자료를 적극적으로 활용해야 한다.

인공지능의 기계학습 기술을 이런 방식으로 활용하면 데이터가 주도하는 카피라이팅을 보다 효과적이고 정밀하게 실행할 수 있다. 그렇게 하면 광고효과를 높이고 소비자에게 효과적으로 메시지를 전달할 수 있다. 하지만 광고 기술을 활용할 때는 소비자의 데이터 프라이버시권을 침해하지 말고 공정하고 투명한 방식으로 활용해야 한다는 사실도 명심해야 한다.

(7) 효과 측정 및 피드백 반영

카피라이터는 광고 캠페인의 효과를 측정하고, 측정 결과를 바탕으로 향후 카피라이팅 전략을 개선해 나갈 수 있다. 소비자의 피드백을 경청하고 그 내용을 새로운 카피에 반영한다면 더욱 효과적인 카피를 완성할 수 있다. 효과 측정 및 피드백 반영은 데이터가 주도하는 카피라이팅 과정에서 중요하게 고려해야 한다. 이 단계에서는 작성된 광고 카피의 효과를 측정하고 피드백 결과를 바탕으로 카피를 수정하거나 새로운 카피 전략을 모색할 필요가 있다.

- **효과 측정**: 광고 카피의 효과를 측정하기 위해 다양한 지표를 활용할 수 있다. 클릭률, 전환율, 관심도, 소비자의 댓글을 분석해 어떤 카피가 효과적인지 판단할 수 있다. 예컨대, "지금 바로 구매하면 20% 할인!"과 "한정 수량, 놓치지 마세요!" 같은 2가지 중에서 어떤 카피가 클릭률이 높은지 비교해 볼 수 있다.
- **피드백 수집**: 소비자들의 피드백을 직접 수집하거나, 소셜미디어의 반응, 소비자 댓글, 소비자의 서비스 요청을 통해 간접적으로 피드백을 얻을 수 있다. 예컨대, 소비자들이 "지금 바로 구매하면 20% 할인!"이라는 카피에 대해 긍정적인 댓글을 여러 개 남겼다면, 그 카피가 효과적이었다는 반응으로 해석할 수 있다.
- **피드백 반영 및 개선**: 카피라이터는 피드백과 효과 측정 결과를 바탕으로 카피를 수정하거나 최적화할 수 있다. 예컨대, "지금 바로 구매하면 20% 할인!"이라는 카피가 더 좋은 효과를 나타냈다면 이와 비슷한 스타일로 새로운 카피를 쓸 수 있다. 아니면 기존의 카피를 수정해 전혀 다른 카피를 창작할 수도 있다.

이런 과정을 거쳐 카피를 계속 수정하면 소비자와의 소통이 더 효과적으로 이루어지고, 브랜드의 매출 증대와 소비자 만족도 향상에도 이바지하게 된다. 데이터가 주도하는 카피라이팅에서 추가적인 단계를 통해 더 정교하고 효과적인 방향으로 카피를 수정하면 브랜드와 소비자 사이의 연결을 강화하는 데 도움이 된다. 객관적인 데이터를 기반으로 하는 카피라이팅은 가설이나 추측에 의존하는 것보다 더 정확하고 효과적으로 카피 메시지를 전달할 수 있다.

2) 데이터가 주도하는 카피라이팅의 주요 기법

데이터가 주도하는 카피라이팅은 디지털 카피라이팅의 접근 방법의 하나로, 소비자 행동과 선호도 및 관심사에 대해 다양한 데이터를 기반으로 카피를 쓰는 방법이다. 이 방법은 카피 메시지를 개인 맞춤형으로 더 효과적으로 전달할 수 있도록 도와준다. 카피라이터가 데이터가 주도하는 카피라이팅을 효과적으로 활용할 수 있는 몇 가지 방법을 살펴보자.

(1) 목표 지향적인 데이터 활용

카피를 쓰기 전에 어떤 목표를 달성해야 하는지 명확하게 정의해야 한다. 카피라이팅의 목표는 자료를 수집하고 분석하는 방향을 제시하며 결국 더 효과적인 카피를 쓰는 데 도움이 된다. 목표 지향적인 데이터의 활용이란 어떤 목표를 달성하기 위해 적절한 데이터를 효과적으로 활용하는 것을 의미한다. 이런 과정을 거쳐 쓴 카피는 소비자의 공감을 유발하고 더 많은 주목을 유발할 수 있다.

카피라이팅의 목표가 20대 여성 소비자의 상품 구매를 촉진하는 것이라면, 이에 적합한 데이터를 활용해야 한다. 이때는 20대 여성 소비자들의 구매 패턴, 관심사, 의사 결정 과정에 관한 자료를 수집하고 분석해야 한다. 분석 과정에서 어떤 메시지가 효과적이고 어떤 방식으로 상품을 표현해야 공감을 유발하는지 파악할 수 있다. 데이터 분석을 통해 20대 여성들이 환경에 대한 관심이 높고, 친환경 상품을 선호한다는 판단이 나왔다면, 다음과 같은 카피를 생각해 볼 수 있다. "당신의 선택이 지구를 바꿉니다. ○○친환경 상품으로 플라스틱 사용을 줄여 보세요"

이 밖에도 데이터를 분석한 결과, 20대 여성들이 자사의 개성을 중요시하고 독특한 디자인의 상품을 선호한다는 사실이 나왔다면, 이에 알맞게 카피를 쓸 수 있다. "당신만의 스타일을 찾아보세요. 독특한 디자인의 ○○상품으로 개성을 표현하세요" 이처럼 목표 지향적인 데이터를 활용해, 소비자의 공감을 유발하고 구매 결정을 유도할 수 있는 카피를 쓸 수 있다. 카피라이터는 데이터가 주도하는 카피라이팅의 기본 지식을 바탕으로 소비자와 깊이 연결되는 카피를 써야 한다.

(2) 자료 수집과 분석

카피라이터는 시장 조사, 소비자 행동, 웹사이트 방문 기록 같은 다양한 자료를 수집해야 한다. 이 데이터를 통해 소비자의 행동 패턴과 선호 및 불만 사항을 파악해 이를 광고 카피에 반영할 수 있다. 데이터의 수집과 분석은 데이터가 주도하는 카피라이팅에서 핵심적인 단계다. 이 단계에서는 소비자의 선호, 행동 패턴, 피드백 같은 중요한 정보를 수집하고 분석해 광고 카피를 쓰는 데 활용할 수 있다.

카피라이터는 소비자들의 구매 기록, 사이트 방문 기록, 검색 기록을 통해 소비자들의 선호와 행동 패턴을 파악할 수 있다. 만약 데이터 분석을 통해 소비자들이 특정 시간대에 사이트를 방문해 특정 상품에 대한 검색을 많이 한다는 사실을 발견했다면, 이 정보를 활용해 공감을 유발하는 카피를 쓸 수 있다. 예컨대, 다음과 같은 카피를 생각해 볼 수 있다. "아침 일찍부터 바쁘신가요? 초고속 배송 서비스로 원하는 상품을 곧바로 받아 보세요"

나아가 소비자들의 피드백을 분석해 소비자들이 무엇에 만족하고 무엇에 만족하지 않는지를 파악해 이를 카피에 반영할 수도 있다. 예컨대, 소비자들이 상품의 품질에 대해 긍정적인 피드백을 남겼다면 이를 강조하는 카피를 쓸 수 있다. "소비자들이 인정한 최고의 품질, 직접 확인해 보세요" 이처럼 데이터의 수집과 분석을 통해 소비자의 선호와 행동 패턴을 파악하고 이를 카피에 반영함으로써, 소비자의 공감을 유발하는 카피를 쓸 수 있다. 카피라이터는 데이터가 주도하는 카피라이팅의 원칙을 이해하고 이를 잘 활용해 소비자와 강력한 유대감을 형성하는 카피를 써야 한다.

(3) 개인 맞춤형의 카피 쓰기

카피라이터는 수집된 데이터를 바탕으로 목표 소비자에게 가장 효과적인 카피를 쓰도록 노력해야 한다. 특정 상품을 자주 구매하는 소비자에게는 그 상품에 대한 카피를 보내고, 다른 관심사를 가진 소비자에게는 그에 맞는 다른 카피를 보낼 수 있다. 개인화된 메시지 작성은 소비자에게 더욱 맞춤화된 메시지를 제공함으로써 그들의 관심을 끌고 공감을 유발하는 효과적인 방법이다. 이를 위해 데이터 분석을 통해 각 소비자의 행동과 선호 및 기호를 파악하고 이를 기반으로 개인화된 카피를 써야 한다.

온라인 쇼핑몰에서는 소비자의 구매 이력을 바탕으로 개인화된 제안을 할 수 있다. 만약 소비자가 최근에 운동화를 구매했다면, 이와 관련된 상품을 추천하는 카피를 쓸 수 있다. "○○○ 님, 새 스포츠화와 잘 어울리는 운동복을 추천해 드립니다!" 또한 소비자가 특정 상품을 자주 검색하거나 장바구니에 담아 놓았다면 그들이 해당 상품에 관심이 있음을 알 수 있다. 이러한 정보를 바탕으로 특별한 할인 혜택이나 쿠폰을 제공하는 카피를 써서 소비자의 구매를 유도할 수 있다.

"○○○ 님, 최근에 눈여겨보신 상품을 20% 할인합니다. 놓치지 마세요!" 이렇게 개인화된 메시지를 작성함으로써, 소비자의 개인적인 요구와 관심사에 맞춰 카피를 쓸 수 있다. 이렇게 하면 소비자의 깊은 공감을 유발하고 그들의 구매 결정을 촉진하는 데 이바지하게 된다. 개인 맞춤형의 카피 쓰기는 데이터가 주도하는 카피라이팅의 핵심 원칙의 하나로 소비자 중심의 광고전략을 실행하는 데 매우 효과적이다.

(4) 테스트와 최적화

카피라이터는 광고 카피를 테스트해서 최적화시킬 필요가 있다. A/B 테스트를 활용해 2가지 이상의 카피를 비교하고, 더 효과적인 카피를 선택할 수 있다. 테스트 결과를 통해 더 효과적인 카피를 쓰는 데 필요한 통찰력도 얻을 수 있다. 테스트와 최적화는 데이터가 주도하는 카피라이팅에서 중요한 단계다. 이 과정을 통해 카피의 효과를 평가하고, 그 결과를 바탕으로 카피를 수정해 나간다면 소비자의 깊은 공감을 유발할 수 있다.

가장 널리 활용되는 테스트 방법의 하나는 2가지 이상의 버전을 비교해 어떤 것이 더 효과적인지 평가하는 A/B 테스트다. 예컨대, "여름에 딱 맞는 우리의 새로운 상품을 만나 보세요!"(카피 A)와, "시원한 여름을 위한 우리의 새로운 상품을 만나 보세요!"(카피 B)라는 두 카피를 각각 다른 집단의 소비자에게 보여 주고 어떤 카피가 더 많은 클릭을 유도하고 구매로 이어지는지를 비교해 어떤 카피가 더 효과적인지 판단할 수 있다.

카피라이터는 테스트한 결과를 바탕으로 카피를 최적화시켜야 한다. 예컨대, "시원한 여름을 위한"이라는 표현이 더 많은 반응을 얻었다면, 이를 다른 광고 카피에도 적용하거나, 이 표현을 더 강조하는 표현으로 최적화 작업을 진행할 수 있다. 이렇게 테스트와 최적화 과정을 거치는 동안 광고 카피는 소비자의 반응에 맞춰 계속 좋아지고, 소비자의 공감을 유발하는 카피로 발전할 수 있다.

(5) 계속해서 학습하고 적용하기

데이터가 주도하는 카피라이팅은 한 번에 완벽하게 익힐 수 있는 기술이 아니다. 항상 최신 데이터를 기반으로 계속해서 학습하고 계속 새로운 카피에 적용해야 한다. 이렇게 하면 시간이 지나면서 더 효과적인 카피를 쓸 수 있다. 카피라이터는 데이터가 주도하는 카피라이팅을 계속해서 학습하고 적용해 봐야 한다. 시장의 변화, 소비자의 행동 패턴의 변화, 새로운 추세를 지속해서 학습하고 이를 카피에 적용함으로써, 카피는 계속 발전하고 소비자의 공감을 유발할 가능성이 크다.

데이터를 통해 최근에 소비자들이 환경친화적인 상품에 관한 관심이 높아졌음을 알게 되었다면, 카피라이터는 이 정보를 활용해서 카피를 쓸 수 있다. 챗GPT에게 요청하면 "환경을 사랑하는 당신을 위한 친환경 상품, 지금 만나 보세요!" 같은 카피를 써 줄 것이다. 이렇게 새로운 추세나 패턴을 학습하고 이를 적용함으로써, 광고 카피는 소비자의 현재 관심사에 맞춰 진화할 수 있다.

카피에 대한 학습은 소비자의 피드백을 통해서도 이루어진다. 소비자들이 어떤 광고 카피에 대해 부정적인 피드백을 남겼다면, 이를 통해 어떤 부분이 문제였는지 분석하고, 이를 개선하는 새로운 카피를 쓸 수 있다. 이런 과정을 거쳐 소비자의 공감을 유발하는 방향으로 카피를 지속해서 수정할 수 있다. 결국 계속해서 분석하고 적용하는 문제는 카피라이터의 관심과 노력에 해당하는 문제다. 이처럼 데이터가 주도하는 카피라이팅은 보다 정확하고 효과적인 광고 카피를 쓰는 데 도움이 된다. 다만 이 방법은 자료수집과 분석에 대한 깊은 이해와 숙련된 연습이 필요하다는 사실을 명심해야 한다. 따라서 카피라이터는 데이터 분석에 대한 학습과 실습을 병행하는 것이 좋다.

4. 소셜미디어 추세별 카피라이팅

소셜미디어 추세를 활용한 카피라이팅은 광고 콘텐츠가 소비자의 관심사와 맞물리게 하고, 활발한 참여와 공유를 촉진하는 데 도움을 준다는 장점이 있다. 소셜미디어 플랫폼에서 소비 경향이 빠르게 변하기 때문에, 이를 잘 파악하고 활용한다면 목표 소비자와의 연결을 강화하고 광고 캠페인의 효과를 높일 수 있다. 소셜미디어 추세를 활용한 카피라이팅의 주요 단계는 다음과 같다.

1) 카피라이팅의 주요 단계

(1) 트렌드의 파악

카피라이터는 실시간으로 소셜미디어 추세를 감시하고 분석한 결과를 자주 참고해야 한다. 특정 해시태그, 새로운 필터나 효과, 인기 있는 콘텐츠 형식에서 소셜미디어 추세를 파악할 수 있다. 소셜미디어 추세를 활용한 카피라이팅에서 트렌드의 파악은 중요한 첫 단계다. 실시간으로 변화하는 소셜미디어 추세를 이해하고 이를 광고 카피에 반영하려는 시도는 디지털 시대의 카피라이팅에서 매우 중요하다.

- **추세 모니터링 도구의 활용**: 소셜미디어 추세(trend)를 파악하는 데는 다양한 도구가 있다. 예컨대, 네이버와 카카오의 추세 모니터링 도구는 물론 Google Trends, Buzzsumo, SEMrush 같은 도구를 활용하면 현재 주목받고 있는 주제나 핵심어를 파악할 수 있다.
- **소셜미디어 플랫폼의 추세 탐색 기능 이용**: 플랫폼 자체에서 제공하는 추세 탐색 기능도 효과적이다. 예컨대, Twitter의 '트렌딩 토픽', Instagram의 '인기 검색', TikTok의 '핫 트렌드' 등을 통해 현재 소비자들이 어떤 내용에 관심을 가지고 있는지 파악할 수 있다.
- **감정 분석을 통한 트렌드 파악**: 소셜미디어에서 사람들이 표현하는 감정도 중요한 추세다. 감정 분석 도구를 이용해 소비자들이 어떤 주제에 대해 긍정적인지 부정적인지 또는 중립적인지 파악할 수 있다. 최근에 '#ZeroWaste'라는 해시태그가 인기를 끌고 있다면 이를 활용해 "지구를 사랑하는 당신을 위해, #ZeroWaste를 추구하는 ○○상품을 만나 보세요!" 같은 카피를 쓸 수 있다.

카피라이터는 추세 파악을 바탕으로 또 다른 카피를 쓸 수 있다. 최근 소셜미디어에서 '지속가능성'이라는 용어가 관심을 끌었다면 친환경 패션 브랜드의 광고에서 지속가능성이라는 단어를 카피에 반영할 수 있다. "패션을 사랑한다면 지구도 사랑하자. 지속가능한 패션을 선택하세요!" 같은 카피를 쓸 수 있다. 이처럼 현재의 추세와 소비자의 관심사를 광고 카피에 녹여 낼 수 있다. 카피를 이렇게 쓰면 소비자에게 친근함을 주고 소비자가 광고에 긍정적으로 반응하도록 한다. 소셜미디어 추세를 파악해 이를 카피에 반영하면 소비자의 관심사와 연결되는 메시지를 전달해 공감을 유발할 수 있다.

(2) 적절한 트렌드의 선택

모든 추세(trend)가 브랜드의 목표와 메시지에 적합한 것은 아니다. 따라서 카피라이터는 브랜드의 가치와 목표를 잘 반영하며 목표 소비자에게 관련되는 추세를 선택해야 한다. 소셜미디어 추세를 활용한 카피라이팅에서 적절한 추세의 선택은 중요할수밖에 없다. 모든 추세가 광고하려는 브랜드나 상품에 적합한 것은 아니므로 추세를 선택할 때는 몇 가지 중요한 요소를 고려해야 한다.

- **브랜드의 핵심 가치와 일치**: 카피라이터는 어떤 추세가 광고하려는 브랜드 가치와 일치하는지 반드시 확인해야 한다. 예컨대, 광고하려는 브랜드가 환경친화적 가치를 강조했다면, 지속가능성과 관련된 추세를 선택하는 것이 바람직하다.
- **목표 시장의 관심사와 일치**: 카피라이터는 목표 시장에서 어떤 추세가 주목을 받는지 확인해야 한다. 이(e)-스포츠가 인기를 끌고 있더라도 목표하는 소비자들이 영상 게임에 별 관심이 없다면, 이 추세를 선택하는 것은 별로 효과가 없다.
- **통찰력 있는 메시지 전달의 유용성**: 선택한 추세가 어떤 브랜드나 상품에 대한 메시지를 전달하는 데 도움이 되는지 확인해야 한다. 헬스케어 기업이라면, '건강한 일상'이라는 추세를 선택하고, "건강한 삶을 위한 첫걸음, ○○브랜드와 함께 시작하세요!" 같은 카피를 쓸 수 있다.

적절한 추세의 선택에 따른 카피라이팅의 또 다른 사례를 살펴보자. '디지털 웰빙'이라는 추세가 소셜미디어에서 뜨고 있는 상황에서 휴대전화 제조사에서 광고한다고 가정해 보자. 이 추세는 디지털 기기의 활용을 조절해 일상생활의 질을 향상하는데 중점을 둔다. 이 추세는 기술적으로 진보한 브랜드에 매우 적합할 수 있다. 따라서 추세를 고려해 카피를 이렇게 쓸 수 있다. "더 스마트하게 연결하세요. ○○스마트폰의 디지털 웰빙 기능을 활용해 일상생활의 질을 높이세요!" 이처럼 적절한 추세를 선택해서 카피를 쓰면, 현재 소비자들이 가장 관심 있는 사안에 맞춰 메시지를 전달할수 있다. 이렇게 카피를 쓰면 브랜드와 소비자 사이의 연결을 강화하고 브랜드 인지도를 높이는 데 도움이 된다.

(3) 트렌드 기반의 카피 쓰기

선택된 추세를 반영해 카피를 쓸 때는 추세를 활용하면서도 브랜드의 메시지와 느낌을 일관되게 유지해야 한다. 소셜미디어 추세를 활용한 카피라이팅에서 트렌드 기반의 카피 쓰기는 선택한 추세를 효과적으로 활용해서 브랜드 메시지를 전달할 방법에 중점을 둬야 한다. 카피라이터는 독창적이고 감동적인 카피를 써서 추세와 관련되는 목표 시장에서 관심을 끌어야 한다.

최근에 '원격 작업'이라는 추세가 크게 주목받고 있다고 가정해 보자. 원격 작업은 코로나19 이후부터 전 세계적으로 원격 작업이 증가하면서 더욱 주목받게 되었다. 이런 추세를 반영해 원격 작업에 필요한 솔루션을 제공하는 IT 회사는 다음과 같은 카피를 쓸 수 있다. "집에서도 사무실에서처럼 생산성을 유지하세요. ○○브랜드의 원격 작업 솔루션으로 어디서나 효과적으로 작업하세요"

이런 카피는 원격 작업이라는 현재의 추세를 반영하며, 어떤 브랜드에서 제공하는 해결책의 가치를 명확히 전달한다. 나아가 현재 소비자들이 직면하고 있는 문제에 대한 해결책을 제시함으로써 브랜드와 소비자 간의 공감대를 형성하는 데 도움이 된다. 추세 기반의 카피라이팅의 또 다른 사례를 생각해 보자. 플랜트 기반 식품이라는 추세가 매우 강하게 나타나고 있는 요즘, 이 추세를 반영하는 식품 브랜드는 다음과 같은 카피를 쓸 수 있다.

"건강에도 지구에도 좋은 선택, ○○브랜드의 신상 플랜트 기반의 버거를 만나 보세요. 진짜 고기처럼 맛있지만, 동물성 식재료는 100% 배제했습니다. 건강하고 친환경적인 먹거리를 찾는다면, 지금 바로 ○○브랜드의 플랜트 기반 버거를 경험해 보세요!" 이 광고 카피는 플랜트 기반 식품에 대한 긍정적인 인식을 높이고, 상품이 건강하고 환경친화적이라는 점을 강조한다. 이런 방식으로 ○○브랜드는 현재 소비자들의 관심사와 가치를 반영하는 동시에 브랜드를 효과적으로 알릴 수 있다.

(4) 반응과 효과 분석

카피라이터는 추세 기반의 카피를 공유하고 소비자들의 반응과 광고 캠페인의 효과를 분석해 볼 필요가 있다. 분석 결과를 바탕으로 향후에 구사할 카피라이팅 전략을 수립하거나 개선할 수 있다. 소셜미디어 추세를 활용한 카피라이팅의 주요 단계에서 카피라이터는 반응과 효과 분석을 통해 카피의 성공 여부를 파악하고 필요한 경우에는 수정하거나 개선할 수 있다.

'미니멀리즘'이라는 추세를 활용한 가구 회사의 광고에서 다음과 같은 카피를 활용했다고 가정해 보자. "우리의 ○○미니멀리스트 가구로 더 깔끔하고 현대적인 생활공간을 만들어 보세요" 광고가 나간 다음에 가구 회사는 플랫폼별로 소비자들의 반응과 광고효과를 분석할 수 있다. 소비자들의 댓글, 좋아요, 공유, 웹사이트 방문자, 상품 구매에 대한 숫자 같은 다양한 지표가 포함될 수 있다.

만약 광고가 '좋아요'와 공유를 많이 받고, 웹사이트의 방문자 수가 증가하고, 미니멀리스트 가구의 판매량이 증가했다면, 성공적인 카피라고 판단할 수 있다. 그러나 반응이 부진하거나 판매량이 기대만큼 증가하지 않았다면, 카피를 수정하거나 다른 추세를 고려해 볼 수 있다. 반응과 효과 분석 단계를 설명하는 또 다른 예를 들어보자. 일반적으로 환경친화적 상품이나 생활방식을 지향하는 '친환경 삶'이라는 추세가 강하다면, 청정 화장품 광고에서는 다음과 같은 카피를 써 볼 수 있다.

"○○상품으로 건강하고 지속가능한 아름다움을 경험해 보세요. ○○상품은 천연성분으로 만들어, 당신의 피부에도 지구에도 친화적입니다" 광고가 노출된 후에 광고에 대한 반응과 효과를 분석할 수 있다. 광고물에 대해 좋아요, 공유, 댓글, 웹사이트 클릭, 신상품 판매량을 분석함으로써, 그 카피가 효과적이었는지, 그리고 소비자들이 그 메시지에 어떻게 반응했는지 이해할 수 있다. 만약 광고 반응이 부진했다면, 메시지의 내용과 디자인을 수정하거나 다른 추세를 적용해 볼 수 있다. 만약 효과가 좋았다면 이런 접근법을 향후의 광고에도 적용하면 된다.

(5) 경쟁사의 트렌드 분석

경쟁사가 어떤 추세를 이용하고 어떤 반응을 얻고 있는지 분석하면 경쟁 우위를 파악할 수 있다. 경쟁사의 트렌드를 분석함으로써 자사 브랜드의 카피가 경쟁사에 비해 어떻게 효과를 내고 있으며 어떤 개선점이 있는지 파악할 수 있다. 경쟁사의 추세를 분석하면 자사의 브랜드가 어떤 메시지를 전달하고 어떤 추세를 따르는지에 대한 통찰력을 얻을 수 있다. 이를 통해 광고 카피를 개선하고 브랜드의 시장 점유율도 높일 수 있다.

어떤 운동화 브랜드는 더 많은 소비자에게 판매하기 위해 주요 경쟁사들이 활용하는 추세와 메시지를 분석함으로써 자사의 광고 카피를 수정할 수 있다. 경쟁사의 소셜미디어 채널, 웹사이트, 광고 캠페인을 분석할 때는 이런 질문을 해 볼 수 있다. 경쟁사는 어떤 추세를 따르고 있나? 그들의 광고 카피는 어떤 메시지를 전달하고 있나?

그들은 어떤 방식으로 소비자와 소통하고 있나? 그들의 광고는 어떤 반응을 얻고 있나? 경쟁사가 지속가능성이라는 추세를 반영한 카피를 써서 소비자의 긍정적 반응을 얻고 있다고 가정하고, 운동화 브랜드 광고에서는 자사의 상품이 어떻게 지속가능한 방식으로 제조되는지 강조하는 카피를 쓸 수 있다.

이런 방식으로 경쟁사의 추세를 분석하고 이를 자사의 광고 카피에 반영하면 브랜드의 시장 경쟁력을 높이는 데 도움이 된다. 또 다른 카피 사례를 살펴보자. 어떤 생활용품 브랜드가 있다고 가정해 보자. 이 브랜드는 소셜미디어를 활용해 경쟁사에서 활용하는 추세와 메시지를 분석할 수 있다. 경쟁사들이 '거리두기'라는 추세를 활용해 "집에서 편안하게 즐기는 시간"이라는 카피를 강조했다는 사실을 발견했다. 따라서 자사의 브랜드에서는 "집에서 편안하게 즐기는 시간"이라는 메시지를 더 강조하고, 자사의 상품이 어떻게 도움이 될 수 있는지 알리는 새로운 카피를 이렇게 쓸 수도 있다. "집에서도 스타일을 살리자! 세련된 ○○상품으로 집에서 보내는 시간을 더 빛나게" 경쟁사의 추세를 분석하면 이처럼 광고 카피를 수정하는 데 도움이 된다.

(6) 소비자의 참여 유도

소셜미디어는 자체적으로 대화와 참여를 촉진한다. 따라서 카피라이터는 소비자가 직접 참여하고, 콘텐츠를 공유하고, 브랜드와의 대화를 이끌 방법을 고려해야 한다. 소비자의 참여를 유도하는 것은 소셜미디어 추세를 활용한 카피 쓰기의 중요한 요소다. 소비자의 참여는 브랜드에 대한 인지도를 높이고, 신뢰도를 증가시키며, 소비자의 브랜드 충성도를 높일 수 있다.

어떤 패션 브랜드가 있다고 가정해 보자. 카피라이터는 '믹스 앤 매치'라는 최신 패션 추세를 발견하고, 이 추세를 바탕으로 소비자의 참여를 유도하는 카피를 쓰려고 한다. 카피라이터는 다음과 같은 카피를 고려할 수 있다. "당신의 스타일을 보여 주세요! ○○상품으로 만든 당신만의 믹스 앤 매치 스타일을 #BrandMixandMatch 해시태그와 함께 인스타그램에 공유하세요. 가장 독특한 스타일을 보여 준 한 분을 선정해 특별한 상품을 드립니다"

이런 카피는 소비자에게 브랜드와 상호작용할 기회를 제공하고, 브랜드에 대한 소비자의 충성도를 높일 수 있다. 또한 이런 카피는 브랜드에 대한 사회적 인지도를 높이고 브랜드의 시장 점유율을 높이는 데도 도움이 된다. 또 다른 카피 사례로 식품 서비스 업계를 대상으로 한 예시를 들어 보자. 어떤 식품배달 서비스 회사가 최근 소셜

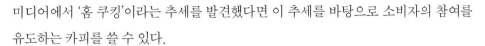

미디어에서 '홈 쿠킹'이라는 추세를 발견했다면 이 추세를 바탕으로 소비자의 참여를 유도하는 카피를 쓸 수 있다.

이런 경우 다음과 같은 카피를 생각해 볼 수 있다. "당신의 요리에 재미를 더해 줄 ○○홈쿠킹! 오늘의 요리를 #CompanyHomeCooking 해시태그와 함께 인스타그램에 공유하세요. 가장 창의적인 요리를 선보인 한 분을 선정해 특별한 할인 혜택을 드립니다" 이런 카피는 소비자에게 상품을 활용한 창의적인 요리법을 공유하도록 유도하며, 소비자와 브랜드 간의 연결 관계를 강화하는 데 도움이 된다.

(7) 다양한 플랫폼에 대한 적응력

소셜미디어 플랫폼마다 특성과 추세가 다르므로, 각 플랫폼의 특성을 이해하고 해당 플랫폼에서 가장 효과적인 카피를 쓰는 카피라이터의 능력이 중요하다. 소셜미디어 추세를 활용한 카피라이팅의 주요 단계에서 다양한 플랫폼에 대한 적응 방법을 광고 카피 사례를 통해 알아보자. 소셜미디어 플랫폼은 각각 다른 특성과 이용자층을 가지고 있으므로, 플랫폼별로 다르게 메시지를 전달하는 다양한 플랫폼에 대한 카피라이터의 적응력은 필수적인 요소다. 각 플랫폼의 독특한 형식과 특성은 다음과 같다.

- **메타**: 메타(옛 Facebook)의 이용자들은 보통 정보를 탐색하거나 소식을 접하는 데 중점을 두기 때문에 비교적 긴 카피를 쓸 수 있다는 장점이 있다. 카피가 이용자의 관심을 끌 수 있도록 브랜드의 핵심 가치나 특성을 명확하게 전달해야 한다. "일상을 더 풍요롭게 해 줄 새로운 가전상품을 만나 보세요. 집안일을 더 편하게, 첨단 기술이라 가능합니다" 이런 카피를 써서 브랜드의 핵심 가치나 특성을 명확히 전달할 수 있다. 그리고 이용자와 교감할 수 있도록 긴 호흡의 스토리텔링이 가능하다는 플랫폼의 특성을 살려 카피를 써야 한다. "똑똑하게 선택하세요. 환경친화적 자동차는 좋은 성능은 물론 환경에 미치는 영향도 최소화합니다. 더 나은 미래를 위한 선택, 지금 시작하세요!" 헤드라인을 이처럼 길게도 쓸 수 있다.
- **인스타그램**: 인스타그램(Instagram)은 이미지와 비주얼 중심의 플랫폼이기 때문에 카피를 짧지만 강렬한 느낌으로 써야 한다. 이미지에 관해 설명하고 감정적 요소를 강조하는 카피가 효과적이다. "빛나는 여름 당신과 함께. #여름에_딱 #빛나는_당신" 이처럼 짧지만 강렬한 느낌의 카피를 써서 이미지나 비주얼이 더

욱 돋보이도록 고려해야 한다. 그리고 인상적인 이미지를 제시하며 짧고 강렬한 메시지가 필요한 플랫폼의 특성을 살려서 카피를 써야 한다. "햇살 가득한 날, 컵 속에 피어나는 향기로운 여유. #풍부한맛 #향기로운아침" 카피를 이처럼 짧고 감각적으로 써야 한다.

- **엑스(X)**: 엑스(옛 Twitter)는 길이 제한이 있으므로 간결하고 효과적인 카피를 써서 정보를 전달해야 한다. 해시태그나 언급(mention)을 활용해 이용자와의 대화를 유도하거나 이벤트를 알리는 것도 좋다. "당신의 코딩 경험을 혁신적으로 바꿀 새로운 방법. 더는 기다리지 마세요. #코딩혁명 #개발의미래" 길이 제한을 고려해 짧고 강한 느낌의 카피를 쓰되 필요할 때마다 해시태그를 적극적으로 활용하는 것이 좋다. 간결하면서도 즉각적인 반응을 유도하는 메시지가 중요하다는 플랫폼의 특성을 살려서 카피를 써야 한다. "새로운 스니커즈로 당신의 스타일을 표현해 보세요! 독특한 디자인, 독특한 당신. #패션선언 #나를표현하는신발" 카피를 이처럼 간결하고 효과적으로 쓸 필요가 있다.

- **틱톡**: 틱톡(TikTok)은 동영상 중심의 플랫폼이기 때문에 동영상 내용을 보완하거나 감정적 연결을 시도하는 카피를 써야 한다. 이 플랫폼은 재미있고 창의적인 콘텐츠를 좋아하는 젊은 층을 겨냥하는 경우가 많으므로, 경쾌하고 오락성 있는 카피를 써야 한다. "놀라운 변신을 경험해 보세요. 이제, 단 5분 만에 완벽한 메이크업을 완성할 수 있습니다" 카피라이터는 동영상 내용과 절묘하게 어우러지고 이용자의 공감을 유발하는 카피를 써야 한다. 창의적이고 재미있는 영상 콘텐츠를 제작할 수 있는 플랫폼이므로 브랜드 메시지를 적절하게 녹여 내는 카피를 써야 한다. "모두가 주목하는 피부! 다 같이 지켜요, 촉촉한 피부! #피부매력 #촉촉한피부" 카피를 이처럼 공감할 수 있도록 써야 한다.

이렇게 각 플랫폼에 적합한 카피를 써서 소셜미디어 추세를 활용하면, 브랜드 메시지를 효과적으로 전달하고 이용자들의 참여를 유도하는 데 도움이 되고, 플랫폼에 알맞게 이용자에게 효과적으로 메시지를 전달할 수 있다. 이런 추가적인 단계를 거치면 소셜미디어 추세를 활용한 카피 쓰기를 보다 전략적으로 시도할 수 있다. 카피를 이렇게 쓰면 어떤 브랜드의 소셜미디어 광고전략을 강화하고, 소비자와의 관계를 강화하는 데 도움이 된다. 소셜미디어 추세를 활용해 카피를 쓰면 더 많은 소비자의 참여와 공유를 유도하고 브랜드 인지도를 높이는 데 도움이 된다.

2) 소셜미디어 트렌드를 활용한 카피라이팅의 단계

디지털 시대의 카피라이팅에서는 소셜미디어 추세를 활용해 이용자들과의 연결을 강화하고, 브랜드 메시지를 효과적으로 전달해야 한다. 브랜드 메시지를 효과적으로 전달하기 위해서는 카피라이터가 몇 가지 핵심적인 단계를 따르면 카피를 쓰는 데 크게 도움이 될 것이다.

① **목표 설정**: 카피라이터는 카피의 목표를 명확히 설정해야 한다. 브랜드 인지도를 높이는 것인지, 특정 상품 판매를 촉진하는 것인지, 이용자들에게 브랜드 이미지를 구축하는 것인지 같은 목표에 따라 카피 쓰는 전략이 달라져야 한다.

② **목표 소비자의 이해**: 목표 소비자의 관심사, 행동 패턴, 선호하는 소통 방식을 구체적으로 이해해야 한다. 이를 위해 카피라이터는 이용자 데이터의 분석 결과, 시장 조사 결과, 소비자의 피드백 자료 같은 여러 정보를 두루 활용해야 한다.

③ **트렌드 파악**: 카피라이터는 소셜미디어 추세를 지속해서 감시하고 변화의 추세를 파악해야 한다. 소비 추세는 소비자의 관심사가 적극적으로 반영되기 때문에, 추세에 알맞게 카피를 써서 브랜드 메시지의 도달력을 높여 나가야 한다.

④ **플랫폼별 적응**: 소셜미디어 플랫폼마다 특성과 기대 효과가 다르므로, 플랫폼의 특성에 알맞게 카피를 써야 한다. 엑스(X)는 간결한 메시지가 중요하고, 인스타그램은 강렬한 비주얼에 짧은 카피가 중요하다는 점을 고려해야 한다.

⑤ **메시지 생성**: 카피라이터는 브랜드의 가치와 목표, 목표 소비자의 관심사, 추세, 플랫폼의 특성을 종합해서 카피를 써야 한다. 카피를 쓸 때는 감성적인 요소를 바탕으로 광고 브랜드의 핵심 메시지를 명확하게 전달하도록 해야 한다.

⑥ **피드백 반영**: 카피라이터는 자신이 쓴 카피의 기대 효과를 분석하고 이용자의 피드백을 반영해서 지속해서 수정해 나가야 한다. 수정한 카피가 더 좋아진다면 브랜드와 이용자 간의 연결 관계를 강화하고 광고효과를 기대할 수 있다.

이러한 단계들을 거쳐 소셜미디어 추세를 활용하는 카피를 쓰면, 브랜드의 메시지를 전달하고 광고 목표를 달성하는 데 도움이 될 것이다. 소셜미디어 추세를 활용한 카피라이팅에서 카피를 잘 쓰는 방법을 구체적인 카피 사례를 통해 알아보자. 에코테크(EcoTech)라는 친환경 기술 회사에서 소셜미디어를 통해 새로운 친환경 상품의 출시를 알리고자 한다. 디지털 카피라이팅의 접근 방법에 따라 각 플랫폼에 맞는 카피를 써 달라고 챗GPT에게 요청해 보자.

- **메타**: 메타(옛 Facebook) 플랫폼에서는 긴 호흡의 스토리텔링이 가능하므로, 상품의 친환경적 특성과 그것이 어떻게 우리의 일상에 긍정적인 영향을 미칠 수 있는지 세세하게 설명할 수 있다. "환경을 생각하는 에코테크의 신상품을 소개합니다. 이 상품은 신속하고 효율적인 성능을 제공하면서도 에너지 소비를 최소화하고 탄소 발자국을 줄입니다. 더 나은 미래를 위한 당신의 선택입니다"
- **인스타그램**: 인스타그램(Instagram)은 이미지 중심의 플랫폼이므로, 상품의 미적 측면과 그것이 어떻게 이용자의 생활을 개선할 수 있는지에 초점을 맞출 수 있다. "쾌적한 생활과 더 나은 미래를 위한 선택. 에코테크의 신상품을 만나 보세요. #친환경 #효율적인생활"
- **엑스(X)**: 엑스(옛 Twitter)는 짧고 간결한 메시지 전달하는 데 적합한 플랫폼이므로, 상품 출시를 통해 얻을 수 있는 이점을 간결하게 전달하고 이용자들의 호응을 유도할 수 있다. "쾌적한 생활을 위한 친환경 기술, 에코테크의 신상품이 출시되었습니다. 더 나은 미래를 위한 현명한 선택, 지금 확인해 보세요. #친환경Tech #EcoTech"
- **틱톡**: 상품의 효과나 활용 방법을 보여 주는 데 적합한 동영상 중심의 플랫폼이므로, 재미있고 창의적인 방법으로 상품을 알릴 수 있다. "새로운 에코테크 상품으로 생활이 어떻게 변화하는지 확인해 보세요! #친환경생활 #EcoTechChallenge"

이 밖에도 전문적인 내용을 주로 올리는 링크드인(LinkedIn), 긴 형식의 비디오 콘텐츠가 강점인 유튜브(YouTube), 짧고 재미있는 콘텐츠로 유명한 스냅챗(Snapchat), 매력적인 사진 이미지가 많은 핀터레스트(Pinterest) 같은 플랫폼이 있다. 플랫폼별 특성을 고려해 소셜미디어 추세에 따라 카피를 쓰면, 브랜드 메시지를 효과적으로 전달하고 이용자의 참여를 더 많이 유도할 수 있다. 소셜미디어 플랫폼에 따라 특성과 사용자층이 다르므로 플랫폼의 특성을 이해하고 플랫폼별로 맞춤화된 카피라이팅 전략을 전개해야 한다. 나아가 각 플랫폼의 알고리즘과 이용자 행동을 지속해서 관철하며 카피라이팅 전략을 수정해 나간다면 카피의 효과도 높일 수 있다.

챗GPT가 알려 준 꿀팁

You : 챗GPT. 지금까지 다음 내용을 학생들에게 설명했어. 검색엔진 최적화의 카피라이팅, 페르소나 활용하는 카피라이팅, 데이터가 주도하는 카피라이팅, 소셜미디어 추세별 카피라이팅 같은 주제야. 지금까지 설명한 4가지 주제는 학생들이 카피를 쓰는 데 도움이 될 만한 중요한 정보야. '디지털 카피라이팅 접근 방법'이라는 제목을 구성하는 검색엔진 최적화의 카피라이팅, 페르소나 활용하는 카피라이팅, 데이터가 주도하는 카피라이팅, 소셜미디어 추세별 카피라이팅에 관한 4가지 주제와 관련하여, 현실적으로 광고 카피라이팅에 도움이 될 만한 추가 정보가 있다면 알려 줄 수 있어?

ChatGPT : 이미 설명한 주제들은 디지털 카피라이팅에 관한 중요한 정보를 제공하고 있습니다. 그러나 광고 카피라이팅에 도움이 될 만한 추가 정보를 제공할 수 있습니다. 아래는 각 주제와 관련된 추가 정보입니다.

검색엔진 최적화의 카피라이팅: 검색엔진 최적화(SEO)는 광고 캠페인의 가시성을 높이기 위한 중요한 요소입니다. 핵심어 연구, 메타 설명 작성, 내부 및 외부 링크 구성 등 SEO 전략을 이해하고 적용해야 합니다. 광고 카피라이터는 키워드를 자연스럽게 통합하고 관련성 있는 콘텐츠를 제공하여 검색엔진 순위를 개선할 수 있어야 합니다.

페르소나를 활용하는 카피라이팅: 페르소나는 대상 고객을 더 잘 이해하고 목표 소비자 집단에 맞춘 콘텐츠를 제공하기 위한 강력한 도구입니다. 고객의 필요, 선호도, 행동을 파악하고 그에 따라 카피를 써야 합니다. 페르소나를 활용하면 목표 소비자에게 더 많은 공감과 연결을 유도할 수 있습니다.

데이터가 주도하는 카피라이팅: 데이터 기반의 카피라이팅은 소비자 행동, 성과 매트릭스, A/B 테스트 결과 등을 활용하여 효과적인 카피를 쓰는 것입니다. 데이터 분석을 통해 성과를 감시하고 최적화할 수 있어야 합니다. A/B 테스트 및 다양한 매트릭스를 활용하여 카피를 수정하고 최상의 결과를 얻을 수 있습니다.

소셜미디어 추세별 카피라이팅: 각 소셜미디어 플랫폼은 고유한 특징과 사용자 트렌드가 있습니다. 광고 카피라이터는 각 플랫폼에 맞는 콘텐츠 스타일과 언어를 사용해야 합니다. 실시간 트렌드와 사용자 반응을 모니터링하여 소셜미디어에서 효과적인 카피를 쓰는 것이 중요합니다.

이러한 정보와 함께, 광고 캠페인의 목표와 대상 고객을 고려하여 전략을 개발하고 시장 동향을 파악하는 것이 중요합니다. 또한 카피라이터는 지속적인 학습과 실험을 통해 카피라이팅 실력을 키워 나가야 합니다.

제7장

카피라이팅의
수사학적 원리

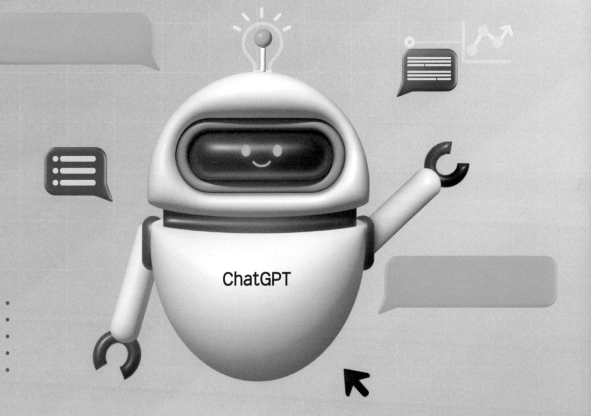

ChatGPT

잘 쓴 카피는 결국 언어를 조합하는 솜씨에 따라 결정된다. 카피라이터들은 자신의 언어 지식을 바탕으로 카피의 구성 요인을 어떻게 조합해 광고효과를 높일 것인지에 관심을 두고 자신이 쓴 카피를 모든 소비자가 충분히 이해해 주기 바라며 카피를 쓸 것이다. 이때 카피에서 '전달한 것(what is said)'에 비해 '의미하는 것(what is meant)'이 무엇인지에 따라 소비자의 설득 여부가 결정된다. 카피와 언어는 불가분의 관계에 있고 광고 카피가 언어 표현의 일종이라는 점에서, 카피라이터가 언어학에서 강조하는 수사학적 원리를 충분히 이해한다면 카피를 더 잘 쓸 가능성이 커진다.

광고 카피를 수사학적 맥락에서 고찰하는 까닭은 카피를 수사학적으로 분석하기 위해서가 아니라, 수사학적 개념과 원리를 이해함으로써 보다 효과적이고 감동적인 카피를 쓰기 위해서다. 카피라이터들이 다양한 수사법을 배우고 익힌다면 카피 파워를 높일 수 있다. 99℃까지 데워져도 물이 증발하지 않지만 100℃가 되면 물이 끓으며 증발하기 시작한다. 물의 성질을 액체에서 기체로 바꾸는 에너지는 1℃다. 카피라이팅에서도 1℃의 차이에 따라 수준이 달라진다. 따라서 광고 수사학은 카피라이팅에 있어서 그 1℃의 차이를 만드는 충분조건은 아닐지라도 필요조건은 된다고 하겠다.

이 장에서는 다양한 수사법이 실제 카피라이팅에 어떻게 활용될 수 있을 것인지, 이론과 실제의 맥락에서 여러모로 검토한다. 현장 카피라이터들의 표현처럼 '말맛'을 구사하는 능력에 따라, 백지 한 장 차이에 불과한 카피라이터의 능력이 완전히 다르게 평가되기도 한다. 이런 점에서 광고 수사학은 카피라이터에게 날개를 달아 주는 글쓰기의 바느질 솜씨에 비유할 수 있겠다. 이 장에서는 언어 게임에 의한 의미의 교환에 관해 설명하고, 광고 수사학의 개념과 부각 효과, 광고 수사학의 4가지 분류법, 그리고 광고 수사학에 의한 실제 카피 쓰기에 대해 광고 현장의 맥락에서 소개한다.

1. 언어 게임에 의한 의미의 교환

광고 카피를 매개로 해서 카피라이터와 소비자가 주고받는 언어의 의미 교환은 언어 규칙을 준수하는 준법 행위가 아니라 언어를 임의로 고르는 선택 행위다. 언어 게임(language game)에 의한 의미의 교환은 특정한 문맥에서 언어의 활용이 이루어진다는 개념으로, 수용자의 이해를 돕기 위해 공통의 경험이나 지식을 활용하는 것을 뜻한다. 오스트리아의 철학자 루트비히 비트겐슈타인은 언어를 공통된 규칙을 공유하는 게임에 비유하며, 이 규칙은 특정한 문맥이나 상황에 따라 달라질 수 있다고 주장했다.

이를 카피라이팅의 맥락에 적용하면 소비자들이 공유하는 사회문화적 경험을 바탕으로 그들의 특정한 언어 게임을 이해하고 카피를 써야 한다는 뜻이다. 광고 카피는 소비자와의 공감대를 형성하고 그들의 경험에 적합한 의미를 교환해야 한다. 따라서 카피는 카피라이터와 소비자 사이에서 소통할 수 있도록 연결해 주는 게임의 매개체에 가깝다. 게임의 규칙은 처벌과 규제를 위해 존재하지 않고 게임의 목적과 효과를 배가시키고 게임 자체를 완벽하게 구성하기 위해 존재한다. 선수들은 게임의 규칙을 준수하려고 게임에 참여하지 않고 게임의 규칙을 활용해 자기의 목적을 달성한다. 결국 '게임의 규칙을 준수했느냐?'보다 '게임을 통해 무엇을 얻었느냐?'가 더 중요하다.

축구 게임에 비유하자면 카피의 구성 요인은 경기를 주도해 나가는 선수들이다. 축구 선수가 규칙을 잘 지킨다고 해서 경기에서 승리하는 것이 아니듯, 카피의 구성 요인도 카피라이팅에서 언어 규칙을 얼마나 정확히 준수했느냐보다 카피가 소비자의 관심을 어떻게 유발하고 브랜드의 가치를 어떻게 높였는지가 더 중요하다. 헤드라인이나 보디카피 작성법 같은 카피 창작 원리를 숙지할 필요는 있겠지만, 게임 규칙을 정확히 준수하는 것보다 게임 규칙을 활용해 카피를 잘 쓰는 것이 더 중요하다. 카피의 구성 요인과 기능을 이해하되 이를 자기 것으로 만들어 소비자와 언어 게임을 시도하는 것이 카피라이터에게 더 중요한 이유다. 따라서 카피라이팅에서 왕도란 없으며, 전통적인 언어 규칙을 무시해서라도 소비자의 주목을 끄는 카피를 써야 한다.

전통적으로 언어 이용자는 수동적인 존재로 여겨졌지만 디지털 시대에는 관점이 달라졌다. 문법이나 의미 체계는 독자적으로 존재하지 않고 언어 이용자들의 언어생활 속에 존재하며, 언어 이용자의 반응을 고려하지 않고 문법과 의미를 따지는 것 자체가 무의미하다는 뜻이다. 언어 이용자(소비자)의 반응이 가장 중요하기 때문에 언어 생산자(카피라이터)가 전달하는 표면적인 내용보다 전달 의도에 공감해 주는 소비자의 반응이 더 중요할 수밖에 없다.

일찍이 카츠(Katz, 1959)는 커뮤니케이션 연구의 주요 주제인 '이용과 충족(Usage and Gratification)' 이론의 연구 전통과 달리 수용자 연구의 새로운 관점을 제시했다. 즉, '미디어가 사람들에게 무엇을 해 주는가'에 초점을 맞춘 선형적 연구 경향에서 탈

피해, '사람들이 미디어를 가지고 무엇을 하는가'에 초점을 맞춰 수용자의 미디어 경험을 이해해야 한다는 능동적인 수용자 개념을 제시했다.[1] 이런 관점을 카피라이팅의 맥락에 연결하면 광고 수사학에 필요한 시사점을 얻을 수 있다. 즉, 카츠의 표현을 패러디해서 디지털 시대의 광고에 적용하면, '광고가 사람들에게 무엇을 해 주는가 (What do the advertisement do to people?)'라는 효과론적 관점에서, '사람들이 광고를 가지고 무엇을 하는가(What do people do with the advertisement?)'라는 도구적 관점으로 바뀌게 된다.

　광고 카피가 소비자에게 영향을 미쳐 구매욕을 자극하기도 하지만, 한편으로 현대의 소비자들은 카피를 가지고 말놀이(word play)를 즐길 수도 있다. 광고를 보고 활용하며 즐거움을 느끼는 소비자들이 늘어날수록, 광고 수사학도 발전할 가능성이 크다. 광고 수사학이란 카피라이터 혼자서 말의 꾸밈새를 궁리하는 글쓰기 기법의 탐구 방법이 아니다. 소비자의 적극적인 반응을 유도함으로써 그들에게 즐거움을 제공하는 말놀이 아이디어를 찾는 것이 디지털 시대에 필요한 광고 수사학의 본질에 더 가깝다.

2. 수사학의 개념과 원칙 및 효과

챗GPT를 통해 광고 수사학의 개념이 무엇인지에 대해 알아보기로 하자.

You 카피라이팅을 공부하는 데 필요한 광고 수사학이란 무엇일까? 광고 수사학의 개념에 대해 설명해 주고, 카피라이터가 광고 수사학을 공부하는 것이 왜 중요한지 알려 줄 수 있어?

ChatGPT 광고 수사학은 광고 메시지의 효과를 극대화하기 위해 수사학의 원칙과 기법을 적용하는 연구 분야를 의미합니다. 수사학은 기본적으로 효과적인 의사소통을 위한 기술이며, 이는 단순히 말을 하는 것뿐만 아니라 사람들이 어떻게 사고하고 느끼는지 이해하는 데에도 중요합니다. 광고 수사학은 그런 점에서 광고 카피를 쓸 때 신조어, 비유, 반복, 과장 같은 다양한 수사학적 기법을 활용해 소비자에게 메시지를 전달하는 방법을 탐구합니다.

1) Katz, E. (1959). Mass communication research and the study of popular culture: An editorial note on a possible future for this journal. *Studies in Public Communication*, 2, 1-6. 일찍이 카츠는 "What do the media do to people?"에서 "What do people do with the media?"로 소비자 연구의 관점 변화를 촉구했다.

수사학(修辭學, rhetoric)의 역사는 고대 그리스의 민주주의 제도로 거슬러 올라간다. 당시 재판정에서는 판사가 재판할 때 배심원의 의견을 중시했는데, 수사학은 200명에서 5,000여 명에 이르는 배심원을 설득하는 말솜씨를 연구하면서부터 발달했다. 수사학의 그리스어 어원은 웅변을 뜻하는 레토리케(rhetorike)다. 민주 의식과 자유로운 의사 표현이 발달하던 그 시대의 수사학은 웅변술 또는 변론술을 의미했다.[2] 아리스토텔레스 이후 현대에 이르기까지 수사학의 근본 목표는 어떤 대상을 설득하기 위한 화술(話術)을 터득하는 데 있었고, 이것이 오늘날의 스피치 커뮤니케이션(speech communication)으로 발전했다. 동양에서는 작시(作詩)와 작문(作文)의 기술과 방법으로 수사학을 활용했다. 동서양에서 수사학의 개념을 다르게 인식한 것이다.

그렇다면 광고 수사학은 동서양의 정의 중에서 어느 쪽에 더 가까울까? 광고 창작은 말의 서술과 그림의 꾸밈에 관련된다는 점에서 광고 수사학은 동양의 수사학에서 말하는 작시와 작문의 기술에 더 가깝다. 그러나 상품 정보를 제공해 소비자를 설득한다는 광고의 목적에서 보면, 카피 창작은 예술적 글쓰기가 아닌 상업적 글쓰기에 해당한다. 상업적 목적을 위한 카피라이팅에서 상품에 대한 정보 제공과 소비자에 대한 설득은 광고 창작의 가장 중요한 목적이다. 이렇게 보면 광고 수사학은 서양의 수사학에서 말하는 웅변술과 변론술에 가깝다. 광고 수사학의 개념도 동양적 관점과 서양적 관점이 접목돼야 비로소 온전한 의미를 확보한다고 하겠다. 그렇다면 광고 수사학의 개념을 다음과 같이 정의할 수 있을 것이다.

> "광고 수사학은 소비자를 보다 효과적으로 설득하기 위해 언어적 · 시각적 메시지를 궁리하는 광고 창작의 기술과 방법이다."

전통적인 수사학의 목표가 설득과 논리와 미학이듯이 광고 수사학에서도 소비자를 설득해 상품을 구매하도록 촉구하는 것이 목표가 된다. 결국 소비자를 설득하기 위해 궁리하는 언어적(카피) 메시지와 시각적(비주얼) 메시지를 어떻게 조합하고 배치하느냐 하는 문제의식에서 광고 수사학의 실마리를 찾을 수 있다. 아리스토텔레스 이후부터 현재까지 어떤 대상에 대해 잘 표현할 수 있는 문체(style)의 원칙은 4가지를 꼽는다.

---

2) 김욱동(2002). 수사학이란 무엇인가. 서울: 민음사.

표현하려는 대상이 화자(話者)와 텍스트의 상황 및 소재에 알맞게 일치해야 한다는 적합성(aptum)의 원칙, 텍스트가 오직 하나의 해석 가능성만 허용해야 한다는 명확성(perspicuitas)의 원칙, 무미건조한 표현을 피하고자 수사적 일탈을 시도해 멋을 부리고 꾸며도 된다는 장식성(ornatus)의 원칙, 표현하는 말과 글이 동시대의 문법 체계와 맞아야 한다는 정확성(puritas)의 원칙이다.[3] 이러한 4가지 원칙은 광고 수사학에도 정확히 들어맞는다. 상품과 브랜드는 물론 소비자 심리를 반영하는 카피가 효과를 발휘한다는 점에서, 광고 수사학에서 가장 중요한 문체의 원칙은 적합성이다. 광고 창의성 연구에서도 적합성(appropriateness)은 광고 표현이 얼마나 상품과 어울리며 적절하며 만족스럽고 정교한가를 나타내는 개념으로, 광고 창의성을 평가하는 주요 요인으로 나타났다.[4]

상품 판매를 위한 상업적 메시지 개발에 광고 창작의 목적이 있기는 하지만, 표현에 있어서 멋을 부리고 무미건조함을 회피함으로써 예술성을 추구한다는 점에서 장식성도 광고 수사학에 필요한 원칙이다. 광고와 예술의 접목 양상을 고찰한 연구에서도 광고 메시지의 예술적 속성인 아트버타이징에 주목했다. 예술(art)과 광고(advertising)의 합성어인 아트버타이징(artvertising)이란 광고에 예술 기법과 요소를 결합해 예술의 광고화와 광고의 예술화를 시도하는 표현 장르이자 예술 주입(art infusion)의 한 형태다. 상품 판매의 수단인 광고가 예술이 아닌 것은 분명하지만, 예술과 광고의 컬래버레이션 과정을 거쳐 광고가 예술의 반열에 오르게 되니 아트버타이징은 우리말로 '예술 광고'다.[5]

표현하는 말과 글이 동시대의 문법 체계와 일치해야 한다는 정확성도 광고 수사학에서 추구해야 할 표현의 원칙이다. 광고가 동시대 소비자들의 일상을 반영하는 동시에 그들에게 새로운 생활과 가치를 제공해야 한다는 점에서, 광고 표현에서 동시대의 추세와 일치하는 문법 체계를 반영해야 한다는 것은 너무 당연한 말이다. 디지털 시대에 새롭게 등장한 유행어를 광고 카피로 활용하는 사례도 소비자들이 느끼는 언어 감각을 광고 카피에 적극적으로 반영한 결과다.

다만 4가지 원칙 중에서 텍스트의 의미를 오직 하나의 뜻으로 해석되도록 구성해

3) 박성철(2004). 설득전략으로서의 텍스트 문체 분석: 표현영역(elocutio)을 중심으로. 텍스트언어학, 17, 511-541.
4) 김병희, 한상필(2006). 광고 창의성 측정을 위한 척도개발과 타당성 검증. 광고학연구, 17(2), 7-41.
5) 김병희(2021a). 광고가 예술을 만났을 때 아트버타이징. 서울: 학지사.

야 한다는 명확성 개념은 광고 수사학에 반드시 들어맞지는 않는다. 광고물을 창작할 때 하나의 콘셉트를 바탕으로 아이디어 발상을 하고 카피를 쓴다는 점에서는 명확성 개념이 존재한다. 그러나 매체에 노출된 다음부터는 소비자가 어떻게 해석하느냐에 따라 카피의 의미가 달라지기 때문에 이때부터 명확성 개념의 존재 여부는 가변적이다. 따라서 광고 수사학에서 명확성의 존재 여부는 소비자의 반응이나 맥락에 따라 결정될 수밖에 없다.

카피라이터는 '무엇을 말할 것인지'보다 '어떻게 말할 것인지'를 추구한다는 점에서, 광고 수사학은 말과 글을 다루는 카피라이터의 솜씨가 가장 잘 드러나는 영역이다. 언어의 적합성, 언어의 명확성, 언어의 장식성, 언어의 정확성도 카피라이터의 능력에 따라 달라진다. 광고 카피도 언어 표현의 일종이라는 점에서 언어학적 지식을 공부하면 카피를 쓸 때 도움이 된다. 카피라이터가 음운론(phonology), 의미론(semantics), 구문론(syntactics), 화용론(pragmatics) 같은 언어학적 지식을 공부해 카피라이팅에 활용하면 카피를 더 잘 쓸 수 있다.

카피를 쓸 때 광고 수사학을 활용하면 '어떻게 말할 것인지'를 추구하는 데 그치지 않고 광고 메시지를 부각하는 데 도움이 된다. 광고 수사학을 통해 기대할 수 있는 부각 효과는 6가지다. 상품 특성의 부각 효과, 소비자 혜택의 부각 효과, 일반적인 주장의 부각 효과는 내용적 측면(메시지의 설득력 향상)에 관련되며, 브랜드 이름의 부각 효과, 광고 상황의 부각 효과, 주목성의 부각 효과는 형식적 측면(전달 기술의 향상)에 관련된다. 여섯 가지의 부각 효과에 관해 설명하면 다음과 같다.[6]

- **상품 특성의 부각 효과**: 광고의 모든 요소는 상품의 특성을 잘 부각하는 데 집중돼야 한다. 직접적인 표현으로도 상품의 특성을 부각할 수 있겠지만 광고 수사법을 활용하면 좀 더 쉽고 명쾌하게 상품의 특성을 부각할 수 있다. 예컨대, "3기통 경차를 탈 것인가? 4기통 경차를 탈 것인가?"(현대 아토스)라는 헤드라인은 질문법과 반복법을 활용해 상품 특성을 부각하고 있다.
- **소비자 혜택의 부각 효과**: 광고 카피에서 소비자 혜택이 구체적으로 드러나면 소비자들이 공감할 가능성이 커진다. 광고 수사법을 활용해 카피를 쓰면 소비자

---

6) 박영준, 김정우, 안병섭, 송민규(2006). 광고언어론: 언어학의 눈으로 본 광고(pp. 296-313). 서울: 커뮤니케이션북스.

혜택을 보다 인상적으로 전달함으로써 메시지의 설득 효과를 발휘할 가능성이 커진다는 뜻이다. 예컨대, "싸니까, 믿으니까, 인터파크니까"(인터파크)라는 헤드라인은 각운법을 활용해 소비자 혜택을 부각하고 있다.

- **일반적인 주장의 부각 효과**: 기업이 소비자에게 전하고 싶은 메시지를 카피로 부각할 수 있다. 기업이 전달하고자 하는 일반적인 메시지를 광고 수사법을 활용해 강하고 효과적으로 전달할 수 있다는 뜻이다. 예컨대, "창이 시를 읊으면, 마루가 꿈을 꾼다"(이건창호 이건마루)라는 헤드라인은 대구법을 활용해 기업이 말하고 싶은 일반적인 주장을 부각하고 있다.

- **브랜드 이름의 부각 효과**: 소비자에게 어떤 브랜드의 이름을 기억시키는 방법은 여러 가지가 있을 수 있다. 그중에서 광고 수사법을 활용해 상품 이름이나 브랜드 이름을 소비자의 마음속에 부각할 수 있다. 예컨대, "판콜이야~ 판코리아~"(동화약품 판콜)라는 헤드라인은 두운법을 활용해 소비자들이 쉽게 따라 하도록 하면서 자연스럽게 브랜드 이름을 부각하고 있다.

- **광고 상황의 부각 효과**: 광고에서 상품 자체를 그대로 보여 주기도 하지만 광고 창작자의 상상력에 따라 어떤 이미지를 제시하기도 한다. 이때 상품을 둘러싼 상황이나 배경이 등장하는데, 광고 수사법을 활용하면 그런 상황을 보다 효과적으로 부각할 수 있다. 예컨대, 동물구조단체인 위액트(WEACT)의 위액트 광고 '전국동시입양선거' 편에서는 사람만 선거에 출마한다는 고정관념을 깨고 강아지가 선거에 출마한다는 기발한 아이디어로 소비자들에게 광고에 제시된 상황을 부각하고 있다. 온라인 및 스마트 기반의 통합 미디어를 비롯해 파노라마 LED, 버스 쉘터, 디지털 사이니지, 명함, 선거 포스터 같은 각종 미디어를 통해 후보 강아지들의 특성을 반영한 재치 있는 카피로 입양 정보를 유권자(입양자)에게 알렸다. 전국동시지방선거가 끝난 직후에 전국동시입양선거라는 명칭을 써서 실제 선거의 연상 효과를 활용했다. 유동 인구가 많은 오후에 서울 이태원의 버스 정류장을 비롯한 여러 공간에서 TPO(시간, 장소, 상황)를 고려해 캠페인 활동을 전개했다. 결국 유권자들의 폭발적인 호응을 얻어 후보 강아지들의 입양에 성공한 캠페인이 되었다.

- **주목성의 부각 효과**: 광고에서는 소비자의 주목을 끌기 위해 다양한 노력을 기울인다. 일반적으로 소비자의 시선은 대체로 광고의 시각적 표현에 머무르기 쉽지만, 카피라이터가 언어적 수사법을 제대로 구사하면 그림 못지않은 효과를 발휘할 수 있다. 예컨대, 무신사의 29CM 광고 '당신2 9하던 삶, 브랜드' 편에서는 브랜드 선택 매장인 29CM의 특성을 알리려고 문법파괴 현상을 활용해 "당신2(이) 9(구)하던 삶"이라는 카피로 브랜드 이름을 강조함으로써 소비자의 주목을 끌었다. 쇼핑몰 광고이니만큼 다양한 제품을 제시해야 하는데, 사람들이 살아가는 일상생활을 고려해 제품을 사지 않고 생활양식을 사는 듯이 묘사한 카피라이터의 솜씨가 돋보였다.

어떤 삶이든 29CM에서 만날 수 있다는 카피로 광고가 끝나는데, 다양한 브랜드를 선택할 수 있다는 매장의 특성을 다시 환기하기에 충분했다. 전체 카피는 다음과 같다. "Na) 그냥 흘러가는 대로 살고 싶어요. 재밌게, 즐겁게./ Na) 예쁜 거, 멋진 거, 놓칠 수 없죠./ Na) 할 수 있는 만큼 나를 사랑해 줄 거예요. 나로 태어났으니까.// 자막) 긍정 파워로/ 자막) 나만의 길을 달린다// Na) 아아~ 새로운 도전, 멋진 실수, 다 내꺼.// Na) 어떤 삶을 구하던, 깊이 행복해질 수 있도록./ Na) 당신이 구하던, 당신이 구하던/ 자막) 당신2 9하던 감각적인 삶/ 자막/ 당신2 9하던 여행 같은 삶// Na) 당신이 구하던, 당신이 구하던/ 자막) 당신2 9하던 몰입하는 삶/ 자막) 당신2 9하던 나를 사랑하는 삶/ 자막) 당신2 9하던 멈추지 않는 삶/ Na) 여기 29CM에서"

3. 광고 수사학의 4가지 분류법

수사학 또는 광고 수사학에서는 수사법(修辭法)을 어떻게 분류하느냐에 따라서 그 범위와 적용 양상이 달라진다. 여러 연구자가 수사법의 분류를 시도했지만 완벽한 것은 없다. 실제 현상은 법칙보다 풍부할 것이다. 수사법은 주로 언어적 맥락에서 분류해 왔으나, 언어적 요소와 시각적 요소가 동시에 작용하는 광고에서는 언어적 수사법과 시각적 수사법을 동시에 고려해야 한다.

광고의 시각적 요소와 언어적 요소가 소비자의 광고에 대한 태도(Aad)와 상품 속성에 대한 신념에 영향을 미치고, 이것이 다시 영향을 미쳐 브랜드에 대한 태도(Ab)가 형성된다는 연구에서도 광고 메시지에서 언어적 요소와 시각적 요소 모두가 중요하다고 강조했다.[7] 따라서 광고 수사학에서는 언어적 측면만 강조하지 말고 시각적 요소도 함께 고려해야 한다.[8] 그런데도 이 책은 언어에 관련되는 카피라이팅 교재이기 때문에, 여기에서는 주로 언어적 광고 수사법을 검토하는 데 집중할 것이다. 하지만 광고 수사학에서 시각적 요소까지 고려해야만 완벽한 체계를 갖출 수 있다는 사실만은 강조하고자 한다.

시각적 맥락에서 접근한 수사학의 분류 연구를 간략히 살펴보자. 바르트(R. Barthes)는 광고 이미지가 명시적 의미의 기표, 명시적 의미의 기의, 그리고 암시적 의미의 기의라는 3가지 국면에서 의미작용이 일어난다고 주장하며, 언어적 이미지와 시각적 이미지 사이의 관계를 상호보완적 맥락에서 규명했다.[9] 이어서 뒤랑(J. Durand)은 철자법이나 문법의 규칙을 깨트리는 광고의 시각적 수사학에 주목하고, 광고 메시지에서 부가, 삭제, 대체, 교환이라는 4가지 수사학적 작용이 일어난다고 주장했다.[10]

---

7) Mitchell, A. A. (1986). The effect of verbal and visual components of advertisements on brand attitudes and attitude toward the advertisement. *Journal of Consumer Research, 13*(1), 12-24.

8) Scott, L. M. (1994). Images in advertising: The need for a theory of visual rhetoric. *Journal of Consumer Research, 21*(2), 252-273.

9) Barthes, R. (1985). The rhetoric of the image. In *The responsibility of forms* (pp. 21-40). New York, NY: Hill & Wang

10) Durand, J. (1987). Rhetorical figures in the advertising image. In J. Umiker-Sebeok (Ed.), *Marketing and semiotics: New directions in the study of signs for sale* (pp. 295-318). Amsterdam: Mouton de Gruyter.

국내의 수사학적 분류는 주로 언어학적 맥락에서 시도되었다. 카피라이터가 언어학적 지식을 바탕으로 광고 수사학을 이해하면 카피 창작의 좋은 길잡이 하나는 얻은 셈이다. 언어학적 광고 수사학에서는 음운론, 구조론, 의미론, 화용론에 따라 광고 카피를 분류한다. 여기에서 음운론은 발음에 대한 지식이며, 구조론은 문법이라고 하는 언어의 구조에 대한 영역이다. 의미론은 언어가 어떠한 의미를 지니는지 알아보는 영역이고, 화용론은 언어가 현실에서 실제로 활용되는 맥락을 규명하는 영역이다.

언어학적 맥락에서 광고 수사법에 접근한 이현우(1998)의 분류 틀은 체계적이다. 그는 음운론(두운, 모운, 각운), 구조론(평서문, 명령문, 의문문, 문법파괴 현상), 의미론(수사적 장식: 수구반복, 결구반복, 대구법, 반전, 생략법, 수사적 질문법: 수사 비유—은유, 동음이의의 익살, 환유, 과장법, 반어법, 역설법), 그리고 화용론이라는 4가지 대분류 틀에 따라 우리나라 광고언어의 수사법을 분류했다.[11] 김동규(2003)가 제시한 광고 수사법의 분류 틀도 체계적이며 방대하다. 그는 국내외 수사학적 분류 기준을 두루 검토한 다음, 우리나라 광고 카피의 문채(文彩)를 말의 문채(figures of language)와 생각의 문채(figures of thought)로 대분류했다. 말의 문채는 문채의 효과가 소리의 변형 같은 언어 표현의 외형적 특성에서 나오는 것을 뜻하며, 생각의 문채는 문채의 효과가 언어 표현의 외형적 특성에서 나오지 않고 유추나 연상 같은 사고 작용에서 발생한다는 것을 의미한다. 그는 대분류의 하위 유목으로 말의 문채에 문법적 문채, 운율적 문채를 포함하고, 생각의 문채에 전의적 문채, 사유적 문채, 인용적 문채를 포함시켜 모두 60가지의 카피 문채를 제안했다.[12]

양웅과 김충현(2005)은 우리나라에서의 수사학 연구가 비유법, 변화법, 강조법으로 구분하는 3분법의 틀에 따라 이루어져 왔음에 주목해 기존의 분류 틀을 바탕으로 광고의 맥락에 알맞게 수정한 분류 틀을 제시했다. 그들이 제시한 광고 수사법은 다음과 같다. 즉, 비유법에는 직유법, 은유법, 풍유법, 의인법/활유법, 제유법/환유법, 의성법/의태법, 중의법이 해당하며, 변화법에는 도치법, 인용법, 의문법, 반어법/역설법, 명령법, 대구법, 생략법이 해당하며, 강조법에는 과장법, 반복법, 영탄법, 열거법, 점층법/점강법, 대조법이 포함됐다.[13]

11) 이현우(1998b). 광고와 언어(pp. 25-106). 서울: 커뮤니케이션북스.

12) 김동규(2003). 카피라이팅론(pp. 265-273). 서울: 나남출판.

13) 양 웅, 김충현(2005). 광고표현의 수사적 특성 변화 연구: 1993년-2003년 국내 잡지광고를 대상으로. 광고연구, 66, 239-265.

앞에서 제시한 여러 가지 분류 틀이 나름대로 의미는 있으나 대체로 시각적 수사법 (visual rhetoric)을 도외시하고 언어적 수사법(verbal rhetoric)에 치중했다. 이에 비해, 양웅과 김충현(2005)은 시각적 수사학을 포함해 광고물을 분석했고 그 분류 틀이 나름대로 타당한 분류 기준이라는 사실을 입증해 보였다. 이 분류 틀은 우리나라의 수 사학 연구에서 일반적인 수사법의 분류 틀로 간주해 온 비유법, 변화법, 강조법을 바 탕으로 광고 수사법의 수정안을 제시했으므로 객관성이 높지만, 카피에 자주 쓰이는 소리에 의한 수사법(음운론)을 제외한 한계점이 있었다.

따라서 이 책에서는 양웅과 김충현(2005)이 제시한 수정된 광고 수사법 분류 틀을 바탕으로, 이현우(1998)가 제시한 4가지 대분류 중에서 음운론(두운; 모운; 각운) 부분 을 추가해 현실적 적용 가능성이 큰 광고 수사법의 분류 틀을 제시하고자 한다. 이 책 에서 제시하는 구체적인 수사법은 김동규(2003)가 제시한 60가지 수사법에 속하지 만, 분류 기준이 다르고 광고 실무계에서 현저하게 쓰이는 수사법만 엄선했다는 점에 서는 차이가 있다.

이 책에서 분류한 광고 수사법은 〈표 7-1〉에서 확인할 수 있다. 즉, 국내의 수사법 연구 전통과 양웅과 김충현(2005)이 제시한 수정된 수사법 분류법을 바탕으로 하되, 그 명칭을 비유의 수사법, 변화의 수사법, 강조의 수사법으로 하고, 여기에 소리의 수 사법을 추가했다. 소리의 수사법에는 이현우(1998)가 제시한 두운법, 모운법, 각운법 을 바탕으로 의성법과 동음이의어법을 추가했다. 양웅과 김충현(2005)은 의성법을 비유법으로 분류했으나, 이 책에서는 의성법이 소리(음운)를 이용하는 표현 기법이라 는 점에서 소리의 수사법으로 분류했다.

동음이의어법(同音異義語法, homonym)을 이현우(1998)는 의미론 중 수사 비유로 분류했고 김동규(2003)는 전의적 문채로 분류했지만, 소리에 의한 재치와 익살의 전 달이 표현의 핵심이라고 판단돼 이 책에서는 소리의 수사법으로 분류했다. 보이지 않는 사물을 마치 사람을 부르듯 호명하는 돈호법을 김동규(2003)는 문법적 문채로 분류했으나, 이 기법이 의인법과 활유법과는 다른 맥락에서 상품을 호명하는 방법으 로 자주 활용되는 동시에 상품을 사람에 비유하는 경우와 유사하다고 판단돼 이 책에 서는 비유의 수사법에 포함시켰다.

어떤 목적을 달성하기 위해 문법을 파괴하는 파격어법을 김동규(2003)는 문법적 문채로 분류하고 이현우(2003)는 구조론 중 문법파괴 현상으로 분류했으나, 문법을 파괴하는 목적이 광고 메시지를 강조하기 위한 의도성에 있다는 점에서 이 책에서는 강조의 수사법으로 분류했다. 이렇게 해서 광고 수사학의 4가지 대분류 틀 아래 31가지의 수사법이 결정되었다.

〈표 7-1〉 광고 수사법의 분류

비유의 수사법	변화의 수사법	강조의 수사법	소리의 수사법
직유법 은유법 풍유법 의인법/활유법 환유법/제유법 의태법 중의법 돈호법*	도치법 인용법 의문법 반어법/역설법 명령법 대구법 생략법	과장법 반복법 영탄법 열거법 점층법/점강법 대조법 파격어법*	두운법* 모운법* 각운법* 의성법* 동음이의어법*

*은 이 책에서 새로 추가해 분류한 광고 수사법이다.

챗GPT를 활용해 광고 수사학의 직유법에 대해 알아본다고 하자. "광고 수사학 이론에 따라 광고 카피를 쓸 때 '직유법'의 개념과 특성을 실제로 집행된 광고 카피 사례를 들어 가며 설명해 줄 수 있어?"라고 질문하면 다음과 같은 답이 돌아온다.

ChatGPT : 직유법은 수사학에서 광범위하게 활용되는 기술로, 이를 통해 소비자에게 강력한 메시지 전달하거나 특정 행동을 촉구하는 데 효과적입니다. 직유법은 흔히 '당신' 또는 '너' 같은 2인칭 주어를 활용해 직접 소비자에게 말하는 방식을 의미합니다. 이 기법은 광고에서도 많이 활용되며, 특히 소비자에게 감정적으로 호소하거나 특정 행동(구매, 참여 등)을 유도하는 데 효과적입니다. 다음은 직유법을 활용한 광고 카피의 사례입니다.

나이키(Nike): "Just Do It" 나이키의 유명한 슬로건 "Just Do It"은 고객에게 직접 호소하는 직유법의 좋은 예입니다. 이 문구는 고객에게 운동에 대한 두려움이나 망설임을 버리고 바로 행동에 옮기라고 직접 말하고 있습니다.

애플(Apple): "Think Different" 애플의 "Think Different" 슬로건은 고객에게 창의적인 사고를 하도록 직접 요청하는 직유법의 사례입니다. 이처럼 직유법은 광고 메시지가 소비자에게 직접 다가가, 그들의 행동을 유도하는 데 효과적인 방법입니다.

You : 오답이라 실망스러워. '~처럼' '~같이' 같은 비유적 표현이 직유법인데, 다시 설명해 줄 수 있어?

ChatGPT : 죄송합니다. 잘못 설명했습니다. 말씀하신 대로 직유법은 특정 물체나 상황을 다른 것에 비유해 그림으로 표현하는 수사법입니다. 광고에서는 직유법이 상품의 특성이나 가치를 강조하는 데 종종 활용됩니다. 다음은 직유법을 활용한 광고 카피의 사례입니다. "The iPhone is as powerful as a computer."(Apple) 애플은 아이폰을 "컴퓨터만큼 강력하다"라고 비유함으로써 소형 스마트폰이지만 성능이 얼마나 우수한지 강조했습니다. "파리바게뜨, 사랑하는 사람을 위한 빵이라면 파리바게뜨처럼"(파리바게뜨) 파리바게뜨의 카피에서는 사랑하는 사람에게 선물하기 좋은 빵이라는 이미지를 강조했습니다. 이처럼 직유법은 상품이나 서비스의 특성을 더욱 강조하고 독특한 시각 이미지로 소비자에게 깊은 인상을 남기는 효과가 있습니다.

4. 광고 수사학에 의한 카피 쓰기

1) 비유의 수사법

(1) 직유법

직유법(直喻法, simile)은 모든 비유법 가운데 가장 역사가 오래된 것으로, 표현하고자 하는 원관념(tenor, 비유하는 A)을 보조관념(vehicle, 비유되는 B)에 직접 비유하는 수사법이다. 영어에서는 직유법을 '라이크(like)'나 '애즈(as)' 같은 단어를 써서 구사하고, 우리말에서는 2가지 이상의 관념을 '~처럼'이나 '~같이' 또는 '~양'이나 '~듯' 같은 연결어를 활용해 직유법을 구사한다.

직유법에서는 '~처럼'이나 '~같이' 또는 '~양'이나 '~듯' 같은 연결어로 원관념과 보조관념을 결합해 명시적으로 직접 비유한다. 그에 비해 은유법에서는 그런 연결어를 쓰지 않고 대상을 간접적으로 비유한다. 이 점에서 두 비유법 사이에 차이가 있다. 카피라이팅에서 자주 활용되는 2가지 직유법에는 축어적 직유법과 비유적 직유법이 있다. 축어적 직유법은 서로 다른 대상이나 관념을 객관적으로 엄격하게 비교하는 기법이고, 비유적 직유법은 정보 전달보다 감정 표현에 무게를 싣는 기법이다.

따라서 비유 대상을 엄격하게 비교하기 때문에 문채적 효과가 상대적으로 떨어지는 축어적 직유법은 논리적 설명이 필요한 보디카피를 쓸 때 주로 쓰이고, 폭넓은 비유가 가능한 비유적 직유법은 헤드라인이나 슬로건을 쓸 때 주로 활용된다.[14] 직유법을 활용하면 원관념과 보조관념이 표면적으로 드러나기 때문에 의미가 분명해진다는 장점이 있다. 그러나 하나의 광고 안에서 직유법을 너무 많이 쓰면 아무리 표현이 뛰어나더라도 실속 없는 공허한 메시지가 되기 쉽다. 따라서 카피라이터는 직유법을 과하게 쓰고 싶은 욕구를 억제해야 한다. 예컨대, 참이슬 광고에서는 직유법을 활용해 "이슬 같은 깨끗함"이라는 카피를 썼다. 직유법을 활용한 카피 사례를 제시하면 다음과 같다.

[그림 7-1] 참이슬 광고

"바다 같은 은행" (수협)

"집밥 같은 가구" (Iloom)

"솜사탕 같은 생활" (신세계)

"솟아오르자, 백산수처럼" (백산수)

"동화처럼 살고 싶다" (동화자연마루)

"절친 같은 저축은행" (저축은행중앙회)

"산소 같은 여자" (아모레퍼시픽 마몽드)

"아내 같은 아파트" (쌍용건설 쌍용아파트)

"어머니 같은 주유소" (한국석유공사 알뜰주유소)

"좋은 잠을 아침 사과처럼 꺼내 먹어요" (에이스침대)

"세상이 SM3만큼 조용했으면 좋겠습니다" (삼성르노자동차)

14) 김동규(2003). 카피라이팅론(p. 338). 서울: 나남출판.

(2) 은유법

은유법(隱喩法, metaphor)은 두 단어 사이의 개념적 유사성에 기초해 의미의 전환을 시도하는 글쓰기 기법이다. 메타포(metaphor)의 어원을 보면 그리스어 '메타 meta(넘어서, over)'와 '포라 phora(나르다, carrying)'의 합성어로, 한 단어의 뜻을 다른 의미로 옮기는 것을 말한다. "차가 날개다!"(현대자동차 클릭)라는 카피처럼 은유법은 'A=B'라는 문장 구조를 통해 원관념(A)의 의미를 보조관념(B)에 전이시켜, 원관념의 의미를 새롭게 규정해 주는 표현 기법이다. 경우에 따라서는 "자연을 담는 큰 그릇"(풀무원) 같이, 'A=B'에서 원관념 A가 제시되지 않는 때도 있다. 풀무원 광고에서 원관념이 생략된 이 카피를 보는 순간 소비자들은 "풀무원은 자연을 담는 큰 그릇"이라고 읽을 것이다.

은유법을 활용해 작성된 카피를 읽을 때 소비자는 원관념(A)과 보조관념(B)이 어떠한 개념적 유사성(conceptual similarity)이 있는지 그 연결 관계를 파악하려고 할 것이다. 이때 제시된 카피 메시지가 소비자의 공감을 얻느냐의 여부는 보조관념으로 제시된 단어의 유사성과 이질성의 거리에 달려 있다. A와 B는 움직이는 개념으로 유사성(공통적인 부분)과 이질성(배타적인 부분)은 가변적이다.[15]

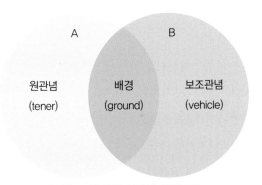

[그림 7-2] 은유 실현의 의미구조

이질성 측면에서 보면 'A=B'에서 A와 B가 너무 유사한 개념인 경우 좋은 은유라 할 수 없다. 좋은 은유가 되려면 보조관념이 다른 의미장(意味場)에서 나와야 한다. 은유법에서 의미의 전이 효과는 원관념과 보조관념의 의미가 유사하면서도 차별적일 때

---

15) 히로 다카시(2003). 광고언어의 은유 유형과 특성: 한국어와 일본어의 자료를 중심으로. (박영준 외 공역). 광고언어연구(pp. 291-335). 서울: 박이정.

발생하기 때문이다. 즉, A와 B로 제시되는 두 개념이
너무 유사하거나 너무 동떨어져도 모두 은유법의 매력
을 발휘할 수가 없다. 은유법은 어떤 낱말의 의미 형성
에 필요한 전형적인 조건 중에서 하나 이상을 어긴 표
현 기법이므로, A와 B가 유사성과 이질성을 적정 거리
에서 유지할 때 더 강력한 의미를 실현할 수 있다.

예컨대, 서울우유 광고 '밀크매니아' 편에서는 우유
에 대한 고정관념을 버리라는 메시지를 은유법을 활용
한 카피로 표현했다. 보통의 우유와 다르다는 느낌을
주는 색다른 카피다. 서울우유는 이미지를 젊게 바꾸기
위해 "우유는 록이다" "우유는 키스다" "우유는 선물이
다" 같은 은유법 카피를 썼다. 나이에 상관없이 도전하
는 정신세계를 제시함으로써 어린이가 주로 마시는 우
유에서 누구나 즐기는 우유라는 쪽으로 이미지 변신을

[그림 7-3] 서울우유 광고 '밀크매니아' 편

시도하기 위해 카피를 이렇게 썼다. 이 밖에도 은유법을 적절히 활용해 성공한 카피
사례를 제시하면 다음과 같다.

"에듀윌은 <u>합격</u>이다" (에듀윌)

"가격이 <u>얼굴</u>입니다" (까르푸)

"양말도 <u>옷</u>이다" (제미유통 싹스탑)

"돈은 <u>사람</u>입니다" (미래에셋자산운용)

"초코파이는 <u>정</u>입니다" (오리온 초코파이)

"안전은 모두의 <u>행복</u>입니다" (고용노동부)

"한 잔의 커피는 한 번의 <u>여행</u>입니다" (맥심)

"나만의 똑똑한 <u>개인비서</u>" (현대카드 소비케어)

"와인은 <u>사무용품</u>입니다" (삼성 비스포크 냉장고)

"침대는 가구가 아닙니다. <u>과학</u>입니다" (에이스침대)

"유한락스를 하지 않으면 <u>청소</u>가 아닙니다" (유한락스)

(3) 풍유법

풍유법(諷喩法, allegory)은 말하고자 하는 원관념은 숨긴 채 전하려는 메시지를 직접 드러내지 않고 속담이나 격언을 차용해 간접적으로 암시해 원관념을 유추하도록 하는 수사법이다. 이때 원관념을 암시적으로 표현해 유추할 수 있도록 표현하는 경우가 많다. 속담이나 격언을 차용하기 때문에 풍유법을 활용한 카피는 교훈적인 메시지가 되기 쉽다.

우리나라 광고에서 속담을 활용한 헤드라인은 속담을 그대로 헤드라인으로 쓰는 유형(가), 속담의 의미를 의도적으로 조작해 그 뜻을 바꾸는 유형(나), 한자 성어를 차용해 다시 한자로 표현하는 유형(다), 속담의 언어적 의미를 글과 그림으로 동시에 표현하는 유형(라) 같은 4가지 유형으로 구분할 수 있다.[16] 이 밖에도 더 많은 유형이 있을 수 있다. 하지만 속담이나 격언을 있는 그대로 단순히 차용하는 수준(a)을 넘어, 단어나 문장을 추가로 덧붙여 원래의 속담과 격언의 의미를 의도적으로 조작함으로써(b), 보조관념을 재미있게 구성하려는 시도가 풍유법에서 무엇보다 중요하다.

카피라이터가 카피를 쓸 때 풍유법을 활용한다면 풍자되는 보조관념이 익살과 재치가 넘쳐 소비자들이 흥미롭게 받아들이도록 카피를 쓰는 것이 핵심 요체다. "소문난 잔치에 멕시카나, 세상은 넓고 치킨은 멕시카나, 아닌 밤중에 멕시카나, 입은 비뚤어져도 주문은 멕시카나, 치킨은 언제나 어디서나 멕시카나, 다 된 밥엔 미스터김. 멕시카나 치킨" 이 카피에서는 "소문난 잔치에 먹을 것 없다."나 "아닌 밤중에 홍두깨" 같은 속담과 명언을 활용한 풍유법 카피를 썼다. 소비자들이 익살스럽고 재치 있는 보조관념에 공감한다면 카피에 더 주목할 것이다. 나아가 광고 카피가 재미있다고 느낀 소비자들은 그 카피를 소셜미디어를 통해 여기저기 전파할 가능성도 크다. 풍유법을 활용한 카피 사례를 제시하면 다음과 같다.

---

16) 서장호(2001). 한국 속담을 이용한 광고 메시지의 유형과 광고효과에 관한 연구: 인쇄매체 광고 헤드라인을 중심으로(pp. 49-52). 홍익대학교 대학원 석사학위논문.

[그림 7-4] 멕시카나 광고

"등잔 밑이 어둡<u>다</u>" (에덴주택, 가)

"아는 것이 힘이<u>다</u>" (대성쎌틱, 가)

"<u>소 잃고 외양간 고친다</u>" (현대해상보험, 가)

"<u>호랑이에게 물려가도 정신만 차리면 산다</u>" (현대모비스, 가)

"<u>형만한 아우도 있다</u>" (한국 야쿠르트, 나)

"<u>보기 좋은 얼음이 먹기도 좋다</u>" (현대큐밍, 나)

"<u>밑 빠진 독에 칼슘 붓기?</u>" (유유산업 본키, 나)

"<u>뛰는 노트북 위에 나는</u> ThinkPad" (LG IBM ThinkPad, 나)

"<u>낮말은 새가 듣고 밤 말은 스낵면은 맛있어요</u>" (오뚜기 스낵면, 나)

"<u>아래 피부가 맑아야 위 피부도 맑다</u>" (더마펌 수딩리페어토닝세럼, 나)

"<u>유비무암</u>(有備無癌)" (삼성생명, 다, 유비무환有備無患)

"<u>철마고우</u>(鐵馬故友)" (인천제철, 다, 죽마고우竹馬故友)

"HC는 <u>일팬단심</u>" (HC, 다, 일편단심一片丹心)

"<u>일쉼동체</u>" (경상북도 워케이션, 다, 일심동체一心同體)

"바퀴벌레 <u>최후의 만찬</u>" (동아제약 바킬라, 라)

"<u>OLO</u> 보는 눈 있네" (코오롱몰, 라)[17]

"家家 <u>戶</u>(소화기 그림) <u>戶</u>(소화기 그림)" (소방청, 라)

---

17) 옷 고르는 눈매가 있다는 사실을 알리기 위해 OLO를 눈, 코, 입 모양으로 표현하고 코오롱몰에서 옷을 사라는 메시지를 전달했다.

[그림 7-5] 소방청 가가호호 광고

(4) 의인법

의인법(擬人法, personification)은 생명 없는 무생물에 생명을 불어넣거나 동물 또는 추상적 개념을 마치 사람인 것처럼 비유해 표현하는 수사법이다. 무생물이나 동식물에 인격적 요소를 부여해 마치 사람처럼 표현하는 것이 의인법의 특성이다. 『이솝우화』에 등장한 동물들이 사람 행세를 하며 인간의 위선을 조롱했듯이, 의인법은 그동안 시나 소설에서 자주 활용됐으며 광고에서도 상품에 인격을 부여하는 수단으로 널리 활용되었다. 의인법은 언어적 의인화는 물론 시각적 의인화를 통해 상품 스스로 인격을 지닌 사람처럼 느껴지게 하는 표현 기법으로 카피라이팅에서도 자주 활용된다.

의인법의 유형에는 상품을 사람처럼 표현하기, 상품과 관련된 사물을 사람처럼 표현하기, 사물이 스스로 말하기 같은 3가지가 있다. 엄창호(2003)는 의인법을 3가지로 분류하고 의인법이 상품을 사람처럼 표현하지만, 사실은 상품의 마음(心)을 전달하는 기법이라고 강조하며, 인면수심(人面獸心)에 빗대 인면제심(人面製心)의 수사법이라고 설명했다.[18] 의인법을 활용하면 심리적 거리감이 있는 상품도 친근하게 느껴지게 하고 소비자 혜택도 흥미롭게 전달할 수 있다. 하나금융그룹 광고에서는 "작은 목소리도 귀 기울이는 편" "아무리 멀어도 무조건 달려가는 편" "청년들에게 의리 있는

---

18) 엄창호(2004). 광고의 레토릭: 성공하는 광고 제작을 위한 10가지 수사법(pp. 14-27). 서울: 한울.

편"이라는 카피와 "내 편이 하나 생겼다"라는 헤드라인을 써서, 하나금융그룹의 서비스를 마치 사람처럼 표현했다. 의인법을 활용한 카피 사례를 제시하면 다음과 같다.

[그림 7-6] 하나금융그룹 광고

"치킨이 <u>예뻐졌다</u>" (부어치킨)
"<u>날씬한</u> 디저트 쿠키" (오레오 씬즈)
"바람도 <u>잘생긴</u> 것을 좋아한다" (LG휘센)
"녹차의 <u>관능미</u> 녹차의 <u>성숙미</u>" (하겐다즈그린티)
"초코가 <u>외로워</u> 쿠키를 <u>찾네</u>" (오리온 초코칩쿠키)
"<u>그래놀라</u>가 운명의 상대를 만났어요" (농심켈로그)
"피부가 <u>마시는</u> 레드와인" (라끄베르 하이드로 싸이클링)
"좋을 굿 기름 오일~ 구도일. <u>나는</u> 좋은 기름입니다" (S오일)
"과일은 왜 야채를 만나면 <u>늙어버리지?</u>" (삼성전자 칸칸냉장고)
"미소가 아름다운 <u>그녀</u>. <u>그녀의</u> 이름은 아시아나" (아시아나항공)
"이삭 줍는 여인들도 <u>퇴근했습니다</u>. 비너스도 <u>퇴근했습니다</u>" (레드락 엠버라거)

(5) 활유법

활유법(活喩法, prosopopoeia)은 살아 있는 생명체가 아닌 사물을 생명이 있는 생물처럼 표현하는 수사법이다. 활유법은 무생물에 감정을 이입해 생동감과 친근감을 불어넣는 수사법으로, 광고에서도 상품과 브랜드를 살아 있는 생명체로 표현하고자 할 때 자주 쓰이고 있다. 활유법은 의인법과 비슷해 보이지만 개념적으로 차이가 있다. 무생물이나 동식물에 인격적 요소를 부여해 마치 사람처럼 표현하는 것이 의인법이라면, 활유법은 원관념을 사람처럼 표현하지 않고 단순히 살아 있는 생명체로 표현하는 기법이다. 활유법을 활용한 카피 사례를 제시하면 다음과 같다.

"아름다움은 <u>자란다</u>" (설화수)
"<u>숨 쉬는</u> 트렌드" (TS 티마마스크)
"생활까지 <u>싱싱하게</u>" (농수산홈쇼핑)
"우리 집엔 자연이 <u>삽니다</u>" (포스코건설)
"헤어샵이 집으로 <u>왔다</u>" (팜스킨 왕풍선헤어팩)

"열일하는 나의 샤워기" (인더샤워 블랙에디션)

"세상조차 숨죽이는 아름다움" (아모레퍼시픽 헤라)

"3년만에 빨간 맛이 돌아왔다" (영양고추 페스티벌)

"네스프레소가 피었습니다" (한국네슬레 네스프레소)

"당신이 잠들 때 에이스는 깨어납니다" (에이스침대)

"영하 18도에서도 살아있는 유산균" (얼려있는 야구르트)

예컨대, 현대 모비스 광고 '웃음소리' 편에서는 순정품으로 정비한 자동차가 행복한 웃음을 짓는다는 상황을 의인법으로 표현했다. "지금 들리세요? 당신 차의 행복한 웃음소리가…"라는 헤드라인에서도 자동차를 마치 사람처럼 의인화하고 있다. 이 광고는 비유의 수사법으로 의인법을 활용하는 동시에 변화의 수사법으로 의문법과 생략법을 동시에 활용했다. 하나의 광고에 반드시 하나의 수사법이 필요한 것은 아니다. 메시지 구성에 효과적이라면 2~3가지 수사법을 동시에 활용해도 무방하지만, 너무 많이 섞이면 수사법의 매력이 떨어진다는 점을 명심해야 한다.

[그림 7-7] 현대 모비스 광고

(6) 환유법

환유법(換喩法, metonymy)은 어떤 사물의 속성이나 개념을 그것과 연관된 다른 속성에 의해 연상하거나 유추하게 해서 그 사물의 속성이나 개념을 이해하도록 하는 수사법이다. 예컨대, "펜은 칼보다 강하다."라는 문장에서, '펜'은 글이나 작가를 의미하고 '칼'은 무력이나 군인을 의미하며, 이는 환유법을 활용한 전형적인 표현이다. 은유법과 환유법은 유사해 보이지만 유사성과 인접성을 비교함으로써 그 차이를 구분한다. 즉, 'A=B'라는 형식으로 원관념과 보조관념 사이의 유사성(similarity)을 드러내며 그 의미를 제시하는 것이 은유법이라면, 'A=B'라는 형식을 제시하지는 않지만, 단어나 문장이 갖는 일반적인 상징성으로 인해 원관념(A)의 의미를 알 수 있도록 두 관념 사이에 존재하는 인접성(contiguity)에 기대는 것이 환유법이다.

환유법을 광고에서 활용하면 추상적인 것을 구체적으로, 구체적인 것을 추상적인 것으로, 원인을 결과로, 원료를 상품으로 표현할 수 있다.[19] 예컨대, "눈물 젖은 입술을 먹어보지 못한 자는 사랑을 논하지 말라"(결혼정보회사 선우)라는 헤드라인에서 '입술을 먹어 보지 못한 자' 같은 카피는 키스를 못 해 본 사람이라는 의미를 추상적인 것에서 구체적인 것으로 표현한 환유법이다. 또한 롯데하이마트 광고에 나오는 "여름날의 하트, 하이마트로 가요" 같은 카피에서는 하이마트에서 '하'와 '트'를 따와 '하트(사랑)'라는 단어를 만들어 추상적인 개념을 구체적으로 느끼게 하는 환유법을 활용했다. 환유법을 활용한 카피 사례를 제시하면 다음과 같다.

[그림 7-8] 롯데하이마트 광고

19) 오창일(2006). 광고 창작실(pp. 172-173). 서울: 북코리아.

"내 하루를 마시다" (스타벅스)

"세상에서 가장 작은 카페" (카누)

"파리를 들고 다닌다" (델시 가방)

"이제는 별도 콩도 잊어라" (맥카페)

"내일을 지켜주는 밝은 별" (KB국민은행)

"밭에서 따 온 요구르트" (풀무원 요거트)

"내 손안의 반찬가게" (배달의민족 프레시)

"그래서 영원히 끝나지 않을 하트" (애니팡)

"교복을 벗고 처음으로 갤북을 샀다" (삼성전자)

"그녀의 자전거가 내 가슴 속으로 들어왔다" (빈폴)

"가전, 작품이 되다" (LG전자 시그니처 비주얼아트)

(7) 제유법

제유법(提喩法, synecdoche)은 환유법과 마찬가지로 두 관념 사이에 존재하는 인접성을 바탕으로 하는 수사법이라 종종 환유법과 비슷한 문장 구조로 간주한다. 그러나 어떤 관념의 일반적인 대표성을 나타내는 데 효과적으로 활용되는 것이 환유법이라면, 제유법은 부분을 통해 어떤 사물 전체를 비유한다는 점에서 본질적인 차이가 있다. "남편 사무실에 아리따운 여직원이 새로 왔다는 소문을 듣고 일부러 그이의 바지 주름을 2개 잡았다"(삼성전자 노비타)라는 카피에서 '바지 주름'은 바지의 일부분이다. 이처럼 부분을 통해 사물 전체를 비유하는 것이 제유법이다.

연구자에 따라 환유법과 제유법을 유사하거나 다른 비유법으로 분류했다. 이현우(1998)는 수사 비유의 속성상 제유와 환유는 환유법으로 통일되는 것이 바람직하다고 주장했고,[20] 김동규(2003)는 환유와 제유가 규모의 크기에 차이가 있고 각각 다른 용도로 활용된다고 주장하며, 환유법이 전체나 일반적 대표성을 통해 구체적 사물을 나타낸다면 제유법은 사물의 일부분을 통해 그것이 속한 전체를 비유하는 수사법이라고 설명했다.[21] 카피라이터가 카피를 쓸 때 환유법과 제유법을 구분해서 쓰는 경우가 많고 카피의 뉘앙스에 따라 메시지의 효과 차이가 난다는 점에서 두 비유법을

---

20) 이현우(1998b). 광고와 언어(p. 79). 서울: 커뮤니케이션북스.

21) 김동규(2003). 카피라이팅론(p. 344). 서울: 나남출판.

구분하는 것이 옳다.

일반적인 문장에서는 제유법을 환유법에 포함해도 큰 문제가 없겠지만 미묘한 뉘앙스의 차이가 메시지의 효과 차이로 나타나는 카피라이팅에서는 사정이 다르다. 단어 하나로 관념의 일반적인 대표성을 나타내는 환유법과 부분을 나타내는 단어 하나로 어떤 브랜드의 전체적인 느낌을 비유하는 제유법은 카피를 쓸 때 메시지의 '찌르는 깊이'에 상당한 차이가 나타나기 때문이다. 제유법을 활용한 카피 사례를 제시하면 다음과 같다.

"<u>핑크빛</u> 생기 에너지" (아이시스 8.0)

"네 안의 <u>파랑</u>을 깨워봐" (포카리스웨트)

"자연을 낚는 짜릿한 <u>손맛</u>" (반도 릴낚시대)

"나의 <u>피부</u>는 결혼하지 않았다"(드봉 뜨레아)

"주말이면 <u>바람</u>을 일으키는 남자" (롯데백화점)

"<u>머리</u> 달린 복사기가 왔다" (신도리코 디지털두뇌복사기)

"가능을 만드는 생명의 <u>날개</u>" (중앙응급의료센터 닥터헬기)

"그 <u>눈빛</u>만큼이나 <u>심장</u>은 뜨겁다" (현대자동차 뉴아반떼XD)

"당신의 <u>사인</u>이 세계에서 통용된다" (아메리칸 익스프레스 카드)

"그 남자, 내일을 향해 <u>글라이더</u>를 날리다" (삼성 애니패스 카드)

"<u>얼굴</u>은 웃을 때 가장 매력적이다. <u>피부</u> 속까지 웃자!" (뉴라미스)

(8) 의태법

의태법(擬態法, mimesis)은 어떤 대상의 기능과 특성을 사람이나 생물의 동작이나 모양에 빗대어 표현하는 수사법으로 주로 의태어를 활용해 표현한다. 의성법이 청각(소리) 이미지에 빗대어 표현하는 기법이라면 의태법은 시각(모양) 이미지에 빗대어 표현하는 기법이다. 때에 따라서 의태법과 의성법이 동시에 활용돼 시각과 청각이 공동으로 작용하는 공감각적 표현이 이루어지는 경우도 있다.

카피라이팅에서 의태법을 활용하면 광고 상품이 생생히 살아나고 카피에도 리듬감을 살릴 수 있다. 광고 상품에 생동감을 불어넣는 의태법은 여러 상품에서 활용되지만, 시각적 효과로 소비자의 구매욕을 자극하는 상품에 특히 적합하다. 의태법을 활용해 카피를 쓸 때는 모양이나 동작의 느낌을 생생하게 살려내는 것이 핵심 요체다. 오뚜기 짜슐랭 광고에 쓰인 "아직도 물을 버려? 작작해. 복작복작— 짜슐랭"이란 카피는 조리할 때 거품이 보글보글 끓어오르는 모양을 묘사했는데, 의태법을 절묘하게 활용한 솜씨가 일품이다. 의태법을 활용한 카피 사례를 제시하면 다음과 같다.

[그림 7-9] 오뚜기 짜슐랭 광고

"즐거움에 퐁당" (오레오)

"풍덩 풍덩 풍덩 풍덩" (G마켓)

"봄이 껑충" (하코네 풀꽃과 듀엣)

"꼭꼭 씹는 행복" (인사돌 플러스)

"욱씬욱씬 어깨 근육통증" (파커스)

"자장 자장 자장" (LG 디오스냉장고)

"너덜너덜" (존슨앤존슨 밴드에이드 워터블록)

"탱글탱글, 연한 알갱이가 톡톡!" (그린자이언트)

"올록볼록 엠보싱, 화장지는 비바" (쌍용제지 비바)

"봄바람이 살랑살랑, 폴깃발이 살랑살랑" (파리게이츠)

"흔들릴 때마다 머릿결이 찰랑찰랑!" (꽃을든남자 케라틴 헤어팩)

(9) 중의법

중의법(重義法, a layer meaning)은 하나의 단어나 구절에 2가지 이상의 뜻으로 해석될 수 있게 표현해 의미의 확장을 시도하는 수사법이다. 한 단어에 2가지 이상의 뜻을 담기 때문에 언어의 경제성을 추구하는 동시에 수용자에게 의미의 해석에 참여하도록 유도하며 언어의 개방성을 추구하는 기법이다. 카피라이터들이 자주 말하는 '이중적 표현'이나 '중의적 표현'이 중의법에 해당되며, 중의법을 능수능란하게 활용하면 대단한 주목 효과를 기대할 수 있다.

중의법을 활용해 카피를 쓸 때는 순간적으로 이해하기 쉽고 브랜드와의 상관성이 나타나도록 표현해야 한다. 중의법으로 표현한 카피가 이해하기 어렵다면 소비자들은 그 광고를 외면할 것이며, 브랜드와의 상관성이 나타나지 않는다면 재미와 익살에 그치는 카피로 끝나 버리기 때문이다. 중의법으로 카피를 쓸 때는 소비자들이 자신도 모르게 카피에 매혹돼 그 의미를 해석하는 데 자발적으로 참여하도록 유도해야 한다. 중의법을 활용한 카피 사례를 제시하면 다음과 같다.

"BC로 <u>사세요</u>" (BC카드)

"쌀 사랑 러브 <u>米</u>" (농협)

"다 <u>때</u>가 있다" (옥시크린)

"<u>주름</u> 잡고 싶니?" (동화약품)

"당신은 <u>철없는</u> 여자" (헤모Q)[22]

"<u>날로</u> 좋아지는 면도" (파나소닉 람대쉬)

"그동안 피자 '<u>헛</u>' 먹었습니다" (미스터피자)

"겨울 옷 세탁할 때가 됐나 <u>봄</u>" (크린토피아)

"요즘 <u>물 좋은</u> 건 남자들이 더 잘 알아요" (천연사이다)[23]

"그 입술, 무슨 <u>水</u>를 쓴 거지?" (에뛰드 스타일립스 아쿠아톡스)

"서울 안에 있습니다. 서울내집. 서울<u>內</u>집" (SH서울주택도시공사)

(10) 돈호법

돈호법(頓呼法, apostrophe)은 어떤 대상을 구체적으로 호명함으로써 주의를 환기하는 수사법으로, 어떤 대상에게 호칭을 붙여 메시지의 대상을 구체적으로 규정한다. 생물이건 무생물이건 관계없이 대상을 호명할 수 있는 모든 것이 돈호법의 대상이 될 수 있다. 광고 카피에서도 돈호법은 호명의 대상을 마치 사람 부르듯 친근한 어투로 부를 수 있는 형태를 취하기 때문에 호명 대상의 주목을 쉽게 유도할 수 있는 특성이 있다. 따라서 그 대상에 해당하는 소비자들은 대상이 아닌 소비자들에 비해 카

---

22) 사리를 분별할 만한 지각이 들지 않았다는 뜻인 철과 몸의 성분인 철분으로 해석했다.

23) 유흥장 따위의 분위기나 상태가 좋다는 '물이 좋다'와 액체인 물로 해석했다.

피에 대한 집중도가 높아질 수밖에 없다.

돈호법은 대상의 이름을 부른다는 점에서 때때로 의인법과 혼동할 가능성이 있다. 그러나 돈호법은 의인법과 달리 사물을 반드시 의인화시켜 표현하지 않아도 된다는 점에서 차이가 있다. 김동규(2003)는 문채 자체에 주의를 환기할 목적이 있는지 없는지에 따라 돈호법과 의인법이 구별된다고 했다.[24] 하지만 모든 광고 카피는 소비자의 주목을 유도하고 주의를 환기하려는 본질적인 목적이 있으므로, 그 기준에 따라 판단하기보다 카피 전체에서 의인화 기법을 썼는지 아니면 단지 대상에 대해 호명만 하고 있는지의 여부로 돈호법과 의인법의 활용 여부를 판단해야 한다. 카카오택시 광고에서는 "헤이 카카오, 택시 호출해 줘!"라는 카피를 써서 소비자들에게 카카오택시를 호출하라고 권유하는 돈호법을 활용했다. 돈호법을 활용한 카피 사례를 제시하면 다음과 같다.

[그림 7-10] 카카오택시 광고

"가히야, 잘하자~" (가히)

"미원아, 나대지마" (미원)

"정원아, 오늘을 부탁해" (청정원)

"TV야, 내일 가출할거야?" (SK텔레콤)

"스타일러, 여름옷을 구해줘!" (LG전자)

"지니야, 음악 좀 틀어줘!" (KT 기가지니)

"이십대들아, 이런 보물상자 또 없다" (KT Y박스)

"진, 라면 좋아해? 진라면 좋아해" (오뚜기 진라면)

---

24) 김동규(2003). 카피라이팅론(pp. 302-303). 서울: 나남출판.

"로댕님! 과학적인 의자에 앉으셔야죠?" (듀오백의자)

"여보! 아버님 댁에 보일러 놓아드려야겠어요" (경동보일러)

"하이, 빅스비. 가족식사 모드 부탁해" (삼성 인공지능 솔루션 빅스비)

예컨대, 위니아 딤채 '생선회' 편에서는 "파닥파닥!"이라는 의태어가 인상적이다. 즉, "파닥파닥! 젓가락에서 뛰고 있어 요. 딤채에서 꺼낸 생선회"라는 헤드라인은 의태법을 활용해 딤채 냉장고가 그만큼 신선하게 보존한다는 내용을 명쾌하게 전달했다. '파닥파닥'이라는 한 마디는 냉장고의 기능에 대해 아무리 자세히 설명한 상품 설명서보다 명확한 판매 메시지 에 가깝다. 이 광고는 비유의 수사법 중에서 의태법을 활용한 동시에 강조의 수사법 중에서 과장법을 활용했다. 광고에 있 어서 언어적 요소는 시각적 요소가 제대로 뒷받침될 때 주목 효과가 배가되는데,[25] 이 광고에서도 의태어를 뒷받침하는 신선한 생선 초밥 그림이 함께 제시됐기 때문에 주목도가 더 높다.

파닥파닥!
젓가락에서 뛰고 있어요
딤채에서 꺼낸 생선회

[그림 7-11] 위니아 딤채 광고

2) 변화의 수사법

(1) 도치법

도치법(倒置法, inversion)은 의도적으로 언어의 배열 위치를 바꾸고 문법적인 순서 를 뒤바꾸어 어떤 표현을 강조하는 수사법이다. 도치법은 카피에서 특정한 핵심어 (key word)를 강조하기 위해서 쓰이는 것이 일반적이지만, 말의 순서를 뒤바꿈으로 써 카피에 생동감을 더해 주고 소비자 행동을 직접 촉구하는 효과가 있다. 카피를 쓰 면서 주어와 동사의 위치를 바꾸거나 핵심어를 먼저 내세우면 단어의 도치에 의한 강 조 효과가 발생한다.

우리나라 광고 카피에서 도치법을 활용한 언어유희의 사례를 두루 발견할 수 있

---

25) Tom, G., & Eves, A. (1999). The use of rhetorical device in advertising. *Journal of Advertising Research*, *39*(4), 39-43.

다. 즉, 카피라이터는 단어의 배열 순서를 바꿔 제시함으로써 소비자에게 카피 메시지를 보다 인상 깊게 전달하려고 시도한다. 도치법을 적절히 활용하면 더욱 참신하고 기억에 남을 광고 카피를 창작할 수 있다. 네이버쇼핑 광고에서는 "없다, 당황할 필요도"라는 도치법을 써서 메시지를 강조했다. 도치법을 활용한 카피 사례를 제시하면 다음과 같다.

[그림 7-12] 네이버쇼핑 광고

"놀자, 계산적으로" (야놀자)

"맛있다, 진심" (오뚜기 진라면)

"떠나자, 하나만 믿고" (하나투어)

"헤어지자, 두려움 없이" (헤이딜러)

"오라, 상쾌함의 세계로" (스프라이트)

"들린다, 여름의 설레임이" (허시파피)

"떠나라, 열심히 일한 당신!" (현대카드)

"이제 상처받지 말아요, 눈아" (점안액 리안)

"나를 계획하다, 갤럭시와 함께" (삼성 갤럭시)

"행복합니다, 당신의 향기가 될 수 있어서" (샤프란)

"괜찮은 담배는 없습니다, 나에게도 남에게도" (보건복지부 금연캠페인)

(2) 인용법

인용법(引用法, citation)은 널리 알려진 유명한 말이나 글을 인용해 광고 카피로 활용하는 수사법이다.[26] 카피라이터의 취향에 따라서 인용 내용을 선택할 수 있다. 타인의 말이나 글을 따옴표를 써서 있는 그대로 인용하는 방법과 따옴표 없이 간접적으로 인용하는 2가지 방법이 있다. 인용법을 활용해 카피를 쓸 때는 상품의 특성이나 혜택을 극대화할 수 있는 말이나 글을 인용해야 한다. 많은 사람이 알고 있는 친숙한 말이나 유명인의 메시지를 인용할수록 효과적이다. 따라서 인구(人口)에 회자(膾炙)하는 명언이나 시 또는 노랫말이 인용되는 경우가 많다. 풍유법은 원관념을 숨긴 상태에서 전하려는 메시지를 직접 드러내지 않고 속담이나 격언을 빌리는 데 비해, 인용법은 속담이나 격언을 제외한 경구나 명언 또는 시 등을 인용한다는 점이 두 수사법의 결정적 차이다.

예컨대, 1991년 1월에 처음 등장한 이후 30여 년 이상 지속한 서울 광화문의 교보빌딩 건물 외벽에 붙은 광화문 글판(가로 20m×세로 8m)은 인용법을 활용해 교보생명의 경영철학과 브랜드 가치를 알리는 데 이바지한 옥외광고다.[27] 도종환 시인의「흔

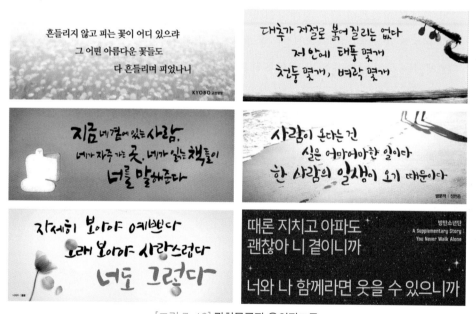

[그림 7-13] 광화문글판 옥외광고들

26) 인용법을 하나의 수사법이 아닌 인용적 문채(引用的 文彩)라는 광고 수사학의 포괄적 갈래로 보고, 인용법(引用法, citation), 경구법(警句法, epigram), 속담법(俗談法, proverb), 인유법(引喩法, allusion), 고어법(古語法, archaism) 등 5가지 유형으로 세분화한 김동규(2003: 392-399)의 관점은 주목할 만하다.

27) 김병희(2023c). 숭늉 맛과 같은 광화문글판. 지금은 우리가 사랑해야 할 시간: 광고가 알려 준 사랑법(pp. 191-196). 경기: 한울엠플러스.

들리며 피는 꽃」, 장석주 시인의 「대추 한알」, 문정희 시인의 「겨울사랑」, 괴테의 말을 변용한 "지금 네 곁에 있는 사람, 네가 자주 가는 곳, 네가 읽는 책들이 너를 말해 준다"라는 명언, 정현종 시인의 「방문객」, 나태주 시인의 「풀꽃」, 지치고 아파도 사랑하는 이와 함께라면 웃을 수 있다는 방탄소년단(BTS)의 노래 가사도 인용돼 광화문글판의 광고 카피로 활용됐다. 인용법을 활용한 카피 사례를 제시하면 다음과 같다.

"헤어 가질 결심" (하이모)

"TV or Not TV" (대우전자)

"No Paint, No Gain" (노루표페인트)

"밀착하면 살고 흩어지면 죽는다" (지르베니)

"길고 짧은 것은 써 봐야 안다" (듀라셀 건전지)

"너 자신을 알라, 너 자산을 알라" (NH농협은행)

"첫 월급은 미약하나 끝은 창대하리라" (삼성FN리츠)

"청춘은 짧고 노후는 길다" (신한은행 개인연금신탁)

"쓰레기는 죽지 않는다 다만 재활용될 뿐이다" (KOBACO 공익광고협의회)

"내가 그녀를 프린트하기 전에는 그녀는 다만 하나의 jpg에 지나지 않았다"[28] (삼성프린터 포토S)

"사노라면 언젠가는 좋은 날이 오겠지

궂은 날도 날이 새면 해가 뜨지 않더냐.

새파랗게 젊다는 게 한밑천인데

쩨쩨하게 굴지 말고 가슴을 쫙 펴라.

내일은 해가 뜬다~ 내일은 해가 뜬다~

내일의 희망을 향해– 박카스"[29] (동아제약 박카스)

---

28) 이 카피는 김춘수의 시 「꽃」(1952)의 앞 소절을 인용했다. 시의 앞 소절은 이렇다. "내가 그의 이름을 불러 주기 전에는/ 그는 다만/ 하나의 몸짓에 지나지 않았다."

29) 이 카피는 작자 미상의 노래로 알려진 〈사노라면〉의 가사를 인용했다. 속설과 달리 실제로는 〈내일은 해가 뜬다〉(김문응 작사, 길옥윤 작곡, 쟈니리 노래, 1966)라는 노래다. 원곡의 가사는 이렇다. "사노라면 언젠가는 좋은 때도 올 테지/ 흐린 날도 날이 새면 행복하지 않던가/ 새파랗게 젊다는 게 한밑천인데/ 쩨쩨하게 굴지 말고 가슴을 쭉 펴라/ 내일은 해가 뜬다 내일은 해가 뜬다."

(3) 의문법

의문법(疑問法, question)은 평서문을 의문문으로 바꿔 표현함으로써 소비자의 호기심을 유발하는 수사법이다. 질문하면 생각하게 된다. 질문하고 대답하는 과정에서 소비자와 상호작용하며 구체적인 반응을 기대할 수 있다. "병 주고 약 주고"라는 속담이 있는데, 병도 주고 약도 주며 소비자의 구체적인 동의를 유도하는 것이 의문법의 매력이다. 의문법 카피를 쓸 때는 너무 오랫동안 생각하지 않고 곧바로 대답할 수 있는 질문을 제시해야 바람직하다. 소비자들은 알쏭달쏭하게 질문하는 의문법 카피를 외면할 가능성이 크다. 의문법을 세분화시켜 설의법과 문답법으로 구분하는 때도 있지만, 모두 의문법의 범주에 해당하므로 애써 구분할 필요는 없다.

설의법이 "이 게임 재미있지, 그렇지?(This game is interesting, isn't it?)" 같은 영어의 부가의문문처럼 질문에 대한 동의를 재차 확인하는 수사법이라면, 문답법은 질문을 던져서 생각해 보도록 유도하는 수사법이다. 두 수사법은 이처럼 약간의 차이가 있다. 예컨대, "껍데기만 조금 바꾼다고 신차입니까?"(GM대우 라세티)라는 의문법 헤드라인은 소비자들에게 '아니요!'라는 답변을 유도한다. 빙그레 바나나맛우유 광고에서도 "반하나? 안 반하나?"라는 의문법 카피를 썼다. 카피라이터는 카피에 물음표를 넣었다고 해서 무조건 의문법이라고 생각하지 말고 소비자들이 동의할 만한 질문을 고민해야 한다. 의문법을 활용한 카피 사례를 제시하면 다음과 같다.

[그림 7-14] 빙그레 바나나맛우유 광고

"너 뭐 <u>돼?</u>" (UFC스포츠)

"알바가 <u>직업이니?</u>" (알바몬)

"니들이 게 맛을 <u>알아?</u>" (롯데리아)

"우리가 어떤 <u>민족입니까</u>?" (배달의민족)

"아침 시리얼로 <u>충분? 리얼</u>?" (비비고죽)

"왜 화장품에 티백을 <u>썼을까</u>?" (스킨푸드)

"오늘은 어떤 눈빛을 <u>표현해볼래</u>?" (렌즈미)

"언제까지 똑같은 초콜릿만 <u>먹을래</u>?" (하겐다즈)

"당신의 리즈시절은 <u>언제인가요</u>?" (쥬비스 다이어트)

"주부님 뼈 <u>안녕하세요</u>?" (빙그레 생큐칼슘 알파우유)

"마흔 다섯의 화장품, 왜 달라야 <u>할까요</u>?" (로제화장품)

(4) 반어법

반어법(反語法, Irony)은 실제 의도와 달리 오히려 정반대로 표현함으로써 메시지의 호소력을 배가시키고 문장의 의미 변화를 모색하는 수사법이다. 표면적으로는 본뜻과 정반대로 표현하지만, 자세히 들여다보면 자신감을 반어적으로 표현하는 것이다. 카피를 쓸 때도 오히려 정반대로 표현해 메시지 효과를 높이려고 시도하는 반어법을 활용하는 사례가 많다. 부정의 부정은 곧 강한 긍정이라는 말도 반어법의 효과를 나타낸다.

카피라이터가 카피를 쓰면서 반어법을 활용할 때는 신중하게 접근해야 한다. 소비자가 공감할 수 있는 범위 안에서 반어적으로 표현해야지 그 범위를 넘어설 정도로 지나친 반어적 표현은 오히려 역효과를 나타낼 수 있다. 농심 옥수수면 광고에서는 "오늘은 밥하지 마세요~"라는 반어법 카피를 썼다. 농심 옥수수면이 맛있다는 점을 돋보이게 하려고, 밥하지 말라는 반어법 카피를 쓴 것이다. 반어적 카피 때문에 농심 옥수수면을 한 번 더 주목할 수 있다. 반어법을 활용한 카피 사례를 제시하면 다음과 같다.

[그림 7-15] 농심 옥수수면 광고

"치킨이 <u>아니다</u>, BBQ답" (BBQ)

"내 방의 변신은 <u>무죄</u>" (삼성전자)

"컬러의 유혹은 <u>치명적이다!</u>" (리케아)

"여성들이여 <u>잠꾸러기가 되자</u>" (에바스)

"브랜드가 <u>아니다</u>. 소비자다" (No Brand)

"고객이 <u>한 명도 없는</u> 보험회사" (국제화재)

"어머, 너무 고와지면 <u>안 되는데</u>" (마프러스)

"<u>먹지 마세요</u>. 피부에 양보하세요" (스킨푸드)

"<u>폐암 하나 주세요</u>. 인생을 낭비하자." (보건복지부 금연엔노담)

"주부님 <u>죄송합니다</u>. 가야당근농장은 100% 제주도산 당근만을 활용하다 보니 조금 비쌉니다" (건영식품 가야당근농장)

"이 아이를 기억하지 <u>마세요</u>. 이름도, 나이도, 어디가 아픈지도 신경 쓰지 <u>마세요</u>. 당신이 돕지 않는다면 어차피 세상을 곧 떠날 아이니까요" (초록우산 어린이재단)

(5) 역설법

역설법(逆說法, paradox)은 한 문장 안에서 반대되거나 모순되는 의미가 있는 단어나 문장을 함께 제시해 메시지 내용을 오히려 돋보이게 표현하는 수사법이다. 역설법을 활용한 카피를 얼핏 보면 한 문장 안에서 앞뒤가 서로 안 맞는 단어가 공존함으로써 혼란스럽고 비상식적이며 잘못된 표현으로 보일 수 있다. 하지만 그 표현을 바꿔 생각해 보면 공감할 만한 진실한 내용이 담겨 있는 경우가 많다. 예컨대, "좋아 죽겠어!"라는 말은 실제로 죽고 싶다는 뜻이 아니라 너무 좋다는 마음을 역설적으로 표현한 것이다.

이처럼 역설법은 단어나 문장의 뜻을 뒤집어 생각해 보게 해서 소비자의 관심을 오히려 집중시키는 의표 찌르기 기법이다. 역설법을 활용해 카피를 쓸 때는 단지 역설적인 표현을 제시하는 데 그치면 곤란하다. 헤드라인이나 보디카피를 왜 역설적으로 썼는지 소비자들이 헤드라인의 뜻을 충분히 이해할 수 있도록 섬세하게 고려해야 한다. 역설법을 활용한 카피 사례를 제시하면 다음과 같다.

"<u>평범하게 특별하다</u>" (무신사)

"<u>같지만 다른</u> 워터" (보고잇수)

"먹으면서 빼자" (포유다이어트)

"쓸수록 버는 카드" (LG하이카드)

"없었는데 있습니다" (SK이노베이션)

"나눌수록 많아지는 돼지바" (돼지바)

"부드러움 속에 카리스마가 있다" (엔초)

"고마워 언니, 날 죽여줘서" (네이버웹툰)

"이제는 나보다 작아진 큰 사람" (정관장)

"감출수록 드러나는 그녀" (태평양 헤라파리라운지)

"전할 수 없는 마음까지 전해드리고 싶습니다" (SK텔레콤)

(6) 명령법

명령법(命令法, imperative)은 어떤 태도나 행동을 직접 촉구하거나 간접적으로 권유하며 문장 끝에 명령형 어미를 붙여 태도 변화를 유도하는 수사법이다. 어떤 메시지를 전달할 때 평서문으로 쓸 수도 있지만 메시지의 내용을 더욱 강하게 전달하기 위해 명령형 어미를 붙여 그 내용을 강조할 수 있다. 광고 카피는 소비자에게 태도의 형성이나 변화를 유도하거나 행동을 촉구하는 속성이 있다. 따라서 카피라이팅에서 명령법이 두루 쓰일 수밖에 없다. 다만 소비자에게 강요하는 카피는 곤란하다. 강제하지 않는 느낌을 주면서 어떻게 명령하느냐가 명령법 카피를 잘 쓰는 핵심 요체라 할 수 있다.

명령법을 활용해 카피를 쓸 때는 강압적으로 지시하듯 카피를 쓰기보다 마치 제안하고 권유하는 형태의 명령법을 구사해야 한다. 제안이나 권유하는 내용에 명령형 어미를 덧붙이면 충분히 공감을 얻을 수 있는 카피를 쓸 수 있다. 광고에서 제시하는 내용에 소비자들이 자발적으로 동의할 만한 구체적인 혜택을 제시하는 명령법 카피가 효과를 발휘한다. 예컨대, 대우자동차 마티즈 광고 '스모 선수' 편은 명령법을 활용해 작은 차의 당당함을 흥미진진하게 표현했다. "큰차 비켜라!" 이런 명령법 헤드라인에 거구의 스모 선수를 광고 모델로 등장시켜 빈틈없이 당당하다는 소형차의 특성을 마치 작은 고추가 맵다는 듯 강조했다. 명령법을 활용한 카피 사례를 제시하면 다음과 같다.

[그림 7-16] 대우자동차 마티즈 광고

"이어라!" (KB국민카드)

"울려라! 금빛 멜로디" (VOV)

"변화를 두려워 마라" (뉴SM5)

"초기 감기 빠르게 짜라" (콜대원)

"깨워라! 네 안의 세상을" (펩시콜라)

"힘내라! 유산균" (현대약품 헬씨올리고)

"출국자를 향해 쏴라" (SK텔레콤 T로밍)

"눈을 보라! 렌즈를 보라!" (삼성 케녹스카메라)

"가을의 낭만에 짜릿함을 더하라" (한국관광공사)

"여자를 안다면 티부터 감춰라" (꽃을든남자 컬러로션)

"지금까지의 마스카라는 잊어라" (네오젠 메탈마스카라)

(7) 대구법

대구법(對句法, parallelism)은 문장의 구절과 구절이 평행을 유지하며 유사한 형태
로 반복하는 수사법이다. 문장을 병렬적으로 나열하고 대칭을 유지함으로써 반복하
는 효과를 지니게 된다. "호랑이는 죽어서 가죽을 남기고 사람은 죽어서 이름을 남긴
다." 이 속담은 풍유법이기도 하지만 대구법의 전형적인 사례이기도 하다. 이 속담을
광고와 광고인의 상황에 알맞게 패러디해 대구법 카피로 표현해 보면 이렇다. "광고
는 죽어서 브랜드를 남기고 광고인은 죽어서 캠페인을 남긴다."

이처럼 대구법을 활용해 카피를 쓸 때는 언어의 운율 감각을 고려해서 카피에 리듬 감을 살려서 표현해야 한다. 대구법을 활용해 카피를 쓸 때는 의미의 평행을 유지하고 유사한 형태를 반복하며, 쉽게 기억할 수 있도록 상호 대응하는 구절을 배열하는 솜씨가 중요하다. 대구에 쓰이는 단어는 문법에 맞게 써야 하지만, 그 단어가 전달하는 의미는 단어가 지닌 원래의 뜻을 파괴하더라도 큰 문제는 없다.[30] 대구법을 활용한 카피 사례를 제시하면 다음과 같다.

"맛은 배로! 칼로리는 제로!" (칠성사이다 제로)

"Eye like 제트봇 AI, I like 제트봇 AI" (삼성전자)

"입으로 하는 웅변, 옷으로 하는 웅변" (트래드클럽)

"키스를 부르는 카스, 카스를 부르는 키스" (카스맥주)

"꿈을 꾸면 현실이 된다. 도전을 하면 실현이 된다" (한화)

"시원시원 바닷가, 아슬아슬 눈가" (보브 샤인새도 썸머블루)

"주스는 마시고, 알맹이는 터뜨리고" (롯데 쌕쌕 오렌지주스)

"건강을 챙기려면, 검진을 챙기세요" (국민건강보험 국가건강검진)

"십년을 입어도 일년같은 옷, 일년을 입어도 십년같은 옷" (트래드클럽)

"엄마는 아무거나 주지 않는다, 아이는 주는대로 먹지 않는다" (미니맥스)

"낮에는 속시원한 바다전망대, 밤에는 환상적인 야경전망대" (현대 카멜리아)

(8) 생략법

생략법(省略法, ellipsis)은 대체로 카피의 끝부분에 말줄임표(……)를 붙여 단어나 음절 또는 구절을 생략함으로써 여운을 남기는 수사법이다. 광고를 창작할 때 어떤 구성요소를 일부러 생략함으로써 소비자 스스로 생략된 부분을 생각해 보고 채워 넣도록 의도적으로 결함이 있는 광고를 만들기도 한다. 시를 쓸 때도 문장을 끝까지 쓰지 않고 생략하기도 한다. 그렇게 되면 전체 문장을 다 쓸 때보다 독자의 호기심을 더 불러일으킨다. 독자들은 생략된 부분을 상상하며 문장을 완성해 보려고 시도할 수 있다.

방송광고에서 소비자 자신의 채워넣기(filling-in)나 선택적 해석에 따라 메시지의 의미 교환이 이루어지듯,[31] 생략법을 활용하면 소비자 스스로 미완의 문장을 완성하

---

30) Cook, G. (1992). *The discourse of advertising* (pp. 130-136). New York, NY: Routledge.

려는 경향이 있으므로 뜻밖의 광고효과를 기대할 수도 있다. 그러나 구체적인 의미를 암시하지 않은 상태에서 지나치게 문장을 생략하면 전달하려는 의미가 모호해질 수 있다. 따라서 암시할 수 있는 선에서 카피를 생략해야 한다. 지나치게 너무 많이 생략하면 소비자들이 아예 외면할 가능성이 있으므로, 관심 끄는 단서를 제시하는 선에서 생략의 묘미를 살려내야 한다. 대한항공 광고에서는 독일 퓌센의 노이슈반슈타인성(城) 풍경을 보여 주며 "동유럽, 귀를 기울이면…"이라는 생략법 카피를 써서 동유럽 여행에 대한 호기심을 유발했다. 생략법을 활용한 카피 사례를 제시하면 다음과 같다.

[그림 7-17] 대한항공 동유럽 광고

"누구시길래……" (SM5)

"Just Imagine……" (레고)

---

31) 김병희(2004b). 문화기술지적 소비자반응비평. 김영찬 편저. 광고비평의 이해(pp. 224-247). 서울: 한울.

"축구처럼……" (프로스펙스)

"내 차 팔 때……" (헤이딜러)

"오늘 저녁엔……" (오뚜기 카레)

"오늘은 멤버가 좋다……" (딤플)

"찬바람 불 때……" (핫초코 미떼)

"이루어질 거예요……" (비씨카드)

"그곳에 가면……" (대우건설 푸르지오)

"마지막 한 조각까지……" (오리온 포카칩)

"커피도 인생도 한 박자 천천히……" (테이스터스 초이스)

3) 강조의 수사법

(1) 과장법

과장법(誇張法, hyperbole)은 어떤 대상을 실제보다 많이 부풀려서 표현하는 수사법이다. 실제보다 크게 부풀리는 표현만 과장법이라고 생각할 수 있지만, 실제 현상이나 모양을 파격적으로 축소하는 것도 과장법이다. 수사학자들은 이런 기법을 낮춰 말하기(humiliatio)라고 지칭한다.[32] 반면에 김동규(2003)는 "그녀의 목소리가 모깃소리만 했다."처럼 실제보다 작게 표현하는 기법이 완서법(緩徐法, understatement)이라며 과장법과 반대되는 문채로 구분했으나,[33] 크게 과장하든 작게 과장하든 과장의 속성은 같으므로 모두 과장법으로 봐야 한다.

과장법을 활용해 카피를 쓸 때는 과장된 표현을 감추려 하기보다 과장된 표현 자체를 소비자들이 분명히 알 수 있게 확실하게 비약해 과장해야 한다. 그렇지 않으면 상품에 대한 소비자 혜택을 과장하기 쉬운 광고의 속성상, 애매하게 과장된 표현 때문에 과장 광고나 허위광고로 오인될 가능성이 있다. 과장법과 과장 광고는 분명히 다른 개념이다. 카피라이팅에서 과장법을 잘못 활용하면 공감을 유도하기 어렵고 메시지 전달에 실패할 수 있다. 켈로그 콘푸로스트 광고에서는 "보여줘! 너의 호랑이 기운!"이라는 과장법 카피를 썼다. 사람이 호랑이 기운을 절대 가질 수 없는데도 호랑이

---

32) 이현우(1998b). 광고와 언어(p. 81). 서울: 커뮤니케이션북스.

33) 김동규(2003). 카피라이팅론(pp. 372-373). 서울: 나남출판.

같은 기운을 갖게 된다며 과장해 표현했다. 과장법을 활용한 카피 사례를 제시하면 다음과 같다.

[그림 7-18] 켈로그 콘푸로스트 광고

"지구에 없던 물" (클룹)

"이슬만 먹고 산다" (참이슬)

"빛의 속도를 제압한다" (애플)

"먹으면 젊어진다" (크라운제과)

"의자가 성적을 바꾼다" (시디즈)

"목젖을 때리는 시원함" (하이트맥주)

"유럽이 통째로 왔다" (에버랜드 유로페스티발)

"성인 남성이 감당하기 버거운 크기" (롯데리아)

"SM7의 즐거움을 모르고 산다는 건 참 슬픈 일" (SM7)

"현대백화점과 함께 만나는 여름, 강렬한 햇살도 당신 앞에서는 빛을 잃습니다" (현대백화점)

"그 어떤 공포 영화보다, 그 어떤 스릴러 영화보다 무서운 건, 네 얼굴에 드리운 색소 침착" (동아제약)

(2) 반복법

반복법(反復法, repetition)은 같은 음절이나 단어는 물론 구절이나 문장을 반복함으로써 전달하는 내용을 강조하는 수사법이다. 일상생활에서도 중요한 내용은 두 번 이상 반복해 강조하듯이 카피에서도 같은 내용을 반복하면 강조하는 효과를 기대할 수 있다. 그러나 무조건 반복한다고 해서 강조 효과가 나타나지는 않기 때문에 반복법을 활용해 카피를 쓸 때는 "간 때문이야~ 간 때문이야~"(우루사)처럼 음절이나 단어는 물론 또는 구절이나 문장을 의미 있게 반복적으로 강조함으로써 강조의 장치를 치밀하게 고려해야 한다.

메시지의 반복이 소비자의 기억을 활성화한다는 점에서 반복법은 광고에서도 자주 활용되고 있다. 이현우(1998b)는 반복법을 수사적 장식(rhetorical figure)으로 보고 대구법까지 반복법에 포함해 반복법을 3가지로 세분화했다.[34] LG휘센 인공지능 에어컨 광고에서는 "아빠 더우니까 시원했으면 좋겠고 아이 쪽엔 바람이 안 갔으면 좋겠고."라는 반복법 카피를 썼다. '~면 좋겠고'라는 카피를 반복했는데 전체 카피에서 문장의 마지막 구절을 반복하는 결구반복(結句反復) 기법을 활용했다. 반복법을 수구반복과 결구반복으로 구분해 카피 사례를 제시하며 설명하면 다음과 같다.

[그림 7-19] LG휘센 인공지능 에어컨 광고

- **수구반복(首句反復, anaphora)**: 문장의 첫 구절을 반복하는 기법이다.

    "<u>좋은</u> 상품 <u>좋은</u> 생활" (신세계)

    "<u>눈높이</u> 사랑 <u>눈높이</u> 교육" (대교)

    "<u>깐깐한</u> 물 <u>깐깐한</u> 서비스" (웅진코웨이)

    "<u>누리는</u> 기쁨, <u>누리는</u> 즐거움" (누리여행사)

    "<u>마음이</u> 이어지다, <u>마음이</u> 이뤄지다" (국민연금)

---

34) 이현우(1998b). 광고와 언어(pp. 63-65). 서울: 커뮤니케이션북스.

"<u>최고의</u> 플레이는 <u>최고의</u> 수면에서" (베스트슬립)

"<u>인간</u>에게 와서 <u>인간</u>으로 돌아갑니다" (장에는GG)

"<u>게임은</u> 휴식이다, <u>게임은</u> 즐거운 문화다" (퀘이커즈)

"<u>A9만</u> 할 수 있으니, <u>A9만</u> 쓸 수밖에" (LG코드제로 A9)

"<u>오래도록</u> 기억되는 사람, <u>오래도록</u> 기억되는 시바스리갈" (시바스리갈)

"<u>Ready to</u> Dive, <u>Ready to</u> Drive, <u>Ready to</u> Dance, <u>Ready to</u> Dream" (스타벅스 RTD)

- **결구반복(結句反復, epistrophe)**: 문장의 마지막 구절을 반복하는 기법이다.

"생일이 <u>된다</u> 어른이 <u>된다</u>" (정관장)

"형님 <u>먼저</u> 아우 <u>먼저</u>" (농심 농심라면)

"내가 <u>아끼는 집</u>, 나를 <u>아끼는 집</u>" (이케아)

"가격 <u>침투</u>! 혼밥 <u>침투</u>! 취향 <u>침투</u>!" (고피자)

"시대가 <u>변했다</u>. 그래서 보험도 <u>변했다</u>" (삼성생명)

"사랑을 <u>드립니다</u>. 기쁨을 <u>드립니다</u>" (현대백화점)

"그 마음 <u>알아서</u>. 캐논이 <u>알아서</u>" (캐논코리아컨슈머이미징)

"봄을 <u>타십니까</u>? 피로를 <u>타십니까</u>?" (일동제약 아로나민골드)

"내 아내가 입을 <u>옷이니까</u> 내 남편이 마실 <u>숨이니까</u>" (삼성건조기 그랑데)

"엄마는 아무거나 주지 <u>않는다</u>. 아이는 주는 대로 먹지 <u>않는다</u>" (미니막스)

"누구도 당신을 대신할 수 <u>없습니다</u>. 그 무엇도 캐슬을 대신할 수 <u>없습니다</u>" (롯데캐슬)

(3) 영탄법

영탄법(咏歎法, exclamation)은 어떤 대상에 대해 느끼는 개인의 감정이나 정서를 문장을 완결하는 형태로 서술하지 않고, 감탄사나 느낌표를 붙여 축약해서 표현하는 수사법이다. 다른 말로는 감탄법(感嘆法)이라고도 한다. 다양한 소비자로부터 정서적인 공감을 얻기 위해 광고 카피에서도 자주 활용하는 기법이다. 카피라이팅에서 영탄법을 활용하면 소비자와 직접 접촉하는 것처럼 감정적 일체감을 나눌 수 있고, 소비자들이 광고 카피에 공감하도록 유인할 수 있다는 장점이 있다.

그러나 영탄법을 지나치게 남발하면 소비자들이 새롭지 못한 메시지로 받아들일 수 있다. 헤드라인 하나에 느낌표를 3개 이상 붙여 감탄을 강조하는 초보 카피라이터도 있는데 과유불급(過猶不及)이다. 감탄 그 자체를 지나치게 부각하는 카피는 오히려 메시지의 전달력을 약화한다. 느낌표를 남발하거나 과용하는 카피는 오히려 촌스럽게 느껴지기도 한다. 영탄법의 카피를 써서 소비자의 공감을 유발하려고 한다면, 감탄하는 감정이 감탄 부호에서 오지 않고 느낌의 공유에서 온다는 사실[35]을 이해해야 한다. 지역 기반의 중고품 거래 플랫폼인 당근마켓 광고에서는 "당근에 광고했을 뿐인데!"라는 영탄법을 활용했다. 영탄법을 활용한 카피 사례를 제시하면 다음과 같다.

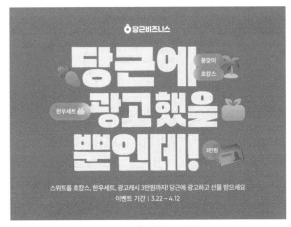

[그림 7-20] 당근마켓 광고

"Ahhh!" (코카콜라)

"부르면 온다!" (콜버스)

"위장병, 잡혔어!" (겔포스)

"오메-갓!" (뉴오리진 비건 오메가3)

"지루한 일상, 박살!" (오비맥주 필굿)

"국물이, 국물이 끝내줘요!" (생생우동)

"그래! 이 맛이 진짜다!" (하이트 프라임)

"돌려 끼워 귀에 딱!" (무선 이어폰 비핏)

"어머! 얼굴이 반쪽이네" (에바스 보시앙)

"당신을 감탄합니다!" (기아자동차 오피러스)

"길이여, 세상이여, 숨을 죽여라!" (뉴아반떼XD 현대자동차)

---

35) 이현우(1998b). 광고와 언어(p. 48). 서울: 커뮤니케이션북스.

예컨대, 스카치 블루 광고에서는 일부러 스카치 블루 병의 레이블을 긁어낸 다음, "어허! 세상의 존경을 받는다는 위스키께서…" 라는 헤드라인을 썼다. "어허!"라는 영탄법을 활용해 소비자의 주목을 유도하는 카피를 쓴 것이다. 이 광고는 또한 강조의 수사법인 영탄법 외에도 위스키를 "위스키께서…"라고 표현함으로써 비유의 수사법인 돈호법과 변화의 수사법인 생략법을 동시에 활용했다.

[그림 7-21] 스카치 블루 광고

(4) 열거법

열거법(列擧法, enumeration)은 뜻이 비슷한 단어나 어구 또는 문장을 되풀이해서 나열하는 수사법이다. 반복법이 같은 말을 그대로 되풀이하는 동어반복의 성격이 강하다면 열거법은 같은 단어나 문장을 반복하지 않고 유사한 어구를 죽 나열한다는 점에서 차이가 있다. 즉, 똑같은 단어를 반복하는 형식이 반복법이라면 유사한 어구를 차근차근 나열하는 형식이 열거법의 특성이다. 일찍이 레오 버넷(Leo Burnett)은 〈광고 카피에서 되풀이되는 쓰레기와 돼지먹이〉라는 에세이에서 그린 자이언트 완두콩의 광고 사례를 들어 지루하게 자화자찬하는 나열식 카피의 위험성을 경고했다.

따라서 열거법을 활용해 카피를 쓸 때는 단어를 단순히 나열만 하는 카피는 피하는 것이 좋다. 열거하는 단어와 어구나 문장에서 논리적 연계성이 느껴지는 카피가 소비자에게 감동을 주는 좋은 카피라고 할 수 있다. 동원참치 광고에서는 논리적 연계성이 느껴지도록 참치를 다채롭게 열거하는 카피를 썼다. "난, 아이브 안유진. 좋아하는 참치는 라이트 스탠다드 고추참치, 야채참치, 바로 먹는 네모 참치, 좋아하는 참치 레시피 참치마요, 참치 김치찌개, 참치 라면, 참치 샐러드. 다채로운 중에서도 제일 좋은 건 역시 까서 바로 먹는 한 캔이죠!" 열거법을 활용한 카피 사례를 제시하면 다음과 같다.

[그림 7-22] 동원참치 광고

"느리게, 바르게, 건강하게" (케피어랩)

"씹고, 뜯고, 맛보고, 즐기고" (이가탄)

"두통, 치통, 생리통엔 게보린" (게보린)

"원하는 때, 원하는 것, 원하는 만큼" (IBM)

"튼튼한 건강, 든든한 보장, 탄탄한 노후" (삼성생명 건강자산)

"걱정 빼고, 고민 빼고, 망설임 빼고, 빼고 살자" (칠성사이다 제로)

"탕수육은 부먹이죠, 찍먹이죠. 제일 맛있는 건 꼭먹이죠" (동국제약 인사돌플러스)

"응원은 어렵지 않다. 고백은 어렵지 않다. 환영은 어렵지 않다. 칭찬은 어렵지 않다" (카스)

"올 여름 혼자 어때? 둘이 어때? 셋이 어때? 올여름 태국 어때? 오사카 어때? 독일 어때?" (여기어때)

"탈모 고민, 모두 올영으로. 두피 고민, 모두 올영으로. 새치 고민, 모두 올영으로. 손상 고민, 모두 올영으로" (올리브영)

"해가 나지 않아도, 미세먼지 날려도, 집안 습기, 세균에도, 꿉꿉한 빨래 냄새에도, 트롬이라 걱정 없이 맑습니다" (LG전자)

(5) 점층법

점층법(漸層法, climax)은 카피의 표현 강도를 약한 것에서 강한 것으로 점점 높여 나가는 수사법이다. 점층법은 사물, 감정, 의미의 상승을 통해 수용자를 설득하고 감동을 주기 위해 활용되며, 숫자 측면에서는 작은 수에서 큰 수로, 정도나 크기의 측면에서는 작은 것에서 큰 것으로, 감정 측면에서는 강도가 약한 것에서 강한 것으로, 비본질적인 것에서 본질적인 것으로 점점 정도를 높여서 표현한다.[36]

점층법을 활용하면 카피 메시지를 단계적으로 강조할 수 있다. 바로 이 점 때문에 광고 실무계의 카피라이터들은 점층법에 매력을 느끼고 자사의 감각을 살릴 수 있는 최적의 수사법으로 생각할 수 있다. 그러나 자칫하면 문장 자체만 길어지고 형식적인 말장난으로 끝날 수도 있으므로 너무 남용해서는 곤란하다. 리바트 광고에서는 "섬세한 수납공간에 한 번 가격에 두 번 놀라게 돼요"라는 식으로 점차 큰 숫자를 쓰는 점층법 카피를 써서 수납공간과 가격이라는 2가지의 장점을 강조했다. 점층법을 활용한 카피 사례를 제시하면 다음과 같다.

[그림 7-23] 리바트 광고

"날마다 달마다 해마다" (도까이 은행)

"오늘을 새롭게, 내일을 이롭게" (롯데)

"하나의 가방 열 가지 스타일" (루프세터 픽서모듈러 백팩)

"한때의 트렌드가 아닌, 지속가능한 다이어트로" (비에날씬)

"내가 원하는 스팟. 점부터 선, 다양한 차원으로" (클래시스)

"1% 맘에 안 들어도 100% 교환 환불" (홈플러스 신선AS센터)

"50대 바로바로, 60대 매일매일, 70대 꼬박꼬박" (567관절타이밍)

---

36) 김동규(2003). 카피라이팅론(pp. 286-288). 서울: 나남출판.

"마약! <u>시작</u>은 호기심, <u>끝</u>은 중독입니다" (식품의약안전처 마약중독캠페인)

"<u>약간</u> 부드러운 물, <u>보통</u> 부드러운 물, <u>아주</u> 부드러운 물" (청호나이스정수기)

"가르쳐서 알게 된 것은 <u>하루</u>를 가고, 스스로 깨우치게 된 것은 <u>평생</u>을 갑니다" (재능교육)

"<u>한 번</u>은 맛을 위해, <u>두 번</u>은 깨끗한 오늘을 위해, <u>세 번</u>은 깨끗한 아침을 위해, 소주가 제일이다" (진로 참이슬)

(6) 점강법

점강법(漸降法, bathos)은 점층법과는 정반대로 카피의 표현 강도를 강한 것에서 약한 것으로 점점 낮춰 나가는 수사법이다. 점층법이 지속해서 상승하는 느낌을 강조하는 데 비해 점강법은 지속해서 하강하는 느낌을 강조함으로써 단계적으로 메시지에 대한 소비자의 관심을 유발한다. 그동안 시나 소설 같은 문학 작품에서 점강법은 효과적인 표현 기법으로 많이 활용되었다.

일반적으로 실제보다 메시지를 약화하기보다 메시지의 강화와 상승에 주안점을 두는 광고 카피의 속성상 카피 창작에서는 점강법이 그리 많이 활용되지는 않는다. 그러나 메시지의 약화나 하강을 브랜드의 특성과 절묘하게 연결하면 뜻밖에도 높은 기대 효과를 올릴 수 있으므로 점강법을 활용한 카피 창작은 광고 표현의 틈새 영역이라 할 수 있다. 점강법을 활용한 카피 사례를 제시하면 다음과 같다.

"<u>열 벌</u>보다 귀중한 <u>한 벌</u>" (비접착 카디날)

"취향은 <u>무제한</u> 요금은 <u>베이직</u>" (스포티파이)

"마음은 <u>월척</u>, 몸은 <u>피라미</u>" (유유산업 비나폴로F)

"다이어트는 <u>내일</u>부터, 디에트는 <u>오늘</u>부터" (디에트데이)

"<u>오늘</u>부터 스스로, <u>지금</u>부터 앱으로" (하나은행 아이부자)

"<u>1도</u>를 넘어 <u>0.5도</u> 초정밀 온수의 시대" (경동나비엔 온수매트)

"강산이 변하는 데 <u>10년</u>. 여자가 변하는 데 <u>2개월</u>" (동서교역 썬타나)

"<u>세월</u>을 기다리시겠습니까? <u>시간</u>을 활용하시겠습니까?" (한양투자금융)

"다이어트는 <u>내일</u>부터, 디에트는 <u>오늘</u>부터" (맛있는 시작, 디에트 데이)

"위와 관절, <u>2</u>가지 문제를 <u>하나</u>의 답으로" (레이델 비즈왁스알코올 셀100)

"<u>신</u>은 <u>인간</u>을 만들었다. 인간은 <u>자동차</u>를 만들었다. 그리고 동부화재는 <u>자동차보</u>

험을 만들었다" (동부화재)

(7) 대조법

대조법(對照法, contrast)은 정반대의 뜻을 지닌 단어나 구절이 평행을 유지하도록 대비시켜 표현하는 수사법이다. 얼핏 보면 문장의 구조가 대구법과 유사해 같은 수사법으로 오해할 수 있지만, 문장의 외형적 구조만 비슷할 뿐 내용은 전혀 다르다. 제시되는 내용에 상관없이 단어나 구절이 외형적으로 평행을 유지하는 구조가 대구법이라면, 대조법은 단어나 구절에서 상반되는 개념을 제시해 내용 면에서 극명한 대조를 이루게 하는 수사법이다.

상반되는 개념을 통해 상품의 특성을 전달하거나 소비자 혜택을 강조할 수 있다는 장점이 있으므로, 카피를 쓸 때도 대조법이 자주 활용된다. 대조되는 의미를 단순히 평행으로 나열하기보다 상반되는 단어나 구절이 의미심장하게 맞서도록 표현하는 솜씨가 이 기법을 활용한 카피 창작의 핵심이다. 대조법을 활용한 카피 사례를 제시하면 다음과 같다.

"작은 차 큰 기쁨" (티코자동차)
"크게 펼치고 얇게 접다" (애플 맥북)
"마트는 가는 게 아니라 오는 거야" (11번가)
"비행기는 가는데, 시간은 참 안 가죠?" (유튜브 프리미엄)
"마음은 뜨겁지만, 생각은 차가워야 했다" (BMW 7시리즈)
"엄마가 끌면 낮아지고 아빠가 끌면 높아지고" (카펠라유모차)
"품질은 높을수록 좋다 가격은 낮을수록 좋다" (헌트 이너웨어)
"가슴의 반은 늘 열어 놓는다. 그리움의 반은 늘 닫아 놓는다" (맥심커피)
"안 먹을 땐 미운 6살, 잘 먹을 땐 예쁜 우리 딸" (한우자조금관리위원회)
"사랑이라 부르면 너무 무겁고, 좋아한다 말하면 너무 가볍다" (하이트맥주)
"딸에게 물려주고 싶은 피부, 엄마에게 물려받고 싶은 피부" (아모레퍼시픽 스텝2)

(8) 파격어법

파격어법(破格語法, irregularity)은 어떤 뜻을 강조하기 위해 한글과 한자, 한글과 영어, 한글과 한자와 영어를 의도적으로 조작해 비문법적인 표현을 만들어 내는 수사법이다. 소비자는 어떤 대상을 지각할 때 평범한 것보다 특이한 것에 더 주목할 가능성이 크다. 마찬가지로 소비자는 평범한 카피보다 파격적인 카피에 더 주목할 가능성이 크다. 국어학자나 일반인들은 문법에 맞게 쓴 카피를 기대할 수 있다. 그러나 실제로 쓰인 카피를 보면 문법을 무시한 사례가 많다. 카피라이터가 의도적으로 문법을 파괴하는 이유는 카피라이터가 언어의 올바른 활용보다 주목을 끄는 말을 만드는 데 더 신경을 쓰기 때문이다.

카피라이터들은 소비자의 관심을 끌기 위해 파격어법을 자주 활용하는데, 이는 카피라이터의 재치 있는 말솜씨 재주와 관련된다. 우리나라 광고에 나타난 파격어법의 유형은 특정한 목적 달성을 위해 의도적으로 철자법을 오기하는 경우, 우리말과 한자어를 섞어서 표현하는 경우, 그리고 은어와 속어 같은 비표준어를 광고언어로 활용하는 경우로 구분할 수 있다.[37] 신세계의 쇼핑몰 SSG닷컴 광고에서는 SSG라는 영문 브랜드명을 "쓱"이라는 파격어법으로 표현했다. 파격어법을 활용한 카피 사례를 제시하면 다음과 같다.

[그림 7-24] SSG닷컴 광고

• **철자법 문법 파괴**

"지금, <u>몬소리</u>?" (티몬)

"어찌 하<u>우</u>리까." (하우리)

---

37) 이현우(1998a). 광고 슬로건 및 브랜드네임에 대한 언어학적 접근 연구. 광고연구, 40, 125-145.

"당신2 9하던 삶" (29CM)

"의라차차" (삼성 비스포크)

"귀술력의 완성" (미마마스크)

"기술 쩜 쓰자구요" (세금환급서비스 삼쩜삼)

"가족의 젬있는 생활이 펼쳐지길" (세라젬V6)

"아프지말겔 참지말겔 빨리낫겔" (멘소레담 겔)

"이어폰의 낄끼뺄빼 시대를 끝내다" (소니 링크버즈)[38]

"속닦속닦, 속부터 닦자" (리얼베리어 컨트롤T클렌징폼)

"옥쓔로 개운하네, 옥쓔로 시원하네" (광동 옥수수수염차)[39]

- **영어 및 한자를 통한 의미조작**

"산사춘愛 빠졌다" (산사춘)

"자연과 친한 T냄" (블랙야크)

"We하여!" (보령제약 겔포스M)

"안보이-지 안보 EASY!" (경찰청)

"BC로 산다 C원하게 산다" (비씨카드)

"Eye 좋아, 마젤란" (한솔 LCD모니터)

"WON하는 대로 우리 WON 뱅킹" (우리은행)

"이 계절 NA답게" (내셔널지오그래픽 어패럴)

"합격을 위한 혜택을 多-담았습니다" (에듀윌)

"Do You(豆乳) 엘리트?" (연세우유 엘리트 두유)

"몰래몰래, 입술水술" (에뛰드 스타일립스 아쿠아톡스)

---

38) 비표준어를 사용했다.
39) 경상도 방언인 '억수로'와 옥수수를 줄여 '옥쓔'로 표현했다.

[그림 7–25] 에뛰드 스타일립스 아쿠아톡스 광고

• **비표준어의 활용**

"당신의 숙취에 <u>왔따</u>!" (상쾌환)

"<u>올마이갓</u>, 올영세일" (CJ 올리브영)

"<u>컵나</u> 좋군" (오뚜기 떠먹는 컵피자)[40]

"<u>방가워</u>~ 홀맨폰" (LG텔레콤 홀맨폰)

"겁나? <u>겁나</u> 맛있어!" (노랑통닭 뿌리노랑)

"올리브 오일은 역시 <u>올타구나!</u>" (올리타리아)

"버거의 역사는 <u>대빵</u>이 바꾼다!" (롯데리아 빅립)

"한 달에 한 번 <u>개린이날</u>을 선물하세요" (베이컨박스)

"한우는 우리를 회식하게 <u>하누</u>" (한우자조금관리위원회)

"아들아! <u>니</u>가 작년 추석에 가져온 온누리상품권 잘 써먹었다" (소상공인시장진흥공단)

"하루의 시작은 <u>수트하게</u> 따스한 오후는 <u>베이직하게</u> 설레는 저녁은 <u>캐주얼하게</u>" (파크랜드)

예컨대, 아이젯 청바지 광고 '멋jean고딩' 편에서는 "멋jean고딩南"과 "멋jean고딩女"라는 파격적인 헤드라인을 썼다. 한글과 영어 그리고 한자의 조합을 통해 멋진 고등학생들이 입는 청바지(jean)가 아이젯이라는 메시지를 화투짝을 통해 표현한 것이

---

40) '겁나 좋군'이라는 말에서 겁을 컵으로 표현했다.

다. 이런 파격어법은 파격 그 자체에 매력이 있지 않고, 문법 파괴 자체가 상품의 소비자 혜택을 얼마나 그럴듯하게 전달하느냐 그렇지 않느냐에 따라 광고의 완성도나 메시지의 전달 효과가 달라진다는 사실을 명심해야 한다.

[그림 7-26] 아이젯 청바지 광고

4) 소리의 수사법

언어학적 지식을 공부하면 카피를 쓸 때 상당한 도움이 된다. 언어학적 지식 중에서 음운론은 말소리나 발음에 대한 지식을 통칭한다. 시나 광고 카피에서 자주 논의되는 언어의 운율은 음운론과 관련된다. 음운론을 활용해 카피를 쓰면 소비자들에게 유용한 기억의 단서를 제시할 수 있다. 두운, 모운, 각운 같은 음운론적 특성은 카피에 대한 소비자의 관심을 유발하고,[41] 나아가 기억을 활성화한다.

(1) 두운법

두운법(頭韻法, alliteration)은 단어나 문장의 첫머리에서 같은 자음이나 어구를 반복시키는 수사법이다. 두운법은 음운의 반복을 통해 소비자의 주의를 환기함으로써 핵심어나 브랜드 이름을 기억시키기 때문에 브랜드 이름이나 슬로건 창작 시 활용하면 효과적이다. 카피라이터들은 첫음절을 반복적으로 강조함으로써 문장 전체에 감각적인 리듬감을 살리는 동시에 광고 브랜드를 보다 효과적으로 알릴 수 있을 것이다.

---

41) 이현우(1998b). 광고와 언어(pp. 25-41). 서울: 커뮤니케이션북스.

이때 문장의 첫머리에서 자음을 기계적으로 무의미하게 반복하기보다 소비자 혜택으로 연결하며 반복하는 것이 두운법을 활용한 카피 창작의 요체다. 더페이스샵 수분크림 광고에서는 "수분은 더하고, 피지는 빼기"라는 오버라인 밑에 모델의 이름을 소환해 "수지의 수분공식!"이라는 두운법 헤드라인을 썼다. 헤드라인에서 '수'자가 두 번 반복되지만 무의미하게 반복되지 않고 모델의 이름과 연계해 기억되게 하는 효과적인 어절로 작용했다. 두운법을 활용한 카피 사례를 제시하면 다음과 같다.

[그림 7-27] 더페이스샵 수분크림 광고

"매일 아침, 매일우유" (매일우유)

"큰 사람 큰 사발" (농심라면 큰 사발)

"1초에 1통씩 팔린 1초 유산균" (락토핏)

"척하면 삼천리, 책하면 YES 24!" (YES 24)

"열날 때는 부르세요. 부루펜" (부광약품 부루펜)

"최고의 플레이는 최고의 수면에서" (베스트슬립)

"속마음은 속옷으로 전하세요" (레노마 언더웨어)

"고성능 자동차를 위한 고성능 타이어" (금호타이어)

"냉정수기 냉정하게 선택하십시오" (청호 나이스정수기)

"새 인강, 새 학원, 새 문제집. 왜 성적은 새롭지 않지?" (설탭)

"사랑하는 사람과 사귀는 사람과 사촌들과 사이좋게" (반올림피자)

(2) 모운법

모운법(母韻法, assonance)은 두 단어에서 반복되는 소리가 모음인 경우의 수사법이다. 모운의 효과는 두운에 비해 눈치채기가 비교적 쉽지 않지만 카피라이팅에 모운법도 자주 활용된다. 모운은 주로 단어나 문장의 중간에서 활용되며 자음과 비교하면 발음이 잘 드러나지 않기 때문에 찾기가 더 어렵지만, 카피의 운율을 살리는 데 있어서 중요한 기능을 한다. 카피를 쓸 때 두운법보다 모운법을 활용하기가 더 어렵지만, 모운법을 쓰면 어감이 부드러워져 소비자의 기억을 오래오래 활성화할 가능성이 크다.

미국의 34대 아이젠하워 대통령이 대통령 선거전에서 "I Like Ike."라는 슬로건 하나로 대단한 인기를 끈 것도 모운의 효과가 작용했기 때문이다. 이 슬로건은 오직 4개의 알파벳만을 활용해 그의 애칭인 아이크(ike)를 효과적으로 알렸다. 카피라이터는 '아이(i)'라는 모음을 세 번 반복하고 '케이(k)'라는 말운을 두 번 반복함으로써 한 번만 들어도 기억하기 쉽도록 고려했다. 모운법을 활용한 카피 사례를 제시하면 다음과 같다.

"아슬아슬함이여, 안녕!" (미라젤)

"애크논 콕 여드름 싹" (애크논크림)

"이가탄탄 이가탄" (명인제약 이가탄)

"애쓰지 말고 애크로벳" (어도비 애크로벳)

"우리를 위해 우리가 바꾼다" (우리금융그룹)

"이별이군요. 여드름도 졸업입니다" (시세이도)

"아내는 여자보다 아름답다" (동서식품 프리마)

"알만한 사람들은 다 압니다" (유한양행 알마겔)

"아무 것도 안 하면 아무 것도 안 일어나. 즐겁게 톡하자" (즐톡)

"아직은 아무도 가지 못한 길, hp가 제일 먼저 시작합니다" (한국휴렛팩커드)

"아기를 위해 아빠는 담배를 끊었다! 아기를 위해 엄마는 에어컨을 바꿨다!" (센추리에어컨)

(3) 각운법

각운법(脚韻法, rhyme)은 두 단어 이상에서 마지막 음절이나 낱말이 반복되며 청각을 자극하는 수사법이다. 마지막 음절이나 낱말이 유사한 발음으로 끝나면 반복 효과가 배가되며 소비자에게 여운과 반향을 남기며 광고 카피를 부각하게 된다. 두운법이나 모운법과 마찬가지로 각운법을 활용해 카피 창작을 할 때는 음절이나 낱말을 기계적으로 단순 반복하기보다 반복을 통해 단어나 음절의 의미를 확장하도록 메시지를 구성해야 한다.

　각운법을 활용해 카피를 쓸 때 메시지의 주목 효과를 유도하려면 각운에 활용된 이질적인 요소들끼리 조화를 창출해야 한다. 각운에 등장하는 서로 닮지 않은 사물이나 의미를 하나로 결합해 주목과 호기심을 유발하는 것이 중요하다. 이 같은 이질적 개념의 결합에 실패하면 각운법 문채는 주목 효과가 떨어지고 그냥 평범한 문장에 머무르게 된다.[42] 직방 광고에서 "집을 찾다 나를 찾다"라는 카피를 보면 두 줄의 카피에서 마지막 음절이 반복되는 각운법을 활용했다. 각운법을 활용한 카피 사례를 제시하면 다음과 같다.

[그림 7-28] 직방 광고

"그래, 빙그레!" (빙그레)

"쌍방울의 땀방울" (쌍방울)

"급할수록! 귀할수록!" (DHL)

"리얼웨이 써브웨이" (써브웨이)

"참을까, 견딜까, 버틸까" (게보린)

"유쾌, 상쾌, 통쾌" (메이킨 Q)

"믿음직, 바람직, 놀람직" (SK매직)

---

42) 김동규(2003). 카피라이팅론(pp. 302-303). 서울: 나남출판.

"고객이 행복할 때까지 O<u>K</u>, S<u>K</u>" (SK)

"깨끗하<u>게</u> 맑<u>게</u> 자신있<u>게</u>" (클린앤클리어)

"매<u>콤</u>, 새<u>콤</u>, 달<u>콤</u>, 3<u>콤</u>하게 맛있다" (팔도비빔면)

"알<u>차</u>! 당<u>차</u>! 힘<u>차</u>! 기아 강<u>차</u>가 온다" (기아자동차 비스토)

(4) 의성법

의성법(擬聲法, onomatopoeia)은 사물이나 동물이 내는 소리를 활용해 표현하는 수사법이다. 일반적으로 의성어로 알려진 단어들을 활용하는 표현 기법인데, 판소리 사설이나 고전소설의 지문에 그 용례가 자주 등장하듯이, 우리말은 청각을 자극하는 의성어가 매우 발달한 언어다. 의성법은 광고 카피에도 두루 활용됐는데, 소리를 활용해 표현하면 상품과 브랜드에 생동감을 불어넣고 식음료의 시즐(sizzle)감을 살리는 데도 효과적이기 때문이다. 의성법은 그동안 과자류나 식음료 광고에 자주 활용되었지만 디지털 시대에는 상품군과 관계없이 두루 활용될 것이다.

소리를 통해 소비자의 청각을 자극해야 한다는 점에서, 의성법은 인쇄매체 광고보다 라디오나 텔레비전 광고 또는 디지털 광고에서 높은 메시지 효과를 기대할 수 있다. 어떤 소리를 창의적으로 표현하면 인쇄광고에서도 청각의 시각화를 통해 메시지를 색다르게 전달할 수 있으므로, 카피라이터는 마치 소리가 보이듯이 표현하는 연습을 게을리하지 말아야 한다. 이때 어떠한 서체(typography)로 소리를 표현했느냐에 따라 의성법의 성공 여부가 달라진다는 점도 명심할 필요가 있다. LG DIOS 김치냉장고 광고에서는 "매일 김치 톡톡"이란 카피를 썼는데 '톡톡'이라는 의성어를 활용해 김치냉장고의 생생한 성능을 부각했다. 의성법을 활용한 카피 사례를 제시하면 다음과 같다.

[그림 7-29] LG DIOS 김치냉장고 광고

"고추 바사삭" (굽네치킨)

"뽀드득~" (브랜닥스 치약)

"츄르릅 냠냠 참참참" (요기요)

"후루룩 후루룩 후루룩국수" (농심)

"사각사각!" (롯데칠성 사각사각주스)

"톡! 내가 살아있는 소리" (카스맥주)

"사과! 톡 톡 톡 트로피카나" (트로피카나)

"모두모두 바삭. 크래커는 원래 리츠다" (리츠)

"30초짜리 무선교향곡 보글보글" (몰리넥스 무선주전자)

"레몬은 통, 탄산은 톡, 레몬진 탁. 통, 톡, 탁" (롯데칠성 순하리 레몬진)

"아삭아삭 생생한 이 맛을 누가 당할까? 딤채에서 꺼낸 여름김치" (위니아 딤채)

(5) 동음이의어법

동음이의어법(同音異義語法, homonym)은 발음은 같지만 의미가 다른 단어나 구절을 적적히 조합해 재치 있고 익살스럽게 표현하는 수사법이다. 은유법이 의미의 유사성을 활용한다면, 동음이의어법에 의한 익살(pun)은 소리의 유사성을 활용하는 수사법이다. 익살에 활용된 단어는 대체로 2가지 이상의 각각 다른 뜻을 지니며, 단어의 의미를 어떻게 해석하느냐에 따라 카피의 전체적인 의미가 달라진다.

동음이의어법을 활용해 카피를 쓸 때는 2가지 이상의 의미로 해석될 수 있는 적합한 단어를 고르는 눈썰미가 가장 중요하다. 동음이의어는 하나의 발음으로 2가지 뜻을 모색한다는 점에서, 한 번에 끝내 버린다는 일발필도(一發必到)의 수사법이다. 소비자들이 일상생활에서 표의문자인 한자를 쓰는 경우가 많기 때문에, 카피라이터는 동음이의어법을 활용해 언어의 금맥(金脈)을 캘 수 있다. 예컨대, 삼성전자 광고에서는 "우리 eye가 달라졌어요"라는 카피를 썼다. 〈우리 아이가 달라졌어요〉라는 방송 프로그램에서 영감을 얻어 아이(eye)라는 하나의 발음으로 '아이'와 '눈'이라는 2가지 뜻을 알리는 데 성공했다. 동음이의어를 이용한 광고 카피의 사례는 다음과 같다.

[그림 7-30] 삼성전자 광고

"홈페-EASY" (아임웹) ← 홈페이지-쉬움

"Hair지지 마요" (하이모 레이디) ← 머리카락-탈모

"악(樂)! 소리나는 채널" (m.net) ← 감탄사 악-즐거움

"과음(音)하세요" (Jukeon) ← 과음(過飮)-많은 음악

"방법은 다 IT다!" (멀티잇) ← 있다-멀티잇

"젬있는 삶으로부터" (세라젬 V6) ← 재미-세라젬

"e-편한 세상" (대림건설) ← 이렇게, 전자(electronics)

"당신을 위로, 오늘의 위로" (흙표 흙침대) ← 침대 위-위로(慰勞)

"집은 사는 것이 아니라, 사는 곳입니다" (장기전세주택) ← 매수-생활

"모두가 즐거워야 할 자리, 당신에게 청합니다" (청하) ← 권유-청하

"미스 김! 그 안[43]에서 사색에 빠져있는 동안 밖에서 기다리는 나는 사색이 돼가고 있는 거 알아?" (서울우유 칸 요구르트) ← 사색(思索)-사색(死色)

　예컨대, 카스맥주 광고 '톡' 편에서는 "톡!"이라는 의성법을 활용해 상품 메시지를 전달했다. 즉, 맥주병을 딸 때 나는 소리인 '톡!'을 카피의 핵심 메시지로 활용했는데, 이는 맥주의 성분을 강조하기보다 맥주 마시는 기분과 분위기를 강조한 표현이다. "내가 살아있는 소리" 같은 카피도 '톡!' 하는 소리에 자신이 살아 있음을 느끼고 잔을

---

43) 화장실 안.

부딪치며 인생을 배운다는 의미를 강조한 것이다. 이처럼 의성어 하나를 이용해 광고의 전체적인 느낌을 끌어가는 표현 기법도 소리의 수사법이 지닌 매력이다.

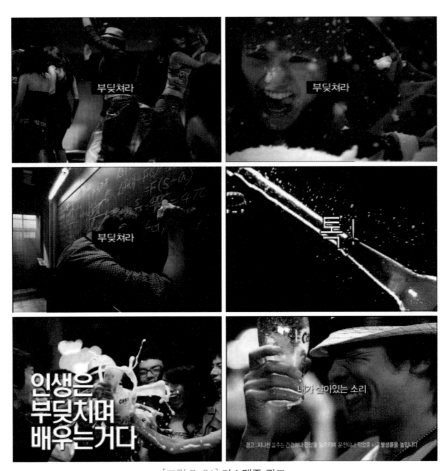

[그림 7-31] **카스맥주 광고**

5) 어느 카피라이터의 '일과 후에 쓴 글'

"일과가 끝나고 사람들은 거의 다 퇴근했다······."[44]

그 광고의 첫 줄은 이렇게 시작된다. 광고회사 어윈 워시 앤 컴퍼니(Erwin, Wasey

---

44) 김병희(2001). 길 없는 길: 어느 카피라이터의 일과 후에 쓴 글. 광고의 매혹(pp. 284-292). 서울: 연암사를 바탕으로 광고 수사학의 맥락에서 일부 수정한 글이다. 이 글의 내용은 디지털 시대의 광고 환경과 매우 동떨어진 부분도 있지만 2000년대 초반까지 우리나라의 카피라이터들이 광고회사에서 얼마나 열심히 일했는지, 그 땀과 열정의 분위기를 전하기 위해 여기에 수록한다.

& Company, Inc.)의 자체 광고 '일과 후에 쓴 글'(Written After Hours, 1939)은 지금 읽어 봐도 언제나 감동적이다. 이 광고에는 더욱 돋보이는 광고 수사법 그 하나를 위해, 숱한 불면(不眠)의 밤을 지새우는 카피라이터의 직업 철학이 고스란히 녹아 있다. 이 광고는 비단 한 광고회사의 광고 철학을 담는 데 그치지 않고, 카피라이터라면 누구나 한 번쯤 생각하게 되는 '어떻게 사는 것이 카피라이터로서 올바로 사는 길일까?'라는 풀리지 않는 끝없는 의문에 한 줄기 빛으로 다가오는 때가 많다.

사람들이 다 퇴근한 다음, 혼자 남아서 광고 콘셉트를 곱씹어 보기도 하고, 채택되지 않을 것이 불을 보듯 뻔한데 감성에 소구하는 광고안 하나를 추가로 더 만들어 보기도 하고……. 그렇게 불면의 밤을 지새우다가 대단한 아이디어 하나를 건져 올린 다음에 회사 문을 나서면 새벽의 찬바람이 상큼하게 몰려온다. 카피라이터라면 누구나 콧등을 스치는 새벽의 그 찬바람을 사랑했을 것이다. 하지만 그 순간, 마치 빚 문서처럼 머리를 짓누르는 생각의 실꾸리가 둥둥둥 떠내려올 때가 있다. 도대체 왜 이렇게 사는 걸까? 그때마다 '일과 후에 쓴 글'을 다시 읽어 보면 언제나 큰 힘이 돼 준다.

[그림 7-32] 어윈 워시 앤 컴퍼니의 '일과 후에 쓴 글' 광고(1939)

아이디어 사냥을 위해 그렇게 밤늦게까지 야근을 하라고 "누가 요청한 것도 아니다. …… 순전히 자유 의지(free will)에 따라서 그렇게 한 것이고, 그것에 대한 진정한 대가는 일이 잘되었다는 자부심뿐이다." 아무도 알아주지 않더라도 스스로 만족하면 된다. 마음이 내키는 쪽으로 아이디어를 몰고 가서 적어도 자신에게 부끄럽지 않을 정도로 최선을 다하면, 카피라이터는 아이디어를 내고 카피를 쓰는 일에서 충분한 보람을 얻을 수 있다. 그 광고는 힘들 때마다 마음을 따뜻하게 토닥거려 준다. 자기 직업에 대한 철학도 없이 고통의 바다를 항해할 수는 없다. 그 광고는 카피 쓰는 일이 참을 수 없이 괴로워질 때마다 내면을 성찰하는 마음의 거울로 다가온다. 또한 사소한 일을 하찮게 여길 때마다 그 일에서 얻는 작은 완성이야말로 더 이상 비할 데 없는 카피라이터의 보람이라고 가르쳐 준다.

다시, 일과 후에 글을 쓴다. 잊지 말자, 잊어버리지 말자, 하면서도 '일과 후에 쓴 글'의 가르침을 잊어버리는 때가 많다. 일과가 끝나고 사람들은 거의 다 퇴근했다. 몇 사람이 듬성듬성 자기 자리에서 썸네일(thumbnail)을 그리고 있거나, 매킨토시 앞에 앉아 작업하고 있다. 모두 고단한 모습으로 담배를 뻑뻑 피워 대고 있으나 눈망울은 총총해 보인다. 저들의 가족들도 다 올빼미 눈을 하며 가장이 들어오기를 기다리고 있을 것이다.

오전에 있었던 살벌했던 제작 회의 풍경이 아직도 머리 꼭대기에서 뱅뱅 맴돌고 있다. 내가 좀 참았어야 했다. 어차피 광고가 좋아서 이 바닥에서 만난 처지인데, 그 AE인들 애드 브리프를 그렇게 두루뭉술하게 쓰고 싶어서 그렇게 썼겠는가? 광고물을 준비하다 보면 전략이 뾰족하게 정리되지 않는 때도 많고, 쫓기는 시간 때문에 정말 번갯불에 콩 구워 먹듯 광고 시안을 만들어서 광고주에게 제시해야 하는 경우는 또 얼마나 많은가? 대안을 제시하지는 않은 채 상대방을 맹목적으로 몰아붙인 것은 참 무책임한 태도였다. 고백하건대, 그 당시에는 나에게도 아무런 대안이 없었다.

그렇지만 브리프에 정리된 광고 콘셉트가 말도 안 되는 소리라며 언성을 높였던 것은 현장의 사정을 전혀 몰라서도 아니었고, 그 AE가 이른바 '방향이 없는' 애매한 제작 주문을 최근 들어 부쩍 자주 요구했기 때문이었다. 내가 그랬던 것은 무조건 덥석 일을 받아오지 말고 좀 걸러서 가져오라는 어쩔 수 없는 항의 표시였다. 그는 참 명석하며 빛나는 논리를 가진 사람이다. 그런 그가 지금쯤 회의 시간에 있었던 일을 망신으로 생각하며 곱씹고 있을지, 아니면 넓은 아량으로 웃어넘기고 곤한 잠에 빠져 있을지 궁금하다. 그는 "방향을 제대로 주지 못해서 미안하다."라는 말을 반복했지만,

그인들 더 자세히 정리해 주고 싶지 않아서 그랬을까? 카피라이터로서 광고의 등뼈를 곧추세우는 일에 신경 쓰지 않고 그냥 열심히 쓰기만 하겠다고 생각했더라면 이런 일도 없었을 것이다. 그러나 그렇게 생각하는 순간, 카피 쓰는 일을 그만둬야 하지 않을까?

오전에 완성된 신문 광고 시안을 보았을 때 미진한 구석이 있었다. 그 즉시 고쳤으면 되었을 텐데 왜 여태껏 찜찜한 기분이 풀리지 않는 것일까? 완성도가 떨어진 광고 시안을 광고주에게 제시했다는 부끄러움 때문에 그러는 것이 아니다. 매킨토시 화면에서 레이아웃을 처음 보았을 때 별로 마음에 들지는 않았으나, 디자이너에게 "이렇게 고치면 어떨까? 아니면 말고."라는 식으로 아주 소극적인 입장만을 그에게 표현했다는 자책감이 몰려온다. 레이아웃에서 앵글이나 서체가 어색하게 표현되었을 때는 그가 누구든 상관하지 말고 바꿔 보자며 과감히 제안해야 하지 않았을까? 그런데 디자이너의 고유한 영역을 존중(?)한다는 핑계로 너무 쉽게 타협해 버린 건 아니었는지.

카피라이터는 카피라이터대로 디자이너는 디자이너대로 고유한 창의적 영역이 있겠지만 그 영역을 존중한다며 광고안에 문제가 있는데도 그대로 내버려 둔다면 그것도 존중하는 것이라 할 수 있을까? 그렇지 않다. 건강한 비판과 끝없는 논쟁을 통해 완성에 이르는 멀리 있는 길을 함께 가는 것이 진정으로 서로를 존중하는 태도다. 전문가 집단이란 창의적 논쟁을 회피하지 않고 자기에게 쏟아지는 그 어떤 비판도 겸허하게 수용하되 창의적으로 발전시키는 사람들이다. 어느 선까지는 건드려도 되고 어느 선 이상을 건드리면 안 된다는 저 타성에 젖은 불문율이 광고 수사학의 무한한 영역을 가로막는 장애물로 작용하지는 않았을까? 자칫하면 상대방에게 영혼의 상처를 줄 수도 있지 않겠느냐는 그 왜소한 타협심 때문에 이렇게 괴로운 것이다. 비판하지 않고 침묵하는 자세는 광고 수사학의 정립에 조종(弔鐘)만 울릴 뿐이다. 카피라이터를 가로막는 장벽이란 있을 수 없다. 그 역도 마찬가지다. 언제든지 상대방을 찌르고 봉합하며 함께 나가야 한다. 왜냐하면 혼자 하는 것보다 여러 사람이 함께 팀을 이뤄 일할 때 더 좋고 더 정확한 광고를 만들 수 있기 때문이다.

또한 저쪽에서는 퀵 작업에 빠져 시간 가는 줄 모르고 있는 디자이너의 열정이 형광등 불빛보다도 더 환히 빛나고 있다. 시간 관계상 광고주에게 컬러 시안을 제시하기 어려우니 정밀 썸네일(thumbnail)을 제시하기로 이미 AE와 합의했음에도 불구하고, 가능한 한 흑백 시안이라도 제시하겠다며 저토록 밤을 밝히고 있는 그 열정에 경의를 표한다. 자기가 하겠다는데 누가 말릴 수 있겠는가?

오후에 녹음실에서 PD와 참 별스러운 언쟁을 나눈 것은 가장 큰 보람으로 남는다. 그 텔레비전 광고는 우리가 함께 아이디어를 낸 것인데, 광고주가 그 아이디어를 한 번에 사 주었기 때문에 기쁜 마음으로 촬영을 마칠 수 있었다. 녹음실에 나온 그는 며칠째 편집실에서 밤을 새웠는지 부스스한 얼굴이었다. 편집본을 함께 보며 이미 확정된 카피를 붙여 보는 즐거움이란 이루 말로 표현하기 어렵다. 어느 순간 나는 카피 한 줄을 날리자고 제안했다. 그 한 줄은 영상 이미지를 해칠 것 같았고 이미 도입부에 한 번 나오므로 사족에 불과했다. 갑자기 눈이 휘둥그레 달라지던 그의 눈동자가 떠오른다. 그는 "물론 그럴 수도 있겠지만 한 번 더 강조해 주면 소비자들에게 더욱 확실하게 침투할 수 있고, 영상과 카피가 부분적으로 엇나가는 것은 대세가 아니므로 그 카피를 꼭 반복해야 한다."라며 고집을 피웠다. 미리 연습이라도 했었나? 그의 고집 앞에서 카피라이터는 기쁘게 백기를 들었다.

카피라이터는 카피를 빼자고 우기고 PD는 카피를 그대로 두자고 우기는 좀 별난 언쟁이었다. 그에게 결국 손을 들고 말았지만 정말 기분 좋은 승복이었다. 언제까지나 우리가 함께 일할 수 있다면 얼마나 좋을까? 언젠가 PD는 영상이 카피와 맞지 않으니 영상을 걷어내자고 우기고, 카피라이터는 그러면 안 된다며 고집을 피우는 그런 즐거운 논쟁이 또 일어날 수 있을 것이다.

저 유명한 광고의 거장들이 광고의 개념에 대해 모두 한마디씩 말했지만, 카피라이터의 가슴을 가장 크게 때리는 것은 "광고는 독가스(poison gas)"라는 조지 루이스(George Lois)의 견해다. 그에 의하면, 광고란 소비자의 눈에서 눈물을 자아내게 하고 소비자의 신경 조직을 흐트러뜨리며 소비자를 완전히 KO 시키는 독가스다. 카피라이터는 가장 독한 독가스를 만들기 위해 언어의 칼날을 그토록 날카롭게 벼리는 사람들이다. 카피 한 줄의 무게와 함께 밤도 깊어 간다. 빛나는 카피 한 줄이 여명의 안개 속에서 독을 품고 달려오는 때도 있다. 카피에 목을 매야 한다. 그렇지만 거기에 빠져 허우적거리는 일은 삼가야 한다. 정말 중요한 것은 드라마가 느껴지는 광고 아이디어를 생각해 내는 일이니까.

아이디어, 또 아이디어, 독특한 광고 아이디어를 바탕으로 광고 수사학의 영역을 확장해 나가야 한다. 그래야 카피라이터는 카피만 쓰는 사람이라는 편협한 생각에서 벗어날 수 있으며 '광고의 등뼈'를 곧추세울 수 있다. 등뼈가 튼튼하면 늙어도 쉽게 허리가 구부러지지 않는다. 광고에서도 마찬가지다. 카피는 광고의 등뼈다. 아이디어가 들어 있는 카피 파워는 광고의 힘을 오랫동안 지속시키며 시간이 지나도 광고를 비틀거리게 하지 않는다.

카피라이터는 자신을 위해 존재하지 않는다. 그는 지금 순수 예술을 하느라 늦은 밤까지 컴퓨터 앞에 앉아 있고, 비즈니스를 하느라 머리에 쥐가 나도록 자판을 두드리고 있는 것이다. 시인이나 소설가가 되고 싶었다고? 아니면, 또 다른 그 무엇이 되고 싶었다고? 천만에, 지금은 달라졌어. 그가 어떤 꿈을 가졌는지 광고 마을 사람들은 "아무도 몰라!" 지금 필요한 것은 오직 광고주를 위한 상업적인 글쓰기일 뿐이다. 카피라이터의 반짝이는 아이디어와 그가 쓴 모든 글은 결국 광고주를 위해 존재한다. 카피라이터가 광고주에게 주는 최고의 선물이란 돈과 시간으로는 환산하기 어려운 열정적인 마음으로 효과적인 카피를 쓰는 일이지 않겠는가.

그렇다면 카피라이터는 항상 자아의 부재 상태에서 살아가는 것일까? 그렇지 않다. 알아서 스스로 찾고 채워 가야 한다. 애초에 길은 없었다. 걸음마를 떼는 순간부터 길은 시작되며, 길을 나서는 순간에 벌써 광고 수사학은 저만치에서 카피라이터의 열정과 용기를 기다리고 있다. 자, 길을 떠나 탐스럽고 기름진 광고 수사학의 열매들을 따 보자!

이 글 역시 일과 후에 쓴 것이다(This, too, was written after hours).

챗GPT가 알려 준 꿀팁

You : 챗GPT. 지금까지 다음 내용을 학생들에게 설명했어. 언어 게임에 의한 의미의 교환, 수사학의 개념과 원칙 및 효과, 광고 수사학의 네 가지 분류법, 광고 수사학에 의한 카피 쓰기 같은 주제야. 지금까지 설명한 4가지 주제는 학생들이 카피를 쓰는 데 도움이 될 만한 중요한 정보야. '카피라이팅의 수사학적 원리'라는 제목을 구성하는 언어 게임에 의한 의미의 교환, 수사학의 개념과 원칙 및 효과, 광고 수사학의 네 가지 분류법, 광고 수사학에 의한 카피 쓰기에 관한 4가지 주제와 관련하여, 현실적으로 광고 카피라이팅에 도움이 될 만한 추가 정보가 있다면 알려 줄 수 있어?

ChatGPT : 이미 설명한 주제들은 카피 라이팅과 광고 카피 작성에 관한 중요한 정보를 제공하고 있습니다. 그러나 광고 카피라이팅에 도움이 될 만한 추가 정보를 제공할 수 있습니다. 아래는 각 주제와 관련된 추가 정보입니다.

<u>언어 게임에 의한 의미의 교환</u>: 언어 게임은 단어, 문장 또는 표현의 다양한 사용 방법을 이해하고 활용하는 것을 의미합니다. 카피라이팅에서는 언어 게임을 활용하여 흥미로운 표현과 비유를 사용할 수 있습니다. 다양한 언어 게임을 습득하고 의미를 창조적으로 변형하는 연습은 카피라이팅에 도움이 됩니다.

<u>수사학의 개념과 원칙 및 효과</u>: 수사학은 언어와 텍스트의 분석을 통해 효과적인 커뮤니케이션을 이루는 데 도움을 주는 학문입니다. 광고 카피라이터는 수사학 원칙을 이해하고 활용해야 합니다. 수사학의 원칙 중 몇 가지는 강조, 반복, 감정적 호소, 인간적 요소 등이며, 이러한 원칙을 적용하면 카피가 더 효과적으로 작동할 수 있습니다.

<u>광고 수사학의 4가지 분류법</u>: 광고 수사학은 정보, 문학, 대중, 응용 수사학으로 분류됩니다. 각 분류법은 다른 유형의 광고 캠페인에 적합한 원칙과 기술을 제공합니다. 광고 카피라이터는 광고 캠페인의 목적과 대상을 고려하여 적절한 수사학적 접근법을 선택해야 합니다.

<u>광고 수사학에 의한 카피 쓰기</u>: 광고 수사학은 광고의 효과를 제고하기 위한 다양한 기법을 제공합니다. 이러한 기법은 감정적 호소, 스토리텔링, 사회적 적합성 등을 포함합니다. 광고 카피라이터는 제품 또는 서비스의 이점을 부각시키고 고객의 감정을 강조하여 광고를 효과적으로 작성해야 합니다.

카피라이팅을 향상시키기 위해 실제 광고 캠페인 사례 연구와 끊임없는 연습이 필요하며, 시장 동향과 소비자의 피드백을 주의 깊게 모니터링하는 것이 중요합니다. 또한 창의적인 접근법과 실험을 통해 카피라이팅 능력을 개선하는 것도 도움이 됩니다.

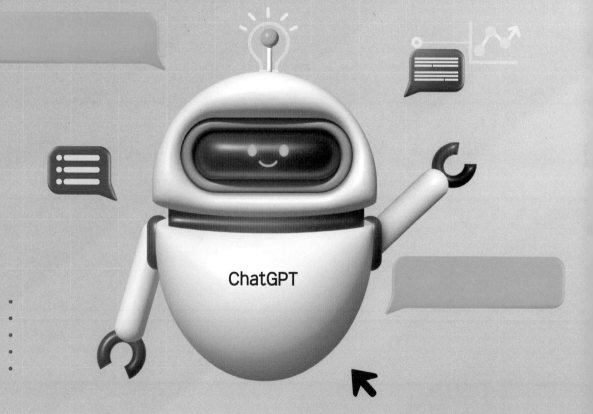

제**8**장

아이디어 발상의
내비게이션

카피라이팅에서 아이디어란 무엇인가? 광고 창작에서 말하는 아이디어는 일상에서 주로 쓰는 아이디어란 말과 성격이 상당히 다르다. 아무리 그럴듯한 아이디어라도 상품과의 상관성(relevance)이 없다면 전혀 쓸모가 없다. 어떻게 하면 보다 좋은 아이디어를 얻을 수 있을까? 카피라이터의 성향에 따라 각양각색의 발상법을 활용하고 있을 것이다. 연구결과를 보면, 광고 아이디어가 영감에서 나온다는 견해가 있는가 하면, 표준화된 접근법이 필요하다는 견해도 있고, 개개인의 끊임없는 노력만이 좋은 아이디어를 창출하는 유일한 비결이라고 단정하기도 한다. 그러나 역시 정답은 없다.

아이디어 발상에는 왕도가 없다. 하나의 상품에 대해 카피라이터마다 느끼는 생각이 다르고, 같은 광고 콘셉트라도 광고 창작자의 자질과 노력에 따라 결과물도 다를 것이다. 아이디어는 저절로 떠오르지 않고 애타게 찾는 자에게만 나타난다는 사실을 명심하고, 여러 아이디어 발상법을 숙지하고 실제로 카피를 쓸 때 다양하게 시도해 봐야 한다. 카피라이터가 글재주만 뛰어나고 좋은 아이디어를 내지 못한다면 문제다. 남이 낸 아이디어로 카피를 쓰기만 하는 그런 사람이 카피라이터라면, 광고회사에서는 굳이 카피라이터를 채용할 필요 없이 프리랜서 카피라이터에게 외주를 맡기면 된다.

따라서 카피라이터는 좋은 아이디어를 낼 수 있어야 하며, 남의 아이디어를 평가할 수 있는 능력도 갖춰야 하며, 타인의 아이디어도 충분히 소화해 소비자가 공감할 만한 카피를 써 내는 능력이 있어야 한다. 카피라이터의 업무 영역이 다방면으로 확장되고 있는 디지털 시대에 아이디어 발상력은 효과적인 카피를 쓰는 전제 조건이다. 이 장에서는 광고 아이디어의 개념과 의의, 어느 분야에서나 보편적으로 쓰이는 아이디어 발상법, 광고에 맞춤화된 아이디어 발상법, 기타 응용형의 아이디어 발상법을 소개한다. 발상법을 두루 익혀 아이디어를 낼 때마다 활용하면 많은 도움을 얻을 것이다.

1. 광고 아이디어의 개념과 의의

1) 아이디어의 정의

아이디어의 어원은 고대 그리스 철학자 플라톤(Platon, BC 427~347)이 제시했다. 그는 사람을 구성하는 마음과 육체 중에서 마음이 더 중요하며 "마음을 구성하는 아이디어야말로 실제를 위한 참다운 기초가 된다."(Jonathan, 2000: 19; 김동규, 2003: 172
에서 재인용)[1]고 주장했다. 플라톤은 영원불변한 실재를 이데아(idea)라고 했는데, 이
는 인간이 지향하는 가장 완전한 상태나 모습을 의미한다. 인간이 지향하는 이상향
이 이데아인 셈인데, 그런 상태는 현실에 존재하지 않는다. 인간은 이데아에 다가가
기 위해서 노력할 뿐이지 이상향에 100퍼센트 도달하는 아이디어란 있을 수 없으며
더 좋은 아이디어를 찾기 위한 인간의 노력과 열정만이 있을 뿐이다.

아이디어에 대한 사전적 정의를 보면, 첫째, 마음속에 잠재하거나 실제로 존재하
는 생각이나 지식과 같은 두뇌활동의 산물이며, 둘째, 이성에서 나오는 완전하고 최
종적인 산물로서 두뇌활동의 최고 영역이며, 셋째, 불완전한 표현의 실제 형태로 선
험적인 그 무엇이라는 것이다. 현대 광고에서 말하는 아이디어의 개념은 이런 일반
적인 아이디어의 정의와는 차이가 있다. 광고 아이디어에 대한 여러 가지 정의를 살
펴보면 다음과 같다.

- 뜻밖의 발견(serendipity)이다(Blasko & Mokwa).[2]
- 오래된 요소들의 새로운 결합에 지나지 않는다(Poster).[3]
- 창의적인 아이디어는 새로움과 상관성의 품질에 달려 있다(Marra).[4]
- 그림과 언어의 조합이자 통제된(controlled) 창의성이다(Moriarty & Bergh).[5]
- 사물의 관련성에 따라 낡은 요소를 새롭게 조합하는 것이다(Young).[6]
- 브랜드 위치를 나타내기 위한 흥미로운 방법의 선택이다(Hill & Johnson).[7]

---

1) Gabay, J. (2000). *Teach yourself copywriting* (p. 19). Lincolnwood, IL: NTC Business Books.

2) Blasko, V. J., & Mokwa, M. P. (1986). Creativity in advertising: A Janusian perspective. *Journal of Advertising*, 15(4), 43-50, 72.

3) Foster, J. (1999). 잠자는 아이디어 깨우기 (*How to get ideas*). (정상수 역). 서울: 해냄출판사. (원저는 1996 년에 출판).

4) Marra, J. L. (1990). *Advertising creativity: Techniques for generating ideas* (p. 16). Englewood Cliffs, NJ: Prentice Hall.

5) Moriarty, S. E., & Vanden Bergh, B. G. (1984). Advertising creatives look at creativity. *Journal of Creative Behaviour*, 18(3), 162-174.

6) Young, J. W. (1975). *A technique for producing ideas* (p. 30). Lincolnwood, IL: NTC Business Books.

7) Hill, R., & Johnson, L. W. (2004). Understanding creative service: A qualitative study of the Advertising Problem Delineation, Communication and Response(APDCR) process. *International Journal of Advertising*, 23(3), 285-307.

이상에서 제시한 광고 아이디어에 관한 여러 정의는 개념에 따라 크게 3가지 의미로 구분할 수 있다. 즉, 광고 아이디어란 우연에 의해 발견될 소지가 많고, 광고심의 제도에 따라 메시지 내용을 규제받을 수 있다는 현실적 제약이 있으며, 여러 가지 요소를 새롭게 해석해 상품이나 브랜드와의 상관성을 부여할 때 비로소 광고 아이디어의 가치를 얻게 된다는 점이다.

광고 아이디어란 전혀 새로운 그 무엇을 만들어 내는 것이 아니라 이미 존재하는 낡은 요소들의 새로운 결합에 지나지 않는다는 사실도 알 수 있다. 다시 말해서, 광고 아이디어 발상은 음식을 만들기 위해 여러 가지 식자재를 조합시켜 요리하는 과정과 같다. 아이디어 발상에서는 여러 요소의 '결합과 조합'이 가장 중요하다고 할 수 있다. 하늘 아래 새로운 것은 없다는 성경 말씀처럼, 기존에 있는 사물을 조합하되 분석적 사고력과 직관적 상상력을 바탕으로 이야기가 되도록 연결하는 것이 광고 아이디어 발상의 요체다.

2) 아이디어 발상의 목적

카피라이터가 아이디어 발상법을 공부하는 목적은 더 우수한 광고물을 만들기 위해서다. 디지털 시대에는 아이디어 발상에서도 효율을 추구한다. 문제 해결의 콘셉트를 정확히 이해하고 그에 합당한 아이디어 발상을 해야지, 맹목적으로 아무 아이디어나 찾는다면 시간을 많이 낭비할뿐더러 좋은 아이디어를 얻지도 못한다. 그래서 아이디어 발상에서도 효율이 중요하다. 크리에이티브도 효율이다. 늘 일상 업무에 쫓기게 마련인 카피라이터는 광고 창작에서도 효율을 추구해야 한다. 크리에이티브 면적도를 보면, 광고 콘셉트의 공감도와 아이디어의 완성도 간의 상관관계를 알기 쉽게 설명했다.

크리에이티브 면적도에서 콘셉트의 공감도와 아이디어의 완성도 사이에 얼마나 밀접한 상관관계가 있는지 확인할 수 있다. 콘셉트의 공감도와 아이디어의 완성도 사이에 관계성이 높으면 높을수록 창의적인 결과물(creative product)을 얻을 가능성이 크다. 크리에이티브의 수준은 콘셉트와 아이디어를 곱한 면적이며, 광고효과는 크리에이티브(C) 수준의 제곱에 비례한다.[8] 예컨대, 콘셉트의 공감도가 4점이고 아

---

8) 오창일(2004). $E=mC^2$. 카피 발(發) 비주얼 착(着)(pp. 48-52). 서울: 북코리아.

이디어가 3점이면 크리에이티브의 수준은 12점인 데 비해, 콘셉트의 공감도가 5점이
고 아이디어도 5점이라면 크리에이티브의 수준은 25점이 되어, 크리에이티브의 이상
점에 도달한다.

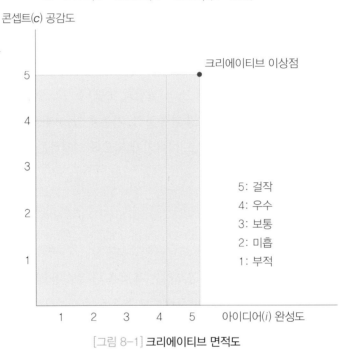

[그림 8-1] 크리에이티브 면적도

따라서 카피라이터는 여러 가지 요소를 광고 상품과 관련지어 결합하고 조합하되
자신의 아이디어가 크리에이티브의 면적도에서 어느 위치에 가 있는지 가늠해 볼 필
요가 있으며, 타인의 아이디어도 어느 지점에 있는지 추정해 봐야 한다. 그러나 이것
만이 능사는 아니다. 그렇지만 평가 결과를 너무 의식하면 상상력의 통로를 막아 버
릴 가능성이 있으므로, 일단은 다양한 아이디어를 내는 데 모든 역량을 집중해야 한
다. 앞뒤 가리지 말고 콘셉트에 알맞게 여러 가지 아이디어를 생각하고 나서, 마지막
의 검증과 평가 단계에서 크리에이티브 면적도에 맞춰 보는 지혜가 필요하다.

발명왕 토머스 에디슨은 이렇게 말했다. "발상이 벽에 부딪힐 때면, 나는 해변이나
강가에 나가 낚시를 한다. 파도와 바람, 그리고 햇볕에서도 아이디어를 낚을 수 있기
때문이다." 광고인 고(故) 강정문 선생은 좋은 아이디어를 얻으려면 책상을 떠나 시
장에 나가 보라고 강조했다. "책상을 떠나십시오. 크리에이티브 발상의 단서는 책상

위에 있는 것이 아니라 살아 있는 현장에 있습니다. 크리에이티브 맨은 깊은 산 절간에 앉아 명상만 하고 있는 선승이나 학승이 아니라 시장에 나가 중생과 살을 비비고 다니는 탁발승입니다."[9] 지능(IQ)과 아이디어 발상력 사이에 어느 정도 관련성이 있는지 알아본 연구결과를 보면, 둘 사이에 아무 상관관계가 없으며 아이디어 발상법을 교육받은 집단이 교육받지 않은 집단보다 아이디어를 잘 내는 것으로 알려져 왔다. 아이디어 발상법에 대한 교육과 훈련이 아이디어 발상력을 신장시킨다는 뜻이다.[10] 따라서 광고 아이디어가 잘 나오지 않을 경우, 카피라이터는 자신의 지능을 탓하기보다 발상법 공부를 소홀히 한 자신의 게으름을 탓해야 할 것이다.

"좋은 아이디어는 애타게 찾는 사람에게만 나타난다." (김병희, 2007: 233)

"나쁜 아이디어란 없으며 아이디어를 내지 않는 것보다는 좀 떨어지는 아이디어를 내는 쪽이 더 가치 있다." (김병희, 2007: 231)

"좋은 아이디어를 내는 어떤 방법이 따로 있을 수 없겠지만 집중력이 중요하다고 봐요. 일을 할 때, 짧지만 굉장히 집중력 있게 생각하는 것이 중요하고, 동시에 극과 극을 왔다 갔다 하는 그런 생각의 전환이 필요해요. …… 발상이라기보다 주워 담는 거지요. 조금만 몰두해서 생각해 보면 주위에 아이디어 소재가 널려 있어요. 어떤 사람은 그것을 줍고 어떤 사람은 못 줍는데 정신력의 차이겠지요. 정신 똑바로 차리고 보면 보이고, 그냥 보면 안 보이는 것이지 발상력의 차이는 아니죠."(박우덕의 증언. 김병희, 2011: 89-90).[11]

광고 크리에이티브의 콘셉트를 도출한 다음 아이디어 발상을 시작하고, 카피를 쓰는 과정은 광고 창작에서 지식과 정보를 구성하는 핵심 부분이다. 아이디어 발상에서 가장 중요한 첫째는 원칙(principle)이고 둘째는 방법(method)이다.[12] 원칙을 익혀 방

---

9) 강정문(2000). 강정문의 대홍 생각(전무 메모 14): 카피라이터를 위한 음모. 강정문을 사랑하는 사람들의 모임, 대홍기획 편저. 뭐가 그리 복잡하노? 짧게 좀 해라(p. 249). 서울: 청람문화사.

10) 서구원(2003). 광고 아이디어 발상을 위한 신 브레인스토밍 기법. 사보 LGAd, 183, 66-69.

11) 김병희(2011c). 아이디어 팩토리의 지혜로운 공장장: 박우덕. 디자인의 생각창고: 창의성을 키우는 통섭 광고학 3(pp. 59-103). 서울: 한경사.

12) Young, J. W. (1975). *A technique for producing ideas* (p. 22). Lincolnwood, IL: NTC Business Books.

법을 제대로 적용하라는 말이다. 독창적인 아이디어는 분석과 직관의 결합에서 태어
난다고 하는데, 그것은 천재적인 영감에서 나오지 않고 여러 아이디어 발상법을 배우
고 익혀야 가능해진다. 카피라이터는 아이디어 발상 문제로 고민하기에 앞서, 아이디
어 발상법의 기본 원리를 하나씩 반복해서 익히면 문제 해결에 도움이 될 것이다.

새로운 아이디어는 낡은 요소들의 새로운 조합에 의해 태어난다. 따라서 카피라이
터들은 아이디어 발상법을 배우고 익혀 잘만 활용한다면 아이디어 발상의 강자가 될
수 있다. 나도 광고 실무계에서 카피를 쓸 때, 여러 아이디어 발상법을 활용해 좋은
아이디어를 얻은 경험이 있다. 완벽히 숙성됐다고 할 수는 없겠지만 나의 실무 경험
을 바탕으로 정립한 광고 아이디어 발상의 12가지 방법은 다음과 같다.

- 사람의 심리가 가장 중요하므로 소비자 심리를 연구해 보라.
- 상품과 시장 및 소비자 요인 중에서 핵심을 포착하라.
- 광고주가 처음에 제시한 광고 방향성을 여러모로 해석해 보라.
- 시장에 나가서 소비자들이 하는 말들을 직접 들어 보라.
- 자신의 경험을 상품에 의미를 주는 메시지로 바꿔 보라.
- 타인의 경험을 상품에 의미를 주는 메시지로 바꿔 보라.
- 이미 집행된 자기 브랜드 광고와 경쟁사 광고를 검토하라.
- 소비자 혜택을 발견한 다음 구체적인 약속으로 제시하라.
- 소비자에게 연애편지 보내듯이 사적인 메시지로 전하라.
- 콘셉트는 유지하되 개별 광고물마다 미묘한 변화를 주라.
- 카피라이터는 그림으로 디자이너는 카피로 발상을 해 보라.
- 더 좋은 아이디어가 떠오르면 광고가 나간 후에도 고치라.

또한 신강균(2010)은 세계적인 광고상 수상작 1,000여 편을 분석한 다음 4S 아이
디어 발상법을 제시했다.[13] 즉, 모든 광고상 수상작에는 가정하기(Suppose), 단순
하게 연상하기(Simplicity), 자극을 먼 데까지 늘리기(Stretch), 유사성 찾기(Similarity)
라는 4가지 공통점이 있다는 것이다. 가정하기(Suppose)란 '만약에~'라고 가정하며
쉬운 것부터 전혀 엉뚱한 것까지 질문해서 해답을 찾는 것이고, 단순하게 연상하기

---

13) 신강균(2010). 4S 아이디어 발상법. 서울: 컴온프레스.

(Simplicity)는 주어진 문제를 두 단어로 고쳐 연상된 단어끼리 조합하면 문제를 해결하는 아이디어가 나온다는 뜻이다. 자극을 먼 데까지 늘리기(Stretch)란 일반 상식을 넘어 자극을 극대화하는 아이디어가 메시지의 수용도를 높인다는 것이며, 유사성 찾기(Similarity)는 사람들의 기억 속에 있는 어떤 형태나 속성을 활용하면 기대 이상의 아이디어가 나온다는 뜻이다.

일본의 창의성 전문가 다카하시 마코토의 조사에 의하면, 세상에는 300가지 이상의 아이디어 발상법이 있다고 한다.[14] 그동안 광고인들은 나름의 경험과 현장에서의 적용 효과를 바탕으로 아이디어 발상법을 제안했다. 스미스(Smith, 1998)는 지금까지 연구자들이 제시한 아이디어 발상법은 172가지가 있으며 이는 전략용, 전술용, 실행용의 3가지로 구분할 수 있고, 과제의 목적과 성격에 따라 아이디어 발상법의 평가와 선택 기준이 달라져야 한다고 주장했다.[15] 이는 광고의 모든 문제를 해결해 주는 절대적인 아이디어 발상법은 없으며 카피라이터의 개성이나 해결 과제의 성격에 따라 그때그때 다른 기법들을 적용해야 한다는 것을 뜻한다. 따라서 아이디어 문제로 고민만 하기보다 전문가들이 제시한 아이디어 발상의 기본 원리를 차근차근 익히는 것이 현실적으로 도움이 된다.

2. 일반 적용형의 아이디어 발상

1) 오스본의 브레인스토밍 기법

알렉스 오스본(Alex Osborn, 1888~1966)과 그의 동료들은 1939년경 브레인스토밍(brainstorming) 기법을 창안했다.[16] 이 방법의 핵심은 집단별로 아이디어를 생성하고 판단을 보류한다는 점이다. 아이디어의 생성 과정은 아이디어의 발전 과정과는 엄밀하게 구별된다. 이 방법의 핵심은 집단별 아이디어 발상 과정에서 '좋다' '나쁘다'

14) 다카하시 마코토(高橋誠, 2008). 아이디어 발상 잘하는 법. (이근아 역). 서울: 더난출판사.

15) Smith, G. F. (1998). Idea-generation techniques: A formulary of active ingredients. *Journal of Creative Behavior, 32*(2), 107-133.

16) Osborn, A. F. (1948). *Your creative power: How to use imagination*. New York, NY: Charles Scribner's Sons.

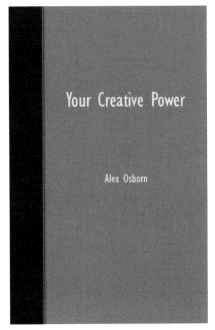

[그림 8-2] 오스본의 『크리에이티브 파워』
(2011 제본판)

라는 판단을 보류한 채 모든 의견을 종합하는 것이다. 크리에이티브 디렉터는 회의를 주재하면서 광고 창작자들이 가지고 있는 다양한 아이디어의 싹을 발견하는 데 모든 역량을 기울여야 한다. 여러 가지 아이디어의 단서를 발견한 다음, 회의가 끝나면 그 아이디어들을 발전시킨다. 광고계에서 가장 널리 활용되는 아이디어 발상법이 바로 브레인스토밍 기법이다.

이 방법은 보통 5~7명으로 구성된 팀이 기본 원칙을 지키며 아이디어를 창출하고 그것을 다시 더 높은 차원의 아이디어로 발전시키는 형태를 취했다. 직장 내 상하 관계를 무시한 상태에서 아이디어를 자유롭게 개진함으로써 갑작스러운 '두뇌 폭풍(brain storm)'을 일으킨다. 어원에서 알 수 있듯이 한 사람 한 사람이 용감하게 하나의 목표를 향해 돌진하는 특공대와 같이 독창적인 문제에 돌격하는 기법이다. 어떤 발상이 다른 발상과 충돌되고 확산하며 눈덩이 뭉쳐지듯 연쇄적으로 이어지기 때문에 눈 굴리기(snow bowling) 기법이라고도 한다. 이때 광고 아이디어의 우열을 따지지 않고 될 수 있는 대로 많은 아이디어를 수집한 다음 그것들을 결합하거나 배제하며 더 수준 높은 아이디어로 발전시켜 나가는 데 그 묘미가 있다.

브레인스토밍을 하기 위해서는 먼저 진행자 1명, 기록자 1명을 포함한 5~7명으로 팀을 구성해야 한다. 이때 진행자의 역할이 가장 중요한데, 사전에 회의 주제를 충분히 숙지해야 하고, 회의를 주재하며 필요한 때마다 적절한 질문을 해서 팀원들의 반응을 부드럽게 유도해야 한다. 진행자는 반드시 조직의 선임자일 필요는 없으나 대체로 선임자가 하는 경우가 많다. 그리고 기록자는 아무리 하찮은 아이디어나 회의 주제와 무관한 내용이라도 낱낱이 기록해야 한다.

브레인스토밍을 효과적으로 수행하기 위해서는 다음과 같은 절차가 필요하다. 첫째, 광고 창작 관련자들이 모두 한자리에 모여 오리엔테이션을 하며 해당 과제에 필요한 정보와 문제점을 설명하고, 둘째, 개인별로 문제점 해결에 필요한 아이디어를 발상하고, 셋째, 집단토론을 거치면서 아이디어를 간추리고 발전시킨 다음, 넷째, 개인적인 투표를 통해 대안을 평가하고 선택하는 순서로 진행된다.[17] 이를 보다 구체

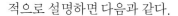

적으로 설명하면 다음과 같다.

(1) 브레인스토밍의 절차

① 오리엔테이션 단계

보통 사회자가 진행하며 이 단계에서는 광고 목표, 크리에이티브 목표, 상품의 특성, 그리고 소비자의 특성에 대해 참석한 광고 창작자들에게 자세히 설명한다. 참석자로서는 과제에 필요한 정보를 수집하는 단계다. 사회자는 참석자 모두에게 "다음 회의 때까지 아이디어 100개 이상 가져오세요."라는 식으로 아이디어의 목표 수치를 구체적으로 제시해야 한다. 연구결과에 의하면, 브레인스토밍 과정에서 아이디어의 목표 수치가 많으면 많을수록 효과적이라고 알려져 있다.[18]

② 개별발상 단계

각자 자기 영역으로 돌아가서 개인적으로 아이디어를 생각하는 단계다. 이 단계에서는 개인별로 아이디어를 발상하지만 각자 영화를 보러 가거나 다른 일을 하면서 아이디어를 낸다는 의미가 아니라, 집단 전체가 모여 있는 상태에서 아이디어를 생각하는 것이 기본 원칙이다. 개인적으로 아이디어를 내는 과정은 집단 내에서 진행되지만, 이 집단은 실제로 타인과의 외형적 상호작용이 이루어지지 않으므로 명목상으로만 집단이라는 점을 강조하기 위해 명목 집단(nominal group)이라고 부른다.[19] 이 단계에서는 자유롭고 편안한 분위기에서 가능한 한 많은 아이디어를 내는 것이 중요하며 주어진 시간 내에 아이디어 목표 수치를 달성해야 한다.

③ 집단토론 단계

이 단계에서는 참여하는 개인 간의 상호작용이 중요하므로 이때의 집단을 상호작용 집단(interacting group)이라고 부른다. 각 개인은 순서대로 같은 수만큼의 아이디

---

17) Rossiter, J. R., & Lilien, G. L. (1994). New brainstorming principles. *Australian Journal of Management*, 19(1), 61-72.

18) Vanden Bergh, B. G., Reid, L. N., & Schorin, G. A. (1983). How many creative alternatives to generate? *Journal of Advertising*, 12(4), 46-49.

19) 서구원, 이두희, 이인호(2006). 광고 크리에이티비티 향상을 위한 브레인스토밍(Brainstorming) 실증연구. 광고학연구, 17(1), 77-100.

어를 제시하며 더는 아이디어가 없으면 집단토론에 들어간다. 이때 남의 아이디어만 듣고 자기의 아이디어는 내놓지 않는 무임승차는 바람직스럽지 않다. 아이디어를 설명할 때는 아무리 사소한 아이디어라도 자신감을 가지고 참여한 모든 광고 창작자가 이해할 수 있도록 설명해야 한다. 모든 아이디어가 설명되면 비슷한 아이디어끼리 분류하는 업무가 필요하다. 또한 전혀 이질적인 아이디어라도 둘 이상을 합쳤을 때 이야기가 될 가능성이 있는 것끼리 분류할 필요가 있다. 전혀 이질적인 아이디어를 결합해 놀라운 아이디어로 발전하는 경우가 많기 때문이다.

④ 평가 단계

이 단계에서는 개인별 투표를 통해 최적의 아이디어를 결정해야 한다. 집단토론을 거친 이후 곧바로 평가할 수도 있으나 냉정하고 객관적인 평가를 위해 가능하면 하루쯤 지난 다음에 하는 것이 좋다. 브레인스토밍에 참여할 광고 창작자가 5~7명 식으로 홀수로 구성돼야 하는 것은 아이디어 평가 단계에서 동점이 나올 가능성을 방지하기 위해서이다(서구원, 이두희, 이인호, 2006). 어쨌든 이 단계에서는, 아이디어가 독창적인가, 실현 가능성이 있는가, 효과는 어떠할 것인가 등 평가 기준에 따라서 각자가 낸 아이디어를 공정하게 평가해야 한다.

그러나 나의 경험에 의하면, 민주적 절차를 거쳐 최종 선정된 아이디어가 반드시 최적의 아이디어라고 할 수 없는 경우가 많았다. 따라서 최종 평가에 앞서 경험이 많은 광고 창작자의 견해를 존중해 자신의 판단과 경험자의 판단을 비교해 보는 여유도 필요하다. 한편, 최종 아이디어를 냉정하게 검토하고 이전의 아이디어들을 서로 결합해 더 창의적인 아이디어로 발전시키는 노력도 필요하다. 대체로 전혀 생각하지 못했던 차별적이고 독창적인 아이디어는 이 단계에서 태어나는 경우가 많다.

(2) 브레인스토밍의 전개

브레인스토밍을 아무렇게나 진행하면 그만큼 효과가 반감될 가능성이 있다. 따라서 이 기법을 진행하는 데 필요한 몇 가지 사항을 숙지하고 그 원칙에 따라 회의를 진행할 필요가 있다. 브레인스토밍의 전개에서 고려해야 할 사항은 다음과 같다.

① 주제의 설정

구체적인 주제를 설정해야 한다. 브레인스토밍이 실패할 경우 주제선정을 잘하지 못해서 그런 결과가 나타났을 가능성이 크다. 주제는 되도록 알기 쉽고 구체적이어야 하며 참여한 모든 광고 창작자가 이해할 수 있는 내용이어야 한다.

② 진행자의 선정

진행자는 참여한 광고 창작자 중에서 분위기를 가장 잘 이끌어 갈 사람으로 정한다. 진행자는 브레인스토밍의 성공과 실패를 좌우하므로, 다양한 의견이 나올 수 있도록 분위기를 조성하고 보조 기능을 할 수 있어야 한다. 또한 진행자는 주제에 대해 사전에 숙지해 다양한 관점을 고려해야 하며, 실천 단계에서는 다양한 맥락에서 아이디어가 나오도록 방향을 설정할 수 있어야 한다.

③ 회의실 확보

차분한 느낌의 회의실을 확보해야 한다. 차분한 분위기의 회의장에서 책상은 사각형이나 타원형으로 배치해 전원이 얼굴을 마주 보도록 한다. 아이디어를 기록할 흑판이나 전자 칠판을 준비하며 모든 회의 내용을 기록해야 한다.

④ 구성원 수정

브레인스토밍에 참여할 광고 창작자는 성별 직급별로 비교적 고르게 분포하도록 수정해야 한다. 일반적으로 5~7명이 바람직하며 이 중에서 주제에 대한 전문가는 절반 이하로 나머지는 여러 분야의 사람들로 구성하는 것이 바람직하다. 이때 평소에 지나치게 권위적인 성향을 보이는 상사는 참여시키지 않는 것이 좋다.

⑤ 내용의 기록

참여한 모든 광고 창작자가 자유롭게 발언하도록 하고 모든 내용을 기록한다. 기록 용지에 주제와 아이디어 번호를 부여하고 나서 기록을 하되 될 수 있는 대로 모든 내용을 기록하는 것이 좋다. 그러나 부득이한 경우에는 핵심어(key word) 위주로 기록하는 것이 바람직하다.

⑥ 회의 시간 수정

회의는 1시간 이내에서 끝내고 그 이상이 되면 휴식을 취한다. 1시간 이상의 회의는 비효율적이며 새로운 아이디어가 나오지도 않는다. 따라서 1시간이 넘어가면 10

분 정도의 휴식을 취하고 다시 시작하거나 아예 다음 날에 회의하는 것이 효과적이다. 이렇게 하는 이유는 샌드위치 식의 브레인스토밍이 더 효과적이기 때문이다. 일찍이 오스본은 브레인스토밍 → 개인 업무 → 브레인스토밍 → 개인 업무 식으로 잠깐씩 각자의 다른 일을 하다가 다시 모여서 아이디어 발상을 하는 것을 '샌드위치 기법(sandwich technique)'이라고 지칭하고 이렇게 해야 더 효과적이라고 했다.[20]

한편, 브레인스토밍을 제대로 전개하기 위해서는 참여한 광고 창작자 모두가 반드시 지켜야 할 4가지 규칙이 있다. 이 규칙은 참여자 간에 암묵적으로 승인된 약속이므로 반드시 지켜져야 한다. 혹시 잘 모르는 사람이 있을 수 있으므로 진행자는 다음과 같은 4가지 규칙을 참여한 광고 창작자들에게 사전에 설명할 필요가 있다.

① 아이디어 비판 금지

브레인스토밍에서는 타인의 아이디어를 절대 비판하지 말아야 한다. 세상에는 아이디어를 잘 내는 사람도 있고 못 내는 사람도 있다. 아무리 하찮은 아이디어라도 아이디어 발상자 입장에서는 나름의 이유가 있게 마련이다. 아이디어에 대한 비판을 받으면 그 분위기가 계속 누적돼 더는 아이디어를 내지 않는 경우가 발생할 수 있다.

② 자유로운 발표

브레인스토밍에서는 아무리 하찮은 아이디어라도 망설이지 말고 발표해야 한다. 평가받는 두려움은 누구에게나 있을 수 있다. 광고 창작자들은 좋은 아이디어가 떠오르지 않을 때마다 신은 왜 자신에게 재능을 이 정도밖에 주지 않았느냐고 한탄할 것이다. 그러나 자신의 하찮은 아이디어가 다른 사람에게 영감을 주어 놀라운 아이디어로 발전할 수 있음을 명심해야 한다.

③ 다량의 아이디어 창출

브레인스토밍에서는 아이디어의 질보다 아이디어의 개수가 중요하다. 따라서 광고 창작자들은 사고의 영역을 확장해 아이디어를 많이 내도록 노력해야 한다. 어떤 연구에서는 대안의 숫자가 많을수록 좋은 아이디어가 나올 가능성이 크다는 결과가

---

20) Osborn, A. F. (1948). *Your creative power: How to use imagination.* New York, NY: Charles Scribner's Sons.

나타났는데, 보다 구체적으로 8~15개를 요구할 때가 가장 안정적이며 1인당 25개를 요구할 때는 효과가 반감된다는 것이다(Vanden Bergh, Reid, & Schorin, 1983). 그러나 광고 실무계에서는 아이디어는 많을수록 좋다고 본다. 한 번의 회의에서 최소한 100개 이상의 아이디어가 나와야 그 회의가 효과적이었다고 말할 수 있다. 초보자 처지에서는 너무 많은 숫자라며 겁을 낼 수도 있겠으나 온갖 생각의 다발을 여러 각도에서 엮다 보면 100개는 충분히 나올 수 있다.

④ 아이디어의 확장

브레인스토밍에서는 기존의 아이디어를 결합해 새로운 아이디어가 나오도록 해야 한다. 광고 아이디어의 정의에서 아이디어란 낡은 요소들의 새로운 결합이라고 했듯이(Foster, 1999; Young, 1975), 처음에는 전혀 관계없어 보이는 개별 아이디어들이 이유 있는 기준에 따라 합쳐지면 엄청난 아이디어로 다시 태어나는 경우가 많다. 따라서 기존의 아이디어를 여러모로 검토해 새로운 의미로 확장하는 노력이 필요하다.

예컨대, 서울우유 네버다이칸 광고 '화장실' 편을 보자. 브레인스토밍 과정에서 처음 나온 아이디어는 "아침에 화장실에서 시원하게 일을 본다."라는 (카피가 되지 못한) 카피 비슷한 한 마디였다. 그러나 이를 유심히 듣던 디자이너가 두루마리 화장지 대신 그 자리에 네버다이칸 골드의 용기를 넣어 보자고 제안했고, 카피라이터는 "아침

[그림 8-3] 서울우유 네버다이칸 광고

이 풀린다"라는 카피 한 줄을 썼다. 그다음 회의에서 다시 상품과 화장지 풀리는 모습을 합성시켜 카피를 "아침이 술술 풀린다"로 바꾸고, 화장지에 헤드라인을 쓰자는 아이디어가 최종 결정되었다. 이처럼 브레인스토밍 기법에서는 단지 아이디어를 내는데 그치지 않고 그것을 확장하는 것이 더 중요하다.

(3) 브레인스토밍의 단점과 장애 요인

일반적으로 이 기법은 광고 아이디어 발상에 효과적이라고 알려져 있으나 그 효과가 의문시되기도 한다. 광고 창작자에 따라 아이디어 발상력의 차이로 인해 시간을

낭비할 수도 있고 때로는 수준이 떨어지는 아이디어에 의존해야 하는 경우도 발생하기 때문이다. 이 기법은 카피라이터에게 결코 만능의 비법이 될 수 없다는 비판도 제기되었다. 김동규(2003)는 이 기법으로 독창적인 카피 아이디어를 찾아내는 데 반드시 성공한 것만은 아니었으며, 마감 시간에 쫓기는 바쁜 일정 속에서 브레인스토밍에 들이는 시간과 노력이 때로는 소모적일 때도 있었다고 보고했다. 따라서 카피라이터 개인의 개성과 성향에 따라 브레인스토밍 기법을 활용할 필요가 있으며, 어쨌든 이 기법도 많은 아이디어 발상법 중의 하나일 뿐이라는 점을 인식할 필요가 있다.

한편, 브레인스토밍 기법은 집단적 의사결정 기법으로 여러 요인에 의해 부정적인 영향을 받기도 한다. 부정적인 영향을 받아 제대로 기능을 발휘하지 못하는 발상법이라면 차라리 활용하지 않는 편이 낫겠으나, 그보다 사전에 부정적인 요인을 파악함으로써 이 기법이 지니는 고유한 특성을 제대로 이해하고 활용하는 노력이 필요하다. 브레인스토밍에 부정적인 영향을 미치는 요인으로 다음과 같은 4가지 사항이 지적되고 있다.[21]

① 창출 저지

아이디어 발상은 연상의 지속이며 연속적 사고의 과정이다. 그런데 떠오른 아이디어를 발표하는 동안이나 남의 아이디어를 듣는 동안에는 지속적인 아이디어 발상이 막히게 된다. 이처럼 아이디어 발상이 막히게 되는 것을 창출 저지(production blocking)라고 한다. 광고 실무계에 있는 카피라이터들은 이런 경험을 많이 하게 되는데, 이를 보완하기 위해 브레인스토밍의 변형 기법인 브레인라이팅(brainwriting) 기법이 개발되기도 했다.

② 무임승차

광고 창작 현장에서 보면 아이디어를 잘 내는 사람들은 계속해서 아이디어를 내고 안 내는 사람들은 아이디어를 내지 않는 경우가 많다. 단지 재능이나 발상력의 차이에 따른 결과라기보다 습관적으로 그런 경우가 발생하는데, 브레인스토밍에서는 이같은 태도를 경계해야 한다. 다른 사람들 틈에 끼어서 적당히 넘어가려는 경향을 무

---

21) Paulus, P. B., & Yang, H. (2000). Idea generation in groups: A basis for creativity in organizations. *Organizational Behavior and Human Decision Processes*, 82(1), 76–87.

임승차(free riding) 또는 사회적 태만(social loafing)이라고 한다. 일찍이 광고 창작자 잭 포스터(Jack Foster)는 다음과 같은 진리를 소개한 바 있다.[22]

> 일을 더 많이 할수록 일을 더 많이 하게 되고,
> 일을 더 적게 할수록 일을 더 적게 하게 된다.

카피라이터들은 동료의 아이디어에 무임승차하는 경우를 가장 경계해야 한다. 무임승차나 사회적 태만은 다른 동료들의 열심히 하려는 의욕마저 꺾음으로써 자신이 속한 조직에 치명적인 피해를 주게 된다. 그리고 그런 행동을 반복하는 카피라이터는 나중에 전혀 아이디어를 내지 못하는 얼치기 카피라이터로 이미지가 고정되고 결국에는 광고회사를 떠나야 한다.

③ 평가에 대한 두려움

아무리 뛰어난 광고 창작자라도 매번 자신이 낸 아이디어가 최고의 아이디어라고 자부하기는 어렵다. 광고 실무계에서는 "3초 이내에 반응이 없으면 그 아이디어를 버리라."라는 농담이 있는데, 이는 남들의 평가가 아이디어의 채택에 있어서 그만큼 결정적이라는 반증이다. 이른바 자신의 아이디어를 남들에게 평가받는 두려움(evaluation apprehension)은 누구에게나 있을 수 있지만, 브레인스토밍 과정에서는 결정적인 장애 요인이 된다. 특히 광고회사의 차장급 이하의 카피라이터들은 자신이 낸 아이디어를 남들이 어떻게 평가할 것인지에 너무 신경을 쓴 나머지 주변 동료에게 자기 아이디어를 보여 주기를 꺼리는 경향이 많다. 이런 경향을 방지하기 위해 자율적이고 개방적인 분위기 조성이 무엇보다 중요하다.

④ 소수에 의한 지배

아이디어가 뛰어난 몇 사람이 전체 분위기를 지배함으로써 다른 사람은 아예 아이디어를 낼 엄두조차 내기 어렵게 하는 경우다. 이는 브레인스토밍의 기본 정신에도 어긋나며 참여한 광고 창작자의 시너지 창출에도 부정적인 영향을 미친다. 따라서

---

22) Foster, J. (1999). 잠자는 아이디어 깨우기 (*How to get ideas*). (정상수 역). 서울: 해냄출판사. (원저는 1996년에 출판).

진행자는 너무 나서는 사람에 대해서는 적절히 제어하고 너무 침묵하는 사람에게는 여러 가지 동기 부여를 할 필요가 있다.

브레인스토밍 과정에서 무임승차하는 사람이 많다고 느끼는 경우 창의적인 광고 아이디어 발상에 부정적인 영향을 미치고, 평가에 대한 두려움의 경험이 많을수록 파격적인 아이디어를 창출할 가능성이 커서 브레인스토밍에서 모험적인 시도나 긴장감은 광고 창의성의 향상에 긍정적인 영향을 미칠 수도 있다. 따라서 광고 창작자들은 무임승차하려는 자신의 태도에 대해서는 엄하게 질책하고, 평가에 대한 두려움이 있으면 이를 현명하게 극복하되 극복하기 어려운 경우에는 오히려 뛰어난 아이디어 발상만이 유일한 무기라는 생각으로 자신의 동력을 키울 필요가 있다.

2) 거베이의 브레인스토밍 규칙

연구자들은 오스본 이후 브레인스토밍 기법에 대해 지속해서 연구하고 발전시켰다. 그중에서 거베이(J. J. Gabay)의 관점이 가장 주목할 만한데, 그는 효과적인 브레인스토밍을 위한 9가지 규칙을 제시했다.[23] 이는 앞에서 살펴본 4가지 규칙과 내용 면에서는 비슷하지만, 브레인스토밍의 원칙을 보다 세분화시켜 다른 관점에서 설명한 점이 인상적이다. 그가 제시한 9가지 브레인스토밍 규칙을 제시하면 다음과 같다.[24]

- 모든 브레인스토밍은 동일하다.
- 다른 참여자의 아이디어를 평가하도록 허락받은 사람은 아무도 없다.
- 엉뚱한 아이디어가 많으면 많을수록 좋다.
- 모든 아이디어는 서로 짝을 이루며 더 좋아질 수 있다.
- 아이디어 수준에 신경 쓰지 말고 폭넓게 생각하라. 좋건 나쁘건 많은 아이디어 발상을 해야 한다.
- 모든 아이디어를 최종 목록에 포함해 평가하라.
- 참여자에게 유도하거나 위협하는 질문을 하지 말라. 예컨대, "제 아이디어 좋지 않아요?" 같은 질문을 하지 말라.

---

23) Gabay, J. J. (2000). *Teach yourself copywriting*(p. 30). Lincolnwood, IL: NTC Publishing Group.
24) 김동규(2003). 카피라이팅론. 서울: 나남출판. pp. 210-211을 바탕으로 보완했다.

- 아이디어가 좋거나 이상하거나에 상관없이 보다 발전되도록 호기심을 부채질하라.
- 광고 창작에 관한 가장 정확한 요건에 모두 동의할 경우에 본능이나 직관에 따라 최종적으로 분석하라.

3) 로르바흐의 브레인라이팅 기법

광고 실무에서는 여럿이 모여 브레인스토밍을 할 시간적 여유가 없을 때가 많으나 혼자서라도 아이디어 발상을 해야 한다. 또한 어떤 사람은 내성적이거나 소극적이어서 남 앞에서 말하기가 서투르기도 하며 어떤 사람은 체면을 중시해서 브레인스토밍 때 별로 말을 안 하는 경우가 있다. 이때 생각나는 아이디어를 말로 하지 않고 글로 쓰면서 하는 방법이 있는데, 이것이 바로 브레인라이팅 기법이다.

브레인라이팅(brainwriting)은 1968년에 독일의 베른트 로르바흐(Bernd Rohrbach) 교수가 브레인스토밍의 문제점을 극복하기 위하여 창안한 것으로 6-3-5기법이라고도 한다.[25] 즉, 6명이 둘러앉아 3개의 아이디어를 5분 이내에 기록하고 옆 사람에게 돌려(6-3-5 기법), 30분 이내에 108개의 새로운 아이디어를 얻는 것을 목표로 한다. 브레인스토밍에서는 개인의 의견이나 아이디어를 주로 말로 표현하지만 브레인라이팅에서는 문자 그대로 글로 표현한다. 그는 브레인스토밍의 문제점을 극복한다는 사명감으로 '브레인라이팅' 발상법을 제시했다. 독일의 형태분석기법 전문가 헤르만 홀리겔(Hermann Holliger)도 브레인스토밍에서 힌트를 얻고 개량해서 브레인라이팅을 발전시켰다.

이 기법은 일명 핀 카드(pin card)를 활용한 '게시판 세미나'라고도 불리며, 미국에서 개발한 아이디어 라이팅(ideawriting) 기법과 독일 프랑크푸르트의 바텔연구소(Battele Institute)에서 개발한 카드 붙이기 기법(card posting)의 변형으로도 인식되며, 광고 아이디어 발상은 물론 의견수렴이나 문제 해결을 위한 워크숍 등에서 참여자의 의견을 효율적으로 집약하는 데 유용하다. 자기 생각을 말이 아니라 글로 표현한다는 점에서, 이 기법을 '침묵의 브레인스토밍'이라고도 한다. 2명 이상이 모여 말을 하

---

25) Rohrbach, B. (1969). Kreativ Nach Regeln-Methode 635, Eine Neue Technik Zum Lösen Von Problemen. *Absatzwirtschaft*, *12*(19), October, 73-75. http://en.wikipedia.org/wiki/6-3-5_Brainwriting

[그림 8-4] 리빗과 하우스리의
『브레인라이팅』 표지(2002)

지 않고 종이에 자기 생각을 쓴 다음, 그것을 다른 사람과 교환해 검토한 후 추가로 자기 아이디어를 기록한다. 따라서 이 기법은 남 앞에서 발언하기를 꺼리는 사람, 소극적인 사람, 체면을 걱정하는 사람, 그리고 이야기 표현에 서투른 사람에게 효과적이다. 더 자세한 내용은 다음과 같다.[26]

(1) 준비물과 진행 단계

브레인라이팅은 6명의 광고 창작자가 각각 3개의 아이디어를 5분간 생각한 다음 기록하고 서로 돌려보는 것이 일반적이다. 이를 수행하려면, 핀 보드 2~3개, 전지 종이 5~6장, 기록지(sheet) 또는 포스트잇(10×20㎝, 1인당 15매 정도), 타원형 또는 원형 모양의 종이카드(20매), 실핀 또는 딱풀 2~3개, 인원수만큼의 유성 매직펜 등이 필요하다. 이때 핀 보드가 없으면 벽에 전지 종이를 붙여서 하기도 한다. 기본적인 준비물은 이 정도면 충분하지만, 회의의 성격에 따라 추가로 필요한 것을 그때그때 준비하면 된다. 한편, 진행 방법과 진행 단계는 다음과 같은 4가지 단계를 거쳐 이루어진다.

① 주제제시 단계

발상을 촉진하는 진행자(facilitator)는 광고 캠페인이나 개별 광고 아이디어 수집을 위해 사전에 연구 과제나 토론 주제를 준비한다면 참여한 광고 창작자 모두에게 자세하게 설명한다. 어떤 목적에서 아이디어 발상 회의가 필요했는지 결국 그 회의에서 어떤 결과가 나오기를 기대하는지 구체적으로 설명하는 단계다.

② 의견작성 단계

진행자는 모든 참가자 책상에 카드와 유성 매직펜을 배부해 둔다. 카드에는 해당

---

26) Levitt, I. B., & Housley, J. A. (2002). *Brainwriting! Enrich your life using handwriting analysis*. England: Serena Publishing.

과제를 일목요연하게 설명하는 하나의 개념을 간단한 단어나 어구로 최대한 압축해서 쓴다. 참가자 모두가 쉽게 볼 수 있는 정도로 크게 쓴다. 이때 한 사람당 제출할 수 있는 카드 매수는 제한을 두지 않는다.

③ 기록지 수집 및 분류 단계

기록지 수집 방법은 다음과 같다. 첫째, 약 30명의 참가자가 작성한 기록지를 한 사람의 진행자가 수집하는 방법, 둘째, 6명 정도로 구성된 팀별로 수집하는 방법, 셋째, 참가자가 직접 부착하는 방법 등 주어진 과제나 상황에 따라 탄력적으로 활용할 수 있다. 기록지 분류하는 방법은 풀로 붙이는 방법, 핀으로 고정하는 방법, 자석을 활용한 부착 방법, 참가자가 직접 회의실 바닥에 정리하는 방법 등이 있다.

④ 집단별 상위개념 명명 단계

분류 기준에 따라 모든 기록지가 부착되면, 진행자는 매직펜으로 주제별 카드 집단을 구름 형태의 그림으로 경계를 설정해 묶음으로 표시한 다음 타원형 모양의 상위개념을 붙인다. 이때 중요하다고 판단되는 사항은 별 모양이나 번개 모양으로 표시할 수 있다. 이렇게 정리한 다음, 전체 참가자에게 추가로 덧붙일 의견을 묻고, 만약 추가할 의견이 있을 때는 추가로 의견을 기록한다.

(2) 브레인라이팅의 절차

이 기법은 일반적으로 참여자 6명(그 이상도 가능)이 둥근 테이블에 둘러앉아, 3개의 아이디어를 브레인라이팅 기록지에 써서 5분 이내에 다음 사람에게 넘긴다. 5분마다 옆 사람의 기록지를 받게 되므로 30분이면 한 사람이 18가지 아이디어를 내게 되며, 6명 전체의 아이디어를 합치면 모두 108가지 아이디어를 얻을 수 있다. 이 정도의 아이디어 개수라면 30분에 얻을 수 있는 대단한 효과라 할 것이다. 일반적으로 참여한 광고 창작자들은 발상을 촉진하는 진행자(facilitator)의 진행에 맞추어 배부된 종이카드나 메모지(포스트잇) 등에 질문에 대한 각자의 의견을 기록하고 이를 제출해서 분류·정리해 유형화한다. 이 기법을 진행하는 절차는 다음과 같다.[27]

---

27) 송창석(2005). 새로운 민주시민 교육방법: Metaplan을 활용한 토론·토의·회의 진행법. 서울: 백산서당.

- 한 집단을 팀당 4~6명으로 구성한다.
- 개개인에게 브레인라이팅 기록지를 배부하고 여분을 준비한다.
- 기록지의 가장 윗줄에 해결 과제를 기록한다.
- 첫째 줄에 자기 아이디어를 3개씩 기록한다.
- 자기 아이디어를 적은 기록지를 옆 사람에게 넘기고 타인의 기록지를 가져온다.
- 타인의 기록지의 둘째 줄에 타인의 아이디어를 참고해 자기 아이디어를 3개 정도 기록한다.
- 다시 기록지를 옆 사람에게 돌리고 타인의 기록지를 들고 온다.

〈표 8-1〉 브레인라이팅 기록지

	아이디어 1	아이디어 2	아이디어 3
참여자 1			
2			
3			
4			
5			
6			

(3) 브레인라이팅의 장점과 유의점

이 기법을 활용하면 내성적인 사람들이나 상관 앞에서 말하기를 망설이는 개인의 참신한 생각을 두루 발굴할 가능성이 크다. 발표를 망설이는 다수의 의견을 이끌어 낼 수 있고, 참여자의 다양한 견해를 신속히 게시판에 알릴 수 있다. 따라서 브레인라이팅은 참여자가 많거나 타인의 아이디어를 참고하여 많은 아이디어를 내고 싶을 때도 유용하다.

제안된 아이디어는 참석자 각자가 용지 하나씩을 맡아 우수한 아이디어를 선정하고, 그중에서 2~3개 정도로 축소한 다음 선정된 아이디어를 바탕으로 브레인라이팅을 추가로 다시 할 수 있다. 이 과정에서 아이디어가 더 좋아지고 정교화될 것이다. 이 기법은 브레인스토밍의 한계를 부분적으로 극복한 다음과 같은 장점 때문에, 대단히 매력적인 방법으로 활용할 수 있다.

첫째, 창출 저지가 어렵다. 브레인스토밍에서처럼 한 사람이 아이디어를 발표하는 동안 다른 사람들이 자신의 아이디어를 생각하는 데 방해를 받지 않는다. 직접 기록지를 가져오거나 옆 사람이 넘겨주는 기록지에 바로 자신의 아이디어를 기록하면 된다. 모든 참석자가 동시에 자신의 아이디어를 기록해 시간을 크게 절약할 수 있다.

둘째, 무임승차가 어렵다. 참석자가 돌아가면서 아이디어를 기록해야 하므로 중간에 아이디어 기록을 빠뜨리기 어려워 무임승차의 가능성을 줄일 수 있다. 새로운 아이디어를 내거나 문제 해결 방안을 마련해야 할 때 이 기법을 활용하면 놀라운 효과를 기대할 수 있다. 실제로 기업에서 브레인라이팅을 자주 활용하는 이유이기도 하다.

셋째, 평가에 대한 두려움이 사라진다. 무기명으로 아이디어를 적어 내기 때문에 어떤 아이디어가 누구의 생각인지 확인하기 어렵다. 설령 상투적이고 평범한 아이디어를 적어 냈다 하더라도 다른 참석자의 눈치를 볼 필요가 없으므로 비교적 자유롭게 아이디어를 낼 수 있다. 그리고 적어 낸 아이디어에 동의하라는 무언의 압력도 피할 수 있다.

그런데도 이 기법은 브레인스토밍과 비교하면 참여자의 자발성이 떨어질 수 있다는 한계가 있다. 따라서 자발적으로 아이디어를 내도록 유도하는 진행자 역할이 중요하다. 또한 글쓰기 자체를 싫어하는 사람이 많을 때는 효율적이지 못하며 기대 이하의 결과가 나타날 수 있다. 참여자 의견이 엇비슷해질 가능성도 있으므로 최대한 남과 다른 아이디어를 내려고 노력해야 한다. 옆 사람에게 기록지를 넘길 때는 무임승차를 하지 않겠다는 생각으로 빈칸으로 넘기지 말아야 하며, 앞 사람의 아이디어를 더욱 발전시켜 나가겠다는 참여자 상호 간의 노력과 의지가 중요하다.

4) 에벌의 스캠퍼 발상법

스캠퍼 발상법은 오스본의 체크리스트 기법을 보완하고 발전시킨 것으로 광고를 비롯한 모든 분야에서 활용할 수 있는 보편적인 아이디어 발상법이다. 어떤 현상을 개선하기 위해 대체하기, 결합하기, 조절하기, 변경·확대·축소하기, 용도 바꾸기, 제거하기, 역발상과 재정리하기 같은 일곱 가지 질문을 한 다음 그에 대한 해답을 찾다 보면 혁신적인 해결책이 나온다는 것이다. 브레인스토밍 기법을 창안했던 오스본은 1950년에 다시 체크리스트(checklist) 기법을 제안했다. 그는 어떤 것을 다른 용도로 활용하기, 다른 것과 결합하기, 기능을 대체하기, 확대하거나 강화하기, 늘리거나 축소하기, 압축하거나 나누기, 순서나 레이아웃 바꾸기 같은 질문이 아이디어 발상을 촉진한다고 했다. 1971년에 밥 에벌(Bob Eberle)은 오스본의 체크리스트 기법을 보완하고 발전시켜 스캠퍼(SCAMPER) 발상법을 제시했다. 아이디어 발상법은 진화되어야 한다는 평소의 신념을 구체화한 것이다. 이를 보다 구체적으로 살펴보면 다음과 같다.

(1) 7단계 질문

이 기법을 활용하면 새로운 용도를 개발하거나, 품질을 개선하거나, 실용성을 높이는 아이디어 발상에 많은 도움이 된다. 이 기법은 광고를 비롯한 모든 분야에서 활용할 수 있는 보편적인 아이디어 발상법으로, 새로운 발상은 이미 존재하던 것을 변형시킨 형태라는 전제를 가지는데, 류진한(2023)이 설명했듯이 아이디어를 재활용하여 빅 아이디어로 재탄생시키는 7가지 방법이 있다.[28] 스캠퍼(SCAMPER)는 관점의 변형이나 수정에 관련된 다음과 같은 알파벳의 첫머리 글자 7개를 따서 만들었다.

- 대체하기(Substitute)
- 결합하기(Combine)
- 조절하기(Adjust)
- 변경·확대·축소하기(Modify, Magnify, Minify)
- 용도 바꾸기(Put to Other Uses)
- 제거하기(Eliminate)
- 역발상·재정리하기(Reverse, Rearrange)

스캠퍼 기법을 활용하려면 먼저 해결하려는 문제가 무엇인지 명확하게 정리해야 한다. 보편적인 발상법이므로 광고를 비롯한 어떤 영역에서도 활용할 수 있다. 아이디어를 발전시켜야 할 문제를 정한 다음, 체크리스트에 따라 질문하며 답을 찾아가면 된다. 스캠퍼의 단계별 질문에 대한 체크리스트를 보다 구체적으로 설명하면 다음과 같다.[29]

---

28) 류진한(2023). 스캠퍼. BIG 아이디어 발상 31(pp. 199-213). 서울: 학지사.

29) Eberle, B. (2008). *Scamper: Creative games and activities for imagination development.* Waco, TX: Prufrock Press.

첫째, 대체하기다(Substitute). 사람이나 사물을 A 대신 B로 대체하면 어떨까? 현재의 용도를 조금만 바꿔 다르게 쓸 수는 없을까? 순서를 바꿔 보면 어떨까? 재료를 바꿔 보면 어떨까? 성분을 바꿔 보면 어떨까? 역할을 다른 사람으로 바꿔 보면 어떨까? 시간이나 장소를 바꿔 보면 어떨까? 예를 들어, 나무젓가락은 젓가락의 재질을 나무로 대체한 것이다. 이렇게 기존 것을 대체할 다른 것을 찾는 질문을 하다 보면 놀라운 아이디어를 얻을 수 있다.

둘째, 결합하기다(Combine). A와 B를 결합해 새로운 짝 짓기를 시도하면 어떨까? 비슷한 기능끼리 혹은 전혀 다른 성분끼리 섞으면 어떨까? 성격이 전혀 다른 사람을 한 팀에 배치하면 어떨까? 낯설고 이질적인 단어끼리 결합하면

[그림 8-5] 에벌의 『스캠퍼』 표지(2008)

어떨까? 예를 들어, 복합기는 '복사'와 '팩스' '스캔' 기능을 결합한 것이다. 이처럼 2가지 이상을 결합해 새로운 것을 찾는 질문을 하다 보면 엄청난 아이디어가 탄생한다. 광고인 이용찬이 나와 인터뷰하는 자리에서 다음과 같이 말한 것도 아이디어 발상에서 낯선 단어끼리의 결합이 중요하다는 사실을 강조한 맥락이었다. "안 만난 것들끼리 만나게 해 주는 행위가 인간이 할 수 있는 창조라는 전제를 인정해야 모든 것이 풀려요. '정보고속도로'라는 말을 생각해 보세요. 보통 사람들은 정보라는 단어를 찾아 들어가 그 파일 안에서만 사고를 하거든요. 그런데 정보라는 파일에는 고속도로라는 말이 없어서 이를 찾으려면 할 수 없이 머릿속의 뉴런(neuron)이 한 번도 안 갔던 길을 찾아가야 하니까 뉴런이 가면서 낯설게 느껴요. 마치 등산을 할 때 늘 다니던 길이 아닌 새로운 길로 갔을 때 느끼는 '낯섦' '새로움' '다름' 이런 것들입니다. 그러니까 새로운 것을 창조하려면 한 번도 안 만난 파일과 파일 사이를 뉴런이 이동하게 만들어 줘야 해요. …… 아이디어를 100개, 200개씩 막 내는 친구들이 있는데 안 만났던 것끼리 연결시키는 프로세스만 알면 쉬워요. 딤채의 '발효과학' 역시 한 번도 붙은 적이 없는 '발효'라는 말과 '과학'이라는 말을 붙여 놓으니까 그럴듯하게 되었잖아요."[30]

셋째, 조절하기다(Adjust). A와 B를 조절해 보면 어떨까? 주어진 조건의 목적에 알

---

30) 김병희(2011d). 때와 장소를 가리지 않는 엔터테이너: 이용찬. 기획의 내비게이션: 창의성을 키우는 통섭 광고학 4(pp. 123-155). 서울: 한경사.

맞게 조정할 수 있을까? 이것은 다른 것에 어떻게 응용할 수 있을까? 모양을 바꿔 볼까? 대상이나 문제를 어떻게 조정할 수 있을까? 예를 들어, 벨크로(떼었다 붙였다 하는 일명 '찍찍이')는 식물의 씨앗(우엉씨)이 옷에 붙는 원리를 응용한 것이다. 이처럼 어떤 것을 다른 분야의 조건이나 목적에 알맞게 조절하는 질문을 하다 보면 시너지를 일으키는 뜻밖의 아이디어를 얻을 수 있다.

넷째, 변경하거나 확대하거나 축소하기다(Modify, Magnify, Minify). 어떤 대상 A를 B로 변경하거나 확대(과장)하거나 축소하면 어떨까? 형태나 품질을 바꿔 보면 어떨까? 의미, 색깔, 소리, 향기를 바꿔 보면 어떨까? 더 과장할 수는 없을까? 더 축소할 수는 없을까? 더 크게 할 수는 없을까? 더 작게 할 수는 없을까? 더 간소화할 수는 없을까? 예를 들어, 스마트폰은 컴퓨터와 노트북을 간소화해 변경한 것이다. 이렇게 어떤 것의 특성이나 모양을 변경하거나 확대 또는 축소해 새로운 것을 찾는 질문을 하다 보면 기상천외한 아이디어를 얻을 수 있다.

다섯째, 용도 바꾸기다(Put to Other Use). 어떤 A라는 용도를 B라는 용도로 바꿔 보면 어떨까? 처음과 다른 용도는 없을까? 그 사람을 대신할 다른 사람은 없을까? 같은 재료로 다른 식품을 만들 수 없을까? 기존의 방법을 바꿔 다르게 처리하는 방법은 없을까? 예를 들어, 연필 끝에 지우개를 붙여 더 편리한 필기구를 만든 것이다. 이렇게 현재 용도에 만족하지 않고 다른 용도로 사용될 가능성을 찾는 질문을 하다 보면 혁신적인 아이디어를 얻을 수 있다.

여섯째, 제거하기다(Eliminate). 어떤 사물 A를 구성하는 요인 중에서 그 무엇을 제거하면 어떨까? 무엇을 삭제하면 더 좋아질까? 얇게 하면 어떨까? 짧게 하면 어떨까? 가볍게 하면 어떨까? 생략하면 어떨까? 압축하면 어떨까? 나누면 어떨까? 예를 들어, 컨버터블 오픈카는 자동차의 지붕을 제거해 만든 것이다. 이렇게 기존의 것에서 불필요한 일부분을 제거할 질문을 하다 보면 문제 해결의 새로운 실마리를 찾는 아이디어를 얻을 수 있다.

일곱째, 역발상을 해 보거나 재정리하기다(Reverse, Rearrange). AB를 BA로 거꾸로 바꿔 보면 어떨까? 레이아웃이나 패턴을 180° 다르게 배치해 보면 어떨까? 순서를 뒤집어 거꾸로 해 보면 어떨까? 역할이나 위치를 전혀 다르게 바꿔 보면 어떨까? 원인과 결과를 바꿔 보면 어떨까? 위아래를 거꾸로 바꾸면 어떻게 될까? 예를 들어, 양면 스캔을 할 수 있는 양면 스캐너가 대표적이다. 이처럼 기존의 것에서 주어진 것의 순서나 모양 등을 거꾸로 해 보거나 다시 배열해 보고 새로운 것을 생성해 내도록 하는 질문을 하다 보면 전혀 엉뚱한 데서 좋은 아이디어를 얻을 수 있다.

이상에서 스캠퍼의 단계별 질문 체크리스트를 살펴보았다. 이 기법은 강제 연상법에 가깝다. 맥도널드의 창업자 레이먼드 크록(Raymond Albert Kroc)은 이 기법을 활용해 많은 아이디어를 얻었다고 한다. 예컨대, 단지 햄버거만 팔지 않고 점포와 부동산을 동시에 판매하는 용도 바꾸기(P)를 했고, 시중드는 종업원을 없애고 손님이 직접 가져다 먹는 식으로 기존의 것에서 불필요한 부분의 제거하기(E)를 시도했으며, 먹기 전에 돈을 먼저 내는 순서로 기존 패턴을 재정리(R)했다. 이처럼 질문에 대해 답을 찾다 보면 혁신적인 해결책이 나오게 된다.

알파벳의 첫머리 글자 7개를 따서 만든 말이지만 스캠퍼(SCAMPER)는 그 자체의 뜻을 지닌다. 영어 사전에서는 스캠퍼를 '도망치다, 달려가다, 뛰어놀다'라는 뜻의 동사와 '도주, 뛰어다니기'라는 명사로 설명하고 있다. 평소 걷기만 하던 사람이 처음부터 달려가기는 어렵지만, 어린이처럼 뛰어놀 수는 있다. 다소 힘이 들더라도 꾸준히 아이디어를 생각하며 뛰어놀다 보면 언젠가는 생각에 엔진을 달고 더 좋은 아이디어로 발전시키며 달려갈 수 있으리라. 바로 이 점이 스캠퍼에 숨어 있는 뜻이다.

3. 광고 맞춤형의 아이디어 발상

1) 영의 5단계 발상법

카피라이터 출신인 영(James Webb Young, 1886~1973)의 아이디어 발상법(idea-generating approach)은 여러 가지 맥락에서 주목할 만하다. 일찍이 버넷은 영의 방법이 창의적인 광고물을 쓰는 최상의 발상법이라고 생각했으며, 오길비 역시 광고 카피의 역사상 5대 거인 중의 한 명으로 영을 지칭했다. 영의 발상법은 1980년대에도 자주 활용되었으며 수많은 광고 창작자에게 지대한 영향을 미쳤다.[31]

제임스 웹 영은 미국 신시내티에서 태어나 1912년에 광고회사 J. 월터 톰슨(JWT)의 카피라이터가 되었다. 그 후 이 회사의 부사장과 서부 지역 담당 사장을 지냈고, 시

---

31) Bengston, T. A. (1982). Creativity's paradoxical character: A postscript to James Webb Young's technique for producing ideas. *Journal of Advertising*, *11*(1), 3.

카고대학교 경영대학원 교수(1931~1939)로 재직했다. 1941년, 전시광고협의회(War Advertising Council)의 발기인으로 참여해 회장까지 역임한 그는 전시광고협의회가 지금의 공공광고협의회(Advertising Council)로 발전하는 데 크게 이바지했으며, 1946년에 '올해의 광고인'으로 선정되었다.

그는 어떤 경우에도 적용할 수 있는 아이디어 발상의 일반화 모형을 모색하는 차원에서 5단계 발상법을 제시했다. 그의 발상법은 그동안 전 세계의 창작자들에게 지대한 영향을 미쳤고 광고학계의 주목을 받았으며, 지금도 다양한 영역에서 활용되고 있다. 그는 시카고대학교 경영대학원에서 강의한 내용과 광고 실무자들과의 토론 내용을 종합해 1965년에 『아이디어 발상법(A Technique for Producing Ideas)』을 출판했다.

지금까지 아이디어 발상법에 관련된 많은 책이 출간되었지만, 이 책은 여전히 아이디어 발상 분야의 고전이자 초석으로 손꼽힌다. 전설적 광고인 오길비는 영의 아이디어 발상법에 깊은 영향을 받았다고 고백한 바 있었다. 영은 아이디어 발상이 섭취, 소화, 부화, 조명, 증명이라는 5단계 순서에 따라 이루어진다고 주장했다. 그의 아이디어 발상법을 보다 구체적으로 살펴보면 다음과 같다.

영은 좋은 아이디어를 낼 수 있는 세세한 내용을 구체적으로 제시하지는 않았으나 창의적인 사고를 통해 아이디어가 어떻게 떠오르고 어떻게 하면 효과적으로 발상을 할 수 있는지에 대해 체계적으로 설명했다. 따라서 영이 제시한 아이디어 발상법은 아이디어 발상의 일반화 모형이라고 할 수 있다. 5단계로 이루어지는 그의 아이디어 발상 과정은 다음과 같다.[32]

- **섭취 단계**: 관련 정보를 다양하게 수집하고 탐색하는 단계
- **소화 단계**: 자료의 내용을 '마음의 촉수'로 느껴 보는 단계
- **부화 단계**: 업무에서 벗어나 무의식 상태에서 망각하는 단계
- **조명 단계**: 숙성을 거친 후 최종 아이디어를 창출하는 단계
- **증명 단계**: 아침 무렵의 차고 음산한 여명처럼 판단하는 단계

영의 아이디어 발상법에 영향을 받은 오길비는 아무것도 하지 않고 여러 가지 음악을 들어 보거나 시골길을 무작정 걸어 보기도 하는 무의식에 빠져보는 방법을 선호했

---

32) Young, J. W. (1975). *A technique for producing ideas*. Lincolnwood, IL: NTC Business Books.

다. 광고 창작자에게 속삭이는 그 무엇이 '무질서한 생각의 창고'에 있을 때는 아무 생각 없이 자전거를 타면서 내면의 무의식에서 보내는 전보를 쉬지 않고 받는데,[33] 이때 받는 단편적인 메시지들이 광고 아이디어 발상의 소중한 재료가 된다고 했다. 영이 제시한 단계별 아이디어 발상법을 보다 구체적으로 살펴보면 다음과 같다.

(1) 섭취 단계

섭취 단계(ingestion stage)는 카피 창작에 필요한 여러 가지 자료를 수집해 자기 것으로 쓰는 출발 단계다. 영이 제시한 아이디어의 개념이 낡은 요소 간의 새로운 조합이라면 먼저 그 낡은 요소들을 다양하게 수집할 필요가 있다. 여기에서는 광고주가 제시한 상품 관련 자료에서부터 광고 콘셉트를 연결할 만한

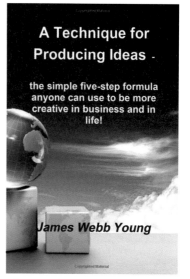

[그림 8-6] 영의 『아이디어 발상법』 표지(2012)

다양한 사물에 이르기까지 여러 가지 요소를 풍부하게 확보하고 접하고 느낀 다음 자기 생각으로 정리하는 과정이 필요하다. 이 단계에서 수많은 자료 더미 때문에 힘들고 지루할 수 있으나 자료를 읽고 보고 분석하는 과정을 소홀히 하면 나중에 낭패를 볼 수도 있다.

이 단계에서 반드시 접해야 하는 자료는 크게 2가지로 나뉘는데, 첫째, 광고 상품이나 서비스의 특성이나 소비자 혜택과 직접 관련되는 구체적 자료이며, 둘째, 상품과 직접 관련되지는 않지만 전반적인 사회 흐름이나 문화적 특성에 관련되는 일반적 자료다. 이 2가지 자료는 향후 아이디어의 타당성을 평가할 때 유용한 근거로 작용한다.

광고 아이디어 발상을 위한 자료수집 경로에 대해 우에조 노리오(植條則夫, 1991)는 다음과 같은 9가지 방법을 제시했다.[34] 첫째, 광고주 담당자로부터, 둘째, 기업의 기술 연구진으로부터, 셋째, 공장의 생산 관계자로부터, 넷째, 기업의 최고경영자로부터, 다섯째, 판매 관계자로부터, 여섯째, 소비자로부터, 일곱째, 상품에 관한 연구

---

33) Ogilvy, D. (1963). *Confessions of an advertising man* (p. 28). New York, NY: Ballantine.

34) 우에조 노리오(植條則夫, 1991). 카피교실 (植条則夫のコピー教室: 廣告情報作品)(pp. 85-87). (맹명관 역). 서울: 들녘. (원저는 1988년에 출판).

회나 세미나 및 전시회로부터, 여덟째, 다른 기업의 광고 자료와 홍보 자료에서, 아홉째, 상품에 대한 직접 테스트를 통해 자료를 수집해야 한다는 것이다. 이 단계에서는 풍부한 자료를 섭취하며 더 좋은 아이디어를 얻을 수 있도록 자료의 '간'을 봐야 한다.

이 밖에도 여러 가지 자료수집 방법이 있을 것이다. 카피라이터는 책상머리에 앉아서 단지 카피만 쓴다는 생각이 아닌 카피란 발바닥으로 쓴다는 생각으로 여러 경로를 통해 카피 창작에 필요한 자료들을 수집해야 한다. 어쨌든 이 단계에서는 다양하고 풍부한 자료들을 접하면서 향후 아이디어 발상을 위한 정신적 준비 운동을 다양한 방법과 관점으로 수행할 필요가 있다.

(2) 소화 단계

섭취한 자료 그 자체만으로는 아무것도 만들어 낼 수 없다. 자료의 내용을 '마음의 촉수'로 느껴 보는 단계다. 컴퓨터 정보처리에서 GIGO(Garbage In Garbage Out)라는 말이 있듯이 쓰레기 같은 정보를 입력하면 쓰레기 같은 결과가 나오기 마련이다. 이는 자료의 선별이 그만큼 중요하다는 의미로 받아들여야 한다. 많은 자료를 수집하고 섭취하는 것 못지않게 그것들을 충분히 소화해 자기 것으로 쓰는 소화 단계(digestion stage)가 필요하다. 처음 제시된 광고 목표와 콘셉트를 광고가 완성되기까지의 기준점으로 삼아 그 기준에 알맞게 자료들을 분류하고 선별하고 조합하는 노력이 필요하다. 사람에 따라 자료를 소화하는 시간과 발견점이 다르기는 하지만 대부분은 이 과정에서 슬쩍슬쩍 아이디어의 단서가 떠오르기도 하고 어떤 경우에는 가공할 만한 빅아이디어가 나타나기도 한다.

광고 기획자 이용찬은 "프레젠테이션을 위한 광고주의 첫 오리엔테이션 순간에 핵심적인 핵심어가 정리된다."[35]고 고백한 바 있고, 영은 여러 자료끼리 교차 비교를 하는 과정이 곧 아이디어의 광맥을 찾는 비결이라고 했으니, 아이디어 발현 과정이 사람마다 다르다고 하겠다. 처음 오리엔테이션 순간부터 최종 마무리하는 과정에서 단편적인 아이디어들이 나타났다가 사라지기를 반복하는데, 카피라이터는 순간순간에 떠오른 생각들을 메모해 나중에 활용할 필요가 있다. 아무리 사소한 생각의 조각일지라도 그런 단서들이 마지막 순간에 빅아이디어로 발전되는 경우가 많기 때문이다.

---

35) 김병희(2011d). 때와 장소를 가리지 않는 엔터테이너: 이용찬. 기획의 내비게이션: 창의성을 키우는 통섭 광고학 4(pp. 123-155). 서울: 한경사.

(3) 부화 단계

광고 창작자들은 여러 자료를 소화하고 어떤 아이디어를 '발견'하면 그것을 최상의 아이디어로 착각하는 경우가 많다. 이는 많은 광고 창작자에게서 공통으로 나타나는 속성인데, 자신이 애써 찾은 아이디어에 애착을 느끼는 그런 심리를 굳이 탓할 필요는 없다. 그러나 이 경우 자아도취에 빠져서 객관성을 상실할 가능성이 크다. 따라서 수집한 자료나 시사점, 그리고 아이디어 단서들을 완전히 잊어버리고 무의식 상태에 빠지는 부화 단계(incubation stage)에 들어갈 필요가 있다.

예컨대, 오길비는 이 단계에서 한가롭게 이런저런 음악을 들어 보거나 시골길을 무작정 걸으며 무의식에 빠져 보는 방법을 선호했다. 그는 광고 창작자에게 귀띔하는 그 무엇이 '무질서한 생각의 창고'에 있을 때 아무 생각 없이 자전거를 타면서 내면의 무의식에서 보내오는 전보를 쉬지 않고 받는다[36]고 고백하며, 이런 과정이 아이디어 발상에 도움이 된다고 했다. 다시 말해서, 의도적으로 일에서 벗어나 운동을 하거나 술을 마시거나 하는 식으로 자신을 버려둘 필요가 있는데 이 과정이 곧 부화 단계이다. 부화의 기간은 사람마다 다르므로 어떠한 일반적인 기간은 있을 수 없고 자신의 스타일에 알맞게 수정할 필요가 있다. 그러나 너무 장기간의 휴지기를 가지면 일에서 완전히 멀어져 버릴 가능성도 있으므로 망각의 속도 조절이 필요하며, 부화의 마지막 순간에는 그간의 무의식 상태를 의식 상태로 되돌리는 순간적인 긴장이 필요하다.

(4) 조명 단계

숙성을 거친 후 최종 아이디어를 창출하는 조명 단계(illumination stage)는 그동안 생각해 온 아이디어가 서서히 빛을 발하며 떠오르는 단계다. 조명 단계를 거친 아이디어들은 신입사원 면접장에서 선택을 기다리는 예비 신입사원들과 비슷한 처지다. 어떤 아이디어는 광고 콘셉트와 맞지 않아 아예 제외되고 어떤 아이디어는 우선순위에서 밀려 후보안으로 선택될 것이다.

이 단계는 논리적인 설명이 조금 어려운데, 예를 들면 마치 아침 해가 바닷속에서 서서히 떠오르듯이 갑자기 아이디어가 선명해지는 순간이 있다. 이때 주변 사람에게 자기 아이디어를 설명하며 의견을 청취하는 게 좋다. 주변의 의견을 듣다 보면 하찮은 아이디어를 보완할 좋은 생각이 퍼뜩 떠오를 때도 있다. 머릿속에서만 뱅뱅 맴돌

---

36) Ogilvy, D. (1963). *Confessions of an advertising man* (p. 28). New York, NY: Ballantine.

던 어떤 생각이 갑자기 '번쩍(eureka)' 하며 대단한 빅아이디어로 태어나기도 한다. 그런 일은 화장실에서 샤워하다가 일어날 수도 있고, 산책하거나 지하철을 타고 가다 불현듯 떠오를 수도 있다. '번쩍' 하는 그 순간은 그냥 오지 않고 계속해서 아이디어를 생각해 온 사람에게만 불현듯 찾아온다.

(5) 증명 단계

증명 단계(verification stage)는 떠오른 아이디어가 광고 콘셉트를 극적으로 구현한 것인지 아닌지 입증하는 단계다. 실제 광고 창작은 증명 단계에서 확인된 아이디어를 중심으로 이루어지며 이후의 모든 업무는 이 아이디어를 보다 정교화하는 과정이나 다름없다. 따라서 이때 정해진 아이디어를 여러모로 검토해 완성도를 더 높여야 한다. 이 과정에서 처음에 번쩍 떠올랐던 아이디어를 구체화하는 과정에서 부족한 부분을 발견하기도 하는데, 이 단계에서 보완할 필요가 있다.

또한 이 단계에서는 다음과 같은 내용을 점검해 더 완벽한 광고 아이디어로 발전시켜야 한다. 첫째, 최종 아이디어가 소비자의 심리적 속성에 부합되는지, 둘째, 최종 아이디어가 광고 목표를 달성할 수 있는지, 셋째, 최종 아이디어가 표현 콘셉트를 제대로 구현하고 있는지, 넷째, 최종 아이디어가 매체에 노출하기에 적합한 아이디어인지, 다섯째, 최종 아이디어의 수준이 경쟁사 광고를 능가하는지 등을 확인할 필요가 있다.[37] 마지막으로 검토한 다음, 최종 아이디어가 부적절하거나 미흡하다고 판단되면 과감하게 버리고 다시 새로운 아이디어를 찾아야 한다.

2) 케이플스의 연상적 발상법

상품과 시장과 소비자라는 광고의 삼각형에서 꼭짓점의 위치에 따라 아이디어 발상에서의 강조점이 달라진다. 효과적인 광고 창작을 위해서는 가장 먼저 소비자 심리에 대한 깊이 있는 분석을 바탕으로 상품 간의 경쟁 상황이나 문제점을 발견해 이들 간의 함수관계를 결정한 후 상품의 소비자 혜택과 결합해야 한다. 광고전략이 광고 창작에 방향을 제시하는 기준이라면 광고 창작은 그 전략을 아이디어로 비약해 물을 주고 꽃을 피우는 과정이다.

---

37) 김병희(2007a). 광고카피 창작론: 기본원리 편. 경기: 나남출판.

이 과정에서의 아이디어 발상이란 마치 섬과 육지 연결하는 연륙교처럼 광고전략에서 광고 표현으로 넘어가게 하는 다리 놓기라 할 것이다. 강하고 튼튼한 다리를 놓아야 태풍에도 해일에도 끄떡없이 버틸 수 있듯이, 광고에서도 설득력이 강한 아이디어가 오래오래 소비자의 동기나 기억을 활성화한다. 존 케이플스(John Caples, 1900~1990)의 연상적 발상법은 광고 창작 현장에서 금과옥조처럼 활용되고 있다. 그는 1925년경부터 메일 주문(mail-order) 카피를 쓰면서 본격적으로 광고를 시작했다.

광고계에 입문한 지 두 달 만에 그는 미국 음악학교 광고를 맡아 "내가 피아노 앞에 앉자 그들은 웃었다. 그러나 내가 연주를 시작하자……(They laughed when I sat down at the piano. But when I started to play……)." 같은 걸작 카피를 써서 일약 광고계의 주목을 받았다.

[그림 8-7] 미국 음악학교 광고(1925)

더욱이 광고 기획자나 카피라이터의 필독서인 『효과적인 광고 기법(Tested Advertising Methods)』(1932) 같은 저술에서 과학적인 광고 창작의 필요성을 강조했다. 그는 1973년에 '카피라이터 명예의 전당'에, 1977년에 '광고 명예의 전당'에 이름을 올렸으며, 광고 발전에 대한 그의 업적을 기리기 위해 1977년부터 '존케이플스국제광고상'이 제정될 정도로 세계 광고계에 지대한 영향을 미쳤다.[38] 그는 인간의 연상적 상상 작용에 주목하면서 '연상적' 발상법을 제시했다. 연상적 발상법의 원리는 브레인스토밍 원리와 거의 유사하다. 브레인스토밍에서는 아이디어 창출과 평가를 여럿이 함께 모여 진행한다면, 연상적 발상법에서는 각자가 흩어져 홀로 아이디어를 낸다는 점이 다르다. 그렇지만 자료를 충분히 수집하고 분석한 다음, 자유롭게 어떤 아이디어라도 창출한다는 점은 두 방법 모두의 공통적인 특징이다. 이를 보다 구체적으로 살펴보면 다음과 같다.

---

38) 김동규(2013). 존 케이플스. 10명의 천재 카피라이터(pp. 71-83). 서울: 커뮤니케이션북스.

(1) 연상적 발상법의 진행

연상적 발상법이란 한 마디로 꼬리에 꼬리를 무는 생각의 다발이다. 케이플즈의 연상적 발상법은 지금도 광고 창작 현장에서 금과옥조처럼 활용되고 있다. 그는 광고 실무계에서 장기간에 걸쳐 집행한 수백 가지 광고 사례를 분석한 다음, 경험적으로 정리한 아이디어 발상법을 제시했다. 연상적 발상법이란 머릿속에서 무의식적으로 연상되는 단어와 문장을 연속적으로 써 내려가는 방법이다.[39] 이 방법은 실제 카피 창작에서 매우 효과적으로 활용할 수 있다.

연상적 발상법은 시각적 아이디어를 찾는 데도 많은 도움이 되지만 카피 아이디어를 추출하는 데도 유용하다. 케이플즈의 연상적 발상법은 키워드법과 유사하게 보일 수 있다. 그렇지만 키워드법이 카피 아이디어를 얻기 위해 여러 명이 함께 행하는 집단적 발상법이라면, 이 방법은 혼자서 행하는 독자적 발상 기법이라는 데에 중요한 차이가 있다.[40] 연상적 발상법은 그 원리에 있어서 브레인스토밍과도 유사하다. 다만 브레인스토밍에서는 아이디어의 발상과 평가를 여럿이 함께 참여해서 수행한다면, 연상적 발상법은 한 사람이 혼자서 모든 과정을 수행한다. 연상적 발상법은 다음과 같이 진행한다.

[그림 8-8] 케이플즈의 『성공하는 광고』 표지(1957)

첫째, 상품과 해결하려는 주제에 대한 자료를 읽어 보고 숙지해 충분히 소화한다.

둘째, 큰 종이를 준비하고 펜을 들어 쓸 준비를 한다.

셋째, 주제나 상품과 관련하여 머릿속에 가장 먼저 떠오르는 단어를 적는다.

넷째, 잇따라 머릿속에 연상되는 단어나 문장을 계속 써 내려간다. 이때 단어나 문장이 서로 연결되는지 논리적으로 분석하거나 비판하지 않고, 무의식적인 상태에서 떠오르는 대로 계속 써 내려가는 것이 중요하다. 제대로 하면 종이 위에 써 내려가는 단어나 문장의 속도가 머릿속에 연속으로 떠오르는 단어나 문장의 속도를 따라가지 못할 수도 있다. 그

39) Caples, J. (1957). *Making ads pay: Timeless tips for successful copywriting*. New York, NY: Dover.
40) 김동규(2003). 카피라이팅론(p. 224). 서울: 나남출판.

렇다 하더라도 계속 쉬지 않고 써 내려가는 것이 중요하다. 지나간 단어나 문장을 되돌아볼 필요는 없다. 그냥 떠오르는 것들을 충실히 적기만 하는 것이 중요하다. 이렇게 해서 태어나는 단어나 문장이 모두 완벽한 아이디어의 형태를 갖추지는 않지만, 나중에 놀라운 아이디어로 발전될 가능성이 있는 것이다.

다섯째, 단어나 문장을 계속 쓰다 보면 머릿속이 점점 뜨거워지며, 시간이 흐를수록 연상의 속도가 빨라지다가 나중에는 느려지고 결국 아이디어가 고갈되어 아무 생각도 나지 않게 된다.

여섯째, 머릿속이 텅 빌 정도로 더는 새로운 아이디어가 떠오르지 않으면 추진 기법(booster technique)을 사용한다. 추진 기법이란 주제를 정리한 자료나 이전의 성과물을 검토하는 것인데, 이 과정에서 문제 해결의 실마리가 발견되어 아이디어가 재충전되면 처음으로 돌아가 다시 아이디어를 써 내려간다. 더는 불가능해질 때까지 이 과정을 반복한다. 계속 써 내려가다 보면 단어와 단어가 구절로, 구절과 구절이 문장으로, 문장과 문장이 때로는 하나의 단락으로 발전되기도 한다.

일곱째, 아이디어를 충분히 낸 다음에는 휴식을 취한 후 아이디어를 간추리거나 정리한다. 큰 종이에 적혀 있는 많은 단어나 문장은 문제를 해결하는 데 풍부한 재료가 될 것이다.

(2) 광고 아이디어 발상의 12기법

케이플즈는 자신의 경험을 총망라해 광고 아이디어 발상법 12가지를 완성했다.[41] 그 12가지를 아이디어 발상법이 아닌 아이디어 재료의 점검표라고 보는 견해도 있지만, 현재 광고업계에서 널리 쓰이고 있고 광고 창작자에게 많은 도움이 된다는 점에서, 광고 아이디어 발상법으로 보아야 한다. 그가 제시한 12가지 기법은 광고 현장에서 카피를 쓰는 카피라이터들이 활용할 수 있는 유용한 방안이다. 어떤 카피라이터는 광고주가 자신을 인정해 주는 경우만을 생각하고 광고주의 입맛에 맞춘 아이디어만을 제안하는데, 이런 자세는 광고 창작자가 가장 경계해야 한다. 자기 자랑을 늘어놓는 식의 아이디어 발상도 해서는 안 되는 일이지만, 이른바 '광고주에게 광고하는' 식의 아이디어 발상은 카피라이터 자신과 광고주 모두를 동시에 기만하는 죄악이나

---

41) Caples, J. (1983). *How to make your advertising make money* (pp. 23-37). Englewood Cliffs, NJ: Prentice-Hall.

다름없다.

모든 광고는 소비자에게 하는 약속이므로 훌륭한 약속을 발견해 이를 구체적인 실체로 제시해야 한다. 이때 여러 가지 크리에이티브 요소를 단계적으로 분석하면서 아이디어가 광고 콘셉트를 구체화하고 있는지 평가해 볼 필요가 있다.[42] 좋은 광고 아이디어는 소비자 한 사람 한 사람에게 개인적으로 속삭이듯이 표현되며 광고 상품의 브랜드 개성(brand personality)을 구축하는 데 이바지한다. 케이플스의 방법은 포괄적인 맥락에서 브랜드 개성을 고찰하는 유용한 길잡이로 활용될 수 있다. 그가 제시한 광고 아이디어 발상의 12가지 기법은 다음과 같다.

- 자신의 개인적 경험을 활용해 보라.
- 자신의 경험을 체계화시켜 보라.
- 마음에서 우러나오는 것을 써 보라.
- 다른 사람들의 경험에서 배워 보라.
- 광고주(제조회사)와 상담해 보라.
- 상품을 연구해 보라.
- 상품의 이전 광고들을 검토하라.
- 경쟁사의 광고를 연구하라.
- 고객의 증언에 관하여 연구하라.
- 잠재고객의 문제점을 해결하라.
- 소비자의 잠재의식을 발상에 활용하라.
- 성공한 광고를 여러 가지로 변화시켜 반복해서 활용하라.

일반적으로 소비자에게 어떤 혜택을 제시하고 소비자들이 공감할 수 있는 약속을 제시하는 광고가 좋은 광고라고 할 수 있다. 아이디어 발상도 그런 맥락에서 진행되어야 한다. 이상에서 제시한 광고 아이디어 발상법 12가지에서 특히 인상적인 대목은 광고 창작자의 경험을 중시하고 있다는 점이다. 고객의 증언에 관해 연구해 보라는 권고 사항도 고객의 경험을 귀담아들어야 한다는 뜻이다. 경험보다 소중한 자산

---

42) Davies, M. A. P. (2000). Using an analytic hierarchy process in advertising creativity. *Creativity and Innovation Management, 9*(2), 100-108.

은 없다. 그러므로 좋은 아이디어를 얻으려면 자신과 타인의 다양한 경험에서 이런저런 생각의 단서를 찾아야 한다.

아이디어가 아무리 창의적일지라도 그것이 광고 콘셉트와 맞지 않으면 무용지물이다. 아이디어의 독창성에 현혹되어 광고 콘셉트와의 상관성을 놓친다면 무의미한 광고물을 만들 수 있으므로, 아이디어가 광고 콘셉트를 구체화하고 있는지 그렇지 않은지, 늘 평가하고 비교해야 한다. 좋은 광고 아이디어는 소비자에게 개인적으로 속삭이듯이 표현되어야 하며, 그런 아이디어만이 어떤 상품의 브랜드 개성을 구축하는 데 도움이 된다. 케이플즈의 연상적 발상법은 브랜드 개성의 구축에 필요한 놀라운 아이디어를 내는 데 많은 도움이 된다.

3) 베이커의 201가지 360° 발상법

하나의 캔 음료가 있다고 가정해 보자. 예컨대, 2%부족할때를 책상의 중간에 놓고 주변을 360° 돌면서 보면 보는 위치와 각도에 따라서 이런저런 아이디어가 나올 것이다. 즉, 하나의 상품이라 하더라도 보는 관점에 따라서 여러 가지 아이디어가 나올 수 있는 것이다. 디지털 시대에는 각 분야에서 360° 커뮤니케이션이라는 말이 유행이다. 어떻게 360° 커뮤니케이션을 할 것인가? 스테판 베이커는 어떤 문제를 해결하기 위해 대상을 바라보는 201가지 발상법을 제시했다. 꽃 한 송이를 보고 나서 느끼는 감정도 사람마다 다르듯, 어떤 문제를 해결하는 아이디어도 생각하는 관점에 따라 달라진다. 201가지 속에 거의 모든 해답이 있다고 해도 지나친 말은 아닐 것이다.

이런 맥락에서 대상을 새롭게 보는 201가지 방법을 제시한 스테판 베이커(Stephen Baker)의 발상법은 주목할 만하다.[43] 그가 제시한 201가지 방법을 보면 상상력의 영역이 얼마나 다양하게 확장할 수 있는지 구체적으로 확인할 수 있다. 또한 광고 아이디어 발상이 천재에게 불현듯 떠오르는 행운이 아니라 광고 창작자의 부지런함과 열정의 소산임을 알 수 있다. 극단적인 예를 들어 비교해 보면 하나의 콘셉트를 바탕으로 201개의 아이디어 발상을 시도할 수 있는데, 최종적인 아이디어 하나는 나머지 200개의 아이디어를 물리치고 선택된 것이다.

광고전략가 마크 블레어(Mark Blair)는 문제를 정확히 파악해 미디어를 선택하

---

43) Baker, S. (1979). *A systematic approach to advertising creativity.* New York, NY: McGraw-Hill.

[그림 8-9] 베이커의 『광고 창의성의 체계적 접근』 표지(1979)

고, 문제의 정확한 해답을 찾는 데 360° 커뮤니케이션의 해법이 있다고 했다. 일찍이 스테판 베이커(Stephen Baker)는 어떤 문제를 해결할 아이디어를 얻는 데 유용한 201가지 방법을 제시했다(Baker, 1979, 1999). 베이커의 『광고 창의성의 체계적 접근(A Systematic Approach to Advertising Creativity)』에서 201가지 방법을 알 수 있다.

그가 360° 커뮤니케이션이라는 말을 직접 쓰지는 않았지만 일찍부터 이를 실천한 셈이다. 360° 커뮤니케이션을 전개하려면 어느 것을 버리고 어느 부분을 선택하는 위험을 감수해야 할 때도 있는데,[44] 베이커의 발상법을 활용하면 다양한 측면에서 해결 과제에 접근할 수 있다. 그는 정말로 좋은 아이디어란 갑자기 떠오르지 않고 여러모로 문제를 파악하는 과정에서 나타난다고 하면서 360° 발상법을 제시했다. 그가 제시한 201가지 아이디어 발상법을 하나하나 제시하면 다음과 같다.

(1) 거꾸로 해 보라(Turn upside down).[45]

(2) 늘려 보라(Stretch it).

(3) 줄여 보라(Shrink it).

(4) 색상을 바꿔 보라(Change it's color).

(5) 더 크게 표현해 보라(Make it bigger).

(6) 더 작게 표현해 보라(Make it smaller).

(7) 둥글게 표현해 보라(Make it round).

(8) 네모로 표현해 보라(Make it square).

(9) 더 길게 표현해 보라(Make it longer).

(10) 더 짧게 표현해 보라(Make it shorter).

---

44) West, D. C. (1999). 360° of Creative risk. *Journal of Advertising Research*, 39(1), 39-50.

45) 레이아웃, 카피(말), 그림, 포장, 상품, 광고 캠페인, 마케팅 전략 등 모든 것을 이전에 한 것과 반대로 시도해 보라는 의미다(원주).

(11) 시각적으로 표현해 보라(Make it visual).

(12) 분위기를 완전히 바꿔 보라(Make the most out of a circumstances).

(13) 말로 표현해 보라(Put it into the words).

(14) 음악으로 표현해 보라(Put it to music).

(15) 말과 음악을 결합시키라(Combine words and music).

(16) 말, 음악, 그림을 결합시키라(Combine words, music, picture).

(17) 그림과 음악을 결합시키라(Combine picture and music).

(18) 단어를 없애 보라(Eliminate the words).

(19) 그림을 없애 보라(Eliminate the picture).

(20) 소리를 낮춰 보라(Silence it).

(21) 반복해 보라(Use repetition).

(22) 삼차원으로 표현해 보라(Make it three-dimensional).

(23) 이차원으로 표현해 보라(Make it two-dimensional).

(24) 모양을 바꿔 보라(Change the shape).

(25) 일부를 바꿔 보라(Change a part).

(26) 세트로 표현해 보라(Make it into set).

(27) 수집품으로 표현해 보라(Make it a collector's item).

(28) 회원제로 판매해 보라(Sell it by subscription).

(29) 회원에게만 판매해 보라(Sell it by subscription only).

(30) 생명을 불어넣어 보라(Animate it).

(31) 기계처럼 표현해 보라(Mechanize it).

(32) 흥분시켜 보라(Electrify it).

(33) 움직여 보라(Make it move).

(34) 바꿔 보라(Reverse it).

(35) 뭔가 달리 표현해 보라(Make it look like something else).

(36) 질감을 표현해 보라(Give it texture).

(37) 낭만적으로 표현해 보라(Make it romantic).

(38) 향수 소구를 더해 보라(Add nostalgic appeal).

(39) 촌스럽게 표현해 보라(Make it look old fashioned).

(40) 미래풍으로 표현해 보라(Make it look futuristic).

(41) 뭔가 다른 일부로 표현해 보라(Make it a part of something else).

(42) 더 강하게 표현해 보라(Make it stronger).

(43) 더 내구성 있게 표현해 보라(Make it more durable).

(44) 상징주의를 활용해 보라(Use symbolism).

(45) 현실적으로 표현해 보라(Be realistic).

(46) 새로운 아트 스타일을 활용해 보라(Use a new art style).

(47) 사진으로 바꿔 보라(Change to photography).

(48) 삽화로 바꿔 보라(Change to illustration).

(49) 서체를 바꿔 보라(Change the typefaces).

(50) 사진 설명으로 스토리를 전달해 보라(Tell your story by a picture caption).

예컨대, 야쿠르트의 하루야채 광고 '한가인' 편을 보자. 이 광고에서는 일반적으로 광고에서 활용하는 서체를 쓰지 않고 서체를 바꿔(49) 새롭게 개발해 활용했다. 즉, "몸매야, 몸매야/ 브로콜리처럼 가벼워져라" "피부야, 피부야/ 오이처럼 투명해져라" "하루야채가 부르는 변화/ 피부로, 몸으로 느끼세요!"라는 헤드라인을 날씬하게 '서체 관리'를 함으로써 여성들의 몸매관리에 도움이 되는 음료라는 사실을 강조했다. 상품의 특성을 카피의 시각화를 통해 수준 높게 구현한 아이디어 발상이다.

[그림 8-10] 야쿠르트 하루야채 '한가인' 편

(51) 광고를 기사처럼 표현해 보라(Make the ad look like an editorial).

(52) 기사를 광고처럼 표현해 보라(Make the editorial look like an ad).

(53) 새로운 광고 매체를 활용해 보라(Use a new advertising medium).

(54) 새로운 광고 매체를 개발해 보라(Invent a new advertising medium).

(55) 더 뜨겁게 표현해 보라(Make it hotter).

(56) 더 차갑게 표현해 보라(Make it cooler).

(57) 단서를 추가해 보라(Add scent).

(58) 단서를 바꿔 보라(Change the scent).

(59) 냄새를 없애 보라(Deodorize it).

(60) 어린이에게 소구해 보라(Make it appeal to children).

(61) 여성에게 소구해 보라(Make it appeal to women).

(62) 남성에게 소구해 보라(Make it appeal to men).

(63) 가격을 낮춰 보라(Lower the price).

(64) 가격을 올려 보라(Raise the price).

(65) 성분을 바꿔 보라(Change the ingredients).

(66) 새 성분을 추가해 보라(Add new ingredients).

(67) 비틀어 보라(Twist it).

(68) 투명하게 표현해 보라(Make it transparent).

(69) 불투명하게 표현해 보라(Make it opaque).

(70) 다른 배경을 활용해 보라(Use a different background).

(71) 다른 환경을 활용해 보라(Use a different environment).

(72) 매혹적으로 표현해 보라(Glamorize it).

(73) 시각 효과를 활용해 보라(Use optical effects).

(74) 다른 요소를 활용해 보라(Use another material).

(75) 인간적 관심사를 더해 보라(Add human interest).

(76) 일관성을 깨트려 보라(Change consistency).

(77) 다른 용기에 담아 보라(Put it in a different container).

(78) 포장을 바꿔 보라(Change the package).

(79) 아담하게 표현해 보라(Make it compact).

(80) 소형화해 보라(Miniaturize).

(81) 극대화시켜 보라(Maximize).

(82) 제거해 보라(Eliminate).

(83) 휴대용으로 표현해 보라(Make it portable).

(84) 접히도록 표현해 보라(Make it collapsible).

(85) 극단적으로 표현해 보라(Go to the extremes).

(86) 요약해 보라(Summarize it).

(87) 겨울용으로 표현해 보라(Winterize it).

(88) 의인화시켜라(Personalize it).

(89) 더 어둡게 표현해 보라(Make it darker).

(90) 밝게 표현해 보라(Illuminate it).

(91) 빛나게 표현해 보라(Make it glow).

(92) 어른거리게 표현해 보라(Make it flicker).

(93) 번쩍거리게 표현해 보라(Make it sparkle).

(94) 환하게 표현해 보라(Make it light up).

(95) 산뜻하게 표현해 보라(Make it fluorescent).

(96) 더 무겁게 표현해 보라(Make it heavier).

(97) 경쾌하게 표현해 보라(Make it lighter).

(98) 판촉 활동과 연계해 보라(Tie it in with a promotion).

(99) 경연대회를 해 보라(Run a contest).

(100) 경품을 내걸어 보라(Run a sweepstake).

예컨대, 가야당근농장 광고 '주부님, 죄송합니다' 편은 여성에게 소구하는(61) 동시에 인간적인 관심사까지 추가한(75) 전형적인 아이디어다. 먼저 "주부님, 죄송합니다"라는 헤드라인을 써서 가족의 건강을 책임지는 주부들을 직접 호명한 다음, "제주도산 당근만을 100% 고집하다 보니 한꺼번에 많은 양을 공급할 수가 없습니다"라고 하며 주부들에게 은근히 다른 당근 주스 상품은 왠지 품질이 떨어지는 듯한 인상을 풍기면서 가야당근농장에 인간적인 관심사를 덧붙이고 있다. 이 광고는 어디에서 재배한 당근을 실제 원료로 쓰고 있는지 별 관심이 없던 주부들에게 당근의 원산지에 대해 새로운 관심을 불러일으키면서, 자연스럽게 가야당근농장이 믿을 수 있는 상품이라는 점을 우회적으로 강조했다.

[그림 8-11] 가야당근농장 광고

(101) 작은 크기로 만들라(Make it 'junior' size).

(102) 키워 보라(Make it grow).

(103) 쪼개 보라(Split it).

(104) 축소해 보라(Understate).

(105) 과장해 보라(Exaggerate).

(106) 대용품으로 판매해 보라(Sell it as a substitute).

(107) 다른 용도를 찾아보라(Find a new use for it).

(108) 빼 보라(Subtract).

(109) 분류해 보라(Divide).

(110) 결합해 보라(Combine).

(111) 분명한 것을 활용해 보라(Use the obvious).

(112) 요소들을 재배열해 보라(Rearrange the elements).

(113) 낮춰 보라(Lower it).

(114) 높여 보라(Raise it).

(115) 나눠 보라(Divide it).

(116) 섞어 보라(Mix it).

(117) 번역해 보라(Translate it).

(118) 속도감을 살려 보라(Speed it up).

(119) 점점 낮춰 보라(Slow it down).

(120) 날려 보라(Make it fly).

(121) 띄워 보라(Make it float).

(122) 굴려 보라(Make it roll).

(123) 부셔 보라(Pulverize it).

(124) 조각내 잘라 보라(Cut it into pieces).

(125) 성적 소구를 해 보라(Put sex appeal into it).

(126) 응축해 보라(Condense it).

(127) 구부려 보라(Bend it).

(128) 일치시키라(Match it).

(129) 기울여 보라(Tilt it).

(130) 매달아 보라(Suspend it).

(131) 똑바로 세워 보라(Make it stand upright).

(132) 안팎을 뒤집어 보라(Turn it inside out).

(133) 옆으로 돌려 보라(Turn it sideways).

(134) 흔들어 보라(Weave it).

(135) 가려 보라(Mask it).

(136) 균형을 맞춰 보라(Make it symmetrical).

(137) 균형을 깨트려 보라(Make it asymmetrical).

(138) 칸으로 분할해 보라(Partition it).

(139) 서로 경쟁시키라(Pit one against another).

(140) 뾰족하게 해 보라(Sharpen it).

(141) 윤곽선을 바꿔 보라(Change the contour).

(142) 둘러싸 보라(Encircle it).

(143) 테두리를 씌워 보라(Frame it).

(144) 둘둘 말아 보라(Coil it).

(145) 꽉 채워 보라(Fill it up).

(146) 텅 비워 보라(Empty it).

(147) 열어 보라(Open it).

(148) 철자를 틀려 보라(Misspell it).

(149) 별명을 붙여 보라(Nickname it).

(150) 봉해 보라(Seal it).

예컨대, 스카이와이드 PMP폰 IM-U100 광고 '넓게 플레이하라' 편을 보자. 단말기의 액정 화면이 넓다는 점을 강조하기 위해 과장해서 표현하고 있으며(105), 지면 전체를 모델이 꽉 채우고 있다(145). 카피도 최대한 절제하고 "넓게 플레이하라"라는 헤드라인 아래 "스카이 와이드 PMP폰 IM-U100"이라는 브랜드 이름만을 카피로 제시하고 나머지는 모두 시각적으로 처리했다. 더욱이 일반적인 접근과는 달리 모델의 모습을 거꾸로 제시함으로써 일단 소비자의 주목끌기를 시도한 아이디어라는 점도 인상적이다.

[그림 8-12] 스카이 와이드 PMP폰 광고

(151) 변형해 보라(Transfer it).

(152) 포장해 보라(Pack it).

(153) 집중시키라(Concentrate on it).

(154) 넓게 벌려 보라(Spread it out).

(155) 교체해 보라(Alternate it).

(156) 굳혀 보라(Solidify it).

(157) 녹여 보라(Liquefy it).

(158) 젤리 모양으로 표현해 보라(Jellify it).

(159) 부드럽게 해 보라(Soften it).

(160) 딱딱하게 해 보라(Harden it).

(161) 허세를 부려 보라(Vaporize it).

(162) 읊어 보라(Intonate).

(163) 좁혀 보라(Make it narrower).

(164) 넓혀 보라(Make it wider).

(165) 재미있게 만들어 보라(Make it funny).

(166) 풍자해 보라(Make it satirical).

(167) 짧은 카피를 써 보라(Use short copy).

(168) 긴 카피를 써 보라(Use long copy).

(169) 설명서를 첨부해 보라(Attach an instruction sheet).

(170) 다른 용도를 찾아보라(Find a second use).

(171) 조립품처럼 만들어 보라(Prefabricate it).

(172) 꾸러미로 판매해 보라(Sell it as a kit).

(173) 순화해 보라(Purify it).

(174) 깨끗하게 해 보라(Sanitize it).

(175) 더 영양가 있게 해 보라(Make it more nourishing).

(176) 병에 넣어 보라(Put it in a bottle).

(177) 캔에 넣어 보라(Put it in a can).

(178) 상자에 넣어 보라(Put it in a box).

(179) 항아리에 넣어 보라(Put it in a jar).

(180) 단지에 넣어 보라(Put it in a pot).

(181) 감싸 보라(Wrap it).

(182) 접어 보라(Fold it).

(183) 펼쳐 보라(Unfold it).

(184) 신용을 연장해 보라(Extend credit).

(185) 공짜로 제공해 보라(Offer it free).

(186) 원가에 제공해 보라(Offer it at cost).

(187) 특가에 제공해 보라(Make a special offer).

(188) 안락감을 더해 보라(Add comfort).

(189) 보호물을 제공해 보라(Offer protection).

(190) 다른 질감을 활용해 보라(Use a different texture).

(191) 상냥하게 표현해 보라(Sweeten it).

(192) 삐딱하게 표현해 보라(Sour it).

(193) 촉촉하게 표현해 보라(Moisten it).

(194) 건조하게 표현해 보라(Dry it).

(195) 볼품없이 표현해 보라(Dehydrate it).

(196) 오싹하게 표현해 보라(Freeze it).

(197) 투사해서 표현해 보라(Project it).

(198) 부드럽게 표현해 보라(Make it blander).

(199) 더 자극적으로 표현해 보라(Make it more pungent).

(200) 단순화시키라(Simplify it).

(201) 이상의 그 무엇과 결합시키라(Combine any of the above).

예컨대, 허쉬 초콜릿 광고 '변화는 나쁘다' 편을 보면, 한 남자의 머리가 대머리로 변해 가는 과정을 세 컷의 사진 속에 풍자적으로(166) 제시했다. 이 사진들은 바로 아래에 있는 "변화는 나쁘다(Change is bad)"라는 짧은 헤드라인(167)과 만나는 순간 곧바로 상품 메시지로 연결되며 1899년부터 변하지 않고 있는 허쉬 초콜릿의 진가를 더욱 돋보이게 하는 시각적 수단으로 작용하게 된다. 즉, 이 광고에서는 풍자적 사진과 짧은 카피 한 줄을 아이디어로 활용해 시종일관 같은 맛을 유지해 온 허쉬 초콜릿의 가치를 높이는 한편, 소비자로 하여금 쉽게 다른 초콜릿으로 바꾸지 말라는 메시지도 동시에 전달했다.

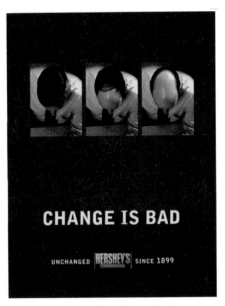

[그림 8-13] 허쉬 초콜릿 광고

4) 김병희의 에디슨(EDISON) 발상법

이상에서 소개한 아이디어 발상법은 많은 장점이 있지만 동시에 부분적인 한계도 있다. 이에 따라 보다 포괄적인 맥락에서 적용할 수 있는 아이디어 발상법을 모색할 필요가 있다. 광고 창의성의 영향 요인을 규명한 김병희(2002)는 창의성이 인지적·정서적·시간적·맥락적·행동적·관계적 영향 요인 같은 6가지 영향 요인(domain)으로 구성된다는 연구결과를 제시했다. 광고 창의성의 여섯 가지 영향 요인은 각각 창의성의 향상에 영향을 미치는 영향 요인이라는 점에서, 창의적인 아이디어 발상 과정에도 영향을 미치는 핵심 준거가 된다. 여섯 가지 영향 요인을 보다 구체적으로 설명하면 다음과 같다. 인지적 요인은 아이디어 발상자의 지식이나 호기심이 창의성의 수준을 높이는 데 영향을 미치는지, 정서적 요인은 아이디어 발상자가 얼마나 민감한 감성을 가지고 진정성이 담긴 아이디어를 생각해 내는지, 행동적 요인은 아이디어 발상자가 얼마나 충분한 시간을 활용해 심사숙고할 수 있는지를 의미한다. 맥락적 요인은 창의적인 결과물을 만드는 데 영향을 미치는 환경 속에서 아이디어 발상자가 새로운 아이디어를 내고 자신감을 가질 수 있는지, 시간적 요인은 아이디어 발상자가 동시대의 사회문화적 흐름을 꿰뚫어 보는 자질을 바탕으로 얼마나 숙련된 솜씨를 발휘하는지, 관계적 요인은 아이디어 발상자가 이미 확정된 아이디어를 다른 분야로 융합하고 확장할 수 있는지를 의미한다.

그동안에 보고된 여러 가지 아이디어 발상법을 한 가지로 종합하기는 쉽지 않다. 각각 나름의 특성과 한계가 있기 때문이다. 그렇지만 선행 연구에서 제시된 창의성의 여섯 가지 영향 요인을 바탕으로 아이디어 발상이 어떻게 이루어지는지 모색해 보면 보편적으로 적용할 만한 아이디어 발상법이 도출될 가능성이 크다. 창의성 계발에 영향을 미치는 인지적·정서적·시간적·맥락적·행동적·관계적 요인은 아이디어 발상 과정에서도 창의적인 아이디어를 창출하는 데 상당한 영향을 미치기 때문이다.

(1) 창의주성(Creotaxis)

아이디어 발상을 하는 사람이라면 창의적인 결과물에 대해 수용자들이 어떻게 반응할 것인가 하는 수용자의 반응에 주목할 필요가 있다. 창의적인 광고물을 본 소비자들이 그 광고에 호감을 나타내거나 마음이 끌리듯이,[46] 세상의 모든 유기체는 주변 환경에 따라 반응하거나 끌리는 주성(走性, taxis)을 지니게 된다. 주성이란 유기체의 외부 자극에 따라 일정한 방향으로 이동하고 끌리는 성질을 의미한다. 이때 자극을 주는 쪽으로 이동하면 양성(+) 주성이라고 하고, 자극과 반대쪽으로 이동하면 음성(−) 주성이라고 한다.

자연과학 분야에서는 자극원의 종류에 따라 주성을 여러 가지로 분류한다. 공기에 의한 자극이면 공기주성(aerotaxis), 압력에 의한 자극이면 압력주성(barotaxis), 화학 작용에 의한 자극이면 화학주성(chemotaxis), 전류에 의한 자극이면 전기주성(galvanotaxis), 습기에 의한 자극이면 습기주성(hydrotaxis), 온도에 의한 자극이면 온도주성(thermotaxis), 접촉에 의한 자극이면 접촉주성(thigmotaxis)이라고 한다. 화학주성의 사례를 살펴보자. 말미잘 같은 강장동물은 촉수로 먹이를 잡아 영양을 섭취하는데, 촉수는 단순한 기계적 자극에도 반응한다. 그렇지만 먹이에서 나오는 화학적 자극(냄새)이 없으면 촉수의 반응은 오래가지 않고 중지된다. 화학주성에 따라 말미잘의 촉수가 움직이기 때문이다.[47]

---

46) Millan, E. S., & Mittal, B. (2010). Advertising's new audiences: Consumer response in the new free market economies of Central and Eastern Europe-The case of the Czech Republic. *Journal of Advertising*, 39(3), 81-98.

47) Neumann, S., Hansen, C. H., Wingreen, N. S., & Sourjik, V. (2010). Differences in signalling by directly and indirectly binding ligands in bacterial chemotaxis. *The EMBO Journal*, 29, 3484-3495.

사람도 외부 자극에 따라 일정한 방향으로 이동하고 끌리는 경향이 있다. 창의적인 결과물을 만났을 때 자극을 주는 쪽으로 관심을 기울이는 양성 주성을 나타내기도 하고, 결과물이 기대에 못 미치면 자극과 반대쪽으로 회피하는 음성 주성을 나타내기도 하는 것이다. 예를 들어, 아이디어가 돋보이는 혁신 상품에 대해서는 관심을 가지는 데 비해 기대에 못 미치는 상품에 대해서는 회피하려는 경향을 나타낸다. 창의성의 수준이라는 자극에 따라 수용자의 마음이 끌리거나 회피하려는 경향을 나타낸다는 점에서 '창의주성'도 존재한다고 가정할 수 있다.

창의성의 어원은 라틴어 크레오(creō)다. 크레오는 '만들다' '창조하다'라는 의미로 창작이나 창조에 관련되는 단어의 접두사로 널리 쓰이고 있다(Runco & Albert, 2010).[48] 이에 따라 창조를 뜻하는 '크레오(creō)'에 끌림을 의미하는 '택시스(taxis, 走性)'를 더하면 '크레오택시스(creotaxis)'라는 합성어가 만들어진다. 즉, 창의성의 수준에 따라 수용자의 마음이 끌리거나 회피하는 경향을 설명하는 자극원에 대해 '창의주성(創意走性, creotaxis)'이라고 명명할 수 있다.[49]

(2) 창의주성에 의한 에디슨 발상법

이상의 논의를 바탕으로 창의주성 개념에 의한 아이디어 발상 구조를 제시하면 〈표 8-2〉와 같다. 즉, 가로변에 창의성의 영향 요인, 창의주성의 구성 요인, 수용자의 기대 반응, 발상자의 계발(啓發: 재능이나 정신 따위를 깨우쳐 열기) 요인, 아이디어 발상의 단계라는 5가지 축이 놓이고, 세로 변에 축의 내용을 구성하는 여섯 가지 요인이 각각 놓여, 이들이 연계됨으로써 창의주성 개념에 의한 아이디어 발상의 구조가 완성된다.

이에 따라 탐색(Exploration), 발견(Discovery), 부화(Incubation), 구조화(Structuring), 조망(Outlook), 연결(Network)이라는 순차적인 아이디어 발상의 단계가 최종적으로 도출되었다. 첫머리 글자를 모아 축약어를 만들면 에디슨(EDISON)이 되어, 아이디어 발상법의 포괄적인 모형을 '에디슨 발상법'으로 명명할 수 있다. 〈표 8-2〉에 제시된

---

48) Runco, M. A., & Albert, R. S. (2010). Creativity research. In J. C. Kaufman & R. J. Sternberg (Eds.), *The cambridge handbook of creativity*. UK: Cambridge University Press.

49) Kim, B. H. (2012). Creotaxis in advertising: A migratory response elicited by creative advertising. *Proceedings of the 2012 International Advertising and Integrated Marketing Communications Conference* (pp. 46-49). Anaheim: CA.

한글과 영어는 모두 선행 연구에서 도출된 핵심어들이다. 에디슨 발상법에서 아이디어 발상 단계를 보다 구체적으로 설명하면 다음과 같다.[50]

〈표 8-2〉 창의주성 개념에 의한 아이디어 발상의 구조

창의성 영향 요인	창의주성 구성 요인	수용자 기대 반응	발상자 계발 요인	아이디어 발상 단계
인지적 (cognitive)	적합성 (appropriateness)	유익한 (informative)	지성 (intelligence) 호기심 (curiosity)	탐색 (Exploration)
정서적 (affective)	공감성 (empathy)	인상적인 (impressive)	민감성 (sensitivity) 진정성 (authenticity)	발견 (Discovery)
행동적 (behavioral)	정교성 (elaboration)	믿을 만한 (reliable)	시간 보장 (time guarantee) 심사숙고 (deliberateness)	부화 (Incubation)
맥락적 (contextual)	독창성 (originality)	경이로운 (surprising)	새로움 (novelty) 자신감 (confidence)	구조화 (Structuring)
시간적 (temporal)	명료성 (clarity)	간명한 (simple)	자질 (talent) 숙련도 (expertness)	조망 (Outlook)
관계적 (affiliated)	상관성 (relevance)	적용할 만한 (applicable)	융합 (convergence) 확장가능성 (extendibility)	연결 (Network)

출처: 선행 연구결과를 재구성하고 새롭게 해석함(김병희, 2002, 2014; Kim, 2012).

첫째, 탐색 단계(Exploration stage)다. 아이디어 발상을 위한 준비 과정인 탐색 단계에서는 수용자에게 '유익한(informative)' 자료를 널리 수집하되, 창의주성의 '적합

---

50) 김병희(2014). 에디슨 발상법: 창의주성 개념에 의한 광고 아이디어 발상법의 탐색. 광고PR실학연구, 7(1), 7-31.

성' 요인을 고려해 적절하고 도움이 되는 정보만을 탐색해야 한다. 창의성의 인지적 요인에 대응하는 이 단계에서는 아이디어 발상자의 지성(intelligence)과 호기심(curiosity)이 특히 중요하며, 이 2가지가 수용자에게 도움이 되는 아이디어를 계발하는 원동력으로 작용한다. 수용자에게 유익한 아이디어를 찾는 데 성공하려면, 생각하고 있는 초벌 아이디어가 발상의 목적에 얼마나 충실한지 되물으며 그 적합성(appropriateness) 여부를 수시로 점검해야 한다.

둘째, 발견 단계(Discovery stage)다. 발견 단계에 접어들어서는 탐색 단계에서 수집한 정보 중 수용자에게 깊은 울림을 주는 '인상적인(impressive)' 혜택을 발견해야 한다. 이때 창의주성의 '공감성' 요인을 고려하는 문제가 중요한데, 찾아낸 어떤 정보를 수용자에게 감동을 주는 혜택으로 바꾸는 통찰력을 발휘해야 한다. 창의성의 정서적 요인에 대응하는 이 단계에서는 아이디어 발상자의 민감성(sensitivity)과 진정성(authenticity)이라는 2가지가 수용자에게 깊은 인상을 남기는 아이디어를 계발하는 원동력으로 작용한다. 수용자에게 인상적인 아이디어를 찾는 데 성공하려면, 생각하고 있는 아이디어가 수용자의 공감을 어느 정도 유발할 것인지를 가늠한 다음 그 공감성(empathy) 여부를 예측해 봐야 한다.

셋째, 부화 단계(Incubation stage)다. 발견 단계를 거친 다음 부화 단계에 접어들면 초벌 아이디어들을 수용자들이 '믿을 만한(reliable)' 아이디어로 발전시키되, 창의주성의 '정교성' 요인을 고려해 공들여 완성도를 높여 나가야 한다. 창의성의 행동적 요인에 대응하는 이 단계에서는 발상자에게 충분한 시간 보장(time guarantee)을 함으로써 아이디어 발상자가 심사숙고할 수 있도록 해야 하며(deliberateness), 이 2가지가 수용자에게 믿음을 주는 아이디어를 계발하는 원동력으로 작용한다. 수용자가 믿을 만한 아이디어를 찾는 데 성공하려면, 생각하고 있는 아이디어에 고급감과 세련미를 더해 완성도를 높여 나가는 정교성(elaboration) 여부를 수시로 따져 봐야 한다.

넷째, 구조화 단계(Structure stage)다. 부화 단계를 거친 다음 구조화 단계에 접어들면 수용자에게 '경이로운(surprising)' 반응을 일으키도록 아이디어를 통일성 있게 발전시키되, 창의주성의 '독창성' 요인을 고려해 독특하고 새로운 접근법을 적용해야 한다. 창의성의 맥락적 요인에 대응하는 이 단계에 접어들어 아이디어 발상자는 새로움(novelty)을 바탕으로 자신감(confidence)을 가지고 아이디어 발상에 임해야 하며, 이 2가지가 수용자에게 경이로움을 주는 아이디어를 계발하는 원천이 된다. 아이디어 내는 것을 두려워하지 말고 자신감을 가져야 아이디어를 더 잘 낼 수 있으니 '아이디어가 막힐 때 돌파하는 힘'인 스매싱(smashing)이 필요할 때도 있다.[51] 수용자에게 경이로움을 주는 아이디어를 찾는 데 성공하려면, 자신이 낸 아이디어에 자신감을 가져야 하며 독특하고 새로운지 독창성(originality) 여부를 수시로 따져 봐야 한다.

다섯째, 조망 단계(Outlook stage)다. 구조화 단계 이후 조망 단계에 접어들어서는 그동안에 나온 아이디어를 더욱 간추려 수용자에게 '간단명료한(simple)' 메시지로 다가가도록 솜씨를 발휘하되, 창의주성의 '명료성' 요인에 신경을 써서 분명한 메시지로 발전시켜야 한다. 창의성의 시간적 요인에 대응하는 이 단계에서는 아이디어 발상자의 자질(talent)과 숙련도(expertness)가 수용자에게 분명한 혜택을 전달하는 아이디어로 발전시키는 근원이 된다. 수용자들이 기대하는 간명한 메시지를 찾는 데 성공하려면, 생각하고 있는 아이디어를 더욱 이해하기 쉽고 분명하며 간결하게 표현했는지 그 명료성(clarity) 여부를 스스로 평가해야 한다.

여섯째, 연결 단계(Network stage)다. 마지막으로 아이디어 발상을 마무리하는 연결 단계에 접어들게 된다. 이 단계에서는 해당 분야는 물론 그 밖의 여러 분야에 '적용할 만한(applicable)' 아이디어인지 여러 맥락에서의 적용 가능성을 고려해야 한다. 이때 창의주성의 '상관성' 요인을 반영함으로써 그 아이디어가 관련 분야의 특성이나 수용자 혜택과 직간접적으로 관련되도록 해야 한다. 창의성의 관계적 요인에 대응하는 이 단계에 접어들어서는 아이디어 발상자의 융합(convergence) 사고와 확장가능성(extendibility)이 중요하며, 이 2가지가 실생활의 여러 분야에서 활용될 수 있는 아이디어를 계발하는 원동력으로 작용한다. 여러 분야에 적용할 수 있는 아이디어를 찾는 데 성공하려면, 자신이 생각하고 있는 아이디어가 현실적으로 관련 분야의 특성과 관련되는지 그 상관성(relevance) 여부를 스스로 알아보거나 관련 분야 전문가들의 조언을 구할 필요가 있다.

(3) 에디슨 발상에서 생각의 방향

여기에서는 광고 분야에 포괄적으로 적용할 만한 새로운 아이디어 발상법을 모색해 보았다. 창의주성의 개념에 따라 아이디어 발상법을 모색한 결과 탐색(Exploration), 발견(Discovery), 부화(Incubation), 구조화(Structure), 조망(Outlook), 연결(Network)이라는 6단계로 아이디어 발상을 전개해야 한다는 연구결과를 제시했

51) 정상수(2010). 스매싱: 아이디어가 막힐 때 돌파하는 힘. 서울: 해냄출판사.

다. 이는 에디슨(EDISON) 발상법으로 요약할 수 있는데, 일찍이 영(Young, 1975)이 제시한 섭취, 소화, 부화, 조명, 증명이라는 5단계 발상법을 수정 보완한 것이라고 할 수 있다.

우연의 일치에도 불구하고 다분히 의도적인 작명이라고 볼 수 있겠지만, 에디슨 발상법은 공교롭게도 미국의 발명가 토머스 에디슨(Thomas A. Edison, 1847~1931)의 이름과 같다. 우연의 일치든 의도적인 작명이든 내용 자체가 더 중요하다. 두루 알다시피 에디슨은 평생토록 아이디어 발상자의 전형을 보여 주었다. 그는 미국에서 1,093개의 특허를 받았고, 다른 나라에서 1,239개의 특허를 받았다. 백열등, 축음기, 영화를 발명해 20세기 과학기술 문명의 시대를 선도해 온 그는 양적·질적인 측면에서 인류사에 대단히 중요한 업적을 남겼다. "천재란 99%가 땀이며 나머지 1%가 영감이다."라는 말은 그의 일생을 지탱하는 좌우명이었으며, "나는 발명을 계속하기 위한 돈을 벌기 위해 언제나 발명을 한다."라는 말은 끈질긴 그의 발명가 정신을 단적으로 상징한다.

에디슨 발상법으로 아이디어 발상을 하는 동안 자신이 에디슨의 일생을 살아간다는 자신감을 가지면 더 유익한 아이디어가 나오지 않을까 싶다. 에디슨 발상법으로 아이디어를 찾을 때 필요한 생각의 방향을 기억하기 쉽게 에디슨(EDISON)에 맞춰 정리해 보면 다음과 같다. 즉, 아이디어 발상을 시작하면서 수용자의 관심을 끌어 행동을 유도하려는 개입이나 참여(Engagement), 아이디어 발상을 진행하며 이전에 없던 독특한 아이디어를 찾으려는 차별화(Differentiation), 그리고 현실적인 목적에 영향을 미치고 실제로 도움이 되는 아이디어를 찾아내는 통찰력(Insight)이 중요하다. 또한 아이디어 발상을 할 때 더 이상 좋은 아이디어가 나오지 않을 때까지 충분한 아이디어를 내 보는 포화 상태(Saturation), 자신이 생각하고 있는 아이디어가 문제 해결에 과연 얼마나 적합한지 자신이 낸 아이디어의 수준을 객관적인 안목으로 평가할 수 있는 객관성(Objectivity), 자신이 낸 아이디어가 모두 소용없게 되더라도 절망하지 말고 다시 도전하는 새로운 시도(New-trial)가 필요하다. 이상에서 설명한 에디슨 발상법에서의 단계별 생각의 방향성에 대해 요약하면 〈표 8-3〉과 같다.

디지털 시대에는 아이디어 발상에서도 효율을 추구한다. 문제 해결의 콘셉트를 정확히 이해하고 그에 합당한 아이디어 발상을 해야지, 맹목적으로 아무 아이디어나 찾는다면 시간 낭비도 많고 좋은 아이디어를 얻지도 못한다. 예컨대, 카피라이팅에서의 아이디어 발상과 관련하여 구체적으로 접근하기, 감정 건드리기, 바짝 다가서기, 크

〈표 8-3〉 단계별 생각의 방향성

발상자 계발 요인	아이디어 발상 단계	생각의 방향성
지성 (intelligence) 호기심 (curiosity)	탐색 (Exploration)	개입 · 참여 (Engagement)
민감성 (sensitivity) 진정성 (authenticity)	발견 (Discovery)	차별화 (Differentiation)
시간보장 (time guarantee) 심사숙고 (deliberateness)	부화 (Incubation)	통찰력 (Insight)
새로움 (novelty) 자신감 (confidence)	구조화 (Structuring)	포화 상태 (Saturation)
자질 (talent) 숙련도 (expertness)	조망 (Outlook)	객관성 (Objectivity)
융합 (convergence) 확장가능성 (extendibility)	연결 (Network)	새로운 시도 (New-trial)

게 키우기, 역발상하기, 눈에 띄게 만들기, 세뇌하기, 넌지시 전하기 같은 8가지 기법을 분류한 다음, 광고 글쓰기 아이디어 발상에 필요한 73가지 방법을 제시한 연구도 있다.[52] 이 방법으로 카피 아이디어 발상을 하면 효율이 높아진다는 것이다.

이처럼 아이디어 발상에서도 효율을 추구하는 문제가 무엇보다 중요해졌다. 주어진 시간에 아이디어 발상을 완료해야 하기 때문이다. 크리에이티브에서 효율과 속도를 중시해야 효과를 발휘한다는 것은 디지털 시대에 통용되는 보편적인 지식이 되었다.[53] 에디슨 발상법으로 아이디어 발상을 하는 동안 자신이 에디슨의 일생을 살아간

52) 천현숙(2010). 광고 글쓰기 아이디어 73. 경기: 나남출판.

다는 자신감을 가지면 더 유익한 아이디어가 떠오를 것이다. 여기에서 제시하는 에디슨 발상법은 창의적인 결과물을 만드는 현장에서 두루 활용될 수 있다. '에디슨 발상법'은 여느 발상법 못지않게 체계적이고 포괄적인 과정이라고 할 수 있다. 모쪼록 이 발상법이 아이디어 발상의 현장에서 두루 활용되기를 기대한다. "서툰 일꾼은 늘 연장 탓한다(A bad workman always blames his tools)."라는 명언이 있다. 더 이상 연장 탓하지 말고 필요에 따라 취사 선택해 활용하고 부지런히 절차탁마(切磋琢磨)해야 한다.

4. 기타 응용형의 아이디어 발상

이상에서 언급한 방법 외에도 여러 가지 아이디어 발상 기법이 있으나, 세상에 완벽한 발상법은 없으며 사람마다 적합한 방법들이 따로 있다는 사실을 인지할 필요가 있다. 어떤 사람에게 효과적인 방법이 다른 사람에게는 별 효과가 없으며, 어떤 사람에게는 불편한 기법이 다른 사람에게는 편리하게 활용되기도 한다. 따라서 광고 창작자들은 많은 경험을 통해 자신에게 가장 어울리는 방법을 찾을 필요가 있다. 기타 추가적인 아이디어 발상법을 제시하면 다음과 같다.

1) 포스터의 발상법

잭 포스터(Jack Poster)는 미국 현대 광고를 대표하는 광고 창작자 중의 한 사람이다. 그는 40여 년간 카피라이터와 크리에이티브 디렉터로 일한 경험을 바탕으로 아이디어 낼 때의 두려움과 어려움을 떨쳐버리는 방법을 알려 준다. 그의『잠자는 아이디어 깨우기』(1999)에서는 아이디어 발상에 관한 내용을 쉽고 재미있게 풀어내고 있다.

그는 미국 로스앤젤레스 크리에이티브 클럽에서 '올해의 광고인'으로 선정된 것을 비롯해 여러 광고제에서 수상한 경력이 있다. 그는 카피라이터로 광고계에 입문한 다음, 마쓰다, 선키스트, 스모키 베어, 바텔, 유니버설 스튜디오, 퍼스트 인터스테이트 은행 등 대형 광고 캠페인을 주관하면서 광고 전문가로서의 명성을 쌓았으며, 그

후 여러 대학에서 광고 창작과 관련된 과목을 강의하기도 했다.

(1) 아이디어 발상 과정에서의 마음 조절법

포스터는 아이디어를 내는 동안 마음을 조절하는 8가지 방법을 제시했다. 아이디어를 얻기 위해 꼭 거쳐야 할 단계에 대해서는 많은 사람이 똑같이 말했지만, 그 단계에 올라가기 위해 지녀야 할 마음의 준비에 대해서는 아무도 이야기하지 않았다. 그는 마음의 준비가 돼 있지 않다면 여러 가지 아이디어 발상법을 알고 있어도 별 도움이 되지 않는다고 전제하고, 아이디어 발상에 필요한 기본적인 능력을 갖추고 있지 않으면 아이디어를 얻기 힘들다고 주장했다.

그는 아이디어 발상은 새로운 음식을 만들기 위해 양념을 개발하는 일과 같다고 보고, 좋은 아이디어 발상을 위해서는 여러 가지를 결합하는 것에 초점을 맞추어야 한다고 주장했다. 그는 아이디어 발상에 대한 두려움을 없애려면 다음과 같은 8가지를 마음속으로 준비하라고 권고했다.[54]

첫째, 인생을 즐기라. 포스터는 자신의 경험에 비추어 아이디어를 내려면 우선 인생을 즐기라고 충고한다. 사람의 마음은 한 방향으로 가다가 갑자기 방향을 바꾸도록 강요받게 되는데, 지금껏 전혀 생각지 못했던 이 새로운 방향이 사실은 완벽하게 논리적이며, 아이디어 발상 또한 낡은 요소들을 전혀 예상치 못한 방법으로 결합할 때 새로운 것이 태어날 가능성이 크다는 것이다. 즐거운 가운데 좋은 아이디어가 나왔다는 자신의 경험을 바탕으로, 그는 즐거워야 창조력의 고삐가 풀리고 즐기다 보면 저절로 아이디어가 떠오른다고 했다. 과학적으로 검증되지 않은 견해이기는 하지만 늘 초조하게 생활하는 광고 창작자들이 귀담아들을 필요가 있다.

둘째, 아이디어 뭉치가 돼라. 포스터는 아이디어가 원래부터 이미 존재했다는 사실을 깨달아야 한다고 강조한다. 세상의 모든 문제에는 단 하나의 해결책이나 개념이 있지 않고 다양한 해결책이나 개념이 존재한다. 마찬가지로 광고 창작에서도 늘 다양한 아이디어가 있기 마련이고 또 다른 해결책이 있으므로 일단 많은 아이디어를 찾을 필요가 있다. 다시 말해서, 주어진 사실보다 광고 창작에 임하는 카피라이터의 태도가 더 중요하다고 할 수 있겠다.

---

54) Foster, J. (1999). 잠자는 아이디어 깨우기 (*How to get ideas*). (정상수 역). 서울: 해냄출판사. (원저는 1996년에 출판).

셋째, 마음속에 목표를 정하라. 카피라이터는 목표를 달성하기 위해 어떻게 움직여야 하는지 스스로 느낄 수 있으므로 보다 창의적인 아이디어를 얻겠다는 마음속의 목표를 세운다면 그 목표를 이루는 방법을 저절로 찾으려 할 것이다. 따라서 그는 카피라이터가 아이디어를 '얻게 될' 것이라고는 상상하지 말고 이미 아이디어를 '갖고 있다'라고 상상하면 저절로 아이디어가 떠오를 수 있다는 것이다.

넷째, 어린이가 돼라. 프랑스의 시인 보들레르는 천재란 어린 시절로 마음대로 돌아갈 수 있는 사람이라고 했다. 누구나 놀라운 어린 시절로 돌아갈 수 있다면 천재성을 다시 한 번 맛보게 된다는 것이다. 창의적인 사람의 내면에는 어른이 아닌 어린이의 마음이 들어 있다. 성인들은 생각이 너무 깊고 복잡하며 쓸데없이 다양한 지식에 얽매여 있으나 어린이는 순수하고 자유롭다. 어린이는 세상을 있는 그대로 보기 때문에 어떤 문제에 대해 답을 찾을 때는 자신의 시각으로 사물을 관찰하고 이해하고 새로운 관계를 찾아낸다. 따라서 창의적인 아이디어를 찾기 위해서는 규칙을 깨고 다른 각도에서 사물을 바라보는 어린이의 마음이 필요하다는 것이다.

다섯째, 정보를 더 많이 확보하라. 호기심이 많은 광고 창작자는 왕성한 탐구욕으로 낡은 요소들과 또 다른 요소들을 결합해 새로운 것을 만들기를 즐겨한다. 다양한 정보를 확보해 더 많은 요소끼리 결합하면 더 새로운 아이디어가 나올 가능성이 크다. 또한 자신이 가진 기존의 틀을 버리고 광고 상품에 대해 더 깊이 있게 관찰하고 거기에 몰두하다 보면 보다 효과적인 아이디어를 창출할 가능성이 크다.

여섯째, 배짱을 가져라. 카피라이터가 아이디어를 말하면 비난을 받게 되는 경우가 있는데, 선천적으로 창의적인 아이디어 발상력이 뛰어난 사람들은 이때 두려움을 느끼게 된다. 따라서 두려움과 맞서 싸워서 밀고 나갈 수 있는 배짱을 가져야 한다. 광고 창작 과정에서 나쁜 아이디어란 없으며 아이디어를 내지 않는 것보다 좀 떨어지는 아이디어를 내는 쪽이 더 가치 있다.

일곱째, 생각을 다시 한 번 정리해 보라. 포스터는 어떤 문제에 직면할 경우 처음부터 그것을 언어화하기보다 먼저 시각적으로 표현해 보는 것이 아이디어 발상에 도움이 된다고 하나 반드시 그런 것만은 아니다. 이보다 지나치게 논리적인 경로를 따르지 않는 수평적 사고를 하는 것이 필요하다. 또한 어떤 문제에 대한 아이디어 발상을 하기 전에 미리 사고를 제한하고 아이디어의 경계를 긋지 않는 열린 마음이 필요하다. 이와 관련해 카피라이터 윤준호는 경계가 없는 아이디어의 세계에 대해 다음과 같이 흥미롭게 설명했다. "아이디어의 세계에도 '블루오션(blue ocean)'이 있다면 그곳은 '말도 안 돼'라는 이름의 바다이거나 '거길 왜 가'라는 이름의 해협일 것이다. 천재와 백치(白痴)를 거기서 만납니다. 둘은 코드가 같으니까요. 그들은 '원시(primitive)'와 '첨단' 사이에 개설된 직통노선(直通路線)의 단골 고객들입니다."[55]

여덟째, 어떻게 결합할 것인지 연구하라. 포스터는 새로운 비유법을 찾는 노력을 하고 행동 양식에 있어서 규칙을 파괴하라고 권고한다. 따라서 카피라이터는 "만약 ～이라면 어떻게 될까?"라는 생각을 자주 하면서 자신의 마인드 게임을 해 보고 다른 각도에서 아이디어 발상에 접근할 필요가 있다. 실제로 예술이나 과학기술 분야에서의 위대한 진보는 각 분야의 경계를 넘나들며 아이디어를 결합하고 수정하는 과정을 거쳐 이루어졌다.

(2) 아이디어 발상 과정

포스터는 이상의 8가지를 생활화하는 가운데서 아이디어 발상에 대한 두려움이 사라진다고 했다. 이런 방법은 카피라이터의 성격에 따라 실행하기 어려운 부분도 있으므로, 스스로 평생을 거쳐 끊임없이 노력함으로써 자신만의 습관으로 고착시켜야 한다. 한편, 그는 더 좋은 아이디어를 창출할 수 있는 아이디어 발상 과정을 다음과 같이 5가지 단계로 제시했다.[56]

첫째, 문제의 정의다. 모든 문제에는 각기 다른 해결책이 있으므로 문제를 정확하게 정의하기는 어렵다. 만약 문제를 정확하게 정의하지 않으면 문제를 잘못 풀게 될 수도 있다. 광고 창작에서도 문제가 무엇이고 기회가 무엇이며 무엇을 어떻게 해야 하는지 구체적으로 정의해야 더 효과적인 아이디어 발상이 가능하다.

둘째, 정보의 수집이다. 카피라이터들이 할 수 있는 정보 수집 방법은 다양하다. 아무리 창의적인 사람도 무지한 상태에서 위대한 아이디어를 내기는 어렵다. 따라서 더 나은 정보를 수집하기 위해 여러모로 노력해야 하며, 특히 일을 시작하기 전에 아이디어 발상에 필요한 모든 정보를 얻을 수 있도록 최선을 다해야 한다.

셋째, 아이디어의 탐색이다. 좋은 아이디어는 애타게 찾는 사람에게만 나타난다. 실현 불가능한 아이디어 하나를 내는 것보다 아이디어를 많이 내서 그중에서 하나를

---

55) 윤준호(2007). 카피 혹은 아이디어를 위한 메타포 11: 스물과 스물하나. 광고정보, 1월호, 11.
56) 이현우, 김병희(2002). 광고 발상론의 고전: 잠자는 아이디어 깨우기. 광고 발상과 전략의 텍스트(pp. 303-309). 서울: 북코리아.

선택하는 것이 낫다. 따라서 너무 성급하게 아이디어를 판단함으로써 아이디어의 흐름과 리듬과 마법을 깨지 않는 것도 중요하다. 아이디어를 비교하고 골라내고 결합하고 종합하는 노력이 계속돼야 한다.

넷째, 일시적인 망각이다. 새로운 아이디어를 창출하는 것이 너무 고통스럽다면 때로는 그 일을 잠시 잊어버리고 그 일에서 빠져나올 필요가 있다. 일주일 내내 텔레비전을 보거나 운동을 하며 아이디어 발상 자체를 완전히 망각하라는 뜻이 아니라 그 일은 잠시 잊어버리고 다른 일을 하라는 것이다. 지나친 휴식은 오히려 정신 상태에 역효과를 낼 수 있다. 만약 자동차 광고 아이디어가 떠오르지 않으면 잠시 그 일에서 빠져나와 화장품 광고나 식음료 광고 아이디어 발상을 하는 것이 효과적이다. 즉, 아이디어 발상 과정에서 '기어'를 잠시 바꿀 필요가 있다.

다섯째, 아이디어의 실행이다. 좋은 아이디어가 떠올랐는데도 아무것도 하지 않는 경우와 아무 아이디어가 없는 경우는 결국 마찬가지다. 좋은 아이디어가 있는데도 무의미하게 아무 일도 하지 않기보다 해야 할 일이라면 당장 시작해야 한다. "구슬이 서 말이라도 꿰어야 보배"라는 우리 속담처럼 광고 아이디어도 꿰어야 진짜 보배가 된다. 카피라이터는 아이디어 발상 자체에 머무르지 말고 아이디어의 구슬을 본격적으로 꿰는 궤도에 올라가야 한다.

2) 만다라트 발상법

세상을 논리와 수치로 분석하는 접근 방법을 논리적 사고(logical thinking)라고 한다면, 통찰력으로 차별화를 시도하는 방법은 계속해서 옆으로 나아가는 횡적 사고(lateral thinking)다. 아이디어 발상 과정에서는 2가지 사고방식을 통합해야 하지만, 아이디어를 새끼 쳐서 계속 확장해 나가는 횡적 사고가 더 중요하다. 횡적 사고에 의한 아이디어 발상법의 사례로 만다라트(Mandala-Art, マンダラート) 발상법에 대해 간략히 살펴보자.

만다라트 발상법은 일본의 디자이너 이마이즈미 히로아키(今泉浩晃, 1994, 1998)가 개발했다.[57] 불교에서 모든 덕을 두루 갖춘 경지를 이르는 뜻인 만다라(曼陀羅)에 따라, 같은 무늬가 끝없이 펼쳐져 나가는 만다라 문양에서 힌트를 얻었다. 만다라트 아

---

57) 이마이즈미 히로아키(今泉浩晃, 1994). 頭の使い方が問題なんだ. 東京: サンマーク出版.

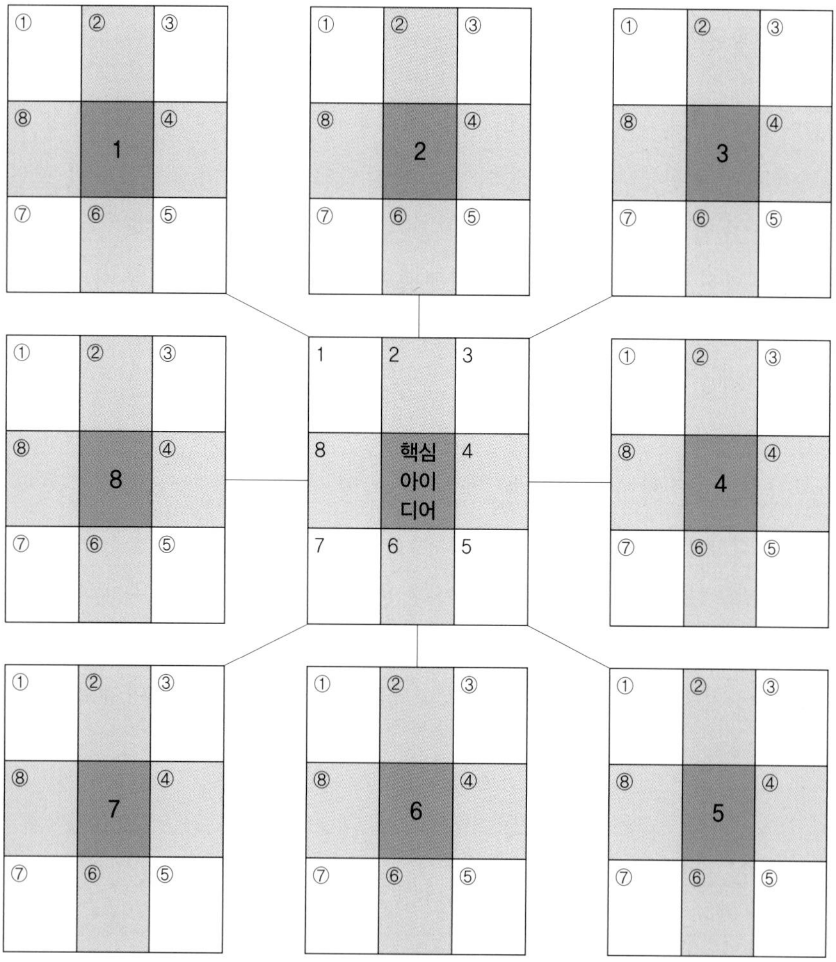

[그림 8-14] 만다라트 아이디어 발상의 개념

이디어 발상법에서는 먼저 가로 3개와 세로 3개(3×3)로 짜인 아홉 칸의 중심에 핵심 아이디어를 적고, 관련되어 파생된 아이디어(1, 2, 3, 4, 5, 6, 7, 8)를 그 주위에 적어 나간다. 그다음에는 숫자별 주제에 따라 선으로 이어진 칸으로 넘어가 다시 만다라트에 아이디어를 적어 나간다. 이렇게 8개의 만다라트를 채워 나가면 관련되는 아이디어를 무려 64개(8×8)나 얻을 수 있다.[58]

---

58) 이마이즈미 히로아키(今泉浩晃, 1998). 目からウロコ マンダラメモ學. 東京: オーエス出版.

3) 핵심어 기법

핵심어(key word) 기법은 아이디어 발상 과정에 참여한 광고 창작자 간의 경쟁심이 사라질 수도 있는 브레인스토밍의 단점을 보완하기 위해 미국 포드사의 임원으로 근무했던 조지 밀러(George H. Muller)가 창안했다.[59] 브레인스토밍에서는 여러 명의 참여자가 무작위로 아이디어를 내기 때문에 열심히 아이디어를 내는 사람이 있는가 하면 수동적으로 참여하는 사람도 있을 수 있다. 그러나 핵심어 기법에서는 모든 참여자가 핵심어로 아이디어를 기록하고 그 결과를 돌아가면서 읽게 함으로써 참여도를 공평하게 한다.

진행자는 설정된 회의 주제나 광고 콘셉트를 참여한 광고 창작자에게 숙지시킨 다음, 일정 시간 동안 주제나 콘셉트에 관련되는 핵심어를 명사나 형용사 형태로 카드에 기록하도록 한다. 참여자들은 돌아가며 추출한 핵심어를 읽고 주제나 광고 콘셉트에 적합한 것들을 회의를 통해 결정한다. 몇 차례 반복한 후 최종적인 아이디어를 결정한다. 이 기법은 브랜드 슬로건, 광고 헤드라인, 상품명, 캠페인 주제 등을 찾아내는 데 유용하게 활용될 수 있다.

4) 비주얼 브레인스토밍 기법

이 기법은 한 장의 종이에 자신이 생각하는 아이디어를 그림으로 그린 후 옆 사람에게 전달하고 그 그림을 본 옆 사람은 다시 그림으로 아이디어를 그린다. 이렇게 한 바퀴가 돌아가면 처음에 아이디어를 낸 광고 창작자는 나머지 사람들에게 아이디어를 설명하고 나머지 사람은 그 사람의 아이디어를 적어서 추가적인 아이디어로 발전시켜 나간다. 이때 반드시 그림으로만 아이디어를 그려야 하며 언어적으로 표현해서는 안 된다. 이 기법은 그림으로 아이디어를 도출하기 때문에 언어 텍스트가 가지는 한계를 넘는다는 장점이 있는 반면에 발상한 아이디어가 해당 과제에 초점을 맞추지 못하는 경우도 생길 수 있다.

---

59) Muller, G. H. (1973). *The idea trigger session primer*. Ann Arbor, MI: A. I. R. Foundation.

5) 고든법

브레인스토밍에서는 문제를 구체적으로 좁혀 가며 아이디어 발상을 하지만, 고든 법에서는 그 반대로 문제를 추상화시켜 무엇이 진정한 문제인지 모른다는 상태에서 출발한다. 문제가 지나치게 구체적이면 아이디어 발상에 참여하는 광고 창작자가 자 칫 현실적인 문제에만 생각을 맞추게 돼 아이디어 발상에 제한을 받을 수 있기 때문 이다. 주제와 전혀 관계없는 사실로부터 발상을 시작해서 문제 해결로 몰입하게 하 는 것이 이 기법의 특성이다.

광고 실무계에서는 고든법을 활용해 기발한 광고 아이디어 발상을 하는 경우가 많 다. 추상적인 주제에서 출발하므로 결국 버려야 하는 아이디어의 개수가 많다는 한 계점이 있지만, 뜻밖에도 광고 아이디어의 대어를 낚을 수도 있다는 장점이 있다. 진 행자는 회의 도중에 항상 현실적인 과제를 망각하지 말고 기발한 상상력과 주어진 과 제 사이에서 균형감을 유지하면서 분위기를 유도해야 한다.

6) 아이디어라이팅 기법

아이디어라이팅(ideawriting) 기법은 브레인라이팅 기법과 유사하다. 먼저, 제시된 문제에 대해 광고 창작자들이 제출한 의견과 아이디어를 글로 써서 공개적으로 게시 한다. 그런 다음 제시된 아이디어에 대해 다른 광고 창작자들이 한두 마디 평가를 해 주는 방식으로 다양한 아이디어를 끌어내는 집단적 사고 방법이다.

7) 핀 카드 기법

핀 카드(pin cards) 기법은 광고 창작자 개인에게 각각 다른 색깔의 카드를 한 묶음 씩 나눠 준 다음 카드 하나에 한 가지 아이디어를 적어 옆 사람에게 건네준다. 옆 사 람의 카드를 받은 사람은 그 카드를 읽고 본인이 생각지 못했던 아이디어를 생각하는 단서로 활용한다. 이때 새롭게 떠오른 아이디어가 있다면 다시 카드에 새로운 아이 디어를 추가로 기록한다. 이 같은 과정을 20~30분 동안 반복한 후 모든 카드를 수집 하고 살펴본 다음 게시판에 주제별로 부착한다. 이때 반복되는 카드는 제외하고 전 체 카드를 모아 평가한다.

8) 갤러리 기법

플립차트 종이를 벽에 테이프로 붙인 다음 참여한 광고 창작자들이 각자의 아이디어를 한 장의 종이 위에 기록하는 데서 갤러리(gallery) 기법이 시작된다. 20~30분 동안 계속한 다음 15분 정도 휴식을 취하고 나서 모든 참여자가 회의장을 순회하며 다른 사람이 써서 부착한 아이디어를 검색한다. 전체 아이디어를 다 살펴본 다음 각자의 자리로 돌아와서 아이디어를 통합하고 평가한다.

오랜 실무 경험을 통해 얻은 통찰력을 바탕으로 'I CAN DO' 발상법을 제시한 김규철(2023)은 아이디어 발상 과정에서 '나는 할 수 있다'는 자신감을 가지는 것이 무엇보다 중요하다고 했다. 이 발상법은 'I CAN DO'라는 한 문장 속에 아이디어 발상을 시작할 때 가져야 하는 광고 창작자의 태도라고 할 수 있는 준비 과정, 발상 과정, 검증 과정이 모두 포함돼 있어 인상적이다.[60] 그는 할 수 있다고 믿는 자신감이 없다면 어떤 발상법을 활용해도 좋은 아이디어를 얻을 가능성이 없으니, 준비와 발상 및 검증 과정을 거치는 동안 긍정적인 태도를 가지는 것이 가장 중요한 자세라고 강조했다.

자신감은 좋은 아이디어를 얻는 원천이다. 세상에 소개된 아이디어 발상법은 생각보다 많다. 적게는 172가지에서 많게는 300가지가 있다고 한다. 너무 방대한 내용이라 그 많은 아이디어 발상법 모두를 단번에 이해하기는 어려운 일이고, 또 반드시 다 알아야 할 필요도 없다. 김규철(2023)은 무협영화의 전설적인 배우 이소룡의 말을 좋아한다며 그의 말을 이처럼 인용했다. "나는 만 가지 킥을 할 줄 하는 사람은 두렵지 않다. 그러나 한 가지 킥을 만 번 연습한 사람은 두렵다." 디지털 시대의 아이디어 발상 과정에도 적합한 명언이다. 아이디어 발상법을 많이 안다고 해서 좋은 아이디어를 얻는다는 보장은 없다. 지독한 반복을 통해 한 가지라도 제대로 깨우치려는 피 흘린 정신과 노력이 중요하다. 절차탁마(切磋琢磨)해야 대기만성(大器晚成)한다. 옥(玉)을 오랫동안 갈고닦아 큰 그릇을 만드는 것처럼 꾸준히 연마해야 큰 뜻을 이룬다.

---

60) 김규철(2023). 효과적인 아이디어 발상법 I CAN DO. 서울: 학지사.

챗GPT가 알려 준 꿀팁

You : 챗GPT. 지금까지 다음 내용을 학생들에게 설명했어. 광고 아이디어의 개념과 의의, 일반 적용형의 아이디어 발상, 광고 맞춤형의 아이디어 발상, 기타 응용형의 아이디어 발상 같은 주제야. 지금까지 설명한 4가지 주제는 학생들이 카피를 쓰는 데 도움이 될 만한 중요한 정보야. '아이디어 발상의 내비게이션'이라는 제목을 구성하는 광고 아이디어의 개념과 의의, 일반 적용형의 아이디어 발상, 광고 맞춤형의 아이디어 발상, 기타 응용형의 아이디어 발상에 관한 4가지 주제와 관련하여, 현실적으로 광고 카피라이팅에 도움이 될 만한 추가 정보가 있다면 알려 줄 수 있어?

ChatGPT : 이미 설명한 주제들은 광고 카피라이팅에 필요한 아이디어 발상과 관련된 중요한 정보를 제공하고 있습니다. 그러나 광고 카피라이팅에 도움이 될 만한 추가 정보를 제공할 수 있습니다. 아래는 각 주제와 관련된 추가 정보입니다.

광고 아이디어의 개념과 의의: 광고 아이디어는 제품 또는 서비스를 판매하고 브랜드 메시지를 전달하는 데 사용되는 핵심 콘셉트입니다. 이는 브랜드의 목표와 메시지를 시각화하고 강조합니다. 광고 카피라이터는 강력한 광고 아이디어를 개발하여 브랜드를 강조하고 고객의 관심을 끌어야 합니다.

일반 적용형의 아이디어 발상: 일반적인 아이디어 발상은 상품 또는 서비스에 대한 일반적인 이점과 특징을 강조합니다. 이것은 소비자에게 상품 또는 서비스의 가치를 전달하는 데 도움이 됩니다. 광고 카피라이터는 제품 또는 서비스의 특징을 고려하고, 이를 뚜렷하게 표현하는 아이디어를 개발해야 합니다.

광고 맞춤형의 아이디어 발상: 맞춤형 아이디어 발상은 어떤 목표 소비자에 맞춰 광고 아이디어를 개발하는 것을 의미합니다. 이는 소비자의 필요와 관심사에 집중합니다. 광고 카피라이터는 목표 수용자의 특성을 고려하고 그들이 공감할 수 있는 아이디어를 창출해야 합니다.

기타 응용형의 아이디어 발상: 응용형 아이디어 발상은 창의적인 방식으로 제품 또는 서비스의 이점을 표현합니다. 이는 시대나 문화적 변화에 대응하거나 경쟁적인 차별화를 이루는 데 도움이 됩니다. 광고 카피라이터는 다양한 관점에서 제품 또는 서비스를 고려하고 새로운 아이디어를 발견하는 것이 중요합니다.

광고 카피라이터는 열린 마음과 창의적인 사고를 하고 다양한 아이디어 발상법을 활용하여 효과적인 광고 캠페인을 기획해야 합니다. 아이디어 발상력을 향상하는 방법은 학습과 연습을 통해 찾을 수 있으며, 실제 광고 분야에서의 경험이 도움이 됩니다.

강두필(2015). 오길비, 광고가 과학이라고? 광고PR실학연구, 8(4), 162-164.

강승구(2014). 광고와 철학적 사고. 서울: 에피스테메.

강정문을 사랑하는 사람들의 모임, 대홍기획 편저(2000). 뭐가 그리 복잡하노? 짧게 좀 해라. 서울: 청람문화사.

곽원섭, 차경호(2001). 창의성을 위한 자원과 광고교육. 광고연구, 53, 7-29.

김규철(2023). 효과적인 아이디어 발상법 I CAN DO. 서울: 학지사.

김동규(2003). 카피라이팅론. 서울: 나남출판.

김동규(2006). 광고카피의 산출 과정에 관한 근거이론 연구. 한국광고홍보학보, 8(2), 106-157.

김동규(2013). 존 케이플즈. 10명의 천재 카피라이터(pp. 71-83). 서울: 커뮤니케이션북스.

김병희(2000). 광고와 대중문화. 서울: 한나래.

김병희(2001). 광고의 매혹. 서울: 연암사.

김병희(2002). 광고 창의성에 관한 현상학적 연구. 광고연구, 55, 183-207.

김병희(2003a). 크리에이티브의 길을 묻다 7: 상품을 찍지 않고 마음을 담았다-윤석태 1. 광고정보, 262, 38-45.

김병희(2003b). 크리에이티브의 길을 묻다 8: 유목민의 상상력과 농경사회적 상상력-윤석태 2. 광고정보, 263, 40-47.

김병희(2004a). 광고감독 윤석태 연구. 호서문화논총, 18, 1-39.

김병희(2004b). 문화기술지적 소비자반응비평. 김영찬 편저. 광고비평의 이해(pp. 224-247). 서울: 한울.

김병희(2006). 광고 오디세이. 서울: 새문사.

김병희(2007a). 광고카피 창작론: 기본원리 편. 경기: 나남출판.

김병희(2007b). 광고 헤드라인의 유형분류에 관한 연구. 광고연구, 75, 9-34.

김병희(2008). 오길비 다시 읽기: 데이비드 오길비 저, 강두필 역, '나는 광고로 세상을 움직였다' 서평. 광고PR실학연구, 1(1), 190-195.

김병희(2011a). 영상미학의 연금술: 창의성을 키우는 통섭 광고학 1. 서울: 한경사.

김병희(2011b). 카피의 스토리텔링: 창의성을 키우는 통섭 광고학 2. 서울: 한경사.

김병희(2011c). 디자인의 생각창고: 창의성을 키우는 통섭 광고학 3. 서울: 한경사.

김병희(2011d). 기획의 내비게이션: 창의성을 키우는 통섭 광고학 4. 서울: 한경사.

김병희(2011e). 문화산업의 콘텐츠: 창의성을 키우는 통섭 광고학 5. 서울: 한경사.

김병희(2014). 에디슨 발상법: 창의주성 개념에 의한 광고 아이디어 발상법의 탐색. 광고PR실
학연구, 7(1), 7-31.

김병희(2015). 오길비, 광고가 과학이라고?. 서울: 토토북탐.

김병희(2020). 광고 크리에이티브 철학. 강승구, 한은경, 류진한, 김병희, 박재항, 마정미, 김
주영, 김영욱, 윤태일, 박기철 공저. 광고 지성과 철학의 지평선(한국광고학회 광고지성총서
10)(pp. 77-108). 서울: 학지사.

김병희(2021a). 광고에서의 과학과 예술 논쟁. 광고가 예술을 만났을 때 아트버타이징(pp. 18-
23). 서울: 학지사.

김병희(2021b). 우리시대 광고 영상의 저 높고 아득한 이데아: 추천의 글. 윤석태 저, 영상광고
감독 윤석태의 Q뮤지엄: 보고 느끼고 행하는 이야기(pp. 6-17). 서울: 새로운사람들.

김병희(2021c). 인공지능이 바꾼 광고 세상. 디지털 시대의 광고 마케팅 기상도. 서울: 학지사.
29-44.

김병희(2023a). 광고기획의 개념과 광고기획의 과정. 김병희, 이시훈, 이희준, 이진균, 김유
나, 정세훈, 최인호, 김활빈, 지준형, 조준혁, 김희은, 민병운, 김동후, 염 철, 유은아, 정
승혜, 박종구, 심성욱, 지원배 공저. 디지털 시대의 광고기획 신론(pp. 19-49). 서울: 학지
사비즈.

김병희(2023b). 광고산업의 발전과 상생을 위한 패러다임을 찾아서. 김병희, 조재영, 전종우,
정현주, 차경심, 서영택 공저. 광고산업의 발상(발전과 상생)을 위한 신 패러다임 모색(pp.
9-35). 광주: 다큐디자인.

김병희(2023c). 숭늉 맛과 같은 광화문글판. 지금은 우리가 사랑해야 할 시간: 광고가 알려 준 사
랑법(pp. 191-196). 경기: 한울엠플러스.

김병희(2023. 1. 20.). 윤석태(1938~2023), 우리시대 광고 영상의 저 높고 아득한 이데아. 네
이버 프리미엄 콘텐츠 '김병희의 광고박물관'(https://contents.premium.naver.com/
adecho1/knowledge/contents/230120112744778kh).

김병희(2023. 5. 22.). 챗GPT와 카피라이팅은 불가근불가원의 관계. 한국경제, A33면.

김병희, 윤태일(2010). 한국 광고회사의 형성 과정에 관한 구술사 연구. 광고연구, 84, 63-111.

김병희, 윤태일(2011). 한국 광고회사의 형성: 구술사로 고쳐 쓴 광고의 역사. 서울: 커뮤니케이션
북스.

김병희, 한상필(2001). 광고 Headline의 담론 구성에 관한 연구. 한국언론학보, 45(특별호), 41-

69.

김병희, 한상필(2006). 광고 창의성 측정을 위한 척도개발과 타당성 검증. 광고학연구, 17(2), 7-41.

김병희, 한상필(2008). 텔레비전 광고의 창의성 척도개발과 타당화. 광고학연구, 19(2), 7-42.

김수업(2006. 7. 11.). 말뜻 말맛: '강한 바람'만인가?. 한겨레, 30면.

김욱동(2002). 수사학이란 무엇인가. 서울: 민음사.

김유나(2023). 디지털 환경에서 시장 이해하기. 김병희, 이시훈, 이희준, 이진균, 김유나, 정세훈, 최인호, 김활빈, 지준형, 조준혁, 김희은, 민병운, 김동후, 염 철, 유은아, 정승혜, 박종구, 심성욱, 지원배 공저. 디지털 시대의 광고기획 신론(pp. 137-163). 서울: 학지사비즈.

김정우(2006). 카피연습장 1: 아이디어와 인쇄광고 편(pp. 174-199). 서울: 커뮤니케이션북스.

김태용(2023). ChatGPT/GPT-4. 인공지능을 활용한 사회과학 연구방법(pp. 19-22). 서울: 학지사.

김태형(1981). 풍요속의 평작. 광고정보, 12월호, 61.

김태형(1984). 잡종철학 무철학이 나의 카피 철학. 광고정보, 9월호, 44-46.

김태형(1993). 광고하는 사람이란. 광고계동향, 11월호, 3.

김태형(1995). 카피라이터 가라사대(p. 12). 서울: 디자인하우스.

김태형(2002). 고맙습니다, 오길비 선생님. 광고정보, 3월호, 9-11.

남고은(2021). 광고 창작 과정과 크리에이티브 전략. 김병희, 마정미, 김봉철, 김영찬, 유현재, 유승엽, 최세정, 송기인, 소현진, 유승철, 남고은, 김여정, 한규훈, 정윤재, 윤태일, 정승혜 공저. 디지털 시대의 광고학신론(pp. 347-375). 서울: 학지사.

니시오 타다히사(西尾忠久)(1986). 효과적인 광고카피. (안준근 역). 서울: 오리콤 마케팅커뮤니케이션 연구소. (원저는 1983년에 출판).

다카하시 마코토(高橋誠, 2008). 아이디어 발상 잘하는 법. (이근아 역). 서울: 더난출판사.

류진한(2023). 스캠퍼. BIG 아이디어 발상 31(pp. 197-213). 서울: 학지사.

문영숙, 김병희(2015). 소비자 인사이트: 심리타점의 발견과 적용. 서울: 커뮤니케이션북스.

민병운(2023). 창의적인 크리에이티브의 전개. 김병희, 이시훈, 이희준, 이진균, 김유나, 정세훈, 최인호, 김활빈, 지준형, 조준혁, 김희은, 민병운, 김동후, 염 철, 유은아, 정승혜, 박종구, 심성욱, 지원배 공저. 디지털 시대의 광고기획 신론(pp. 267-305). 서울: 학지사비즈.

박성철(2004). 설득전략으로서의 텍스트 문체 분석: 표현영역(elocutio)을 중심으로. 텍스트언어학, 17, 511-541.

박영준(2001). 기업 슬로건의 언어적 기법에 대한 분석. 이중언어학, 19, 273-297.

박영준, 김정우, 안병섭, 송민규(2006). 광고언어론: 언어학의 눈으로 본 광고. 서울: 커뮤니케이션북스.

박우덕(1997. 9. 6.). 좋은 헤드라인보다 좋은 비주얼은 없다. 웰콤 사내 특강 자료.

박우덕(2001). 광고인 하계대학 특강: 좋은 광고 하나가 세상을 바꿀 수도 있습니다. 광고정보, 8월호, 48-54.

박우덕(2006). 웰콤 사내 특강 자료(2006. 4. 25/5. 8./5. 30.).

박종열, 김명하 공역(1984a). 오길비의 광고. 서울: 평음사.

박종열, 김명하 공역(1984b). 오길비의 고백. 서울: 평음사.

백운복(2006). 글쓰기 이렇게 하면 된다(p. 21). 서울: 새문사.

서구원(2003). 광고 아이디어 발상을 위한 신 브레인스토밍 기법. 사보 LGAd, 183, 66-69.

서구원, 이두희, 이인호(2006). 광고 크리에이티비티 향상을 위한 브레인스토밍(Brainstorming)
　　실증연구. 광고학연구, 17(1), 77-100.

서장호(2001). 한국 속담을 이용한 광고 메시지의 유형과 광고효과에 관한 연구: 인쇄매체 광
　　고 헤드라인을 중심으로(pp. 49-52). 홍익대학교 대학원 석사학위논문.

송준용, 애드리치(2023). 프롬프트 작성법. 오스트랄로GPT쿠스(pp. 67-69). 서울: 여의도
　　책방.

송창석(2005). 새로운 민주시민 교육방법: Metaplan을 활용한 토론·토의·회의 진행법. 서울: 백
　　산서당.

신강균(2010). 4S 아이디어 발상법. 서울: 컴온프레스.

신인섭(1975). 광고 핸드북(pp. 140-141). 서울: 매일경제신문사.

신인섭(1977). 광고 Copywriting. 서울: 한국광고협의회.

신인섭(1978). 광고와 카피(Copy). 커뮤니케이션연구, 4, 25-38. 서울: 경희대 신문방송학과
　　커뮤니케이션조사연구소.

양 웅(2004). 상징의 의미와 광고 속의 상징. 광고와 상징(pp. 11-21). 서울: 한국방송광고공사.

양 웅, 김충현(2005). 광고표현의 수사적 특성 변화 연구: 1993년-2003년 국내 잡지광고를
　　대상으로. 광고연구, 66, 239-265.

엄창호(2004). 광고의 레토릭: 성공하는 광고 제작을 위한 10가지 수사법(pp. 14-27). 서울:
　　한울.

오창일(2004). E=mC2. 카피 발(發) 비주얼 착(着)(pp. 48-52). 서울: 북코리아.

오창일(2006). 광고 창작실(pp. 66-233). 서울: 북코리아.

우에조 노리오(植條則夫, 1991). 카피교실 (植条則夫のコピ-教室: 廣告情報作品)(pp. 31-87).
　　(맹명관 역). 서울: 들녘. (원저는 1988년에 출판).

유창조(2000). 광고에 대한 평가요인의 효과에 관한 연구. 광고학연구, 11(1), 35-51.

윤석태(1987). 광고인 하계대학 지상중계: 커머셜 제작기법-리얼리티 철저히 추구해야. 광고
　　정보, 77, 50-56.

윤석태(1990). 커머셜 제작노트 2: 불신의 늪. 광고정보, 110, 86-87.

윤석태(2001). 윤석태 TV-CF 작품집 Q-30. 서울: 도서출판 호미.

윤석태(2003). 영상은 누구나 만들지만 광고는 아무나 만들 수 없다. 광고계동향, 147, 4-5.

윤석태(2005). 영상 커머셜 제작(pp. 33-34). 서울: 한국방송광고공사.

윤준호(2007). 카피 혹은 아이디어를 위한 메타포 11: 스물과 스물하나. 광고정보, 1월호, 11.

이강우(1987). 광고라는 직업. 광고정보, 10월호, 94-95.

이강우(1997). 한국 TV광고 영상의 변천에 관한 연구. 중앙대학교 신문방송대학원 석사학위 논문.

이강우(2003). 대한민국 광고에는 신제품이 없다. 서울: 살림출판.

이낙운(1988). 광고제작의 실제. 서울: 나남출판.

이만재(1990). 카피라이터 입문(pp. 76-78). 서울: 고려원.

이만재(1994). 한국광고인물사 6: 카피라이터의 원형질 30년 김태형. 광고정보, 8월호, 98-99.

이수민(2003). 데이비드 오길비(David Ogilvy)의 광고이론과 그 적용사례에 관한 연구. 이화 여대 디자인대학원 석사학위논문.

이인구(1995). 카피라이터 이인구가 본 세상. 서울: 한국광고연구원.

이현우(1998a). 광고 슬로건 및 브랜드 네임에 대한 언어학적 접근 연구. 광고연구, 40, 125-145.

이현우(1998b). 광고와 언어. 서울: 커뮤니케이션북스.

이현우, 김병희(2002). 광고 발상론의 고전: 잠자는 아이디어 깨우기. 광고 발상과 전략의 텍스트(pp. 303-309). 서울: 북코리아.

이희복(2005). 광고의 수사적 비유로서 공명의 커뮤니케이션 효과. 커뮤니케이션학연구, 13(2), 54-79.

이희복(2006). 도시 브랜드의 슬로건 분석: 수사적 기법을 중심으로. 스피치와 커뮤니케이션, 5, 69-102.

정상수(2010). 스매싱: 아이디어가 막힐 때 돌파하는 힘. 서울: 해냄출판사.

정세훈, 염정윤, 최인호, 최수정, 정민혜(2017). 국내 미디어 멀티태스킹 연구 현황: 이용과 효과 연구를 중심으로. 한국광고홍보학보, 19(1), 102-135.

조봉구(1984). 명 카피라이터 열전: 미 '카피라이터 명예의 전당'에 헌정된 거봉들. 광고정보, 9월호, 35-41.

천현숙(2010). 광고 글쓰기 아이디어 73. 경기: 나남출판.

최덕수 편저(1987). 광고의 체크리스트(pp. 388-390). 서울: 대광기획.

최병광(2006). 카피는 카피가 아니다. LG Ad, 11/12월호, 8-10.

최윤식(1993). David Ogilvy와 William Bernbach의 광고 철학에 관한 비교 연구. 고려대학교 정책과학대학원 석사학위논문.

최인령(2005). 광고 메모리, 시적 메모리: 인지적 환기시학의 접근 방법에 의한 시와 광고 슬로건의 관련성 연구. 불어불문학연구, 64, 613-646.

히로 다까시(2003). 광고언어의 은유 유형과 특성: 한국어와 일본어의 자료를 중심으로. (박영준 외 공역). 광고언어연구(pp. 291-335). 서울: 박이정.

이마이즈미 히로아키(今泉浩晃, 1994). 頭の使い方が問題なんだ. 東京: サンマーク出版.

이마이즈미 히로아키(今泉浩晃, 1998). 目からウロコ マンダラメモ學. 東京: オーエス出版.

宣伝会議(2016. 8.). 人工知能CDと人間CDがCM対決！その結果は？. ブレーン. https://mag.sendenkaigi.com/brain/201608/up-to-works/008484.php

宣伝会議ブレーン編集部(2017. 9. 14). '클로렛츠 민트탭'のCMをAIと人間で制作してみたら: 世界初の人工知能クリエイティブディレクター―'AI-CDβ'. AdverTimes (アドタイ). https://www.advertimes.com/20170914/article257453/2

Alstech, M. B. (1996). *The assessment of creativity in advertising and the effectiveness of creative advertisements*. Pennsylvania State University.

Altstiel, T., & Grow, J. (2006). *Advertising strategy: Creative tactics from the outside/in*. Thousand Oaks, CA: Sage.

Baker, S. (1979). *A systematic approach to advertising creativity* (pp. 199-200). New York, NY: McGraw-Hill.

Barthes, R. (1985). The rhetoric of the image. In *The responsibility of forms* (pp. 21-40). New York, NY: Hill & Wang

Bendinger, B. (1988). *The copy workshop workbook* (p. 28). Chicago, IL: The Copy Workshop.

Bengston, T. A. (1982). Creativity's paradoxical character: A postscript to James Webb Young's technique for producing ideas. *Journal of Advertising*, *11*(1), 3.

Blasko, V. J., & Mokwa, M. P. (1986). Creativity in advertising: A Janusian perspective. *Journal of Advertising*, *15*(4), 43-50, 72.

Bly, R. W. (1985). *The copywriter's handbook* (pp. 13-23). New York, NY: Dodd, Mead & Company.

Burnett, L. (1995). *100 LEO's: Wit and wisdom from Leo Burnett* (pp. 52-72). Chicago, IL: NTC Business Press.

Burnett, L. (1961). *Confessions of an advertising man* (p. 77). Chicago, IL: Leo Burnett Company.

Burton, P. W. (1996). *Advertising copywriting* (7th ed., pp. 13-113). Lincolnwood, IL: NTC Business Books.

Caples, J. (1957). *Making ads pay: Timeless tips for successful copywriting*. New York, NY: Dover.

Caples, J. (1975). Fifty things I have learned in fifty years in advertising. *Advertising Age*, *September*(22), 47.

Caples, J. (1983). *How to make your advertising make money* (pp. 23-37). Englewood Cliffs, NJ: Prentice-Hall.

Caples, J. (1992). 광고, 이렇게 하면 성공한다 (*Tested advertising methods*)(p. 17). (송도익 역). 서울: 서해문집. (원저는 1932년에 출판).

Colley, R. H. (1998). DAGMAR 광고이론 (*Defining advertising goals for measured advertising results*). (윤선길, 조한웅 공역). 서울: 커뮤니케이션북스. (원저는 1995년에 출판).

Cook, G. (1992). *The discourse of advertising* (pp. 130-136). New York, NY: Routledge.

Cooper, A. (2004). 정신병원에서 뛰쳐나온 디자인 (*Inmates are running the asylum: Why high tech products drive us crazy and how to restore the sanity*). (이구형 역). 서울: 안그라픽스. (원저는 1999년에 출판).

Csikszentmihalyi, M. (1999). Implications of a systems perspective for the creativity. In R. J. Sternberg (Ed.), *Handbook of creativity* (pp. 313-335). New York, NY: Cambridge University Press.

Davies, M. A. P. (2000). Using an analytic hierarchy process in advertising creativity. *Creativity and Innovation Management*, *9*(2), 100-108.

de Mooij, M. (2004). *Consumer behavior and culture: Consequences for global marketing and advertising*. Thousand Oaks, CA: Sage.

Dunn, S. W., & Barban, A. M. (1986). *Advertising: Its role in modern marketing* (6th ed., pp. 459-464). New York, NY: The Dryden Press.

Durand, J. (1987). Rhetorical figures in the advertising image. In J. Umiker-Sebeok (Ed.), *Marketing and semiotics: New directions in the study of signs for sale* (pp. 295-318). Amsterdam: Mouton de Gruyter.

Eberle, B. (2008). *Scamper: Creative games and activities for imagination development*. Waco, TX: Prufrock Press.

El-Murad, J., & West, D. C. (2004). The definition and measurement of creativity: What do we know? *Journal of Advertising Research*, *44*(2), 188-201.

Foster, J. (1999). 잠자는 아이디어 깨우기 (*How to get ideas*). (정상수 역). 서울: 해냄출판사. (원저는 1996년에 출판).

Franzen, G. (1994). *Advertising effectiveness: Findings from empirical research*. Lincolnwood, IL: NTC Publications.

Frazer, C. F. (1983). Creative strategy: A management perspective. *Journal of Advertising*,

12(4), 36-41.

Gabay, J. (2000). *Teach yourself copywriting*. Lincolnwood, IL: NTC Business Books.

Gabay, J. (2005). *Gabay's copywriter's compendium: The definitive professional writer's guide*. Burlington, MA: Elsevier.

Higgins, D. (1965). *The art of writing advertising: Conversations with masters of craft* (p. 93). Lincolnwood, IL: NTC Business Books.

Hill, R., & Johnson, L. W. (2004). Understanding creative service: A qualitative study of the Advertising Problem Delineation, Communication and Response(APDCR) process. *International Journal of Advertising, 23*(3), 285-307.

Husserl, E. (1970). *The crisis of european sciences and transcendental phenomenology*. Evanston, IL: Northwestern University Press.

Johnson, C. E., & Hackman, M. Z. (1995). *Creative communication: Principles & applications*. Prospect Heights, IL: Waveland Press.

Katz, E. (1959). Mass communication research and the study of popular culture: An editorial note on a possible future for this journal. *Studies in Public Communication, 2*, 1-6.

Kim, B. H. (2012). Creotaxis in advertising: A migratory response elicited by creative advertising. *Proceedings of the 2012 International Advertising and Integrated Marketing Communications Conference* (pp. 46-49). Anaheim: CA.

Kim, B. H., Han, S., & Yoon, S. (2010). Advertising creativity in Korea: Scale development and validation. *Journal of Advertising, 39*(2), 93-108.

King, J. M. (2006). *Copywriting that sells high tech: The definitive guide to writing powerful promotional materials for technology products, services, and companies*. AZ: United States Write Spark Press.

Klebba, J. M., & Tierney, P. (1995). Advertising creativity: A review and empirical investigation of external evaluation, cognitive style and self-perceptions of creativity. *Journal of Current Issues and Research in Advertising, 17*(2), 33-52.

Kover, A. J., James, W. L., & Sonner, B. S. (1997). To whom do advertising creatives write? An inferential answer. *Journal of Advertising Research, 37*(1), 41-53.

Laskey, H. A., Day, E., & Crask, M. R. (1989). Typology of main message strategies for television commercials. *Journal of Advertising, 18*(1), 36-41.

Leo Burnett Company (1971). *Leo*. Chicago, IL: Leo Burnett Company.

Levitt, I. B., & Housley, J. A. (2002). *Brainwriting! Enrich your life using handwriting analysis*. England: Serena Publishing.

Marra, J. L. (1990). *Advertising creativity: Techniques for generating ideas* (pp. 16-63). Englewood Cliffs, NJ: Prentice Hall.

McQuarrie, E. F., & Mick, D. G. (1996). Figures of rhetoric in advertising language. *Journal of Consumer Research*, *22*(4), 424-438.

Millan, E. S., & Mittal, B. (2010). Advertising's new audiences: Consumer response in the new free market economies of Central and Eastern Europe-The case of the Czech Republic. *Journal of Advertising, 39*(3), 81-98.

Mitchell, A. A. (1986). The effect of verbal and visual components of advertisements on brand attitudes and attitude toward the advertisement. *Journal of Consumer Research*, *13*(1), 12-24.

Moriarty, S. E., & Vanden Bergh, B. G. (1984). Advertising creatives look at creativity. *Journal of Creative Behaviour*, *18*(3), 162-174.

Muller, G. H. (1973). *The idea trigger session primer*. Ann Arbor, MI: A. I. R. Foundation.

Naples, M. J. (1979). *Effective frequency: The relationship between frequency and advertising effectiveness*. New York, NY: Association of National Advertisers Inc.

Neumann, S., Hansen, C. H., Wingreen, N. S., & Sourjik, V. (2010). Differences in signalling by directly and indirectly binding ligands in bacterial chemotaxis. *The EMBO Journal, 29*, 3484-3495.

Ogilvy, D. (1963). *Confessions of an advertising man*. New York, NY: Ballantine.

Ogilvy, D. (1983). *Ogilvy on advertising*. New York, NY: Crown Publishing.

Ogilvy, D. (2008). 나는 광고로 세상을 움직였다 (*Confessions of an advertising man*). (강두필 역). 서울: 다산북스. (원저는 1963년에 출판).

O'Guinn, T. S., Allen, C. T., & Semenik, R. J. (2003). *Advertising and integrated brand promotion* (3rd ed., pp. 409-410). Mason, OH: Thomson South-Western.

Osborn, A. F. (1948). *Your creative power: How to use imagination*. New York, NY: Charles Scribner's Sons.

Osborn, A. F. (1963). *Applied imagination* (3rd ed.). New York, NY: Scribners.

Paulus, P. B., & Yang, H. (2000). Idea generation in groups: A basis for creativity in organizations. *Organizational Behavior and Human Decision Processes, 82*(1), 76-87.

Raphaelson, J. (Ed.). (1988). *The unpublished David Ogilvy* (pp. 54-55). Bloomsbury Way, London: Sidgwick & Jackson.

Reece, B. B., Vanden Bergh, B. G., & Li, H. (1994). What makes a slogan memorable and who remember it. *Journal of Current Issues and Research in Advertising*, *16*(2), 41-57.

Reeves, R. (1961). *Reality in advertising* (pp. 47-48). New York, NY: Alfred A. Knopf.

Reeves, R. (1988). 광고의 실체 (*Reality in advertising*). (권오휴 역). 서울: 오리콤 마케팅커뮤 니케이션 연구소. (원저는 1984년에 출판).

Ries, A., & Trout, J. (1981). *Positioning: The battle for your mind*. New York, NY: McGraw-Hill.

Rohrbach, B. (1969). Kreativ Nach Regeln-Methode 635, Eine Neue Technik Zum Lösen Von Problemen. *Absatzwirtschaft, 12*(19), October, 73-75. http://en.wikipedia.org/ wiki/6-3-5_Brainwriting

Rossiter, J. R., & Lilien, G. L. (1994). New brainstorming principles. *Australian Journal of Management, 19*(1), 61-72.

Runco, M. A., & Albert, R. S. (2010). Creativity research. In J. C. Kaufman & R. J. Sternberg (Eds.), *The cambridge handbook of creativity*. UK: Cambridge University Press.

Rust, R. T., & Oliver, R. W. (1994). The death of advertising. *Journal of Advertising, 23*(4), 71-77.

Scott, L. M. (1994). Images in advertising: The need for a theory of visual rhetoric. *Journal of Consumer Research, 21*(2), 252-273.

Simon, J. L. (1971). *The management of advertising*. Englewood Cliffs, NJ: Prentice-Hall.

Smith, G. F. (1998). Idea-generation techniques: A formulary of active ingredients. *Journal of Creative Behavior, 32*(2), 107-133.

Stebbins, H. (1991). 카피캡슐 (*Copy capsules*). (송도익 역). 서울: 서해문집. (원저는 1957년 에 출판).

Tom, G., & Eves, A. (1999). The use of rhetorical device in advertising. *Journal of Advertising Research, 39*(4), 39-43.

Trout, J., & Ries, A. (1979). The positioning era: A view ten years later. *Advertising Age, July 16*, 39-42.

Vanden Bergh, B. G., Reid, L. N., & Schorin, G. A. (1983). How many creative alternatives to generate? *Journal of Advertising, 12*(4), 46-49.

Vaughn, R. (1980). How advertising works: A planning model. *Journal of Advertising Research, 20*(5), 27-33.

Vaughn, R. (1986). How advertising works: A planning model revisited. *Journal of Advertising Research, 26*(1), 57-66.

Young, C. E. (2000). Creative differences between copywriters and art directors. *Journal of Advertising Research, 40*(3), 19-26.

Young, J. W. (1975). *A technique for producing ideas*. Lincolnwood, IL: NTC Business Books.

West, D. C. (1999). 360° of creative risk. *Journal of Advertising Research, 39*(1), 39-50.

White, A., & Smith, B. L. (2001). Assessing advertising creativity using the creative product semantic scale. *Journal of Advertising Research*, *41*(6), 27-34.

KBS1-TV(2017. 4. 21.). 명견만리: 로봇 시대, 인간의 자리는? KBS1-TV.

YouTube(2017. 9. 28.). "A. I. vs. Human Creative Battle." https://www.youtube.com/watch?v=CV5KvMust0Y

디지털 시대의 카피라이팅 신론 ———————————————
찾아보기

■ 인명 ■

ㄱ

김태형 088, 089, 090, 091, 093, 094, 111

ㅂ

박우덕 105, 106, 108, 111

ㅇ

우에조 노리오 225, 389

윤석태 095, 097, 111

이강우 101, 104, 111, 161, 162

B

Baker, S. 397

Bernbach, W. 078, 079, 080, 082, 111

Burnett, L. 071, 074, 082, 083, 111, 339

C

Caples, J. 074, 207, 217, 223, 392, 393,
395, 396, 397

F

Foster, J. 416, 417, 418, 419

Frazer, C. F. 167

O

Ogilvy, D. 068, 071, 075, 076, 078, 079,
080, 082, 094, 111, 198, 217, 222, 223,
231, 233, 234, 388, 391

R

Reeves, R. 071, 074, 075, 111

■ **내용** ■

360° 발상법 398

360° 커뮤니케이션 397, 398

A/B 테스트 034, 035, 121, 133, 263, 274,
280

CDJ 143, 158

SEO 115, 127, 249, 250

USP 074, 155, 170

UX 135

ㄱ

개인 맞춤형 026, 033, 037, 039, 040, 115

검색엔진 최적화 115, 127, 249, 250, 251,
252, 253, 254, 255, 256, 257

고유판매제안 074, 155, 170

광고의 삼각형 142, 143, 146, 162, 185,
206, 229

광고 수사학 295, 297, 298, 299, 300, 304,
307, 308, 359

광고전략 115, 141, 147, 148, 149, 193, 195

광고 창의성 051, 053, 060, 061, 062, 063,
064, 065, 066, 067, 068, 087, 100, 110,
299, 408

광고 창조 철학 069, 070, 071, 074, 075,
079, 082, 084, 087, 104, 110, 111

광화문 글판 325

그리드 모형 149

기계학습 053, 276

깔때기 모형 159, 160, 161, 164

ㄴ

뉴 칼라 055

ㄷ

데이터 278, 281

덴쓰 054

디자이너 105, 357

디지털 광고 116, 121, 123

디지털 시대 021, 022, 031, 084, 115, 116,
133, 134, 136, 143, 171, 199, 265, 282,
424

디지털 카피라이팅 249, 270

ㅁ

만다라트 420, 421

멀티모달 체험 025

메타 287, 290

메타 데이터 251

미디어 멀티태스킹 122

미래 광고 022, 025, 026

ㅂ

보디카피 193, 195, 196, 199, 219, 222, 224,
225, 226, 227, 228, 229, 230, 231, 233,
234, 235, 236, 237, 308

부각 효과 300, 301, 302

브랜드 이미지 170, 171

브레인라이팅 376, 379, 380, 381, 382, 383

브레인스토밍 066, 369, 370, 371, 372, 373, 374, 375, 376, 377, 378, 379, 382, 394, 423

브리프 모형 154

비주얼 브레인스토밍 422

비판적 사고 031, 049

빅데이터 022, 052, 116

ㅅ

새 광고 085

서체 351, 400

소비자 의사결정 여정 024, 142, 143, 158

소비자 통찰력 146

소셜미디어 119, 123, 131, 281, 282, 283, 284, 286, 288, 289

수사법 295, 301, 304, 305, 306, 307, 308, 314, 315, 316, 317, 318, 319, 320, 321, 323, 324, 327, 328, 329, 330, 331, 332, 334, 335, 337, 339, 340, 342, 343, 347, 349, 351, 352, 354

스캠퍼 383, 384, 387

스토리텔링 023, 274

슬로건 036, 195, 196, 238, 239, 240, 241, 242, 243, 244

심층학습 053

ㅇ

아르 모형 157, 158

아이디어 031, 037, 048, 049, 051, 052, 063, 090, 109, 164, 165, 200, 234, 236, 297,

356, 358, 363, 364, 365, 368, 371, 372, 374, 375, 382, 383, 385, 386, 390, 392, 395, 405, 407, 419, 420, 423, 424

아이디어 발상 053, 162

아이디어 발상법 363, 367, 368, 369, 370, 376, 387, 389, 394, 396, 409, 413

아트버타이징 299

알오아이 모형 155

애드테크 024

에디슨 발상법 408, 410, 411, 414, 415, 416

연상적 발상법 393, 394

영의 5단계 발상법 387

이용자 경험 135, 136

인공지능 030, 035, 038, 045, 053, 212, 276

인공지능 CD 050, 052

인공지능 에티켓 047

인공지능 챗봇 039

인공지능 카피라이터 050, 054, 055

인스타그램 135, 264, 286, 287, 290

인플루언서 021, 123, 131

ㅊ

창의적 사고 031, 041

창의주성 409, 410, 411, 412

창조 철학 068, 069, 070, 100

챗GPT 021, 027, 028, 029, 031, 032, 033, 034, 035, 036, 037, 038, 039, 040, 041, 042, 043, 044, 045, 046, 047, 048, 049, 050, 055, 056, 112, 124, 125, 126, 127, 129, 130, 132, 134, 137, 190, 245, 253,

256, 257, 259, 268, 269, 290, 291, 297, 307, 360, 425

체험형 광고 024

ㅋ

카피 062, 085, 091, 094, 098, 102, 108, 117, 118, 119, 121, 124, 126, 128, 129, 131, 132, 133, 144, 151, 153, 156, 159, 162, 169, 174, 175, 177, 180, 182, 189, 193, 195, 207, 210, 212, 231, 233, 234, 235, 250, 252, 253, 254, 255, 259, 260, 261, 262, 266, 268, 270, 276, 279, 283, 285, 286, 289, 305, 310, 311, 312, 315, 317, 318, 319, 320, 321, 322, 323, 324, 327, 330, 332, 333, 334, 335, 336, 338, 339, 341, 342, 343, 344, 348, 349, 350, 351, 352

카피라이터 022, 026, 027, 029, 030, 038, 045, 046, 047, 048, 049, 050, 055, 059, 067, 085, 086, 087, 088, 090, 094, 120, 121, 122, 123, 125, 126, 127, 128, 129, 130, 131, 132, 133, 135, 141, 145, 146, 151, 156, 157, 159, 166, 170, 181, 185, 194, 205, 220, 223, 225, 228, 229, 230, 233, 234, 235, 250, 254, 261, 263, 264, 272, 276, 277, 279, 280, 284, 300, 302, 309, 320, 328, 341, 344, 355, 356, 357, 358, 359, 366, 369, 377, 390, 395, 417, 419, 420

카피라이팅 029, 036, 037, 040, 041, 043, 044, 045, 048, 059, 072, 115, 117, 118, 119, 120, 124, 134, 141, 143, 145, 148, 167, 184, 205, 229, 254, 256, 260, 265, 271, 272, 275, 278, 281, 296, 319

카피 수사학 165

카피 폴리시 182, 183

카피 플랫폼 182, 184, 185, 186, 187, 189

캐치프레이즈 197

콘셉트 091, 106, 194, 201, 206, 224, 356, 366, 367, 391, 397

콘텐츠 023, 024, 031, 033, 034, 038, 131, 132, 134

크리에이티브 032, 046, 052, 053, 060, 067, 069, 084, 101, 102, 105, 108, 110, 124, 159, 186, 206, 365, 415

크리에이티브 면적도 365, 366

크리에이티브 브리프 154

ㅍ

페르소나 260, 261, 262, 263, 264, 265, 266, 267, 268, 269, 270

포지셔닝 071, 171, 172, 173, 174, 175, 177, 178

표현전략 141, 148, 151, 157, 159, 166, 167

프로그래매틱 광고 036

프롬프트 028, 029, 030

플랫폼 023, 045, 116, 118, 121, 142, 287, 290

ㅎ

해시태그 264, 282, 287, 288

핵심어 250, 373, 422

헤드라인 077, 107, 108, 130, 165, 180, 181,
195, 196, 198, 199, 200, 201, 202, 203,
204, 205, 206, 209, 213, 214, 215, 216,
217, 218, 220, 221, 222, 223, 224, 227,
238, 239, 251, 312, 329, 346, 348

헤드라인 유형 200, 201, 205, 207

혁신의 확산 257

저자 소개

김병희(Kim Byoung Hee)

현재 서원대학교 광고홍보학과 교수로서 한국공공브랜드진흥원 부원장으로 봉사하고 있다. 서울대학교를 졸업하고 한양대학교 광고홍보학과에서 광고학 박사학위를 받았다. 한국광고학회 제24대 회장, 한국PR학회 제15대 회장, 정부광고자문위원회 초대 위원장, 서울브랜드위원회 제4대 위원장으로 봉사했다. 주요 저서 및 논문으로는 『디지털 시대의 광고 마케팅 기상도』(학지사, 2021), 『디지털 시대의 광고 크리에이티브 신론』(공저, 학지사, 2022), 『광고카피 창작론: 기본원리 편』(나남, 2007)을 비롯한 60여 권의 저서를 출간했으며, 「사진 콘텐츠를 활용한 장소 마케팅의 사례 연구」(2023), 「Analysis of the Interrelationships among Uses Motivation of Social Media, Social Presence, and Consumer Attitudes in Strategic Communications」(2019)를 비롯한 110여 편의 논문을 국내외 주요 학술지에 발표했다. 한국갤럽학술상 대상(2011), 제1회 제일기획학술상 저술 부문 대상(2012), 교육부·한국연구재단의 우수 연구자 50인(2017) 등을 수상했고, 정부의 정책 소통에 기여한 공로를 인정받아 대통령 표창(2019)을 받았다.

이메일: kimthomas@hanmail.net

디지털 시대의 카피라이팅 신론
챗GPT를 활용한 광고 카피 쓰기

A New Introduction to Copywriting in the Digital Age:
Utilization of ChatGPT in Writing Advertising Copy

2024년 3월 10일 1판 1쇄 인쇄
2024년 3월 15일 1판 1쇄 발행

지은이 • 김병희
펴낸이 • 김진환
펴낸곳 • **학지사비즈**

　　　　04031 서울특별시 마포구 양화로 15길 20 마인드월드빌딩
대표전화 • 02-330-5114　　팩스 • 02-324-2345
등록번호 • 제2023-000041호

홈페이지 • http://www.hakjisa.co.kr
인스타그램 • https://www.instagram.com/hakjisabook

ISBN 979-11-93667-04-0 93320

정가 27,000원

출판미디어기업 학지사

간호보건의학출판 **학지사메디컬** www.hakjisamd.co.kr
심리검사연구소 **인싸이트** www.inpsyt.co.kr
학술논문서비스 **뉴논문** www.newnonmun.com
교육연수원 **카운피아** www.counpia.com
대학교재전자책플랫폼 **캠퍼스북** www.campusbook.co.kr